# 普欽政權20年
## （2000-2020）：
## 中央再集權之延續與轉變

許菁芸 ★ 著　　　五南圖書出版公司 印行

謹將此書獻給


最敬愛的父親和母親
許憲明 & 許邱惠美


及


最親愛的兒子和女兒
林重宇 & 林妤襄


本專書獲 109 年國科會專書研究計畫（109-2410-H-004 -186 -MY2）補助

推薦序

## 一本 10 年磨一劍的好書

　　政治大學俄羅斯研究所的許菁芸教授是國內研究俄羅斯政治的中生代傑出學者。她從俄羅斯最富盛名的國立莫斯科國際關係學院大學（МГИМО）獲得博士學位後，就一心投入俄羅斯研究，從國內政治、國際關係、政治經濟學等各個角度進行探索，辛勤耕耘，而成就了一家之言。更為重要的是，她有一個總體的規劃，要把不同面向的研究成果整合成一個對俄羅斯政治現象全局性的分析，寫出一本劃時代的專書。《普欽政權 20 年（2000-2020）：中央再集權之延續與轉變》就是她 10 年磨一劍的成果，也是臺灣的俄羅斯研究一個重要的里程碑。

　　這不是一件容易的事。以 10 年的努力，孜孜不倦的規劃及堅持，寫成一本具有高度整合性的專書，從幾個最重要的面向來解析俄羅斯政治，以提供學界與社會大眾參考，其意義極為重大，而其難度是極高的，非有無比的熱忱與韌性無法達成，而時機也是重要的。許教授在 1990 年代中期負笈俄羅斯，當時俄國在葉爾欽的激進改革之下，想要快速地擺脫蘇聯遺緒，與西方接軌融合，但是也飽嚐苦果，菁英與民眾對於未來不知所措，整個國家似有著極大的發展可能，又似乎時刻處於危機與災難的邊緣。許教授此時來到俄羅斯進行學習，並實際體會俄國人民的艱難生活，這樣的經驗對於了解從葉爾欽到普欽的轉型，以及今日在普欽統治下的俄羅斯是絕對必要的。

　　我與臺灣的俄羅斯研究學界結緣甚早，除了早期對俄國語言及文化的興趣，更在柏克萊加大主修比較共產主義，寫成了博士論文。1994 年政大俄羅斯所成立，我從第一屆開始就擔任社會主義國家比較政治改革與比較經濟改革的課程。當時蘇聯已經解體，分裂成 15 個國家，俄羅斯雖然是蘇聯的主要繼承國，但是其疆界已經退到了 17 世紀中葉俄羅斯沙皇國的時期，也就是距今 300 多年前。那時的俄國向東剛擴張到太平洋濱，奄有西伯利亞，在西方則與波蘭和鄂圖曼帝國競爭對烏克蘭的控制。這樣的領域與日後的俄羅斯帝國及蘇聯相距甚遠。在 1990 年代初的俄羅斯，可以說是被打回了當年的原形，丟失了這 300 多年所擴張的領土、資源與人民。也就因為這個原因，西方學界普遍對俄羅斯喪失了興趣，認為其意義與重要性與過去的蘇聯均不可相比。但是我深深地認為俄羅斯終將再起，而西方在俄國轉型時沒有全力經營，使其納入歐洲，結果必將會迎來一個充滿復仇心的挑戰者。此一想法如今成真。

　　如果俄羅斯仍然將對世界產生重大的影響，那麼它就值得我們持續研究，並且應該積極地培育人才，然而我國對於俄羅斯研究所投入的資源相當有限。過去在反共抗俄與美蘇冷戰時期因為國家安全尚覺得研究俄羅斯有其必要，但在蘇聯解體、世界進入後冷戰時期之後，這個必要性也大幅度地減弱了。在過去的 30 年當中，臺灣的俄羅斯研究伴隨著國際上俄羅斯研究的式微，也成為學術堅持者的孤獨領域。當然俄羅斯的語言、文化、藝術等仍然吸引著部分目光，但是從區域研究、政治與國際關係的角度來研究俄國的學術圈始終頗為有限。此種侷限自然與大環境的變動有很大的關連，但卻與俄羅斯的巨大潛力並不相符，也使得我們在面對當今巨變的世局時，缺乏足夠的學術人力來進行理解分析和政策建議。

　　然而，就在蘇聯解體、俄羅斯勢衰的 1990 年代，臺灣對於俄羅斯長期積累的興趣猶在（以區域研究為導向的政大俄羅斯研究所就在這個時期成立），而大環境的不利影響還沒有完全顯現，此時由於鐵幕移除，臺灣的學生第一次有機會可以實際去俄羅斯進行學習。這一段時期在俄羅斯的大學中獲得博士學位的學者，就成為我國當前俄羅斯研究的中堅，而許教授就是其中極為傑出的一位。在那段時間，我在國內推動社會主義國家政

治與經濟轉型的教學與研究，而我國的俄羅斯研究菁英則正在俄國接受學術訓練，同時深刻地體會了這個國家在劇烈轉型中的實際生活。

　　這個世代的學術菁英歸國後，我與他們互動密切，並從中得到很多的收穫。其中許教授對於從政治經濟的各面向進行切入，以掌握俄羅斯的整體局勢，同時採用區域研究與政治經濟學的概念與方法，展現了獨特的一面。她的論述與出版不斷，持續耕耘努力，我讀過其中每一篇，深感受益甚多。在 2000 年的時候，我出版了《俄羅斯轉型 1992-1999：一個政治經濟學的分析》，針對葉爾欽時期俄羅斯的政經變局，以制度、實際政治，以及經濟改革的角度來加以分析，是當時國內較為完整的專書。許教授的《普欽政權 20 年（2000-2020）：中央再集權之延續與轉變》探索普欽在位的 20 年，是一本格局完整的俄羅斯研究專書，並且以普欽時代作為對象，與前一本專書正好銜接，而且提出了創新的研究觀點，極具時代意義。此類全面性探討俄羅斯政治的專書在歐美學術界頗為常見，例如由 Merle Fainsod 所著的 *How Russia Is Ruled*（哈佛大學出版社）即為其中佼佼之作，但是在國內卻非常少有。蓋研究者需要對於俄羅斯政治經濟相關的各面向均能兼顧，並且可以提出一個整體性的架構來加以涵攝與解釋。本書以「再集權」（рецентрализация）來統攝普欽的統治策略，的確是掌握住了普欽主義的重點。

　　《普欽政權 20 年》探討了普欽主政下俄羅斯再集權的治理模式，分別從意識形態（「主權民主」）、政治制度、權力菁英、中央與地方關係、資源型經濟，與公民社會管理等角度來加以捕捉，頗為全面。普欽在 2022 年初發動了絕大多數俄國人所毫無預期與準備的俄烏戰爭，並在戰局發展不利的情況之下一直堅持，包括進行局部動員徵兵與對特定鄰烏區域進行經濟動員，甚至對西方與烏克蘭進行核子威嚇等，在在顯示其對於俄羅斯國家與社會的控制，這就是集權的充分顯現，也是普欽時代與葉爾欽時代最大的不同之處。雖然戰爭的結局至今（2022 年底）尚難以預判，但是俄羅斯的集權特色已經表露無遺。普欽體系或許將來在巨大壓力之下會產生變動，甚至崩解，但是在過去的 20 年（2000-2020）之間，再集權無疑是俄羅斯政治發展的主旋律，這是毫無疑義的。

　　本書反映了作者多年來總試圖引用新觀點，運用新分析工具來解析俄羅斯現象的堅持。書中的核心論述是再集權的程度是由國家的理性抉擇來決定，反映了民主的邊際收益（MR）與邊際成本（MC）。國家只會把民主化進行到邊際收益仍高於邊際成本的一點，而不會接受民主的邊際成本超過了邊際收益。邊際收益與邊際成本由不同的因素來決定，而國家的角色是決定最適的民主與再集權的程度。這裡所反映的是俄羅斯的菁英對於民主是採取完全的工具主義，而並不賦予內在的價值。本書另有許多創新與深入之論，例如認為普欽堅持憲法法制，從制度性的表面民主措施來增加個人與政府的威信，卻同時以非制度性策略，以權力菁英層級間的權力傾軋來鞏固自身權力，因此普欽政權的運作是擺盪在法理與恩庇侍從之間，具有兩面性；另如蘇聯解體後，由於沒有即時進行國會大選，因此阻礙了民主政黨的出現，以及政黨政治的成形，產生了路徑依賴的現象；又如俄羅斯的聯邦體制並不是簡單的二分法，而是聯邦與地方因為彼此相對能力的不斷改變而持續進行的互動過程。這些都是極有深度的看法。

　　俄羅斯作為地緣與資源、軍事與經濟的大國，在世界局勢中占據一個極為重要的位置。俄烏戰爭清楚地顯示，排除俄羅斯的安排無法保障歐洲的和平，而與俄羅斯的對抗將把全世界捲入經濟風暴當中。俄羅斯持續重要，而且由於其牽動世局，對東亞、中國大陸與臺灣也產生深遠的連動影響。不深入了解俄羅斯，就無法真正瞭解世局，也就無法深刻理解我們所處的位置與所應該考慮的政策。在 2021 年 5 月，《經濟學人》曾經把臺灣描述為世界上最危險的地方，而 2022 年 2 月之後，臺灣是否會繼烏克蘭之後成為下一場戰爭引爆之處成為全世界共同關切的議題。兩岸關係其實與俄烏關係有其結構上相似之處，甚值吾人深思，而要理解其中的關聯與二者之間的連動，就一定要了解俄羅斯。《普欽政權 20 年》把俄羅斯的政治以創新的概念與方法執簡馭繁地全盤加以掌握，並把這 20 年間俄國主要的政治發展議題一一爬梳，無論是深度或廣度都極為可觀，對學界、政界，與大眾讀者都是了解俄羅斯的重要參考。期待本書的出版，可

以引領出更多的專書專論，來深化臺灣的俄羅斯研究，並讓我們站在堅實的知識基礎之上，綢繆在新時代世局中的自處之道。

　　本書在今天 10 年成劍，恰在其時！


　　　　　　　　　　　吳玉山　中央研究院院士
　　　　　　　　　　　於南港中研院
　　　　　　　　　　　111 年 12 月

## 作者序

### 10 年磨一劍

這本專書的完成歷經了至少 10 年的光陰！

會開始這本書的構思，起因有三個：

其一，普欽曾於 2000 年就職時說過的一句話：「給我 20 年，還你一個強大的俄羅斯！」

其二，2008 年俄羅斯總統大選，普欽不像其他前蘇聯國家領袖，如白俄羅斯、中亞國家哈薩克、土庫曼一般，為了持續在位而修改憲法，反之，他扶持梅德韋傑夫接任總統一職，自己轉任總理，而在 2012 年又成功回歸總統之位，這樣的作法，在俄羅斯中央集權國家是個大膽的決定，也是值得研究的有趣議題。

其三，臺灣自從 2000 年吳玉山院士出版一本俄羅斯專書《俄羅斯轉型 1992-1999：一個政治經濟學的分析》後，對於俄羅斯的研究大多是獨立發展，學者們多專注於俄羅斯的國防或外交政策與大國或鄰國關係，而沒有俄羅斯政治經濟整合型的專書出現，而臺灣的俄羅斯研究中對於俄羅斯式的「主權民主」與俄羅斯政治之權力菁英也甚少著墨，近年來，對於俄羅斯的政治經濟分析也集中於能源方面，我曾留俄多年，精通俄文，日日固定研讀俄羅斯當地之新聞與蒐集資料，對於俄羅斯之相關資料掌握精確，本著多年對於俄羅斯政治經濟的觀察與研究，此專書針對普欽政權對俄羅斯政治經濟影響的寫作，將可填補這幾年俄羅斯出版書籍的空白，而且本專書對於俄羅斯政經分析知包含最新的 2020 年修憲和 2022 年俄烏

戰爭的經濟制裁對俄影響之分析，此乃本專書之研究價值與重要貢獻。

因此，這 10 年來，我以俄羅斯中央再集權政策為主軸，持續研究，從不同層面發表專文，申請計畫並投稿TSSCI期刊。這 10 年多研究的著作與研究計畫皆朝向整合型專書的規劃（見表 1），本專書將這大約 10 年多來的累積的研究成果，重新加以審視與整理，補充並更新俄羅斯的政治經濟發展，作為個人階段型研究生涯的成果展現，期望未來持續研究，能替俄羅斯學界貢獻更多的力量。

### 表 1 作者所寫與專書相關計畫與著作

| 年代 | 類型 | 著作 |
| --- | --- | --- |
| 2010 | 期刊論文（TSSCI） | 「俄羅斯國會之發展剖析」，政治科學論叢，43：119-158 |
| 2011 | 期刊論文（TSSCI） | 「『分』或『合』的抉擇與邏輯——試析俄羅斯聯邦之聯邦制」，問題與研究，50(2)：1-34 |
| 2012 | 期刊論文（TSSCI） | 「俄羅斯的民主抉擇與統治菁英權力結構變化」，東吳政治學報，29(4)：117-175 |
| 2013 | 期刊論文（TSSCI） | 「俄羅斯聯邦『競爭性威權』混合體制下之公民社會『管理』與民主走向」，政治科學論叢，55：33-84 |
| 2013 | 期刊論文（TSSCI） | 「俄羅斯半總統制下普金『歸位』與民主發展之探討」，臺灣民主季刊，10(04)：49-92 |
| 2018-2019 | 科技部個人型研究計畫 | 俄羅斯菁英政治與決策模式——以能源政策和中俄能源關係為例（MOST 107-2410-H-032-054 -） |
| 2020 | 期刊論文（SCOPUS） | An Analysis of Transition to Democracy: An Integrative Approach |
| 2021 | 期刊論文（TSSCI） | 「普京政權下俄羅斯權力網絡與權力菁英分析」，政治科學論叢，90：73-116。 |

俄羅斯是個既遙遠又充滿想像的國度！1991 年蘇聯解體，也是我人生最大的轉折點，時值在文藻語專畢業前夕，徘徊在工作與升學之際。蘇東劇變，俄羅斯、戈巴契夫、葉爾欽都是新聞常見的關鍵字，我開始對俄羅斯這個封閉（無論是臺灣或蘇聯）的國家感到興趣，俄文奇妙的倒R字

體對我產生了莫大的吸引力。很幸運地，我插班考上了政治大學東方語文學系俄文組（隔年改為俄國語文學系，又過幾年改名為斯拉夫語文學系），從南部來到台北人文社科學術殿堂的政治大學，宛如開啓學術寶藏庫的鑰匙一般，也開啓了我對學術研究的渴望，眾多師長的啓發，多元又精彩的課程、圖書館的大量藏書，令我無限飢渴地汲取知識泉源。俄文系的學習開啓了我對俄羅斯的好奇與初步的認識，1994 年畢業後，我進入第一屆的政大俄羅斯研究所就讀，我才真正地愛上俄羅斯研究。當時的研究所師資都是國內俄羅斯研究的頂級師資：第一任所長趙春山教授、教授俄羅斯政經轉型研究的吳玉山院士、中俄關係的郭武平教授、國際政治的時任校長張京育教授等。

　　1994 年 6 月，考取教育部留俄公費，隔年，滿懷興奮前往俄羅斯莫斯科外交部國立國際關係大學（MGIMO）攻讀碩博士學位，在俄羅斯留學的日子裡，我經歷了葉爾欽和普欽政權時代，也深深地體會到葉爾欽時期的社會及經濟動盪，和普欽執政時期社會秩序趨於安定，經濟穩定發展（盧布匯率不再劇烈浮動）。在俄羅斯，我感受到俄羅斯人面冷心熱的民族性格，在MGIMO，我接觸了很多學養豐富的教授，結交很多俄羅斯朋友，他們給予我很多學業和生活上的幫助，尤其感謝我的指導教授Оксана Г. Харитонова，讓我可以很順利在 6 年間拿到博碩士學位。

　　回國後，幾經波折，從博士後研究到回母校政治大學俄羅斯研究所任教，又過了十數年的時光，但在艱難時刻，我仍舊維持對於學術的熱愛，從不中斷俄羅斯研究，希望能將研究所得貢獻於社會，而這本專書就是集結了我十數年對普欽政權的學術浸潤，包含多年不間斷的資料蒐集，俄羅斯當地田野調查、俄文原文資料（如憲法）的閱讀與翻譯及孜孜不倦的投稿TSSCI學術期刊。2022 年俄烏戰爭爆發，全世界開始對普欽政權加以關注之時，更加快了我出版專書的腳步，原因在於臺灣對於俄羅斯政經研究本就稀少（政治大學俄羅斯研究所全國獨一無二的研究所），大家對於普欽政權有很多人云亦云的謬誤，希望此專書的出版，能夠給予社會大眾對於俄羅斯、對於普欽政權更進一步的認識。

　　這本專書寫作感謝國科會專書研究的補助，專書出版感謝眾多師

長、朋友、研究助理給予的協助。首先感謝中研院士吳玉山教授，在我陷入研究瓶頸時，適時給予我意見指導，令我茅塞頓開；感謝政治大學教授郭武平老師、成功大學特聘教授宋鎮照老師在我學術生涯受挫之際，支持我學術研究的自由空間；感謝淡江大學副教授崔琳老師，我們時常在學術上相互切磋，激盪想法。感謝俄羅斯研究所的鈺茹助教，熱心協助我處理複雜的行政業務；感謝我歷年來的研究助理，明陽、湘婷、永豪、芯瑜、尚容、季汝、光熙（Владислав）、大維，盡心幫我蒐集研究資料，啟發我的研究思維。

感謝五南圖書出版公司、法政編輯室劉靜芬副總編輯，鼎力支持本專書的出版，感謝編輯佳瑩，從初稿乃至幾次的校稿，無論我修改增刪多次，都耐心又細心地校對排版，您們讓我看到五南圖書出版公司對於出版學術專書的嚴謹態度和專業素養。

感謝我敬愛的父母，給予我在學術研究道路上無條件的支持，感謝我親愛的子女，重宇和妤襄，你們是最棒的，在媽媽專心寫書閉關期間，忍受媽媽在強大壓力下的情緒無常，自動自發地照顧自己，給予我精神上最大的支持。

本書為我十數年盡心研究的成果，也載明引用之文獻與出處，我盡量以客觀嚴謹的態度書寫，但也不免代入個人的觀點，敬請見諒，並由我個人負責。

許菁芸

寫於 政治大學綜合院館 8 樓研究室

2022 年 12 月 20 日

# 目錄

# 第一章　緒論：俄羅斯民主發展與中央再集權政策

## 第一節　前言

　　2022 年 2 月 24 日，俄羅斯總統普欽（V. V. Putin, B. B. Путин）響應頓巴斯各共和國領導人的請求，宣布在烏克蘭開展「特別軍事行動」，並強調俄國的目標是該國的「非軍事化」（демилитаризация）和「非納粹化」（денацификация），而非占領烏克蘭領土，這場影響國際政治、經濟，甚至改變國際固有秩序的俄烏戰爭從此展開至今。決定發動這場戰爭的俄羅斯總統普欽，頓時成為西方世界譴責和關注的焦點。美國智庫最新民調也顯示，美國人對普欽的信任度創下近 20 年新低，但普欽在國內的支持度卻不降反升。俄國獨立民調機構「列瓦達中心」（Levada Center）自普欽 1999 年上任總理以來，持續追蹤其支持率至今。他過去幾年的支持率皆在 60-69% 之間徘徊，但自 2 月 24 日發動侵烏以來，支持率從 1 月的 69% 上升至 2 月的 71%，3 月更一口氣飆升至 83%，而此支持率一直延續到 8 月，即使 9 月起對烏戰事屢屢受挫，9 月底發布部分動員令，其支持率也只略微下降至 79%（Левада-Центр, 2022）。普欽政權（Putin Regime）下的俄羅斯，也在在令世人聯想到已解體的蘇聯，而執意發動俄烏戰爭的俄羅斯總統普欽，他從 2000 年起，在俄羅斯已長期執政 20 餘年（包含 2008-2012 年擔任總理），正如普欽在 2000 年初任總統時所言：「給我 20 年，還你一個強大的俄羅斯。」

　　「俄羅斯」、「俄國」、「俄羅斯聯邦」都是此一世界領土第一大國的國名，但卻也不如冷戰時期曾與美國並列雙強的霸權──「蘇聯」的國號響亮，蘇聯雖於 1991 年解體，但其遺產──社會主義國家體制、計畫經濟模式和深受蘇聯式教育的菁英群卻持續性地影響著俄羅斯政治、經濟與社會。1993 年 12 月通過的俄羅斯憲法引進了三權分立、多黨制、主

權在民等典型西方憲政原則，但其根本精神卻是俄羅斯式，而又因憲法賦予總統比之國會較大的權力（Troxel, 2003: 31-33）[1]，且在實際的權力運作上，國會因為歷史因素及結構上的弱點（上議院的傀儡化、國會政黨的分裂、無執政黨等）而導致積弱不振，無法發揮其憲法上應有的權力[2]，使得俄羅斯總統帶有俄羅斯傳統中的個人專權特色，而此特色在葉爾欽（Boris Yeltsin, Борис Ельцин）和普欽總統任期執政時得到很大程度的發揮。

1991年至1999年葉爾欽執政，俄羅斯開始經濟轉型，從計畫經濟邁向資本主義，起初採取「震盪療法」（Shock therapy），開始私有化過程，但因社會主義經濟體制根植過深，轉型過程屢次出現問題，整體的國內生產總額（Gross Domestic Product, GDP）成長、工業生產率和投資成長均是呈現下滑的趨勢，平均年成長率皆為負成長，通貨膨脹問題更是嚴峻，府會因此產生嚴重衝突與對立。人民社會福利的縮減、盧布幣值的持續下跌、社會貧富差距的擴大、官商勾結與貪汙腐化等亂象是俄羅斯當時政治社會的寫照。

1996年總統大選，金融寡頭們為了鞏固權力，以別列佐夫斯基（Boris Berezovsky, Борис Березовский）為首組成同盟，葉爾欽因此受到金融寡頭的大力支持而連任成功，但葉爾欽也於大選後健康屢次出現紅燈導致大權旁落，金融寡頭同盟後結合葉爾欽女兒「第一公主」塔琪安娜（Tatiana Yumashev, Татьяна Юмашева）一派，形成葉爾欽政治「家族」（family），更不時干涉葉爾欽的經濟政策與人事異動。1998年亞洲金融風暴危機造成俄羅斯盧布數次大跌，人民的不滿也到達頂點，葉爾欽雖數次撤換總理，仍難挽政治危機，而金融寡頭們則急於尋找可替代健康不佳的葉爾欽，且可讓葉爾欽信任之「可控制」接替權力者，沒有顯赫政治背景，且不依附任何派系、不收受賄賂的普欽即是在這樣的背景應運而出。

---

[1] T. Troxel 和 C. Skach（2003）根據 Shugart 和 Carey 的總統權力測量指標模型（1992）修正建構而成的 The Troxel-Skach model 中的指標量化測量俄羅斯總統權力，結果總統得分為24分，議會得分為20分。

[2] 可是，Troxel（2003: 2-3）認為，雖然俄羅斯在蘇聯解體後實施民主轉型，但是民主在俄羅斯尚不明朗，也不知能否安然地度過未來幾年的政治動盪，但是可以從國會通過的法律比之總統命令更為民主這點來看，國會的權力的正常行使對於俄羅斯的民主穩定有著決定性的作用。

　　普欽自大學起就被 KGB 所吸收，充其量只有擔任過聖彼得堡（Saint Petersburg, г. Санкт-Петербург）副市長一職，能得到葉爾欽青睞，只因普欽「忠誠」於失勢的前聖彼得堡市市長與 KGB 背景，這樣的特質能保障葉爾欽下臺後的生活起居與個人安危無虞。

　　1999 年普欽的崛起是突然的，當普遍媒體還在猜測葉爾欽是否再次提名車爾諾梅爾丁（Viktor Chernomyrdin, Виктор Черномырдин）回鍋擔任總理職務時，葉爾欽突然宣布提名普欽爲總理人選，「普欽何許人也？！」之問號與驚嘆號的確撼動了整個國內外政界與媒體新聞，一時之間議論紛紛。

　　普欽的崛起是寡頭菁英們的安排與利益算計，若說對民眾而言是意外，則普欽擔任總理後執意攻打車臣的強人之姿與急遽增加的聲望更出乎寡頭菁英的意料之外，於是乎，葉爾欽於 1999 年 12 月 31 日即將邁入 2000 年數小時前，突然宣布辭職，由總理普欽暫代總統之職，原定於 2000 年 6 月舉行的俄羅斯總統大選提前到 3 月 26 日，大選的提前使反對黨派無法充分作好準備，普欽順利當選總統，從此開啓「普欽時代」。

　　普欽從 2000 年擔任總統，掌權至今已超過 20 年，其強人統治與俄羅斯重回強權國家的目標，在俄羅斯人民心中代表著俄羅斯「戰鬥民族」的形象。雖然，近幾年來，大規模抗議國會大選舞弊及反對普欽的遊行示威不斷，此示威抗議也代表著，俄羅斯人並非不喜歡民主體制，而是俄羅斯人的民主觀點是有異於西方學者的定義，在俄羅斯的民主觀點中，強人統治和民主並不矛盾，民主和強大的統治者是可以共存的，強勢的領袖更可領導俄羅斯走上秩序穩定和富強之路。

　　「權力導致腐敗，絕對的權力導致絕對的腐敗」，普欽長期的執政與威權統治，與先前所述之非制度性因素之副產品——恩庇侍從（patrimonial）、酬庸（spoil）、尋租（rent-seeking）等官場作爲形成難以根斷的貪汙與腐化，及權力菁英封地自限，缺乏由下至上垂直的流動的途徑，已讓俄羅斯民眾與反對團體大感不滿，而引發反普抗議。但也因爲普欽執政所展現之政治穩定、經濟發展、秩序和強烈的大國思想，滿足了俄羅斯人民的「非標準」民主的訴求，使得俄羅斯人民在歷次的總統大選

中，仍有超過60%的選票投給普欽，而讓普欽長期執政。

　　西方分析家將普欽介於中央集權的威權統治和民粹主義間的統治風格冠以普欽主義（Putinism, Путинизм）。普欽主義涵蓋了俄羅斯各層面的機制，尤其強調俄羅斯政治力之控制手段，其最主要的呈現，就是俄羅斯的中央再集權化。因此，西方認為「中央集權」為俄羅斯自始至終的主要目標，民主只是假象。

　　但是，俄羅斯的政界與學術界卻發出不同的聲音來抗衡西方的主流思想，他們並不想與西方對立，他們提出俄羅斯的民主發展方向雖與西方預期不同，卻也是根據俄羅斯歷史、文化、國情和地緣政治所調整出來的民主模式，亦就是「主權民主」（Sovereign democracy, Суверенная демократия），與傳統的民主精神並無悖離，吳玉山（2009：204）認為「主權民主」是俄羅斯希望能夠擺脫西方的壓力，以俄羅斯本身的國情，來搭建出適合本身的民主體制，也可以說是民主制度和民族主義的揉合，或是「具有俄羅斯特色的民主」。因此，西方官方與學界及俄羅斯官方與學界對俄羅斯普欽主義的意見顯然存在著相當程度的紛歧。

　　2009年後，金融危機對俄羅斯的影響開始強烈顯現出來，經濟狀況的惡化自然帶來了政治上的效應，普欽作為政府總理成為批評的焦點，反普欽的遊行示威也在一些城市出現，但令人詫異的是，普欽雖然支持度略降，卻依然受到俄羅斯民眾擁戴，其中央集權政策仍不受影響，甚至因為金融風暴之故，梅普政府更可以國家重點紓困之因應措施來強化對地方、媒體和金融企業的控制，並以多年來油價高漲所累積之「穩定基金」來援助前蘇聯國家經濟，藉此緊密前蘇聯國家經濟空間之掌握。

　　普欽的支持度，主要來自民眾對於普欽執政的民粹風格與滿意度，或是表現在總統大選的得票率上。普欽從2000年起，民眾對其支持度表現在選票上，都維持在60%以上，甚至在2004年升破70%，雖然在2011年國會大選後，其權力黨（Party of Power, партия власти）統一俄羅斯黨（United Russia party, Единая Россия）得票率不過半，但2012年總統大選仍以63.6%勝選。2016年俄羅斯國家杜馬選舉，統一俄羅斯黨僅以49.32%的得票率獲勝，投票率為歷年新低，僅有47.88%，而在首都莫

斯科（Moscow, г. Москва），只有不到 35% 的選民參加了投票。2018 年
3 月 18 日，俄羅斯舉行總統大選，普欽得票率卻爲 76.69%，成功獲得連
任。2020 年 1 月梅德韋傑夫（D. A. Medvedev, Д. А. Медведев）辭去總
理職位，7 月 1 日通過全民公投修憲。普欽巧妙地取消了俄羅斯憲法對總
統任期限制的規定。7 月的公投涉及一些重大的憲法修正案，該修正案允
許普欽將他之前的總統任期歸零，可以再競選兩屆（再延長 12 年，直到
2036 年）。

　　普欽要建立一個「強大的國家」（Strong State）的中央再集權
（recentralization, рецентрализация）策略，也就是國家主權主義
（statism），試圖恢復有效的垂直權力鏈（restore an effective vertical chain
of authority）體系，觀察其實際運作。所謂的垂直權力鏈體系現象，普欽
從建立自身的權力菁英開始，以迅速崛起的經濟成長及國家政策的漸次調
整爲輔，逐步建立自身的權力層級（power hierarchy），普欽與權力菁英
組成了普欽政權，資源型經濟（Resource Based Economy）驅使中央集權
的動力，普欽政權控制國會與政黨，政黨再控制地方議會及首長，而地方
議會和首長再來控制聯邦主體，出現層層權力鏈的控制。

　　普欽的長期執政，在在顯示了俄羅斯政治制度實際運作之高度人治現
象，實際上普欽政權爲了鞏固權力而實施之中央再集權政策的具體呈現，
而爲了使中央再集權政策在表面上不損及政權的合法性，普欽堅持憲法法
制，從制度性的表面民主措施來增加個人與政府的威信，卻以非制度性策
略，以權力菁英層級間的權力傾軋來鞏固自身權力。

　　因此，本專書研究主題有以下兩大部分：

　　其一，本研究除了對於俄羅斯主權民主與國家主權主義、俄羅斯高度
人治之半總統制等相關概念先作適當的釐清與界定之外，將針對相關文獻
進行整理、分析，並從歷史演變的角度，進一步就俄羅斯中央再集權化發
展進行研究，分析普欽政權「中央再集權」的構成因素與相關變項：從權
力層級、資源型經濟與國家政策的政治經濟學整合分析，探究俄羅斯的民
主走向（民主與威權之認定分歧），並由俄羅斯官方針對普欽政權所衍生
出普欽主義的內涵──「主權民主」概念作相關討論，並輔以資源型經濟

變項，並從普欽政權之國家政策，也就是政策績效、民主治理與聯邦主體自主權之調整來架構其政權合法性，從俄羅斯官方反運用政權合法性來作爲其治理之可控制變項，除了增加民眾的支持度外，並達成中央再集權的相關統治措施。

其二，俄羅斯的主權民主與中央集權化走向，也就是西方學者所稱之「民主逆流」（Carothers, 2006: 55-68），大體上取決於權力菁英的行爲，及其行爲時機、地點與方式。因此，作者試圖建構俄羅斯的民主（中央再集權）模型，從正式制度的政治層面分析俄羅斯之政治體制，國會與政黨、中央與地方關係，對中央再集權政策的形成與運作，再從非正式制度的權力菁英層面分析普欽之權力架構與普欽政權之菁英構成，形成其中央再集權政策之維持與鞏固，又從經濟層面分析其資源型經濟發展、能源戰略政策與運作對於政府之中央再集權政策之強烈驅動，最後從社會層面來分析普欽政權下的公民社會管控與限制，藉此來說明俄羅斯中央再集權政策在各層面的運作與影響。

## 第二節　俄羅斯「民主」與普欽政權之中央再集權政策

普欽自 2000 年起長期執政，深受蘇聯式教育的他，其目標就是要建立一個「強大的國家」，試圖恢復有效的垂直權力鏈體系（Ross, 2005: 355），其實施的中央再集權政策，使得俄羅斯的民主化走向隨著普欽的個人威權的鞏固招致了許多批評。

普欽的中央再集權政策的啓動有以下策略：其一，意識形態策略，也就是「普欽主義」與「主權民主」的向下扎根；其二，經濟策略，逐步將石油和天然氣上中下游產業收歸國營，次將石油、天然氣與重要地下礦產等急速帶動俄羅斯經濟成長的能源與資源鎖定控制爲「戰略」（strategic）部門，特別是原物料部門的石油；其三，制度性策略，藉由修憲、修改法律和頒布總統命令來排除異己和維持權力，例如修改「政黨法」（on political parties, «О политических партиях»）與「國會杜馬

議員選舉法」（on the election of deputies of the state Duma of the federal assembly of the Russian federation, «О выборах депутатов Государственной Думы Федерального Собрания Российской Федерации»）來實施單一政黨策略與掌握國會，於 2008 年 11 月 21 日國家杜馬通過了將總統和國家杜馬議員任期由 4 年分別延長至 6 年和 5 年的憲法修正案，更爲普欽的執政之路鋪上了延長權力基礎的紅毯；其四，非制度性策略，藉由鞏固權力菁英網絡，來穩固個人威權（圖 1-1）。

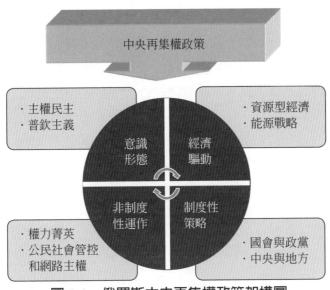

**圖 1-1　俄羅斯中央再集權政策架構圖**

資料來源：作者自繪。

## 壹、意識形態：民主倒退 VS. 普欽主義與主權民主

麥克佛（M. McFaul, 2005: 5）認爲，在 1989 年至 1992 年之間發生在共產集團國家的民主化浪潮產生了三種截然不同的結果，吳玉山（2007：71）據此將之區分爲「穩定民主群」（stable nascent democracies）[3]、「總統

---

3　「穩定民主群」如波蘭、捷克（後來再加上斯洛伐克）、匈牙利、斯洛維尼亞等中東歐國家，

專制群」（presidential autocracies）[4] 與介於兩者之間的「競爭性的威權體制」（competitive authoritarianism）[5]。俄羅斯就是屬於「競爭性的威權體制」的代表國家。

俄羅斯雖然在 1993 年 12 月通過以三權分立、多黨制、主權在民等典型西方憲政原則爲主的俄羅斯憲法，也符合葉爾基（R. Elgie, 2007: 60）所提出之半總統制定義，即「半總統制即是一個政治體制（regime）同時擁有一位民選固定任期（fixed-term）的總統和一位對議會負責（responsible to the legislature）的總理與內閣」。而俄羅斯在前述之憲法框架下，舉辦定期的總統與議會競爭性選舉，但由於執政者掌握了一切資源，並且運用包括控制選舉在內的一切方法來維持執政地位，特別是在普欽 8 年的執政時期，選舉的象徵性意義大於實質性的意義，因此被認爲並非眞正的自由民主體制，僅是一種準民主、或半民主的情況（吳玉山，2007：71-72）。

但是，俄羅斯的民主化走向隨著普欽的個人威權的鞏固招致了許多批評，尤其是西方學者對於俄羅斯民主的撻伐，從普欽於 2003 年開始逐步實施中央再集權之始，費雪（Fish, 2005）在其《俄羅斯民主脫軌：開放政治的失敗》（*Democracy Derailed in Russia: The Failure of Open Politics*）一書中，運用量化的 VA Scores 和 FH Scores 評分結果，認爲俄羅斯不僅出現民主倒退，更斷言俄羅斯的民主失敗，原因在於原物料資源豐富、經濟自由化不足和超級總統制之憲政結果。而費雪的論點更代表著西方學者的立場鮮明，符合現階段西方學者對俄羅斯民主發展的負面看法。

反之，俄羅斯方面對於此項評價極其不以爲然。普欽一向強調俄羅斯已經是民主國家，從不籠統地否定民主，以免給西方提供俄羅斯「民主倒退」的藉口，普欽在 2005 年國情咨文中指出，講民主、自由必須顧

和愛沙尼亞、拉脫維亞、立陶宛等前蘇聯共和國出現了西方式的民主政權，進行了多次的政黨輪替，民主鞏固有了穩定的進展。

[4] 「總統專制群」如中亞國家，除了吉爾吉斯之外，哈薩克、烏茲別克、土庫曼和塔吉克基本上都是由在蘇聯時期就掌權的各國共黨第一書記持續主政，只不過其身分變成了總統，而且大部分還透過公民投票或修改憲法，使自己成爲實質上或法律上的終身總統。

[5] 「競爭性的威權體制」就是一種雖然具有競爭性選舉，但是政權還是牢牢掌握在威權統治者手中的制度，如俄羅斯。

及俄羅斯歷史，從俄羅斯的地緣政治和國情出發，民主原則和民主標準不應導向國家解體和人民貧困，而應使國家更加安定團結，人民生活水準進一步提高，在建設民主的問題上，俄羅斯遵從的不是外國夥伴的態度，而是本國的現行法律。普欽在其多次的演說發表中，都強調要樹立能為廣大社會階層普遍接受的俄羅斯「新思想」（The New Thought, Новое Мышление）。俄羅斯「新思想」擴及多層面，將西方的民主價值觀與愛國主義、強國意識、國家觀念和社會團結等俄羅斯傳統價值觀有機地結合在一起，學者認為這就是未來俄羅斯國家的官方意識形態。

2006 年 6 月 28 日，俄總統副幕僚長蘇爾科夫（Vladislav Surkov, Владислав Сурков, 2006）在會見外國記者時提出了「主權民主」的政治概念，表示俄羅斯的民主發展方向雖與西方預期不同，卻也是根據俄羅斯歷史、文化、國情和地緣政治所調整出來的民主模式，與傳統的民主精神並無悖離。俄輿論《消息報》（*РИА Новости*, 2006）指出，主權民主是一種「政治制度」，它「準確地指出了，普欽政權的政治內涵」及其「政治體制的特點」。普欽從執政理念把民主定位於「主權民主」，並以此來反擊西方的抨擊與控制策略，是其執政理念與實踐的發展與創新。

2006 年 8 月，俄羅斯的權力黨「統一俄羅斯」黨宣布，「主權民主」正式成為該黨的官方意識形態。普欽在 2007 年國情咨文中明確指出政治價值觀確立與鞏固的非常重要性。在普欽看來，主權和民主都重要，但相比之下，主權又比民主更重要。他認為，「主權是當今最寶貴的東西，可以說是無可替代的。沒有主權，俄羅斯無法生存。在俄羅斯，民主只有在擁有主權的條件下才能得到鞏固，同樣也只有在擁有主權的情況下才談得上國家的發展與民族的復興」（Путин, 2007）。「主權民主」的核心就是強調俄羅斯式的民主模式，它既是一種意識形態，也是一種政治制度，在這種制度下，民主程序和準則必須服從於愛國主義和強權國家體制的建造。簡言之，「主權民主」概念的核心就是權威主義，即在政治強人的領導下，依據法律法規強化中央權威，強化國家主權，而梅德韋傑夫時期，俄羅斯政治發展的主要特徵是延續性，而延續性最重要的內涵就是延續普欽的政治理念。

再者，許多分析論及俄羅斯現任總理普欽如何能在總統任期內得到俄國人的高度擁護，主要歸因於他對國家經濟復甦的貢獻。1998 年他出掌聯邦安全局，正值俄國面臨嚴重經濟危機：通貨膨脹不可收拾，盧布貶值達 60%，外國投資望而卻步。1999 年 8 月，他被任為總理，年底葉爾欽辭職，他順理成章代理總統職務，任內將幾個棘手的改革項目包括國會、政黨、經濟與地方等各方面的改革，推動前進，經歷連續 10 年平均有 7%的經濟成長率，建立他有行政魄力的形象。普欽的個人政治理念統合成普欽主義，普欽主義是結合保守主義、民粹主義加上個人主義的專制形式。保守主義強調對現狀與傳統價值的維護，反對自由派思想與改革，除了藉此手段保障政權的穩定，也維持了俄羅斯權力網絡之下的利益交換體系；民粹主義是普欽維持聲望的工具，透過能源、武裝行動重建俄羅斯的民族光榮，力圖重回蘇聯時期的大國地位，在民粹主義的推動下，俄羅斯對他國強硬的外交政策將得到國民的支持，普欽也能夠以強人的形象維持其統治地位；個人主義即普欽政權的專制形式，普欽擁有法律與政策的最終決定權，使其能夠在符合法律程序的情況下施行其政策偏好，國家的其他行為者都不能損害其利益、地位與聲望（Fish, 2017）。

因此，普欽主義是俄羅斯普欽政權掌握實權的治理方式總稱，涵蓋了俄羅斯各層面的機制，尤其強調俄羅斯政治力之控制手段，其最主要的呈現，就是俄羅斯的中央再集權化。因此，西方輿論與媒體稱呼「普欽主義」時都帶著負面的思考與形象（Beichman, 2007; Will, 2004; Shelton, 2008），認為「中央集權」為俄羅斯自始至終的主要目標，民主只是假象。

綜合前述，俄羅斯主權民主和普欽主義的走向終結了俄羅斯自葉爾欽以來的政經亂象，也有一說是蘇聯長達 70 年的統治，已經讓俄羅斯傳統政治文化和民主背道而馳[6]。但是，布里辛斯基（Zbigniew Brzezinski, 2008: 100-105）有不同的看法，其認為俄羅斯民主停滯，並走向政治威權並非必要，而是普欽的抉擇（Putin's Choice），對普欽和他的權力菁英而言，

---

[6] 但如果拿烏克蘭來相比較，烏克蘭與俄羅斯相鄰，文化上與俄羅斯緊密聯合，同樣受蘇聯的統治，也和俄羅斯一樣承受蘇聯解體的影響，卻沒有因為要解決國內問題而走向民族獨裁。

一個眞正的民主系統會威脅其權力與財富，「主權民主」和普欽主義爲其中央集權措施的裝飾性說法，並無法指引俄羅斯的未來，因此普欽只能將民眾的焦點聚集在俄羅斯的民族自尊、權力、國際地位和經濟成長，卻無法繪出俄羅斯的長期發展藍圖。

## 貳、資源型經濟的鞏固與能源戰略

2006 年 OECD 將俄羅斯經濟發展模式定義爲資源型經濟，此種經濟發展模式也許短期可拉抬俄羅斯整體的經濟成長，但如果沒有仔細規劃其未來發展，對長期經濟發展而言，反而會成爲其他非資源產業的絆腳石且會使經濟成長趨緩，甚至停滯。

資源型經濟存在著不少潛在型風險，一是總體經濟風險，國內經濟成長容易受外在環境衝擊影響，如果國際價格的劇烈驟降，可能會引起財政赤字，而去舉借外債；二是「荷蘭病」（Dutch disease）風險 [7]，能源產業對資金與勞動力產生虹吸效應，牽制了非能源產業，尤其是民生工業的發展；三是特有的制度風險，由於龐大的自然資源利益驅使，資源型經濟國家政治環境多爲動盪，常有叛亂或內戰產生，也由於大量的能源出口常伴隨著貪汙舞弊，和所得分配不均與貧富差距拉大，長期而言，容易導致經濟成長趨緩或下降（Ahrend, 2006: 5-15）。

從 2003 年以來，石油天然氣資源的出口一直占俄羅斯國內生產總額的 20% 以上、國家總收入的 30% 以上（僅稅收就占 24%），聯邦預算收入的一半以上和國家外匯收入的近 55%，工業生產總值的四分之一。俄羅斯依靠石油出口獲得了可觀的額外收入，不僅使俄羅斯政府提前償還了IMF 的全部債務，還如期償還了鉅額外債，補發了拖欠的工資，增加了固

---

7　1970 年代，荷蘭發現了天然氣，來自國外龐大的需求讓荷蘭的能源產業欣欣向榮，也因爲這個龐大的需求，導致外資大量購買荷蘭幣，使荷蘭幣升值。與蓬勃發展的能源產業相反的是，因升值而失去競爭力的其他出口產業。能源產業的一枝獨秀，並不能彌補其他產業的受傷，導致了大量的失業人口，經濟也受到損害。現在荷蘭已解決了這個問題，但是這個因天然資源引起的效應，仍稱爲「荷蘭病」。

定資本投資，提高了居民最低生活保障收入，可以說，石油收入增加是俄羅斯近年來經濟成長的主要動力。

但是，嚴格來說，石油、天然氣及金屬礦產並不是驅使俄羅斯經濟成長的主要原因，也就是說，能源領域的數值增加並不是實際 GDP 成長的一個主要因素，真正驅使這些工業收入成長的原因在於石油出口至歐洲的價格急速飆漲，同時這些收入滿足了國家預算、個人收入及公司收益。但，卻也導致俄羅斯現在或未來要面臨的許多問題。

資源型經濟導致俄羅斯主要的問題之一，在於俄羅斯的資源型經濟是樹立在國家的安逸與惰性上，由於石油美元的熱錢急速湧入，從事對社會與經濟有益活動的人數正在急速下降。而同時，所謂權力菁英的數量卻持續上升，可以推測，當經濟惡化，國家將難抑制這些菁英的欲望，尤其是這些菁英中有許多是構成普欽政權的權力階層。

問題之二，俄羅斯倚重原物料資源出口的經濟，無論是資金或人員上，已對其他產業造成虹吸效應，事實上，俄國根本無法與低工資的亞洲國家製造商抗衡，即使憑藉著過去在軍事相關以及高科技領域的優勢（如太空科技），國內工業輸出成長與相應的進口業成長相比已經大幅衰弱，這不禁令人想到俄國是否已感染了所謂的「荷蘭病」，一些經濟學家將此病稱為「天然資源的詛咒」，而且此病帶來的併發症，則是貪汙的盛行，因為姑且不論是私人產業或是國營產業，這些既富有又強大的天然資源公司，提供了一個貪汙的溫床，經濟成長可以輕易地為權力菁英所控制。

問題之三，俄羅斯於 2003 年將原物料資源全部收歸中央所有，將之定義為「戰略部門」，而俄羅斯政府干預的結果之一，就是石油製品與天然氣的生產量及出口成長的下降。尤其是天然氣，還需從中亞進口再出口至西歐以達到所需提供的供應量。再者，俄國堅持出口用管線必須被國營的「石油運輸管道公司」（Transneft, Транснефть，以下簡稱 Transneft）所控管，其管線的供應力限制了出口量，且限制私人企業提出建造新管線的計畫，另外也增加賦稅。因此石油獲利將來自於國際價格的持續上升。

基於國家、民族、乃至於個人的強大利益，隨著原物料能源的升高，俄羅斯對原物料礦產能源出口的依賴不斷增加，俄羅斯越來越希望徹底將

原物料礦產能源利益集中於聯邦中央，因此，進一步加強中央集權，成了普欽及權力菁英的不二抉擇。

## 參、制度性策略：制定法律與策略性修憲

### 一、制定法律：確保「強總統—弱國會」、權力黨一黨獨大與壓制反對力量

從 1993 年 12 月第一屆國家杜馬選舉開始，左派的力量，即俄共與自由民主黨等就在國會一直領先，1995 年第二屆乃至 1999 年第三屆選舉，俄共成為杜馬第一大黨團（1995 年占有 157 席，1999 年占有 103 席），雖然國會與總統的交鋒，幾次國會皆居於弱勢，但是在制衡總統權力上，仍有發揮一定的效用。鑑於如此，總統普欽積極促成「統一俄羅斯」黨，之後該黨聯合「人民議員」和「俄羅斯地區」等議員聯盟，擁有杜馬 240 多個席位，形成了支持總統的多數黨，成為自葉爾欽時期以來，第一個擁有國會多數的「權力黨」[8]。

2001 年通過的新「政黨法」規定了政黨必須遵守的基本原則以及一系列限制性和禁止性條款，只允許建立全俄羅斯聯邦範圍的政黨，不承認地區性政黨，政黨至少擁有 1 萬名黨員（但在 2004 年的修正案中，提高至 5 萬名）。2005 年 5 月 19 日總統普欽簽署新的「俄羅斯聯邦國家杜馬代表選舉法」，將混合式選制改為比例代表制，所有議員代表依比例代表制選出，法案還禁止選舉同盟，只有政黨成員可以成為候選人，非政黨成員或其他政黨的人員必須列入某一政黨的候選人名單，才可以成為候選人，但是其數量不得超過名單總數的 50%，得票率超過 7% 的政黨才有權

---

8　俄羅斯本來就不存在實質之執政黨，而只有總統支持之「權力黨」，這是俄羅斯國會的主要特點。「權力黨」是蘇聯解體後在俄羅斯出現的特有現象，它不是執政黨，而是受制於總統，是執政者的支撐力量，實施執政者的政治意圖，確保權力的穩定，透過其在議會中的議員代表使執政者的決策合法化。與此同時，「權力黨」也能從執政當局得到有利的資源，確保本身的地位，故「權力黨」與權力當局的關係是互惠的（Коргунюк, 2001: 19）。

分配國會席位[9]。而此兩法案的通過，2007年第五屆國會杜馬依比例代表制的選舉結果大幅縮減了進入國會的政黨數目，11 個政黨參選，共計只有四個跨越 7% 的政黨門檻得以進入國家杜馬分配議席，這四個政黨中，只有共產黨可以算是反對黨，普欽領導的「統一俄羅斯」黨和另外一個親克里姆林宮的政黨「正義俄羅斯」黨，得票率加起來超過 7 成，此結果讓普欽眞正掌控了國會，並使得原本居於弱勢的民主力量政黨「雅布羅柯黨」（Yabloko, Яблоко），因爲無法突破 7% 的政黨門檻，而無緣問政國家杜馬。

　　2002 年頒布的聯邦法第 67-FZ 號「俄羅斯聯邦公民選舉權與參加全民公決權利基本保障法」（Federal Law No. 67-FZ "On Basic Guarantees of Electoral Rights and the Right to Participate in a Referendum of Citizens of the Russian Federation", Федеральный закон № 67-ФЗ «Об основных гарантиях избирательных прав и права на участие в референдуме граждан Российской Федерации»）、2003 年頒布的聯邦法第 19-FZ 號「俄羅斯聯邦總統選舉法」（Federal Law No. 19-FZ "On Elections of the President of the Russian Federation", Федеральный закон № 19-ФЗ «О выборах Президента Российской Федерации»）是規定總統候選人資格和參選程序的重要法律，總統候選人須經過嚴格的資格審定。2003 年總統選舉法規定，俄聯邦公民若想參加總統選舉並最終註冊爲正式候選人，需要經歷若干法定程序。2003 年版總統選舉法至今修訂多次，其中 2014 年聯邦法第 19-FZ 號立法修正案（Federal Law No. 19-FZ "On Amendments to Certain Legislative Acts of the Russian Federation", Федеральный закон № 19-ФЗ «О внесении изменений в отдельные законодательные акты Российской Федерации»）規定增加了對犯極端主義罪行者的候選人資格限制，而該法目前對於極端主義沒有明確定義，容易成爲當局起訴反對派，並以此阻止其作爲候選人參加選舉的理由。

---

[9]　得票率達到 7% 的政黨不能少於兩個，它們的得票數總計不得少於選民的 60%，假如得票率達到 7% 的政黨少於兩個，未達到 7% 得票率的政黨也有可能依次進入杜馬。

　　普欽 2012 年重新歸位後，其政權走向越趨中央集權並積極打擊反對勢力，並於 2012 年提出 4 項修法。此 4 項影響程度極大的修法如下：

1. 2012 年 4 月 25 日國家杜馬通過聯邦法第 40-FZ 號「關於修改俄羅斯聯邦法『聯邦主體政府立法及行政機關組織總原則』和『關於俄羅斯聯邦公民選舉權和公民投票權的基本保障的聯邦法』」（Federal Law No. 40-FZ "On Amendments to the Federal Law 'On the General Principles of Organization of Legislative (Representative) and Executive Bodies of State Power of the Subjects of the Russian Federation' and the Federal Law 'On Basic Guarantees of Electoral Rights and the Right to Participate in a Referendum of Citizens of the Russian Federation'", Федеральный закон № 40-ФЗ «О внесении изменений в Федеральный закон ‹Об общих принципах организации законодательных (представительных) и исполнительных органов государственной власти субъектов Российской Федерации› и Федеральный закон ‹Об основных гарантиях избирательных прав и права на участие в референдуме граждан Российской Федерации››»），該法於 6 月 1 日生效，規定俄聯邦主體地方行政首長由俄羅斯公民在普遍、平等、直接、不記名投票原則上直接選舉產生（КОДИФИКАЦИЯ.РФ, 2012）。

2. 2012 年 4 月 4 日聯邦法第 28-FZ 號修正條文「關於修改俄羅斯政黨法」（Federal Law No. 28-FZ "On Amendments to the Federal Law 'On Political Parties'", Федеральный закон года № 28-ФЗ О внесении изменений в Федеральный закон «О политических партиях»）放寬政黨標準，從原先的 4 萬人的門檻降低到 500 人。

3. 2012 年 7 月 30 日修訂聯邦法第 139-FZ 號條文「關於修改保護兒童免受損害健康和發展的資訊的聯邦法律及個別法令」（Federal Law No. 139-FZ "On Amendments to Federal Law on Protecting Children from Information Harmful to Their Health and Development and Certain Legislative Acts of the Russian Federation", Федеральный закон № 139-ФЗ «О внесении изменений в Федеральный закон О защите детей от

информации, причиняющей вред их здоровью и развитию и отдельные законодательные акты Российской Федерации по вопросу ограничения доступа к противоправной информации в сети Интернет»）允許政府設置一個黑名單阻止公眾對禁止傳播之資訊的接觸。

4. 2014 年 2 月 22 日俄羅斯國家杜馬通過普欽於 2013 年 3 月 1 日提交的有關恢復國家杜馬選舉混合制的法案「關於俄羅斯聯邦聯邦議會國家杜馬代表選舉法」（On Elections of Deputies of the State Duma of the Federal Assembly of the Russian Federation, «О выборах депутатов Государственной Думы Федерального Собрания Российской Федерации»），並降低了比例代表制得票率的門檻（從 7% 變為 5%）。

從 2012 年的新政黨法的實施來看，俄羅斯雖然開放政黨登記門檻，新登記政黨的組織成分混雜，政治傾向各異，既有現政權的堅決支持者，也有持反對派立場的左翼或右翼政黨，還有中間派政黨。即使在同一政治流派內部，也存在相互競爭的幾個政黨，小黨林立。對於新登記的政黨來說，只要目前不允許在杜馬選舉中結成競選聯盟的法律仍然存在，大多數新黨就很難在下一屆杜馬選舉中達到 5% 的得票率門檻而進入議會。

再者，從國家杜馬選舉法恢復混合制與地區行政首長選舉來看，雖然選舉法中降低了比例代表制得票率的門檻，但是，單一選區代表制有利於大黨，即使是開放了政黨登記，改採混合制，仍是要保障統一俄羅斯黨一黨獨大的地位，避免再出現 2011 年國會選舉統一俄羅斯黨席次不過半的窘境。而地方行政首長選舉從直選又再變為允許各聯邦主體取消直選行政首長之舉，更顯示出普欽為鞏固自身權力與架空法律及制度的內涵的作法。

此外，2012 年 6 月與 7 月對於規範公民團體的立法，針對反對勢力規範與外國力量的介入，防止顏色革命中外國力量的財務與精神支持，可以看見仍是重重把關，更增加媒體與網路的調控與行政罰鍰，國家社會間關係的重整，對於普欽與俄羅斯權力菁英而言，既能管理公民社會，也能使政權合法性提升。但是，過濾網站的立法引致不少批評，批評者認為是因為目前俄羅斯網路所聚集的抗議者年齡層下降，政府假借保護兒童之

名，實則增加網路監控和遏制言論自由，允許俄羅斯政府建立一個黑名單，並開始對網路實施管控（BBC, 2012）。

## 二、策略性修憲：2008 年、2014 年和 2020 年的憲法修正案

2020 年 6 月 25 日至 7 月 1 日俄羅斯舉行了 2020 年的「憲法修正案」（On the Amendment to the Constitution of the Russian Federation, «О поправке к Конституции Российской Федерации»）公投，投票結果顯示俄羅斯聯邦 85 個聯邦主體中有 84 個支持普欽〔僅有涅涅茨自治區（Nenets Autonomous Okrug, Ненецкий автономный округ）反對〕。按照憲法修正案普欽可以連任總統一直到 2036 年。大部分俄羅斯人投票支持憲法修正案，78.56% 的選民支持對憲法 60% 的內容進行修改，7 月 4 日憲法修正案開始生效。這次俄羅斯修憲，除了修改總統任期方面的內容，還有 205 項憲法修正內容，其中包括明確規定婚姻為異性結合，另外還有建立相關指數對養老金和其他社會福利作出保障。這是俄羅斯憲法自 1993 年通過，歷經 2008 年和 2014 年的修憲以來，最重要的修正。

根據俄羅斯憲法第 134 條到第 136 條規定，修改憲法的草案須由總統、聯邦委員會、國家杜馬、聯邦政府、各聯邦主體的立法機關、上下議院五分之一的議員提出（第 134 條），草案由憲法會議成員總數三分之二的票數予以通過或交付全民投票。全民投票時，需有二分之一以上的選民參加投票，參加投票者二分之一以上對其表示贊成，俄羅斯聯邦憲法即為通過（第 135 條）。並在不少於三分之二的俄羅斯聯邦各主體立法權力機關批准之後生效（第 136 條）。

2008 年和 2014 年的修憲，都只是小幅度鞏固總統權力的修憲。

2008 年修憲主要是為了替 4 年後普欽歸位作準備，梅德韋傑夫上任後，便積極推動將總統任期從 4 年延長為 6 年，國家杜馬的議員也從 4 年延長至 5 年。由於修正案的解釋中明確規定了，在任總統的那一屆任期不被延長，修憲為普欽復位後可連任 12 年鋪路。

2014 年修憲，主要加強了總統在檢察機關體系的檢察長任免權力，

尤其是總檢察長的人選、副總檢察長的任命都是由總統主導。總統可以透過人員安排來實現檢察權的間接應用。任免檢察長的權力掌握在總統手中，這和國家杜馬 3 次否決總理人選時有被解散的風險一樣，檢察長最終也就不得不聽從於總統。普欽以總統身分直接策動，同時借助「司法體系改革」的理由，順勢推動了檢察機關的附屬化，擴大了自己的人事許可權，加大總統自身權力。

　　2020 年修憲可視為普欽採用修憲的方式，為自己的去留和未來的執政以及權力交棒作了初步的準備。這一次修憲是俄羅斯聯邦通過 1993 年憲法以來改動最大的一次，俄羅斯憲法第 134 條到第 137 條規定，對於第一章、第二章和第九章的修改通過門檻高於第三章至第八章，因此普欽此次動用修憲權，最主要是從第三章至第八章各方面都作出了調整。

　　2020 年憲法修正案，最主要修正有以下幾點：

1. 強調信仰上帝，捍衛二戰歷史「真相」，以及強調俄羅斯作為蘇聯的繼承國的重要性（第 67 條）。

2. 明確規定俄語作為國家語言的地位（第 68 條）。

3. 聯邦公務員，尤其是擔任「確保國家安全的重要職位」的人（總統、部長、法官、地區負責人）在任職時不應擁有外國公民身分或居留權，對於總統則在任職前也不允許。且限制不得在俄羅斯聯邦境外的外國銀行開立和維持帳戶（存款）、存放現金和貴重物品（第 71 條、第 77 條）。

4. 將婚姻定義為一男一女之間的關係（第 72 條第 1 項）。

5. 規定官方貨幣是盧布。最低工資不得低於最低生活水準。退休金定期調整（第 75 條）。

6. 俄羅斯憲法應優先於國際法。國際條約如與俄羅斯憲法牴觸者，不得執行（第 79 條）。

7. 總統候選人必須在俄羅斯居住至少 25 年（原憲法規定為 10 年）。同一人擔任俄羅斯聯邦總統的任期不得超過兩屆（第 81 條）。

8. 根據俄羅斯聯邦政府總理的建議，批准聯邦執行機構的結構，對其進行修改；在聯邦執行機構的結構中，確定由俄羅斯聯邦總統管理的機構和由俄羅斯聯邦政府管理的機構（第 83 條）。

9. 成立俄羅斯聯邦國務院（State Council of Russian Federation, Государственный Совет Российской Федерации），以確保公共當局的協調運作和互動，確定俄羅斯聯邦國內和外交政策的主要方向以及俄羅斯社會經濟發展的優先領域狀態（目前僅爲諮詢機構且在憲法中沒有規定）。成立俄羅斯聯邦安全委員會（Security Council of Russian Federation, Совет Безопасности Российской Федерации），以協助國家元首在確保個人、社會和國家的利益和安全以及維護國內和平與和諧的問題上行使權力（第 83 條）。

10. 總統任職期滿可以享有豁免權（第 92.1 條）。總統任職期滿後，終身爲俄羅斯聯邦委員會（議會上議院）議員（第 95 條）。

11. 聯邦委員會有權向總統提議將聯邦法官撤職；在某些情況下，聯邦委員會根據總統的提議，有權罷免憲法法院和最高法院的法官（第 102 條）。

12. 國家杜馬（國會下議院）對俄羅斯聯邦總統提出彈劾，以將其免職，或對卸任的俄羅斯聯邦總統提出彈劾，以剝奪他的豁免權（第 102 條）。

13. 國家杜馬對總統提名之總理候選人、總理提名之副總理和聯邦部長候選人有同意權（第 103 條）。聯邦委員會、國家杜馬有權行使議會監督權（parliamentary control, парламентский контроль），包括向總理和地方行政首長就其職權範圍內的問題執行議會質詢。行使議會監督權的程序由聯邦法律和聯邦議會兩院的章程確定之（第 103.1 條）。

14. 總統可將否決再通過的法案提交至憲法法院審議，由憲法法院審查其「合憲性」（第 117 條）。

15. 俄羅斯總統可以在國家杜馬 3 次不同意總理候選人後解散國家杜馬（第 111 條第 4 項）。

　　值得注意的是，1993 年俄羅斯憲法中沒有特別關於俄羅斯民族主義和俄羅斯獨特性的規定，且具有國際性，但是 2020 年的憲法修正案強化了民族主義傾向：俄羅斯新憲法賦予俄羅斯憲法法庭否決國際法庭判決的權力，還限制取得外國國籍和居留權的俄羅斯人擔任公職，禁止取得外國居留權或公民權的俄羅斯人參選總統（Государственная Дума, 2020）。

## 肆、非制度性運作：鞏固權力菁英

　　Potter、Goldblatt、Kiloh 和 Lewis（1997: 10）所著的《民主化》（*Democratization*）一書中特別提到民主化模式的三種理論取向：第一，現代化理論途徑（Modernization Approach）——強調許多有關現行自由民主或成功民主化所必要的社會與經濟要素；第二，轉型理論途徑（Transition Approach）——強調政治過程及菁英的主動與選擇，以解釋從威權統治邁向自由民主的緣由；第三，結構理論途徑（Structural Approach）——強調有利於民主化的權力結構變遷。其中轉型理論研究途徑乃是以政治菁英爲焦點，而非人民。而俄羅斯的主權民主與中央集權化走向，也就是西方學者所稱之「民主逆流」（Carothers, 2006: 55-68），也是大體上取決於政治菁英的行爲，及其行爲時機、地點與方式，因爲，「菁英決定轉型的界線、安排進程及控制結果」（Hughes, 1997: 1017-1036）。

### 一、普欽政權權力菁英的來源、背景與特質

　　關於蘇聯解體後，俄羅斯權力菁英的來源有著兩派的觀點，一派主張「菁英流動」（elite circulation），認爲蘇聯時期的菁英集團——「職官名錄」（nomenklature, номенклатуры），已由社會各階層的新興菁英所取代；另一派主張「菁英再生」（elite reproduction）[10]，認爲蘇聯時期的黨政菁英並沒有消失，而是經由俄羅斯的私有化政策，間接將前蘇聯的權力資本化，在葉爾欽時期，搖身一變成爲新一代的俄羅斯政治菁英，並且或在政界成爲「權力黨」，或在金融工業集團具有更大的影響力與潛力。此兩派雖然對於俄羅斯權力菁英的產生有著不同的看法，但觀察俄羅斯的權力菁英，有一點是可以確定的，也就是在「威權競爭群」中的俄羅斯，新舊菁英雖大部分不是「同一」，卻是「同源」的（吳玉山，2007：83-

---

[10] 如 White and Kryshtanovskaya（1998: 125-146）；Hanley et al.（1995: 639-66）；Pakulski et al.（1996: 133-147）；Kryshtanovskaya（1995: 10）。

84）。雖然在普欽時期，普欽打擊寡頭，但其打擊寡頭的目的是爲了清除葉爾欽時期的權力菁英，普欽雖建構了自身的權力菁英徵補方式，但仍有大部分來自前蘇聯的黨政結構，尤其是來自於擁有蘇聯思維和傾向的人——有 75-78% 的政府官員是來自於前蘇聯軍方、國家安全或國際事務機構（Inozemtsev, 2009: 42），其新領導階層和蘇聯舊權力菁英還是有很強的延續性。

　　值得注意的是，普欽時期的權力菁英結構有兩個問題，而藉此衍生出嚴重的政治與社會脫節問題，進而阻礙了俄羅斯的民主發展：

## （一）知識菁英的邊緣化

　　前蘇聯時期的黨政菁英在俄羅斯的菁英再生過程分成了兩種不同的類型：權力菁英和經濟菁英，前者源於政治職位和聲望，後者則是基於對資本的控制（Kryshtanovsckaya and White, 1996: 711-733），但前蘇聯的知識菁英卻被邊緣化，因爲此一階層是民主的動員力量（Hughes, 1997: 1017-1036）。而隨著國家主權主義的擴張，普欽政權對於權力菁英選用的標準更加在於權力菁英對於當權者的政治認同、是否對其統治地位構成威脅、和能否貫徹當權者的意志，也是基於個人與派系、家族的關聯（也就是親信）或酬庸性質，而非知識、才能與實績功過（merit）（Huskey, 2010: 370）。從圖 1-2 的統治思想與菁英徵聘系統和各國的比較來看，俄羅斯明顯的是落在左下角。

　　再者，上層的權力菁英在組成上大多來自蘇聯的黨政結構，知識菁英卻是蘇聯變革的領導先驅，是與現實的權力菁英存在思想的衝突，而蘇聯解體後，「他們雖然獲得了所追求的政治與學術自由，但卻失去了相對優勢」（Lane, 1996: 539-549），因此，知識菁英在統治階層的邊緣化也影響了俄羅斯的社會層級（social stratum）結構的合理性 [11]。

---

[11] 俄羅斯知識菁英的邊緣化主要原因在於，俄羅斯並沒有在 1991 年蘇聯解體獨立後馬上改選國會，因爲當時的國會是人代會和最高蘇維埃，而人代會和最高蘇維埃在此時是支持葉爾欽的政策，甚至還授權葉爾欽進行經濟改革，故葉爾欽否決了在蘇聯解體後立即舉行國會大

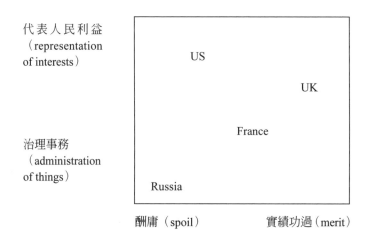

**圖 1-2　統治思想（ruling ideology）、酬庸 VS. 實績功過菁英徵聘系統**

資料來源：Huskey（2010: 369）。

　　俄羅斯自獨立以來，其社會層級結構最大的問題就是中間階層（middle class）的匱乏，俄羅斯可以稱為中間階層的人不足 20%[12]，而在有限的中間階層成員中，有很大一部分是小型企業主、個人經營者和擁有

選：等到 1993 年 12 月舉行時，時間已經過了 2 年，在 1990 年至 1991 年民主運動發展時期建立起來的政黨，因為得不到活動的舞臺，幾乎都消失殆盡，其中以右派自由主義取向的政黨損失最大。因此，若是要再精確界定俄羅斯的知識菁英，右派自由主義，如雅布羅柯黨可謂知識菁英與中間階層之代表人物。而反對力量的邊緣化，作者認為並不可直接與知識菁英和中間階層的邊緣化劃上等號，兩者可或為因或為果，此有待後續研究。

[12] 一般而言，曾經或現在是社會主義國家，如俄羅斯與中國等，較喜歡用中間階層來代替中產階級，一是中產階級帶有資本主義色彩，二是中間階層涵蓋層次較廣，亦包含中產階級。關於「中間階層」，作為一種社會層級概念，一般從收入、私人財產、職業和教育、自我認定來作社會層級界定。Tat'iana Maleva 在其 2008 年俄羅斯中間階層的研究中，以三個變項，也就是收入與財產、職業與教育水準、自我認同（level of income and material well-being; occupational and educational status; self-identification），來定義與交叉測量俄羅斯的「中間階層」，她發現如從收入（income）來看，有 45% 可定義為中間階層，從擁有耐久財（possession of durable goods）來看，為 52%，從自我認同（self-identification）來看，為 30%。如從教育與職業來看，僅有 19%，如要求三個變項兼具，則俄羅斯的中間階層僅有 5%，而任具有兩個變項特徵，則為 15%（Малева, 2008: 21-23）。Natalia Tikhonova 則從三個標準──財產、自我認同、社會專業地位和資源，包含一般和特殊的人脈（material well-being; self-identification; social-professional status and resources; including general and specific human capital）來測量俄羅斯的中間階層，如果三個標準兼具，能被稱為中產階級的人不足 20%（Тихонова, 2008）。

私有土地、較為富裕的地主，而這些本質上是屬於「傳統的中間階層」，他們的生活方式與價值訴求仍屬於過去，很難理解和認同現代民主政治，而在一般民主國家，中間階層為一群曾受過良好教育和技能培訓，具有現代民主思想，或曾經投入真正的民主實踐的人們，諸如醫生、律師、教師、科學家、工程師和其他專業技術人員（Шкаратан, 2009），而他們卻在俄羅斯急遽的私有化過程中被刻意邊緣化，這顯然對於俄羅斯的民主也是極其不利的。

### （二）權力菁英幾乎是軍警系統出身或科技官僚（technocrats），而非政治家（politicians）或政治通才（generalists）

　　軍警系統出身涵蓋強力集團（siloviki, силовики）成員[13]，而科技官僚意指該人其教育背景和／或工作經驗皆是在單一專業領域，通常其專業領域是和其領導的部門有所關聯。科技官僚包含經濟學者、律師和工程師。而政治家或政治通才則是指該人在擔任部長前，曾在議會、州長、共產黨、總統或政府參與選舉。

　　普欽政權的權力菁英幾乎在其政治生涯中並沒有選舉經驗。俄羅斯的內閣成員中，擁有選舉經歷的成員比例遠低於其他國家，即使是任用科技官僚非常普遍的總統制國家，如巴西和美國，其核心成員之無選舉經驗的比例也遠低於俄羅斯，他們考量，對於人民需求具敏感度（sensitivity to popular demands）與擁有公眾課責性傳統（the tradition of public accountability）的政治家加入行政團隊是可彌補純粹科技官僚背景成員的不足（Sakwa, 2008: 879-897）。

　　如果從社會階層的流動性來看，合理的社會層級結構與公平公正的社會流動機制不僅保證經濟的持續發展，社會的和諧進步，而且是政治民主化的社會支持力量。伊諾忍徹夫（Vladislav Inozemtsev, Владислав Инозeмцев, 2009: 46-47）認為整個俄羅斯社會可以區分成三個政治階層：

---

[13] 有關強力集團的分析於後述。

第一個階層，也就是最底下的階層，是大多數人組成的普通人口。這個階層由於成員的流動與政府幾乎斷裂，因此大部分的人民不相信政治會考慮他們的需求和期望。但他們某種程度上比蘇聯時期自由，包含財產權和遷徙的權利。而俄羅斯在獨立的 30 年中，並沒有發展出實際的國家思想，但其中一個最重要的目標是將「資訊和宣傳機構」與「資訊和宣傳的目標對象」作最大的隔離。第二個階層是一個較小的團體，通常是由聯邦或地方菁英所認為的重要經濟計畫參與者。這個團體能夠正式的運用憲法所保障的自由，但實際上他們的活動是受到嚴格限制的。第三個階層則是權力菁英自己，透過相互利益連結在一起的團體。這個團體任意建立和改變遊戲規則，結果不用負擔任何責任。

　　由上所述，俄羅斯的政治階層出現了兩個問題：其一，第一層與第三層間很明顯地出現了斷層，因為俄羅斯的權力菁英很少是選舉出身，這意味著俄羅斯的第一階層與第三階層間缺乏流動，特別是垂直的流動，或稱菁英從社會到國家的流動（the circulation of elites from society to the state），這會導致國家制度除了不能回應社會主要的需求與利益外，政策的決定也不會以民眾的利益為依歸，更不用說改善施政能力而對人民負責（Scott, 1998）；其二，第二階層的構成大多是蘇聯時期的黨政菁英因為急遽的私有化而累積大量財富的「俄羅斯新貴」（The New Russians, Новые русские）──1991 年後，在俄羅斯前 20 的企業中，有 30% 的董事會成員及高階經理都曾在前蘇聯的國家管理部門工作過，且很多都在財政部或是在總統或政府的核心行政機關再轉入商業界〔或稱旋轉門（pantouflage）方式〕，普欽時期打擊寡頭並實施國家主權主義，因此，政府官員身兼企業董事會主席或執行長職務，這或許也是俄羅斯商業菁英的部分國有化的展現，而此情形在 2008 年的金融危機，俄羅斯政府提供重點企業資金紓困，但條件是必須在其公司的決策階層中派駐政府人員監督後，第二階層的自由空間已逐漸為政府所掌握。

## 二、普欽政權的權力菁英結構概述

　　普欽政權是普欽與其背後的權力菁英所架構，此體制更反映出普欽與其權力菁英的特質、背景與思維模式，其主要目的就是鞏固自身的權力。支撐普欽權力菁英權力層級的基本思想，國家（state）是一個霍布斯式的巨靈，對人民不用負擔責任而只追求自身的利益。本質上來說，俄羅斯權力菁英的「國家」一詞意味著統治階級，以及這個統治階級爲確保自身優勢地位所創造出的機制的代名詞（Inozemtsev, 2009: 40-60）。

　　如同普欽於聖彼得堡出身的背景與生涯經歷，在其執政生涯，普欽逐漸構建起圍繞自身的權力菁英三大權力體系：強力集團、聖彼得堡幫（Petersburgers, петербуржцы）及科技官僚專門人員。透過強力集團，普欽控制了俄羅斯的憲政體系的「武力部門」（power bloc）；透過聖彼得堡幫，普欽控制了克里姆林宮；而透過科技官僚專門人員，普欽得以推進其行政與經濟改革。可以說，憑藉並操控這三大權力菁英體系，並利用彼此間的權力傾軋，普欽清除了政治強敵，鞏固了政治地位，形成了非常牢固的政治權力架構，也爲了維持此權力架構，中央集權的政治威權統治成了普欽的政治方向選擇。

　　檢驗俄羅斯的民主發展，對俄羅斯的權力菁英而言，民主只不過是一種政體的形式，是一種達到更進一步目的的手段。民主本身並不是終極目的，因此也可以爲了終極的目的（例如民富國強）而加以修正（吳玉山，2009：203-204），而對於俄羅斯人民而言，由於自 1991 年蘇聯解體後，政治經濟的動盪導致人民極度渴望安定、渴望秩序，甚至認爲秩序可凌駕於民主價值[14]，因此，人民的渴望成了權力菁英操縱民主的工具，而權力菁英爲了自身權力的鞏固，除了更加擁戴普欽之外，還更進一步地以控制菁英徵聘系統與操控資源型經濟來增進中央集權。

---

[14] 在「列瓦達中心」（Levada-Center, Аналитический центр Юрия Левады (Левада-Центр)）2011 年 1 月 18 日公布有關「秩序或民主？」（Order or democracy?, Порядок или демократия?）的民調中有 56% 的人民認爲要達成秩序可能「不得不作出一些違反民主原則和限制個人自由」（Левада-Центр, 2011a）。

# 第三節　普欽政權下之民主抉擇

## 壹、普欽政權政治系統之矛盾詮釋

綜合以上分析，可以發現，普欽的國家領導風格極其矛盾，一方面堅守法理，採行制度性的策略，但爲了鞏固權力，又積極運行非制度性策略，但有一點是不變的，就是國家主權主義——一個強大的俄羅斯國家。而 Sakwa（2008: 884-86）也指出普欽的國家改造模式也在兩種形態間徘徊，一是回歸憲政（reconstitution），另一是回歸集權（reconcentration）。（見表 1-1）普欽曾於 2000 年就任總統時，承諾要維護現行的憲法原則，並確保憲法之普遍適用和憲法至高無上，也許可以將其欲改造之國家形態稱之爲「回歸憲政」，但就位之初，葉爾欽政權所遺留的餘毒——疲弱的經濟、寡頭、分離主義等，致使普欽運用鐵腕，以法治爲名，行極權之實。

### 表 1-1　普欽的國家改造形態矛盾

| 國家形態（state type） | 結果（outcome） | 實踐（practices） |
|---|---|---|
| 回歸憲政（reconstitution） | 多元國家主權主義（pluralistic statism） | 法之普遍適用、立憲主義、享有平等的公民、有效聯邦制、自主的公民社會 |
| 回歸集權（reconcentration） | 壓縮國家主權主義（compacted statism） | 中央集權化、濫用法律、管理式民主 |

資料來源：Sakwa（2008: 884）。

而 Whitmore（2010: 999-1025）更直言普欽政權的非制度性運作模式爲「新宗族主義」（neopatrimonialism），新宗族主義早先是非洲研究學者根據韋伯（Max Weber）的宗族主義理論的基礎上所制定的（非洲的新宗族主義常被認爲是政府與官員職能不清的結果，而這樣的制度卻在形式上依然保持了現代體制與政府程序[15]）。而新宗族主義國家最核心的特徵

---

[15] 宗族主義之所以加上「新」這一前綴，是爲了說明新宗族主義與歷史中的宗族主義有所不

是個人化的權力。正式的規則相較於領導權力的非正式網絡來說，是比較不重要的。Lynch（2005: 152-63）更認為俄羅斯從建國之初，也就葉爾欽執政時期乃至普欽執政時期都是採行新宗族主義，真正的權力都是圍繞在總統和其權力菁英上，從國家政權建立恩庇侍從的關係壟斷性之國家資本主義的物質基礎上，透過恩庇侍從關係（patron-client relationship）來分配政經利益給其追隨者或結盟者，以獲取後者的政治效忠或支持，從而非正式地增強統治權力核心所遂行之威權統治之合法性。

但是，俄羅斯國家的合法性是正式根植於 1993 年俄羅斯聯邦憲法第 1 條「俄羅斯聯邦——俄羅斯是具有共和制政體的、民主的、聯邦制的法治國家」的民主根基中——公民選舉制度、民選或被人民肯定的總統、議會和憲法。而對於合法性法理的要求也同時降低了統治成本。因此，法理氛圍的維持對於政權合法性而言，是極其重要的。合法化被視為國家立法的關鍵性功能，特別是在該機構在政策影響或利益銜接方面起著最低或邊際作用的國家 [16]。

由此可見，普欽政權運作擺盪在法理（legal-rational）與恩庇侍從的氛圍（sphere）裡（見圖 1-3），也就是正式與非正式之間，是極其矛盾的。普欽曾於 2000 年就任總統時，公開發言要成為憲法和法律的捍衛先鋒，但諷刺的是，他及其領導團隊以法律與制度來增加政府的合法性與支持度的同時，卻以非正式運作，如恩庇侍從、酬庸和尋租等來鞏固自身權力與架空法律與制度的內涵，無論是政治面或是經濟面，引起貪腐不斷，卻根絕不了。

---

同。與宗族主義不同（章伯將其理解為某種權力傳統），新宗族主義不基於非人際互動，而是將司法官僚規範及結構與權力關係或人際關係結合起來，宗族主義與司法官僚因素的並存，引發出一個重要問題，即權力互動的形式與結果。事實上，新宗族主義導致「雙重形勢，即一個國家既實行宗族主義，又十分官僚化」。

[16] Packenham（1970: 81-96）提出三種伴隨國家立法的合法化過程——潛伏、顯明和「安全閥」（latent, manifest and safety-valve）。潛伏合法化（latent legitimation）為公開且定期的立法會議，象徵民意對政權的認可。顯明合法化（manifest legitimation）意味著以公民的名義批准行政決定與政策，也被視為對國內與國際的合法性是極其重要的，包含提供政府一個對選民解釋政策的平臺之政治系統維持功能。「安全閥」合法化（safety-valve legitimation）表示立法機關提供一個論壇的能力，此論壇允許政策的對手和反對派政治家公開表達他們的意見，藉此宣洩系統的緊張局勢，但無論如何也不會影響最後的政策選擇。

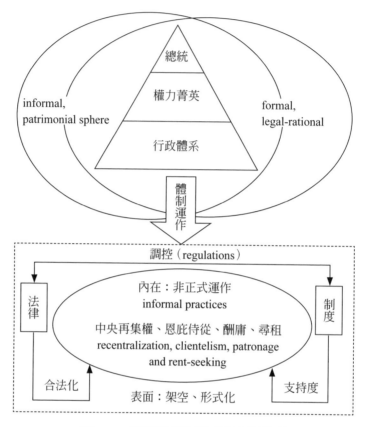

**圖 1-3　普欽政權運作與執政矛盾**

資料來源：作者自繪。

## 貳、俄羅斯人的民主觀

　　俄羅斯的權力菁英，尤其是強力集團，其核心價值為法律、秩序和穩定高度優先於民主和公民社會，並且是經濟民族主義者，認為國家的自然資源是屬於俄羅斯民族，提倡俄羅斯應該重返國際的大國地位（Bremmer and Charap, 2006: 88-90）。這樣的想法透過經年累月的媒體控制與社會運作，卻也讓人民去接受秩序高於民主價值。

## 一、俄羅斯人民主觀之民意調查

普欽的中央再集權政策開始於 2003 年至 2004 年油價初漲時期，長期從事「俄羅斯選舉研究系列」（The russian election studies series, RES）的研究團隊[17]曾於 2008 年作了有關俄羅斯人民對於民主定義的民意調查，包含下列問題：「依你的看法，什麼是民主國家？依你的話語，民主國家和不民主國家的分野點（也就是民主構成要素）為何？」（見表 1-2）讓俄羅斯人民以自己的詞彙來定義民主，而不是給予封閉式問卷和條列式的答案。而關於俄羅斯人如何理解與定義民主的真實想法之結果相當地出乎意料之外，最震撼的發現之一為超過將近四分之一的人民（26%）無法對民主作出任何定義，在此同時，有 4% 連試著回答都拒絕。此外，相當有意思的是，將近五分之一的人民對民主的理解和一般學者所定義的民主完全不同。也就是說，18% 的俄羅斯人定義的民主包含下列組合：物質福利、市場經濟、秩序、主權、強大的領導者、經濟平等和其他。事實上，僅有41% 描述的民主符合西方學者所使用的定義，包含權利、自由、法治、選舉、政治競爭或最常見的詞句：人民的權利。還有 11% 的人民是兩者皆有提及。

還有一個重要的發現，那就是僅有 5% 的樣本提及民主的核心定義——選舉或政治競爭。在「標準」的民主定義中，最常被提及的是權利與自由（37%）、法治的概念和誠實的政治（13%），及相當模糊的概念，民主是人民的權利（近 8%）。

再者，相當重要的是，許多俄羅斯人在解釋民主這個名詞時，是相當偏離西方學者的定義。將近十分之一的俄羅斯人認為物質福利（包含金錢收入、提供就業或高額退休金）是民主的形態定義。大約有 5% 的人認為民主是一個國家願意注意人民需求且允許人民「參與」的系統，是統治者

---

17 「俄羅斯選舉研究系列」研究團隊由下列學者計畫與執行：Timothy Colton（1995 年至今）、William Zimmerman（1995-1996）、Michael McFaul（1999-2008）及 Henry Hale（2003-2008），並與 Demoscope group 的俄羅斯科學研究院社會學研究所的學者 Mikhail Kosolapov 和 Polina Kozyreva 攜手合作，RES 從 1995 年至 2008 年每個選舉回合皆會對俄羅斯人民進行民意調查。

的決定，而非人民的權利。其他則對民主的定義有著不同的標準，如社會
平等（3%）、公平（1%）、政治秩序（2%）、強大的領導者（0.3%）、
一個共同的目的或調和感（0.3%）。而僅有0.7%的人民定義民主為主權。
大約有4%的人在回答民主定義問題時，是列出一大堆問題，如混亂無秩
序、貧窮等，似乎將這些問題和民主劃上等號。

表 1-2　2008 年俄羅斯人民對於民主構成要素的不同定義（開放性問卷，
　　　　民主構成要素百分比 % 依被訪者的所指名）

| 民主構成要素 | % |
|---|---|
| 權利與自由 | 37.4 |
| 法治 | 12.9 |
| 物質福利 | 9.7 |
| 人民的權力 | 7.7 |
| 選舉、政治競爭、投票 | 5.2 |
| 善意（benevolence） | 4.8 |
| 問題（problems） | 3.5 |
| 平等 | 2.6 |
| 秩序 | 1.7 |
| 市場 | 1.1 |
| 公平 | 1.0 |
| 主權 | 0.7 |
| 國家所有權（state ownership） | 0.5 |
| 參與 | 0.4 |
| 強大的領導者 | 0.3 |
| 調和（accord） | 0.3 |
| 其他 | 5.4 |
| 難以作答 | 26.8 |
| 拒答 | 4.3 |

資料來源：Hale（2011: 1361）。

隔了 12 年，2020 年 12 月 17 日俄羅斯民意基金會（Фонд Общественное Мнение, ФОМ/FOM）也公布了類似的民調結果，該會於 2020 年 11 月 20 日至 22 日進行「關於民主」（О демократии）主題電訪，也是採用開放式問卷，作了有關俄羅斯人民對於民主定義的民意調查，問題爲「你怎麼理解『民主』這個詞彙？你認爲這意味著什麼？」（Как вы понимаете слово «демократия»? Что оно, по вашему мнению, означает?）（表 1-3）。

表 1-3　2020 年俄羅斯人民對民主理解的民調結果（百分比依受訪者的敘述大致歸類）

| 對「民主」的理解 | % | % |
|---|---|---|
| 民主權利和自由（Демократические права и свободы） | | 31 |
| 　公開、言論、思想自由（Гласность, свобода слова, мнений） | 20 | |
| 　選舉、活動自由（Свобода выбора, действий） | 11 | |
| 　一般自由（Свобода в целом） | 6 | |
| 　平等（Равноправие） | 2 | |
| 　尊重人權（Соблюдение прав человека） | 1 | |
| 　其他自由（Другие свободы） | 1 | |
| 人民權力，參政權（Народовластие, участие народа в управлении страной） | | 17 |
| 對於民主的強烈負面言論（Резко отрицательные высказывания о демократии） | | 6 |
| 俄羅斯沒有民主（В России нет демократии） | | 5 |
| 法治，秩序（Главенство закона, порядок） | | 4 |
| 關愛人民，改善生活（Забота о людях, улучшение их жизни） | | 4 |
| 人人平等，機會均等（Равенство, наличие равных возможностей для всех） | | 3 |
| 無政府狀態、放任、缺乏法律和秩序（Анархия, вседозволенность, отсутствие законности и порядка） | | 3 |
| 政治、政治層面（Это политика, политический строй） | | 2 |
| 一般積極的說法（Общие положительные высказывания） | | 1 |
| 其他（Другое） | | 1 |
| 很難回答、沒有答案（Затрудняюсь ответить, нет ответа） | | 33 |

資料來源：Фонд Общественное Мнение, ФОМ（2020）。

　　這份 2020 年問卷的結果，與 2008 年 RES 的訪談結果極其類似，也就是說 12 年前（2008）後（2020），對於民主的看法依然迥異於西方普遍的定義，而且呈現兩極化的趨勢。有大約 48%（12 年前為 41%）描述的民主符合西方學者所使用的定義，包含權利、自由、法治、選舉或人民的權利（但是卻沒有看到政黨競爭）。卻有高達 16% 的民眾對民主採取極為負面的看法（俄羅斯不需要民主、民主是空洞的詞彙、無政府狀態、無秩序、無法治、是政治力、是混亂、是騙局、是錯誤等），而平等（3%）、福利（4%）也偏離西方的定義。

　　而在「全俄輿論研究中心」（Всероссийский центр изучения общественного мнения, ВЦИОМ）2014 年 4 月 3 日公布有關「秩序或民主？」（Order or democracy?, Порядок или демократия?）的民調[18] 中，超過半數的受訪者（71%）表示偏愛秩序，確信對俄羅斯來說實現秩序是很重要的，即使為此有必要採取一些違反民主原則的行為。俄羅斯聯邦共產黨的支持者（78%）和老年人（77%）比其他人更經常地堅持這一觀點。有趣的是，在過去的 15 年裡，受訪者在這個問題上的立場沒有改變（1998 年為 69%）。與此同時，俄羅斯人（45%）最常將國家的政治和經濟穩定理解為「秩序」（20 年前，38% 的受訪者也這樣認為）。29% 的受訪者認為秩序是嚴格遵守法律，20% 的受訪者認為這是每個人行使權利的機會。

　　只有 20% 的受訪者認為有必要嚴格遵守民主原則，即使是罪犯也有一定的自由。而年輕人（29%）、莫斯科人和彼得堡人（33%）較多數支持。而在民主的認定方面，47% 的俄羅斯人認為民主就是言論、新聞和信仰的自由，而 27% 的人認為民主就是社會秩序和穩定的保證，24% 的人認為國家的經濟繁榮，及 19% 的人認為嚴格的法治是民主不可分割的特徵。

---

[18] ВЦИОМ 於 2014 年 3 月 8 日至 9 日開展了一項全俄民意調查。包含俄羅斯 42 個州、邊區和共和國的 130 個城市，1,600 人接受訪問。統計誤差值不超過 3.4%（ВЦИОМ, 2014）。

## 二、俄羅斯人民主觀發展之影響因素

在俄羅斯憲法架構下，高度人治威權政治現象，普欽能當選三任、四任總統，甚至能在 2024 年繼續參選，俄國人民的民主觀，以西方民主價值觀之，確實出了問題。但為何有此現象，或是為何會出現一黨獨大，以致讓政治菁英有機可乘？作者認為，有下列三項因素影響俄羅斯人民的民主觀發展，分別為歷史文化的東正教文明對政治文化的影響、90 年代俄羅斯獨立初期之政治經濟動盪，及俄羅斯的公民社會存在的爭議性。

### （一）東正教文明與俄羅斯政治文化

從西元 988 年到 1917 年，東正教一直是俄羅斯的國教，處於沙皇政權的控制之下，配合國家政策行事，為沙皇專制統治服務，「君權神授」與「政教合一」的觀念逐成為俄國政治形態的特色（Пушкарев, 1953: 40），而東正教會賦予莫斯科政權「第三羅馬」的說法，強調「神選王國」（God's Chosen Kingdom, богоизбранное Царство，指帝俄）的尊崇地位，使得俄羅斯的民族意識中，具有強烈救世使命的世界觀，只有俄羅斯民族的發展和強盛，才能使基督教復興。俄羅斯民族的發展與東正教的復興，互為因果而使其具有強烈的大國情結，蘊含濃烈的強國意識和深厚的愛國主義精神，成為俄羅斯傳統思想的精髓所在（Пушкарев, 1953: 142-43）。

再者，在沙皇時代，沙俄政教合一，為專制提供了原始的基礎。國家和宗教的緊密聯繫，鞏固了民眾對權力集中的普遍認可。人民對救世主的期盼常常變成對沙皇或統治者的期盼，長達數百年實行沙皇專制統治，而 1917 年蘇維埃政權成立後，政治體制轉為共產集權統治，俄羅斯的政治發展歷史造就了人民民主觀念缺失的政治文化，更賦予統治者實行鐵腕統治的政治合法性，以保障政治秩序和社會穩定。

## （二）90年代俄羅斯獨立初期之政治經濟動盪

在俄羅斯獨立初期，葉爾欽開始政治與經濟民主化，政治與經濟的開放，加上政府希望藉由經濟改革獲得經濟成長，因此，人民對於自由與民主是有著相當大的期待。但是，俄羅斯震盪療法的威力開始展現，經濟大幅衰退外，通貨膨脹與失業率高漲，民眾認為民主與自由經濟所帶來的並不是富有，而是痛苦時，民主體制受到質疑。因此，政策朝令夕改導致政策績效低落，更由於國會與政黨的弱勢，無法為人民伸張權利，相對政策也不彰，人民根本不信任國會與政黨的機制，也間接地表現出對民主的失望。

## （三）俄羅斯的公民社會存在之爭議性

蘇聯解體至今已過20年，公民社會在俄羅斯發展也同樣經過20年，俄羅斯是否存在著公民社會仍具爭議性，原因有二：其一，西方學者慣以「民主」與「民主化」角度來檢視俄羅斯政權和政治，「自由之家」（Freedom House, 2005）的評分指標當中，其中一個主要觀測點就是公民社會的發展，其近年來對於俄羅斯的民主自由評比分數不斷下滑，至2004年末，已經是下降至5.5分，評為「不自由」國家，而其評比從「部分自由」下滑至「不自由」，原因為「幾乎消除了在該國的具有影響力的政黨與反對力量和行政權力進一步集中」；其二，中間階層，或西方稱中產階級，一直以來被認為是公民社會的主要力量。但是由於葉爾欽時期承接蘇聯遺緒的權力菁英壟斷政治版圖，金融寡頭寡占經濟利益影響，及普欽時期鞏固菁英群的非制度性策略，如恩庇侍從、酬庸和尋租等，極其壓制俄羅斯中間階層的發展，導致社會層級結構最大的問題就是中間階層的匱乏（許菁芸、郭武平，2013：41-2）。

# 三、俄羅斯式「委任式民主」（delegative democracy）

蘇聯解體後，俄羅斯曾一度邁向民主化，俄羅斯民眾已經親身經歷所

謂的多黨制、民主制最初帶來的快感以及接踵而來的各種負面效果，而人們把當時混亂的社會局勢和經濟狀況歸罪於西方自由主義的政策主張，易言之，俄羅斯政治轉型過程，人民民主素養並未跟上，再加上公民社會尚未成熟，因此，俄羅斯人民對於民主的渴望度和期望值是根植於傳統宗教與政治文化的需求，仍希望國家能有一位強人出現，領導這個國家走上秩序穩定和富強之路，在俄羅斯輿論的主流觀點中，民主和強大的統治者是可以共存的。俄羅斯人民支持一個強大的統治者，但強大的統治者除了是要在自由和公正的選舉選出，還要能尊重反對派的權利，而俄羅斯人民可以在他不適任時解除委任。

因此，俄羅斯人民所認為之民主體制，是比較接近歐唐奈（O'Donnel, 1994: 55-69）提出了「委任式民主」的概念。所謂「委任式民主」的特徵之一，包括了只要經由選舉選出了總統，就把總統視為國家最高利益的化身和解釋者，亦如同委任了總統可以他認為合適的方式進行統治，並無須為競選時的承諾負責。歐唐奈確切的指出，由於「委任式民主」缺乏「代議式民主」所重視的監督與制衡機制，往往期待中「全能」的政府卻呈現出無能的窘境，且使行政權越加地高度個人化與集權化而具有了反制度化的傾向。

也許是「委任式民主」的窘境已與先前所述之非制度性因素之副產品——恩庇侍從、酬庸、尋租等官場作為形成難以根斷的貪汙與腐化，及權力菁英封地自限，缺乏由下至上垂直的流動途徑，已讓俄羅斯民眾與反對團體大感不滿，而引發反普抗議。但是，也因為普欽執政所展現之政治穩定、經濟發展、秩序和強烈的大國思想，滿足了俄羅斯人民的「非標準」民主的訴求。

因此，綜合上述民調與「委任式民主」論述，也不難理解為何 Hale（2011）認為俄羅斯人並非不喜歡民主體制，而是俄羅斯人的民主觀點是有異於西方學者的定義，而這也是布里辛斯基概括俄羅斯的民主現況是普欽的抉擇，更精確來說，他和俄羅斯學者伊諾忍徹夫的認定相同，俄羅斯現今的體制得「歸功」於普欽政權，利用正式制度和非正式運作，再輔以資源型經濟的驅動，操縱俄羅斯的民主抉擇。

## 參、俄羅斯民主抉擇模型

　　檢驗俄羅斯的民主發展，對俄羅斯的權力菁英而言，民主只不過是一種政體的形式，是一種達到更進一步目的的手段。民主本身並不是終極目的，因此也可以為了終極的目的（例如民富國強）而加以修正（吳玉山，2009：203-204），而對於俄羅斯人民而言，由於自 1991 年蘇聯解體後，政治經濟的動盪導致人民極度渴望安定、渴望秩序，甚至認為秩序可凌駕於民主價值，因此人民的渴望成了權力菁英操縱民主的工具，俄羅斯人民的民主抉擇，也可說是被動的民主抉擇。

　　俄羅斯在獨立之前，也就是在前蘇聯時期，雖然冠以聯邦制國家之名，實際上卻是中央集權的單一制國家。在蘇聯解體後，俄羅斯開始民主化道路，葉爾欽執政初期，民主治理與自由市場經濟蔚為一時風潮，但隨著震盪療法的失敗，經濟的動盪與 1995 年底之國會選舉與 1996 年之總統大選，為了維持其政權合法性，迫使葉爾欽放緩經改的方向。而 2000 年普欽執政後，卻因政權日趨穩定，而漸進地改革中央與地方機制，將之前下放的權力又回歸到中央，而在政治體制上從民主治理，轉而走向表面上稱之為「主權民主」，實質上中央集權之國家統治。在 2008 年梅德韋傑夫當選總統後，也延續了普欽的中央集權政策。2012 年普欽三任回歸後，隨著示威與抗議的加劇，中央再集權政策更趨於集中與鞏固。

### 一、俄羅斯民主抉擇模型之建構

　　而俄羅斯民主之根本問題點，不是如同歐美民主制一般在於審視民主化之程度，將民主制度視為「歷史的終結」，為普世價值，而是認為民主只是在實質上是否增進國富民強之工具的問題上，如果不是，那民主僅能成為俄羅斯國家主權主義在憲法層面上裝飾價值而已。再者，俄羅斯的經濟成長並不是由於經濟有效率的運作所致，而是因為原物料資源價格上漲所帶動，而普欽政權的權力層級也是拜快速飛升的經濟所鞏固，因此，普欽政權的菁英們皆致力於原物料資源的掌握，以中央集權方式穩固自身

的權力層級，至於民主的考量只會在自身權力需要加持時，才會訴諸民主的裝飾（Inozemtsev, 2009: 40-60）。因此，對於俄羅斯民主抉擇之理論建構，首先要確定影響俄羅斯民主抉擇之變項，也就是聯邦經濟發展（包含整體 GDP 的持續成長與原物料能源的價格成長）和政權合法性。

## （一）變項一：經濟表現與原物料能源價格

政權穩定理論（regime stability theory）著重於經濟表現對政權穩定的影響。對此，吳玉山（1998：446-447）認為只要經濟表現良好，專制政權便無需擔心其體制的穩固性，也無需從事任何體制改革；若是實施經濟改革的成效不彰，反而會讓人民質疑中央集權化對經濟發展造成束縛，危害政權的合法性。另政權穩定理論認為民主為一種工具，是達到豐裕物質生活的手段，因此僅具有工具價值（instrumental value）。

2006 年 OECD 針對俄羅斯高度依賴能源出口的經濟模式發表了看法，將俄羅斯經濟發展模式定義為資源型經濟，根據 OECD 的定義，資源型經濟係指自然資源產出占 GDP 的 10% 以上，占出口 40% 以上的經濟。當原物料價格經常波動，進口收入相當倚賴國際價格時，也正隱含著資源型經濟國家對於外在環境的衝擊是相當脆弱的（Ahrend, 2006）。因此，資源型經濟高度依賴國際油價和原物料出口，是近年來俄羅斯經濟成長的關鍵，俄羅斯經濟波動與國際油價上漲有著明顯的關聯性。而為了徹底掌握原物料資源，中央集權是當權者的掌控之道。

## （二）變項二：聯邦政權合法性（Legitimacy of Political Regime）

李普賽（Lipset, 1959: 78）對合法性之解釋，認為政治系統是人們產生和堅持現存政治制度，是社會最適宜制度之信仰的能力。換言之，任何政治系統若具有能力形成並維護一種使其成員確信現行之政治制度，對此也是該社會最為適當的信念，那麼便具有統治的合法性。因此，政治權力合法性，指的不是法學意義上的合法性，而是指公眾對於政治統治與體制的認同，它對政治權力體系有著重大的意義。一般說來，政權合法性程度

越高，則政治權力的效能就越大（邱芝、范建中，2009：7）。

　　隨著合法性越來越成為一個重要的分析概念，許多研究學者開始關注這一概念並將其運用到超國家制度安排的研究之中。因此，目前有關合法性的研究，大多還是集中於超國家制度，尤其是對歐盟的研究。

　　何瑞特（Marcus Horeth, 2001: 8-9）認為政權合法性主要有來自三種不同的來源：一是「輸出」的合法性（output legitimacy），主要衡量政府政策之效率與有效性；二是「輸入」的合法性（input legitimacy），即通過民選的議會獲得直接的民主合法性，增加政策的透明度，擴大公民參與和諮詢權；三是成員「借與」的合法性（borrowed legitimacy through Member States），即通過國家或組織成員及其具有合法性地位的權威結構（如成員國政府、議會、政治菁英）讓渡權限來獲得。合法性的增減就依賴於上述諸種合法性來源的博弈結果，即民主治理、政策績效和成員國的自主權三方相互角力關係，來尋求維持制度的合法性（見圖1-4）。成員國的自主權主導著治理的有效性和合法性的增減，有效性和合法性又是相互制約的關係——即政策有效性的增強，一方面會透過「輸出」的途徑來提升政權合法性，但另一方面又會簡化決策程序、提高決策機構的獨立決策能力，而這相對地會侵害了建立在「民主」基礎之上的政權合法性（Larsson, 2005: 118）。

**圖 1-4　政權合法性之三角模式**

資料來源：作者自繪。

　　本章節將政權合法性試圖運用到俄羅斯民主抉擇之探討，並將政權合法性作為權力菁英的民主抉擇的可控制變項，強調在俄羅斯聯邦獨立之初，實施民主化，而為防止國家分裂，就和各個聯邦主體個別簽訂雙邊的

聯邦條約，其性質就如同在國家的框架內，卻出現各個主體簽約讓渡權限予中央（借與合法性），有超國家制度的設計，並開始總統與議會的民主選舉（輸入合法性），但由於國家剛成立，加上政治經濟動盪，因此政策績效不彰（輸出合法性），因此可見，葉爾欽時期，民主治理與成員自主權是其維繫其政權的主要來源因素。但，在普欽時期，整體政權合法性來源大翻轉，政策績效成為其主要來源因素和可控制變項，而去壓抑了民主治理與成員自主性的空間，而這也是本專書研究的核心議題（許菁芸、宋鎮照，2011：6-8）。

　　針對俄羅斯民主制度的特殊現象，也就是名義上是民主國家，但在普欽時期卻漸行中央集權之實，或稱中央再集權（Гельман, 2006: 90），在此試圖解釋此現象而設計出整體的研究架構（如圖 1-5 所示）。本研究架構之前提，也就是普欽政權對於民主之前提假設，即是人民也不太具有民主政治的概念，民主只是政權穩定工具，俄羅斯的領導中央自始至終皆是往中央集權單一制發展。

　　本研究概念模型架構（圖 1-5）首先套用經濟學的邊際成本（marginal cost, MC）和邊際收益（marginal revenue, MR）概念，把政府視為一個理性的行為者——如廠商，廠商的生產計畫是依據邊際收益與成本結構而定，當邊際收益大於邊際成本時，廠商願意繼續生產，若邊際收益小於邊際成本，廠商會放棄生產。以俄羅斯國家行為來看，俄羅斯自從獨立後，雖然實施民主化，但當權力菁英維持民主體制所需付出的成本小於其收益時，國家會持續民主體制，反之則會逐步放棄民主體制，選擇中央集權。因為很難實際去量化俄羅斯政府之政策考量，因此，這是一個概念性的政治模型運作，也就是設定當民主之 MR 線往上，MC 線向下，俄羅斯的民主化會持續，俄羅斯中央（圖 1-5 右方顯示政府政策作法，而政府政策是以賦予的民主成本作為考量）會以地方分權與民主選舉來增加人民支持度。而當民主之 MR 線往下，MC 線往上，俄羅斯政府會趨於中央集權（centralization），而俄羅斯普欽政權一直以來就是要集中所有的權力資源以建立一個強大的國家，因此俄羅斯之民主抉擇模式，是與一般國家的民主化進程背道而馳，其民主的成本根本上是俄羅斯中央所賦予，其經濟

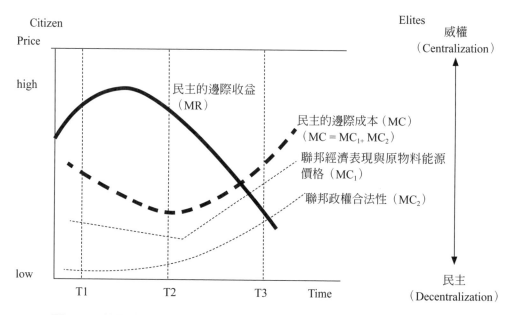

圖 1-5 俄羅斯民主體制維繫之邊際成本與效益分析概念模型

資料來源：作者自繪。

的發展程度反而是成為其鞏固中央集權的有力變項。中央政府則會強化自變項的運作，來增民主的成本，而來貫徹其自始自終不變的目標：即維持一個中央集權的強大國家（許菁芸、宋鎮照，2011：9）。

## 二、俄羅斯民主抉擇模型之應用

　　從圖 1-5 來看，俄羅斯民主政體的邊際成本有兩個來源（$MC = MC_1 + MC_2$），其一是聯邦經濟表現和原物料能源價格（$MC_1$），當國家之經濟表現穩定，GDP 上升，增進社會繁榮和人民生活富裕，將可進一步的中央集權化。而俄羅斯的經濟表現一開始呈現爲斜率較爲負的直線，而突然轉折爲斜率較大的直線，其轉折因素爲自 2000 年以後，石油價格大漲，俄羅斯的經濟由於石油美元的大量灌注，經濟快速成長與復甦，而此代表隨著經濟的快速發展，民主的邊際成本將急速上升。而經濟表現在 2008

年金融危機後趨緩，經濟結構問題浮現，影響著國家的經濟發展程度，但因爲國際能源價格仍高居不下，原油價格仍持續高漲，故經濟表現曲線（$MC_1$）之後半段仍維持向上的直線[19]。

民主之邊際成本的第二項要素是政權之合法性（$MC_2$），西方所倡導之民主體制，在俄羅斯的民主化過程中，首先經歷的卻是民主體制所擁戴的市場經濟所主張之震盪療法造成的經濟衰退與通貨膨脹，而使得中央政府合法性低落，人民對政府的支持度驟降，地方與中央呈現了緊張狀態，地方開始和中央談判，成員的自主權與國會的民主治理左右了政府的政策的績效，而在普欽時期，隨著中央集權的強度增強，政策的有效性大大地增加，民主治理與成員自主權被相對制約，此措施使得政權合法性升高。因此，當民主之邊際成本增加時，政權合法性便會成爲自變項，也是政府可以有效運作的可控制變項。但是當政府以政策實施來增強政策績效而制約民主治理與成員自主權時，也僅能漸步實施，不能急功求利。因而呈現出在圖 1-5 的變化，就爲一條坡度較爲和緩的凹形曲線。

在民主的邊際收益方面，在俄羅斯獨立初期，政府運用民主統治來施行政治與經濟事務，由於人民對於西方民主的期待，加上西方對於俄羅斯民主化的高度讚揚與援助，起初邊際效益是遞增的，但是隨著經濟的衰退，國家機器在政治與經濟民主化進程中，無論是國會或政黨都出現無力之窘境時，公部門出現越來越多貪汙腐敗的情況，使得民眾對政府心生不滿，同時政策的完成度也會下降。再者，1996 年的總統大選，葉爾欽面臨人民支持的窘境突顯了中央實施民主與自由經濟的危機（MR 線向下之轉折點），而在 2002 年後油價逐步上揚，中央政府在得利於國家能源價格上漲，經濟表現和經濟發展程度增強後，普欽政權實施中央集權，反而因爲中央集權體制的政令貫徹度很高，有助於提升民眾對政府的滿意度，因此邊際收益會隨著政策達成的效果而顯著增加。從圖 1-5 所示的 MR 曲線

---

[19] 固然在經濟起飛時期，經濟可以大幅度成長，但不能長久持續，所以經濟成長速度在經濟體系逐漸成熟後會成長趨緩，甚至有下滑的趨勢，但此涉及俄羅斯聯邦的經濟發展未來，並不在此文之探討範圍，故圖 1-5 並未繪出。

走勢來看，當投入的資源到達飽和時，在最高點之後，則會出現經濟學上所稱的「邊際效益遞減」現象，表示實施民主的困難度提升，導致每單位收益遞減。

以下用成本效益分析途徑，說明俄羅斯權力菁英之民主抉擇的過程：

（一）在俄羅斯獨立初期，葉爾欽開始政治與經濟民主化，政治與經濟的開放，人民對民主的期待，加上政府希望藉由經濟改革獲得經濟成長，因此政府與人民對民主政治的需求上升，因此圖 1-5 的 T1 初期表示民主政權的邊際收益上升，邊際成本下降，民主進程持續（MR > MC）。在 T1 中期至 T2，俄羅斯震盪療法的威力展現，經濟大幅衰退外，通貨膨脹與失業率高漲，民眾認為民主與自由經濟所帶來的並不是富有，而是痛苦時，民主體制受到質疑，但葉爾欽仍持續經濟改革路徑。而在國會選舉與總統大選前後，為了爭取選民的支持，政府的立場時常改變，分裂的民意和分立的府會，總是造成俄羅斯的總體經濟政策顛簸擺盪，時緊時鬆，選舉前後保守緩進，經改就會停滯；選舉之間隔期間大步向前，激進改革（吳玉山，2000：201-202）。因此，政策朝令夕改導致政策績效低落，更由於國會與政黨的弱勢，無法為人民伸張權利，相對政策也不彰，人民根本不信任國會與政黨的機制，也間接地表現出對民主的質疑。雖然，此時民主的邊際收益仍然大於邊際成本，但是差距越來越小（MR-MC ≧ 0），民主在這個階段面臨了虛化的危機。

（二）在 T2 階段，普欽開始執政，便開啓了俄羅斯自 1999 年經濟高度發展。在此時期可以分為兩個重要階段，第一階段是 1998 年至 2002 年，為 1998 年金融風暴導致的盧布大幅貶值效應，帶動國內生產與出口商品之增加；第二階段為 2003 年至 2008 年，因為國際油價的上漲，帶動了俄羅斯整體經濟的成長，高度依賴能源出口型經濟發展模式累積鉅額的外匯存底。俄羅斯經濟波動與國際油價上漲有著明顯的關聯性，也因為國際能源價格的高漲，不僅有助於俄羅斯經濟成長，同時在徹底有效地掌握油氣能源，也成為中央再集權的重要動力與誘因。

而從民眾對政黨與國會的持續失望，政治與社會脫節的情況下，政府結合東正教團體鼓吹愛國主義，此時民主的邊際收益開始出現遞減現象，

而普欽 8 年來，爲鞏固自身權力而實施強化中央集權措施，如果套用 $MC_2$ 的來源（輸入、輸出與借與）模式，爲了避免民眾對政府干涉人民自由意志的情況產生不滿，他努力地加強政策績效，在第一任期內制約成員的自主權，第二任期加強制約民主治理，而這些策略與措施搭配上強勢的經濟發展（$MC_1$），當然總統大選與議會權力黨的勝利也增強了聯邦中央的政權合法性（Söderlund, 2005: 521-522）。因此，民主的邊際成本大於邊際收益（MR ＜ MC），政府的中央集權政策實施無礙。

　　（三）在 T3 階段，2008 年對於俄羅斯聯邦政治而言，也是具有決定性影響的一年，俄羅斯於 2008 年 3 月 2 日舉行總統大選，強勢總統普欽結束了 8 年的執政，取而代之的是提名支持梅德韋傑夫擔任總統候選人，並於總統大選後轉任總理，而普欽在 2008 年 5 月就任總理的前夕，也同意擔任俄羅斯國會大黨「統一俄羅斯」黨的黨主席，這也是俄羅斯國會首次出現有執政權力的政黨[20]。2009 年俄羅斯國內生產總值開始呈現負成長（許菁芸，2009：204-206）。因此，$MC_1$ 開始呈現平緩走勢，代表著聯邦中央對聯邦主體的強勢作爲開始會出現些許鬆動。但是，隨著原物料能源價格的升高，俄羅斯對原物料礦產能源出口的依賴不斷增加，俄羅斯聯邦中央越來越希望能徹底掌控原物料、礦產和能源利益，以提高聯邦中央的支配權力。如 2004 年開始，俄羅斯政府轉向國家主權主義（Hanson, 2007: 879-883），鎖定控制「戰略」部門[21]，特別是原物料部門的石油。而且俄羅斯中央政府堅持所有的出口輸送管線都必須爲國營企業 Transneft 所控管，也凍結了私人企業建造及管理新輸送管線的申請。再者，2006 年生效的「新礦產資源法」（New Mineral Resources Law）明確規定礦產資源只歸聯邦中央所有，並取消了地方政府批准和監管自然資源開發的權力，此進一步加強了俄羅斯的資源型經濟，也更鞏固了中央集權（MC ＞ MR）。

---

[20] 「統一俄羅斯」黨——此權力黨目前還不能直稱「執政黨」，而總統依循俄羅斯慣例，不加入任何政黨。

[21] 除了石油和天然氣外，現在更逐步擴大到銀行和國防相關工業。

　　蘇聯解體後，俄羅斯曾一度邁向民主化，俄羅斯民眾已經親身經歷所謂的多黨制、民主制最初帶來的快感以及接踵而來的各種負面效果。在一個沒有民主傳統的國度，激進的政治和經濟改革讓俄羅斯人對於民主有了更加冷靜的認識，因此，俄羅斯人民對於民主的渴望度和期望值並不同於地區民主化國家的民眾。

　　雖然 2011 年後，俄羅斯政權面對來自於民眾抗議政權合法性的威脅，對於政權合法性來源，權力菁英一則以政策績效成為其主要來源因素和可控制變項，二則暫時會開放民主治理、成員自主性的空間來因應人民和地方的不滿，但是仍舊在資源型經濟的助力下，繼續其中央集權的政策，這是普欽政權的一貫作風。

　　因此，本書以下的章節將探討並分析俄羅斯半總統制、總統、國會和政黨（第二章），權力網絡與權力菁英（第三章），從制度性到非制度性運作來分析俄羅斯的政治體制，以邊際成本與邊際收益模式分析中央與地方關係（第四章），著重探討俄羅斯資源型經濟和能源戰略對中央再集權政策推動的助力與影響（第五章），最後研究分析普欽政權下俄羅斯的公民社會「管理」（第六章），並加強對媒體和網路空間的管控（第七章），嚴防顏色革命與反對勢力對於政權的威脅。總而言之，普欽政權的制度性安排、龐大的權力菁英網絡、資源型的經濟結構、媒體與網路的管控和居於少數的社會反對派勢力如同寒冬的壟罩，俄羅斯的民主之路尚須未來的醞釀與考驗。

# 第二章　俄羅斯半總統制：總統、國會與政黨[*]

## 第一節　前言

　　1993 年 12 月通過的俄羅斯憲法引進了三權分立、多黨制、主權在民等典型西方憲政原則，但其根本精神卻是俄羅斯式，帶有俄羅斯傳統中的個人專權特色。民主政治中，「權力分立」的重要原則，在俄羅斯的政治文化中相當淡薄（趙竹成，2006：70）。憲法通過的當天也舉辦了第一屆新國會的選舉。俄羅斯憲法第 94 條規定：「俄羅斯聯邦會議（Federal Assembly, Федеральное Собрание）是俄羅斯聯邦立法的代表機關。」（Президент России, 2022）但在 2008 年 3 月俄羅斯總統大選以前，俄羅斯憲政體制基本上維持了強勢總統型的半總統制格局，超黨派的超級總統、無執政黨的多黨制及人民不信任國會之心理因素，造就了「強總統—弱國會」框架下的聯邦委員會（Council of Federation, Совет Федерации）和國家杜馬（State Duma, Государственная Дума）。

　　尤其是普欽總統任內，2007 年 12 月 2 日舉行第五屆俄羅斯國家杜馬選舉，總統普欽所支持的權力黨「統一俄羅斯」黨[1] 贏得壓倒性的勝利，但是基於俄羅斯國會本就較總統弱勢，此次的選舉結果只是突顯出當時即將卸任的總統普欽仍是政局的領導人；而 2008 年 3 月 2 日總統大選，普欽提名支持之總統候選人梅德韋傑夫以僅次於普欽在 2004 年的 70.28% 的

<hr />

[*] 本章最初稿於 2010 年 3 月刊載於《政治科學論叢》，第 40 期，頁 119-158，作者已大量增修內容，符合現勢，為統一專書內容，將原文之「普金」譯名改為「普欽」，特此聲明。

[1] 另一譯名，「團結俄羅斯」黨，該黨通常把自己標為中間派。支持前任總統普欽和現任總統梅德韋傑夫。成立於 2001 年 4 月，是由盧日科夫（Yury Luzhkov, Юрий Лужков）、普里馬科夫（E. M. Primakov, E. M. Примаков）和沙米耶夫（M. S. Shaimiev, M. Ш. Шаймиев）領導的祖國—全俄羅斯聯盟（Fatherland – All Russia, Отечество – Вся Россия, ОВР）與俄羅斯團結黨（Unity Party of Russia, Единство）合併而成。

高支持率當選總統，而梅德韋傑夫早於選前就宣布爲穩定政局將提名普欽當總理，果不其然，2008 年 5 月 8 日國家杜馬以逾 8 成的贊成票通過普欽出任俄羅斯總理的議案，「梅普體制」正式啓動，普欽個人的執政可以延續，也間接改變了自 1991 年俄羅斯獨立以來，強勢總統主導國會的格局，啓動了「總理─總統制」（premier-presidentialism）的腳步，雖說當任總統梅德韋傑夫（2008-2012）並不滿意現況，有意與普欽拉開距離，並試圖謀求實權，但普欽之權力布局仍操縱著俄羅斯政府與國會。2012 年 3 月 4 日，普欽再次贏得總統大選，成功歸位，開始第三任期總統職位，俄羅斯又回復到「總統─議會制」（president-parliamentarism）。

雖說後共國家的民主化道路發展各國不一，但選擇半總統制的俄羅斯引起的民主改革爭議卻是最熱絡討論的主題，俄羅斯總統（或實際執政者）權力的坐大，國會自始的弱勢及政黨的分化不團結占有相當的因素影響，從歷來的文獻來看，如烏帕迪耶（A. Upadhyay, 2000: 165-178）認爲俄羅斯不成熟的政黨體系，是俄羅斯不能產生執政黨的一個重要原因，及諾基（Joseph. L. Nogee）和密契爾（R. Judson Mitchell）認爲在俄羅斯，政黨成爲民主的必要條件尚未成爲現實（1997: 182）。再者，在俄羅斯，「執政黨」、「共產黨一黨專政」、「獨裁與專制」等概念，因爲歷史的關係而被人民錯誤地混雜而淪爲一談，使得國會與執政黨的重要性失去了必要的群眾心理文化基礎（Alexander, 2000: 18-23）。由此可見，俄羅斯目前的政黨政治模式是不利於民主政治的成長與鞏固的。

因此，本章之研究目的爲：從學者文獻界定俄羅斯之半總統制政府體制運作，說明國會與政黨改革對俄羅斯政治穩定之重要性，並以時間序列簡述俄羅斯國會的發展過程。

一、解析俄羅斯的半總統制，並從憲法條例分析 1993 年憲法（含 2020 年修憲）賦予之總統職權、國會結構、組成與基本職能，探索憲法對於聯邦委員會與國家杜馬間、總統與國會間之權力分配，並由此來知曉憲法有否偏頗總統權力。

二、檢視 1991 年至今俄羅斯府會關係的互動模式，分析俄羅斯府會關係轉變的關鍵影響要點與事務。

三、從強勢總統下之府會關係形成之歷史關鍵因素分析俄羅斯國會的困境與難題。並以 2008 年至 2012 年間梅普體制為例來看俄羅斯半總統制下的高度人治，而高度人治對未來國會的發展與俄羅斯民主的前景有著莫大的影響。

## 第二節　俄羅斯聯邦憲政體制之界定：半總統制

政治學中對於憲政體制的類別的分析，基本上都是以總統制和議會內閣制作為基本類型的標的，但是實際的政治運作，尤其是一般新興民主國家，卻常出現介於總統制和議會內閣制之間，無法用此兩個典型概念來囊括的憲政體制，也就是「半總統制」（semi-presidentialism），「半總統制」是有別於總統制與內閣制的第三種憲政體制類型。這種憲政體制同時兼具總統制與內閣制的制度精神，且總統與閣揆皆享有行政權。而半總統制之定義，葉爾基（2007: 60）綜合各派學者看法，中肯地提出「半總統制即是一個政治體制（regime）同時擁有一位民選固定任期（fixed-term）的總統和一位對立法（國會）負責（responsible to the legislature）的總理與內閣」。

俄羅斯聯邦的憲政體制基本上是半總統制，很多學者對於這點都有共識（Linz, 1994; Troxel, 2003; Elgie, 2007; 吳玉山，2002）。但對於俄羅斯是屬於半總統制下的何種政權類型，則存在著很多意見紛歧。

根據杜瓦傑（M. Duverger, 1980: 165-187）的論點，半總統制具有三個特徵：其一，總統由普選產生；其二，總統擁有實質重要權力（considerable powers）；其三，存在獨立的內閣掌握行政權，並對國會負責。基本上，杜瓦傑對於半總統制的定義主要是依據行政與立法的權責關係。之後，舒加特（Matthew S. Shugart）和卡瑞（John M. Carey）進一步補充其意涵，將半總統制區分為「總理—總統制」與「總統—議會制」。舒加特和卡瑞（1992: 23-24）認為，杜瓦傑定義的半總統制為「總理—總統制」，至於「總統—議會制」則具有下列四個特徵：其一，

總統由普選產生；其二，總統有權任免內閣官員；其三，內閣官員必須獲得國會信任；其四，總統有解散國會的權力抑或有立法權，或者兩種權力兼而有之。而霍姆斯（Stephen Holmes, 1993: 123-126）則根據 1993 年以前俄羅斯聯邦總統權力的過分擴大，而提出了超級總統制（Super-Presidentialism），定義爲總統擁有否決權、解散議會權、立法提案權、漠視國會、不與國會妥協之性質。因總統命令可取代立法權之故，造成立法與行政權混淆。無論是由杜瓦傑、舒加特與卡瑞，或是霍姆斯的定義皆可以知道，半總統制的運作最大的特徵在於總統、內閣與國會這三個元素（factor）各自獨立具有實質權力而又彼此影響的相互關係（沈有忠，2004：101）。

由此可見，總統和國會爭奪對於政府（內閣）的控制是半總統制的結構性缺陷（吳玉山，2002：232），也是實施半總統制國家政治穩定的變數。因此，很多學者從政治穩定的觀點去作半總統制更細緻的區分和定義，如洛普（Roper, 2002）從內閣組成與總統權力來區分兩種運作類型；吳玉山（2002）從總統的權力、府會關係以及政黨體系歸類出八種不同運作類型的半總統制；沈有忠（2004）從總統、國會與政黨之權力集散來區分五種運作類型等[2]。綜合諸多學者的觀點，在半總統制中，總統權力越小、國會政黨有清楚穩定多數、偏議會內閣制、和府會一致的穩定性最高。但是現今半總統制研究中最常採用的是舒加特和卡瑞的兩分法，將半總統制區分爲國會多數決定總理與內閣人事之國會翼「總理—總統制」，和總統決定總理與內閣人事之總統翼「總統—議會制」（圖 2-1 左圖）。

從俄羅斯聯邦民主轉型過程來看，1993 年 12 月 12 日俄羅斯通過的俄羅斯憲法與同日舉行的國家杜馬的選舉，是俄羅斯政治史上的里程碑，但因爲憲法賦予總統比之國會較大的權利（Troxel, 2003: 31-33）[3]，且在實

---

[2] 但本文之重點在於俄羅斯半總統制下之弱勢國會之歷史因素探討，及其後來如何依據法律與總統釋權來恢復其原有實際之憲法權力，政治穩定的探討非在本文之研究範圍。

[3] 特羅謝和史黛克（2003）根據舒加特和卡瑞的總統權力測量指標模型（1992）修正建構而成的「特—史模型」（The Troxel-Skach mode）中的指標量化測量俄羅斯總統與議會權力，結果總統因爲總統得發布命令取代議會立法（Decree Power）及解散內閣權（Cabinet dismissal），得分爲 24 分，議會雖在部分否決權（Partial Veto）與修憲（Amending the

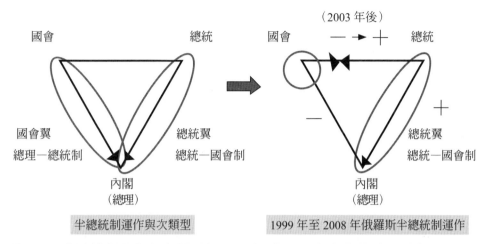

**圖 2-1 半總統制運作與次類型與 1999 年至 2008 年俄羅斯半總統制運作圖**

資料來源：作者自繪。

際的權力運作上，國會因為歷史因素及結構上的弱點，如上議院的傀儡化、國會政黨的分裂、無執政黨等因素而導致積弱不振，無法發揮其憲法上應有的權力。但是，從普欽時期開始，雖然總統的權力仍然坐大（此為俄羅斯半總統制政治穩定中最大的變數），屢次的國會與政黨的改革，已使得國會政黨有著穩定多數和府會一致此兩項政治穩定要件，逐漸在俄羅斯國會中呈現。但由於憲政制度並無改變，因此作者只能從政治行為中定義，俄羅斯聯邦的憲政體制在半總統制中的區分定位並不是絕對的，而是隨著不同時期的總統權力、憲法實施、政黨生態和府會關係而變動[4]，對於俄羅斯在半總統制下的次類型看法，在 2008 年普欽卸任以前，超級總統制或總統─議會制皆是學界普遍的看法（見圖 2-1 右圖）。

2008 年梅德韋傑夫當選總統，普欽轉任總理兼統一俄羅斯黨黨主席，

---

Constitution）權優於總統權力，但在內閣組成權力（Cabinet Formation）上遠低總統權力，得分為 20 分。

[4] 本文並不討論政治穩定，所以是以霍姆斯（1993）、特羅謝（2003）之觀點，對俄羅斯的半總統制從政治運作歷史作分類。

如依舒加特和卡瑞（1992）認爲的杜瓦傑（1980: 165-87）半總統制爲「總理—總統制」定義，俄羅斯似乎自 2008 年起開始啓動「總理—總統制」的腳步，但從普欽擔任總理兼任國會最大黨「統一俄羅斯黨」黨魁，再從普欽在總理位置上的強勢主導行政態勢，和梅德韋傑夫居於臣屬與反抗矛盾情結中看來，俄羅斯的政治體制呈現了高度人治的現象。「梅普共治」中普欽的強勢總理角色，無論在形象上或權力上似乎都超越了總統梅德韋傑夫，俄羅斯憲法設計、長久積弱的政黨與國會之制度性因素實質上是無法眞正成爲總統與總理權力競逐的工具，而是非制度性因素，也就是普欽所領導之權力菁英派系與權力傾軋，鞏固權力層級的蘇聯遺續，掌握有效的垂直權力鏈（restore an effective vertical chain of authority）體系，才能在未修憲的情況下，讓總理之權高於總統並掌握國會（見圖 2-2 左圖）。

而從 2008 年起之「梅普共治」時期，位於俄羅斯憲法體制下較總統弱勢之總理職位的普欽，爲了能以制度性設計之國會與政黨和非制度性設計之權力菁英層級來鞏固權力，在制度性策略方面，除了延續其中央再集權政策之弱化國會與政黨制度，更持續性地加強媒體的管控與壓制反對勢力的崛起。而在非制度性策略方面，普欽對於自身與權力菁英層級的維持更加不遺餘力，其採取的方式則不外乎以恩庇侍從、酬庸、尋租等檯面下作爲，而更讓俄羅斯的貪汙腐敗政治文化深植，即使總統梅德韋傑夫幾次厲聲打擊貪汙，仍不見成效，導致相當多的民衆反感（尤其是網民），在 2011 年底的國會大選中，以選票與抗議聲浪反對梅普交換職位和普欽的再執政。但此股聲浪仍不敵普欽與權力菁英們對於憲法與制度的操控，在缺乏強烈反對力量與一般民衆對於安定秩序生活的期待下，普欽仍於 2012 年總統大選中順利當選總統，再次歸位，讓俄羅斯的體制又顯現了總統—國會制的樣貌，但此次普欽要面臨的民衆不滿聲浪也會不同以往兩任總統時（見圖 2-2 右圖）。

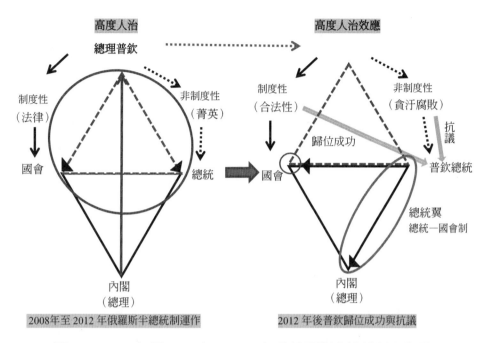

**圖 2-2　2008 年至 2012 年、2012 年後俄羅斯半總統制運作圖**

資料來源：作者自繪。

　　總而言之，俄羅斯半總統制體制進程（圖 2-3）在 1994 年以前是超級總統制，因為憲法實施前，葉爾欽砲轟國會的舉動（Holmes, 1993）。而 1994 年至 2008 年 3 月是總統—議會制，係特羅謝（Troxel, 2003）從研究俄羅斯憲法條例中得到之結論，而葉爾欽總統雖然強勢，卻仍受制於國會反對黨，但從普欽時期開始，強勢總統的態度主導了整個府會關係的發展。而 2008 年 5 月起普欽從總統轉任總理，並擔任統一俄羅斯黨的主席，而使得俄羅斯政制開始邁向總理—總統制。2012 年普欽歸位成功，俄羅斯又回復到「總統—議會制」，俄羅斯的政治體制由此可見，呈現了高度人治的現象，也就是普欽占據哪一個位置，俄羅斯就是哪一種體制。

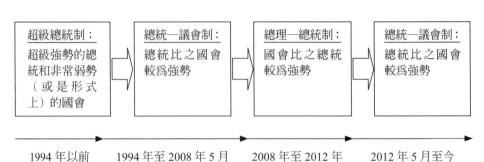

圖 2-3　俄羅斯半總統制憲政體制進程

資料來源：作者自繪。

# 第三節　俄羅斯總統職權與總統選舉制度

俄羅斯聯邦是全世界領土面積最大的國家，而總統也是當今最有影響力的人物之一，因此俄羅斯總統選舉是掌握國家權力更迭的重要制度。當代俄羅斯至今進行了 7 次總統選舉[5]，經歷了由動盪到穩定的發展過程。

根據 1993 年俄羅斯憲法第 80 條第 1 項規定：「俄羅斯聯邦總統是國家元首。」第 81 條第 1 項：「俄羅斯聯邦總統由俄羅斯聯邦公民按照普遍、平等、直接和不記名方式選出，任期 6 年。」角逐俄羅斯總統的資格，必須為 35 歲以上的俄羅斯公民，並且居住在俄羅斯境內連續超過 25 年，無論現在或以前都不得具有外國公民身分或擁有外國永久居留權。再者，俄羅斯聯邦總統候選人不具有外國公民身分的要求，不適用於之前擁有被接納國家或其中一部分國家公民身分的俄羅斯聯邦公民[6]。俄羅斯聯邦總統不得在俄羅斯聯邦境外的外國銀行開立和維持帳戶（存款）、存放現金和貴重物品（第 81 條第 2 項）。

俄羅斯憲法也同時明文規定，一個人擔任總統之職後再勝選可連任 1

---

[5]　自 1991 年俄羅斯聯邦獨立以來，分別於 1993 年、1996 年、2000 年、2004 年、2008 年、2012 年、2018 年舉行 7 次總統大選，下一次總統大選為 2024 年。

[6]　此處意指克里米亞公民不是外國身分，而是已接納為俄羅斯公民身分。

次，然而擔任 2 次之後隔屆再參選並不在此限（原第 81 條第 3 項）。換言之，並未限制一個人擔任總統的總年限，只要能夠在選戰中獲勝即可。但是 2020 年俄羅斯修改憲法，規定同一人擔任總統任期不得超過兩屆（2020 年憲法修正條文之第 81 條第 3 項）；該法律最終於 2021 年 4 月 5 日簽署，並將既有的總統當選次數從零重新計算，也就是說，現任總統普欽如果 2024 年繼續參選總統選舉，並且連續取得 2030 年總統大選勝利，就可連續執政到 2036 年。而且總統在任期結束後也享有豁免權（第 92.1 條），並終身擔任聯邦委員會（上議院）議員（第 95 條第 2 項第 2 款）。

## 壹、總統職權

　　總統對內是國家最高元首，對外代表整個聯邦，掌握內政外交的基本方向。同時，憲法又賦予了總統較大的人事權、行政權，以及一定程度的立法權。根據歷次的（2014 年和 2022 年）俄羅斯的修憲，總統的權力整理為表 2-1。

表 2-1　俄羅斯總統職權

| 權力<br>類型 | 具體權力 | 憲法條文 |
|---|---|---|
| 人事權 | 提名總理候選人，總理任命與罷黜權 | 第 83 條第 1 項 |
| | 決定聯邦政府的辭職 | 第 83 條第 3 項 |
| | 副總理，各部部長（除第 1 款）的任命和免職權 | 第 83 條第 5 項 |
| | 國防、國家安全、內政、司法、外交、俄羅斯聯邦緊急情況及消除自然災害後果、公共安全部長的任命和免職權（需與聯邦委員會協商） | 第 83 條第 5 項第 1 款 |
| | 憲法法院院長、副院長、法官；最高法院院長、副院長、法官的提名權；聯邦法院院長、副院長法官任命權 | 第 83 條第 6 項 |

## 表 2-1 俄羅斯總統職權（續）

| 權力類型 | 具體權力 | 憲法條文 |
|---|---|---|
| 行政權 | 檢察總長、檢察副總長、檢察官之任命與免職權（需經過聯邦委員會協商） | 第 83 條第 6 項第 1 款 |
| | 聯邦委員會議員的任命與免職權 | 第 83 條第 6 項第 2 款 |
| | 央行總裁的提名和提出免職權 | 第 83 條第 4 項 |
| | 總統全權代表任命和免職權 | 第 83 條第 10 項 |
| | 武裝力量高級指揮官的任命和免職權 | 第 83 條第 11 項 |
| | 對駐外國、國際組織代表的任命和召回 | 第 83 條第 12 項 |
| | 管理聯邦政府，主持聯邦政府會議 | 第 83 條第 2 項 |
| | 簽署和頒布聯邦法律 | 第 84 條第 5 項 |
| | 解散下議院（國家杜馬） | 第 84 條第 2 項、第 111 條第 4 項、第 117 條第 3、4 項 |
| | 成立聯邦國務院 | 第 83 條第 6 項第 5 款 |
| | 成立聯邦安全委員會 | 第 83 條第 7 項 |
| | 成立俄羅斯總統辦公廳，以確保權力實施 | 第 83 條第 9 項 |
| | 主掌外交政策並負責國際談判和條約簽署 | 第 86 條第 1、2 項 |
| | 宣布國家或地方的軍事戒嚴或緊急狀態 | 第 87 條第 2 款、第 88 條 |
| | 發布特赦令 | 第 89 條第 3 項 |
| 立法權 | 舉行公民投票 | 第 84 條第 3 項 |
| | 向下議院提出法律草案 | 第 84 條第 4 項 |
| | 批准俄羅斯聯邦軍事綱領 | 第 83 條第 8 項 |
| 簽署確認聯邦法律的生效和廢止 | 簽署確認聯邦法律的生效和廢止 | 第 84 條第 5 項 |
| | 發布不違憲、不違法的強制性總統命令 | 第 90 條第 1 項 |
| | 14 日內否決議會通過的法律，駁回重新審議 | 第 107 條第 3 項 |

資料來源：根據俄羅斯克里姆林宮官網俄羅斯聯邦憲法相關內容整理（Президент России, 2022）。

特別注意的是第 83 條第 1 項規定「俄羅斯國家杜馬根據總統的提名，批准俄羅斯聯邦總理候選人，總統有權罷黜總理」。由此項憲法條款可見，在憲政的基礎上，現今俄羅斯採用了「總統－議會制」，行政權力向總統翼傾斜。

## 貳、總統選舉制度

俄羅斯首任總統（俄羅斯蘇維埃聯邦社會主義共和國總統）產生於蘇聯解體過程中。1991 年 3 月俄羅斯蘇維埃社會主義共和國通過全民公決確立了總統制度。1991 年 4 月俄羅斯最高蘇維埃通過兩項法律：「俄羅斯蘇維埃聯邦社會主義共和國總統法」（Law of the RSFSR of April 24, 1991 No. 198-1 "On the President of the RSFSR", Закон РСФСР от 24 апреля 1991 года № 198-1 «О Президенте РСФСР»）立法規定總統的工作和職能；「俄羅斯蘇維埃聯邦社會主義共和國總統選舉法」（Law of the RSFSR of April 24, 1991 No. 1096-1 "On the election of the President of the RSFSR", Закон РСФСР от 24 апреля 1991 года № 1096-1 «О выборах Президента РСФСР»）立法規定共和國總統選舉的基本辦法：兩輪絕對多數制。總統每屆任期 5 年，可連選連任，但連續任職不得超過兩屆。1993 年 10 月砲轟國會事件 [7] 後，葉爾欽推動制定「俄羅斯憲法」，俄羅斯聯邦總統任期改為 4 年，但憲法中的過渡條款規定，葉爾欽可以完成此前法律規定的 5 年任期，因此下一次選舉於 1996 年舉行。1993 年憲法還取消了副總統職位，自此俄總統選舉不再產生副總統。

除 1993 年憲法外，2002 年頒布的聯邦法第 67-FZ 號「俄羅斯聯邦公民選舉權與參加全民公決權利基本保障法」（Federal Law No. 67-

---

[7] 又稱 1993 年「十月事件」，因當時的俄羅斯聯邦國家立法機關——俄羅斯人民代表大會及其常設機構俄羅斯最高蘇維埃反對葉爾欽劇烈的經改政策，而聯合當時的副總統魯茲科伊（Alexander V. Rutskoy, Александр В. Руцкой）計畫彈劾葉爾欽。最終，葉爾欽派出軍隊包圍白宮，砲轟國會，議會派在武裝衝突中敗北，魯茲科伊也被捕，從此俄羅斯取消副總統職位。

FZ "On Basic Guarantees of Electoral Rights and the Right to Participate in a Referendum of Citizens of the Russian Federation", Федеральный закон № 67-ФЗ «Об основных гарантиях избирательных прав и права на участие в референдуме граждан Российской Федерации»）（以下簡稱選舉權法）、2003 年的聯邦法第 19-FZ 號「俄羅斯聯邦總統選舉法」（Federal Law No. 19-FZ "On Elections of the President of the Russian Federation", Федеральный закон № 19-ФЗ «О выборах Президента Российской Федерации»）（以下簡稱總統選舉法）也是俄聯邦總統選舉的法律基礎，其中俄羅斯先後於 1995 年、1999 年和 2003 年通過三部總統選舉法，皆是於 3 次總統大選前通過。2003 年總統選舉法是迄今爲止一直實行的總統選舉法，兩輪絕對多數制的核心選舉原則一直沒有改變。但是最大的不同點是，1995 年和 1999 年的總統選舉法規定俄羅斯總統候選人的兩種推薦方式是選民直接推舉或由選舉團、選舉聯盟提名推舉。2003 年則進一步確定了候選人推薦方式，規定總統候選人的兩種推薦方式爲獨立候選人（自薦）或政黨推薦（Совет Федерации Федерального Собрания Российской Федерации, 2002, 2003）。

　　2003 年總統選舉法規定，俄聯邦公民若想參加總統選舉並最終註冊爲正式候選人，需要經歷若干法定程序。在參選方式上，候選人可以通過政黨推薦或作爲獨立候選人參選。如果選擇政黨推薦方式，則候選人必須獲得政黨代表大會的提名。政黨候選人還須在中央委員會註冊選舉事務全權代表。如果選擇以獨立候選人身分參選，則需成立 500 人以上的選民小組，並召開支持候選人的會議。選民小組的註冊和支持會議必須符合選舉法的要求。在俄羅斯 1996 年、2000 年、2004 年、2018 年總統選舉中，葉爾欽和普欽均是以獨立候選人身分參選並當選。2008 年和 2012 年，梅德韋傑夫和普欽則是統一俄羅斯黨推舉的候選人 [8]。

---

8 統一俄羅斯黨黨章規定，不是政黨成員也可以成爲黨主席。普欽 2008 年以無黨派身分被選爲黨主席，2012 年當選總統後，自動卸任黨主席。統一俄羅斯黨現任黨主席爲梅德韋傑夫，也是以無黨派身分擔任黨主席。

　　在完成上述推舉程序後，政黨候選人或獨立候選人向中央選舉委員會提交參選申請，中央委員會將進行審核。候選人必須在規定期限內提供個人資料，其中包括犯罪紀錄情況〔2018 年最受矚目的反對派候選人納瓦爾尼（Alexey Navalny, Алексей Навальный）則由於存在犯罪紀錄被中央選舉委員會拒絕登記參選〕、財產證明，包括候選人及其配偶 6 年內收入、財產、銀行存款、有價證券及其他財產情況。如候選人持有國外不動產（包括本人、配偶、子女擁有），須向選舉委員會提供財產資訊以及購買不動產的資金來源證明外，候選人不得在國外銀行開設帳戶和存有貴重財產。在提交資料之前候選人還須開設專門的選舉帳戶。此後，候選人可以進入支持者連署階段（支持者連署的準備工作可與提交資料等工作同時進行，但只有個人資料經過審查合格者，才有資格提交連署書）。

　　獨立候選人需蒐集 30 萬選民簽名連署（其中單個聯邦主體連署人數不可多於 7,500 個，境外連署人數不可超過 7,500 個）。政黨推薦候選人則根據情況，可能免於連署。若候選人的推薦政黨爲議會政黨，或在三分之一以上聯邦主體的立法機關擁有席位，則該候選人不需連署書。如果候選人的推薦政黨爲其他不符合上述規定的政黨，則需要蒐集 10 萬人連署（其中單個聯邦主體連署人數不可多於 2,500 個，境外連署人數不可超過 2,500 個）。最終，在連署書經過中央委員會檢查審核通過後，則候選人才被認爲正式登記參選成功，可以正式參選。

　　2003 年版總統選舉法至今修訂多次，其中 2014 年聯邦法第 19-FZ 號立法修正案（Federal Law No. 19-FZ "On Amendments to Certain Legislative Acts of the Russian Federation", Федеральный закон № 19-ФЗ «О внесении изменений в отдельные законодательные акты Российской Федерации»）規定犯下嚴重罪行（特別嚴重罪行）被判處剝奪自由，且前科未消滅或提前撤銷者，自前科消滅或提前撤銷之日起 10（15）年 [9] 內不能參加選舉，並增加了對於極端主義、行政處罰違反者的候選人資格限制，並不只針對

---

9　嚴重罪行 10 年或特別嚴重罪行 15 年。

總統選舉 [10]。

# 第四節　國會的結構、組成與職權

俄羅斯國會實行兩院制，全名爲聯邦會議（Federal Assembly, Федеральное Собрание），是聯邦的代表與立法機關，由上議院「聯邦委員會」和下議院「國家杜馬」所組成。在職能與活動規則上，兩院完全獨立，互不干涉。同一人不得兼任聯邦委員會與國家杜馬代表，國家杜馬代表不得兼任國家其他權力機關和地方自治機關的代表。以下略述兩院之組成與職權和兩院間的權力關係。

## 壹、上議院：聯邦委員會

聯邦委員會本是 1993 年 8 月俄羅斯聯邦各共和國和跨地區協會領導人所組成的一個諮詢協商機構，但是 1993 年 10 月葉爾欽砲轟國會事件後，聯邦委員會成爲聯邦會議的常設上議院，是地區政權在聯邦的代表，代表聯邦主體（constituent entities of the Russian Federation, Субъект (ы)）的利益，是國家權力結構的重要穩定組織，不能爲聯邦總統所解散。

### 一、聯邦委員會組成

聯邦委員會係由 89 個聯邦主體 [11]，每一個各派選 2 位代表，包括聯邦

---

10　然而反對者批評這是「霍多爾科夫斯基和納瓦爾尼法」，認爲當局此舉旨在阻止這一類堅定的反對派參加選舉。此外，修正案中同時增加了對犯極端主義罪行者的候選人資格限制。反對者質疑法律目前對於極端主義沒有明確定義，容易成爲當局起訴反對派，並以此阻止其作爲候選人參加選舉的理由。2018 年最受矚目的反對派候選人納瓦爾尼，即因爲犯罪紀錄限制被選舉委員會拒絕註冊候選人。納瓦爾尼早前曾被基洛夫州法院以「組織盜用公司財產，金額巨大」爲由被判處 5 年監禁，緩刑執行。在俄刑法中納瓦爾尼被判罪行屬於嚴重罪行，按照 2014 年新修訂的總統選舉法，他在前科消滅或提前撤銷之日後 15 年之內都不得參與總統選舉，所以納瓦爾尼實際上在至少 15 年內無法參加俄聯邦任何級別的選舉。

11　2003 年之前俄羅斯的聯邦主體爲 89 個，但 2005 年開始由於部分聯邦主體合併，縮減爲 83

主體行政首長和立法機關主席（議長）進入聯邦委員會[12]。但自2000年起，總統普欽為加強中央對地方的掌控能力，改革聯邦委員會，規定從2002年起，各聯邦主體行政首長不再兼任聯邦委員會議員，聯邦委員會議員一名由地方行政首長提名，其立法機關三分之二同意；另一名由地方議長提名，如果聯邦主體實行兩院制，則由兩院議長輪流提名或三分之一以上議員連署成為候選人，經當地立法機關同意後推派為聯邦委員會議員。任期隨職務調整，沒有固定（Государственная Дума, 2020）。截至2014年1月，俄羅斯聯邦委員會共有170個席位。

　　2014年7月21日第11-FKZ號「關於『俄羅斯聯邦聯邦議會聯邦委員會』的俄羅斯聯邦憲法修正案」（Law of RF on the amendment to the Constitution of RF No. 11-FKZ "On the Federation Council of the Federal Assembly of the Russian Federation", Закон РФ о поправке к Конституции РФ № 11-ФКЗ «О Совете Федерации Федерального Собрания Российской Федерации»）規定「聯邦委員會議員組成為俄羅斯各聯邦主體行政和立法權力機關各派出一名代表」，及2020年憲法修正案規定「由俄羅斯聯邦總統任命的代表不超過30人，其中終身任命者不超過7人」（第95條第2項），除了終身任命議員外，聯邦委員會議員任期6年。因此，2021年俄羅斯聯邦委員會議員為200人（85個聯邦主體各派出2位代表，加上總統派任30人）。2022年烏克蘭東部頓內茨克、盧甘斯克、赫爾松及札波

---

個，至2014年克里米亞併入俄羅斯後，乃至2022年9月23日至27日烏克蘭東部頓內茨克、盧甘斯克、赫爾松及札波羅熱四個地區舉行入俄公投，普欽於10月5日正式簽署俄羅斯接納新領土與組建新聯邦主體的聯邦憲法，片面併吞烏克蘭4州的法律正式生效，俄羅斯歷經幾次的聯邦主體重新劃分，目前依照俄羅斯憲法第65條規定俄羅斯是一個由24個共和國〔Republic, Республика，包含克里米亞共和國（2014）、頓內茨克共和國、盧甘斯克共和國（2022）〕，九個邊區（kray, край），49個州〔oblast, область，包含赫爾松州和札波羅熱州（2022）〕，三個直轄市（莫斯科、聖彼得堡、賽凡堡，Moscow; St. Petersburg; Sevastopol, Москва; Санкт-Петербург; Севастополь），一個自治州（autonomous oblast, автономная область）和四個自治區（autonomous okrug, автономный округ）共89個聯邦主體構成的聯邦制國家，故聯邦委員會成員數已有調整。請參照俄羅斯總統官方網站（Президент России, 2022）。

12　按照俄羅斯的憲法第95條第2項規定：「每一俄羅斯聯邦主體派出兩名代表進入聯邦委員會：權力機關之行政與立法代表各一。」而第96條第2項規定：「聯邦委員會的組成程序及國家杜馬議員的選舉程序由聯邦法律定之。」（Государственная Дума, 2020）。

羅熱四個地區併入俄羅斯，因此聯邦委員會議員代表增加 8 位。

## 二、聯邦委員會職權

　　根據俄羅斯憲法第 102 條，聯邦委員會之主要職權為確認俄羅斯聯邦各主體間邊界之變更；確認總統頒布之戒嚴令；確認總統頒布之緊急狀態令；決定能否在境外使用武力之問題；確定俄羅斯總統選舉；罷免總統，剝奪已終止行使其權力的總統豁免權；任命憲法法院、最高法院、最高仲裁法院之法官；終止憲法法院、最高法院和上訴法院院長、副院長和法官的權力；任免檢察總長與副檢察總長、檢察官（需與總統協商）；任免審計院審計長及其半數審計員；聽取檢察總長的司法年度報告；立法動議權；審議國家杜馬通過的聯邦法律（Государственная Дума, 2020）。

# 貳、下議院：國家杜馬

　　國家杜馬為聯邦會議之下議院，經由全民選舉產生，代表俄羅斯全體人民的利益，比起聯邦委員會完全被總統操控，國家杜馬雖居於弱勢，但卻也是真正的人民代表機關。

## 一、國家杜馬組成

　　1993 年 10 月總統令規定，國家杜馬由 450 名代表組成，採混合式選制，225 名由單一選區產生，另 225 名由以全國為單位的政黨或黨團 [13] 按比例代表制產生，只有獲得超過 5% 以上選票才有權進入杜馬。2005 年 5 月，在當時普欽總統的主導下，俄羅斯國會修改法律，將選舉制度由混合

---

[13] 俄羅斯在 2007 年以前，「能夠提名候選人參選，除了政黨（party, партия），還有『政治組織』（political organization, политическая организация）和『政治運動』（political movement, политическое движение），此三類歸類於『選舉團體』（electoral coalition, избирательное объединение）……俄國另允許不同政黨結盟，共同提名候選人，此類稱為『選舉同盟』（electoral bloc, избирательный блок）」（趙竹成，2006：59）。

制改爲政黨名單比例代表制，且將政黨比例分配席次門檻由原本的 5% 提高爲 7%。2014 年修改選舉法，把政黨比例分配席次門檻降爲 5%，並重新實行混合制。也就是說在第一屆至第四屆和第七屆至第八屆國家杜馬選舉（1993 年、1995 年、1999 年、2003 年、2016 年、2021 年）採比例代表制（5% 門檻）和單一選區多數制的混合制，第五屆和第六屆（2007 年和 2011 年）採比例代表制（7% 門檻）。

1993 年第一屆國家杜馬 [14] 是過渡性，爲期 2 年，此後每屆 4 年，而於 2008 年 11 月 21 日國家杜馬以 392 票贊同、57 票反對的結果，三讀高票通過了將總統和國家杜馬議員任期由 4 年分別延長至 6 年和 5 年的憲法修正案，修正案具體的修訂條款爲俄羅斯聯邦憲法第 81 條和第 96 條，總統和國家杜馬任期的延長不適用於現任總統和議會。換言之，這些新舉措將適用於下一個選舉期，即自 2011 年舉行的國家杜馬選舉和 2012 年舉行的總統大選產生的新一屆國家杜馬和總統。故，2011 年起，國家杜馬任期變更爲 5 年。

## 二、國家杜馬職權

根據俄羅斯憲法，國家杜馬之主要職權爲：同意總統提名之俄羅斯總理候選人；決定對政府之信任問題；聽取政府年度施政報告並質詢；任免中央銀行總裁；聽取中央銀行總裁年度報告；任免審計院副審計長及其半數審計員；任免依據聯邦憲法法律行使職權之人權代表；宣布特赦；彈劾總統，提出剝奪已終止行使其權力的總統豁免權的彈劾；立法動議權（第 103 條）；通過聯邦法律（第 105 條）；審核聯邦預算、聯邦稅費、國家金融事務、國際條約的批准與退出、國界、戰爭與和平（第 106 條）。

另外，有關國家杜馬解散問題，在憲法第 111 條與第 117 條情況下，

---

[14] 有些作者會認爲 1993 年第一屆新國會爲延續人代會之國會，故將之認爲是第五屆，如李玉珍，但本人認爲新國會與人代會不僅僅在性質上不同（新國會是國家立法機關，行使立法權；人代會爲最高蘇維埃，爲國家最高權力機關），在組成與職權上更有著重大區別，且 1993 年的國會選舉是蘇聯解體後第一次民選，在俄羅斯也普遍稱之爲第一屆議會。

總統可解散國家杜馬；憲法第111條指國家杜馬3次否決總統所提總理候選人，而憲法第117條規定3個月內國家杜馬對政府通過第二次不信任案，或聯邦政府的信任案遭到否決，總統必須在解散政府與解散杜馬之間擇一而行。但此解散條款另有但書，一是國家杜馬選出1年內，不得以憲法第117條理由予以解散；二是國家杜馬對總統提出彈劾時，至聯邦委員會採取相應決定時止，不可被解散；三是俄羅斯全境之戒嚴或緊急狀態有效期間內，以及總統職權終止前6個月內，國家杜馬不可以被解散。

## 參、總統、聯邦委員會與國家杜馬的權力關係

國家杜馬通過的法案須在5天內移交聯邦委員會審議，若聯邦委員會半數以上贊成，或該院未在14天內予以審議，該法案視同得到聯邦委員會批准；若聯邦委員會否決國家杜馬之法案，兩院可組協調委員會，克服歧見，繼由國家杜馬再予審議；若國家杜馬不同意聯邦委員會之決定時，得重審該法案，再審議時：國家杜馬議員總數三分之二以上贊成，法案則被視為通過（第105條）。

國會（上院及下院）通過的法案應在5天內送交俄羅斯聯邦總統簽署和頒布。總統應在14天內簽署並頒布聯邦法律。如果總統在收到法案之日起14天內駁回，則國家杜馬和聯邦委員會根據俄羅斯聯邦憲法規定的程序重新審議法案。如果在重新審議後，該法案在先前通過的版本中得到聯邦委員會成員和國家杜馬代表總數至少三分之二的多數贊成，則總統必須簽署並在7天內頒布（第106條）。但是，2020年公投修憲後，總統可將否決再通過的法案提交至憲法法院審議，由憲法法院審查其「合憲性」（第117條）。

由此可見，在立法方面，國家杜馬相對於聯邦委員會擁有較大的權力，雖然聯邦委員會有權駁回杜馬通過的議案，但杜馬可以三分之二多數推翻聯邦委員會的否決。被兩院都通過的法案還要經過總統的批准才能成為法律，總統仍有否決權。也就是說，在俄羅斯，一部法律的通過，首先要經過杜馬審議，然後還要面臨2次可能的否決，這在西方國家是從沒見

過的（Brown, 2001: 118）[15]。

## 第五節　強勢總統下的府會關係（1991年迄今）：政黨與國家杜馬選舉

在俄羅斯憲法中，關於總統權力與國會權力分配是否有偏頗總統權力而直接造成「強總統—弱國會」的局勢，特羅謝和史黛克（2003）針對此一問題研究，他們根據舒加特和卡瑞的總統權力測量指標模型（1992）修正建構而成的「特—史模型」中的指標，去量化測量俄羅斯總統和議會權力，結果差距並不大，總統權力略顯強勢，因此認爲俄羅斯憲法其實並無過分偏頗總統權力。但，葉爾基和麥美那敏（Elgie and McMenamin, 2008: 339）認爲如非得選擇半總統制的國家，在其憲法建構中仍可選擇何種類型的半總統制，而最能因應民主實施的半總統體制就是規範弱化總統權力。所以，在俄羅斯憲法中，總統權力仍強於國會，尤其是總統能以總統令來行使某種程度的立法權，更是使俄羅斯國會之立法權更爲式微。

故，在俄羅斯的憲政發展研究中，由於俄羅斯國會權力先天上略顯弱勢，府會爭奪行政權成爲其半總統制的結構性特徵，且結果總是議會臣服於總統權力，而俄羅斯聯邦的府會之爭在葉爾欽時期是相當劇烈的，甚至在 1993 年 10 月演變成砲轟國會的地步（吳玉山，2000：43）。此後，總統與國會間仍持續著行政拉鋸戰，葉爾欽時期，總統的「權力黨」在杜馬中一直無法擁有多數，總統與政府提出的議案往往遭到反對黨的抵制；一直到普欽執政，府會爭執情況稍稍舒緩，2003 年第四屆國會「統一俄羅斯」黨成爲國會第一大黨占據絕對多數後，普欽和政府提出的所有法案幾乎都以絕對多數獲得通過，正因爲如此，此時的總統、政府和國會關係不像以前對立，而是比任何時期更爲協調，但卻無形中更擴大了總統的權

---

[15] 一般而言，如果上議院有否決權，那麼國家元首就沒有否決權（如西班牙、德國），或者國家元首有否決權，上議院則沒有（如英國、法國、義大利等）。

力。因此，後共時期俄羅斯府會關係可分為三階段：1991 年至 1993 年人代會體制外衝突時期、1993 年憲法制定後至 2001 年體制內對立時期，及 2002 年至今府會和諧時期。

## 壹、1991 年至 1993 年人代會和最高蘇維埃體制外衝突時期

俄羅斯聯邦於 1991 年 8 月宣布獨立，並於同年 12 月與白俄羅斯、烏克蘭共同解散蘇聯，緊接著在 1992 年 1 月葉爾欽馬上推動激進的改革計畫，想把計畫經濟快速轉型為市場經濟，然而經濟轉型的同時，葉爾欽並沒有同步進行政治體制的轉型，新憲法、新選舉、新國會和新政黨都被延宕，反而是許多原有的機制都被保留下來，其中影響最大的就是人民代表大會和最高蘇維埃，亦就是「舊的權力結構瓦解後，在新的政治權力制度化過程中，總統與國會意圖擁有對此一過程的主導權，從而主導俄羅斯的政治、經濟發展方向」（李玉珍，1998：56）。

由於最高蘇維埃與總統都宣稱自己擁有最高權力，雙方彼此爭執不下，於是衝突日升，葉爾欽首先採取行動，於 1993 年 9 月 21 日發布總統令，解散俄羅斯人民代表大會和最高蘇維埃，並於 12 月 12 日舉行新的國會選舉，只保留不久前成立的聯邦委員會，負責執行上議院的職能，在新國會誕生之前，全俄羅斯依總統命令和政府決議行事。最高蘇維埃和人代會立刻反擊，通過決議，指責葉爾欽違憲，停止其總統職務，另外任命副總統魯茲科伊代行總統職權。府會對立的激烈衝突到達頂點，10 月 4 日葉爾欽調動軍隊砲轟國會，府會之爭最後以武力解決，葉爾欽以體制外手段終結舊國會。

## 貳、1993 年俄羅斯聯邦憲法制定至 2001 年體制內對立時期

在 1993 年 10 月至 12 月之間的府會衝突、國會大選、憲法公投是俄羅斯憲政發展的重要分水嶺，在此之前，葉爾欽雖然掌握了極大的總統權力，但在舊的憲政體制下，他處處受制於國會，新憲法制定後，總統的權

力大幅增加，基本上已經不必擔心國會的牽制，但是 1993 年、1995 年乃至 1999 年國家杜馬選舉的結果卻是俄國共產黨與反對勢力的得勢，雖然國會仍然受到反對勢力的控制，但由於總統法定權力大於國會，因此國會雖仍與政府對立，但是反對力量也較爲有限了（吳玉山，2000：71-78）。

國家杜馬產生後，由於比例代表制產生的多黨制之故，議員聯盟（coalition of Deputies, депутатское объединение）的形成在國家杜馬變成普遍現象，其中議會黨團（faction, фракция）是議員聯盟最主要的形式。議會黨團的產生是根據 1993 年憲法通過後不久制定的國家杜馬規則：在國家杜馬中的議員，隸屬於代表不同利益階層的政黨基礎上的議會黨團。一般而言，政黨或黨團按傳統的左右劃分，大概分爲左派（如俄共代表溫和左派，它仍信奉共產主義和社會主義，但已放棄激進的革命方式；還有自由民主黨及其他極端民族主義組織代表的左翼民族主義派）、中間派（如「我們的家園俄羅斯」、「團結」黨，基本上秉持保守主義，強調社會穩定）和右派（如雅布羅柯黨、右翼力量聯盟，傾向於西方的價值觀，強調自由、民主和市場經濟等西方民主制度的主張）。

從 1993 年 12 月第一屆國家杜馬選舉開始，左派的力量，即俄共與自由民主黨等占有 176 席，一直領先右派的 127 席及中間派的 146 席（畢英賢，1996：36），1995 年第二屆乃至 1999 年第三屆選舉，俄共成爲杜馬第一大黨團（1995 年占有 157 席，1999 年占有 103 席），因此從 1994 年至 2001 年，由於反對勢力占據國會，總統和立法機關的磨擦始終存在，此時期的府會間較大衝突包括了「1994 年 2 月特赦政變領袖案」、「1994年 10 月之盧布崩盤引發的對政府不信任案」、「1994 年 12 月至 1995 年 7 月車臣戰爭與人質事件」、「1997 年國家杜馬以健康理由試圖彈劾葉爾欽」[16]、「1998 年任命基里延科（S. V. Kiriyenko, С. В. Кириенко）爲總理案」

---

[16]「1994 年 2 月特赦政變領袖案」爲國家杜馬通過大赦令，釋放了 10 月砲轟國會事件中被捕下獄的最高蘇維埃主席哈斯布拉托夫（R. I. Khasbratov, Р. И. Хасбратов）和前副總統魯茲科伊，葉爾欽冷處理，妥協國會收場。「1994 年 10 月之盧布崩盤引發的對政府不信任案」爲盧布兌美元匯率一舉跌破 1 美元比 3,000 盧布以上，市場一片恐慌，國家杜馬提出對政府的不信任案，後來在權力黨的全力維護下，不信任案闖關失敗，但內閣局部改組。「1994 年 12 月至 1995 年 7 月車臣戰爭與人質事件」爲車臣行動一直沒有得到國會的同意，但葉爾欽卻強

及「1999年5月國家杜馬以5項理由彈劾葉爾欽案」[17]，但最後大都終結於國會迫於解散的壓力下或反對黨本身的歧見，而對總統與政府權力妥協。

## 參、2002年起迄今之府會和諧時期

在葉爾欽時期，雖然國會與總統的交鋒，幾次國會皆居於弱勢，但是國會在制衡總統權力上，仍有發揮一定的效用，鑑於如此，普欽利用中間派及右派聯合打壓俄共，積極促成「團結」黨、「祖國」運動和「全俄羅斯」運動聯合並建立新黨，2001年12月1日「團結」黨、「祖國」運動和「全俄羅斯」運動三大政治組織舉行合併大會，成立「全俄羅斯團結—祖國」黨，簡稱「統一俄羅斯」黨，之後該黨聯合「人民議員」和「俄羅斯地區」等議員聯盟，擁有杜馬240多個席位，形成了支持總統的多數黨，成為自葉爾欽時期以來，第一個擁有國會多數的「權力黨」，而「統一俄羅斯」黨則被普欽界定為右派中間主義（Rightcentralism, правоцентризм）。

「統一俄羅斯黨」也因為普欽的強烈加持，在2003年第四屆國家杜馬選舉，以37.57%支持率成為杜馬第一大黨，遠勝於俄共的12.7%。而之後「統一俄羅斯黨」的議會黨團在第四屆的國家杜馬中占有310席，掌握超過三分之二席次。正是在這樣的情況下，普欽在第二任期內推出了包含行政改革、政黨體制改革、杜馬選舉制度改革、軍事改革在內的一系列措施，而意料中，國家杜馬以絕對多數通過。根據國家杜馬官方消息網站

---

制出兵，國會無法有效制約葉爾欽；而1995年6月車臣游擊隊挾持了2,000名人質，俄羅斯特種部隊強力攻堅，造成人質死傷慘重，於是國會再次通過對政府的不信任案，葉爾欽威脅解散國會，最後是6位部長官員辭職，國會妥協，未再通過不信任案。「1997年國家杜馬以健康理由試圖彈劾葉爾欽」為1996年葉爾欽動了心臟手術，1997年初再度以肺炎入院，反對派人士一再督促葉爾欽退休，但葉爾欽卻是要總理車爾諾梅爾丁改組政府，根本不理會國家杜馬的決議（許湘濤，1996：47-55；李玉珍，1998：57-59）。

17 「1998年任命基里延科為總理案」為葉爾欽提名基里延科為總理，遭到國家杜馬2次不通過，在葉爾欽威脅解散國會的壓力下，最後國會妥協通過。「1999年5月國家杜馬以5項理由彈劾葉爾欽案」為國家杜馬對葉爾欽提出5項指控，並且召開全院會議，指控葉爾欽造成蘇聯解體、砲轟國會、濫用職權鎮壓車臣、搞垮俄羅斯軍事力量和推動使俄國貧困之經濟政策，而5項指控皆未獲三分之二票數通過（況正吉，1999：38-42）。

公布的資料，2003年第四屆杜馬中各議會黨團的成員數及其所占百分比如表2-2：

表 2-2　**2003年第四屆國會杜馬議會黨團成員及百分比**

| 政黨或黨團名稱 | 議員數（百分比） |
|---|---|
| 「統一俄羅斯」黨黨團 | 310（68.89%） |
| 俄羅斯聯邦共產黨黨團 | 47（10.44%） |
| 自由民主黨黨團 | 34（7.56%） |
| 「祖國」黨團（人民愛國聯盟） | 28（6.22%） |
| 人民愛國聯盟「祖國」黨團（人民意志—俄羅斯社會主義統一黨） | 12（2.67%） |
| 未加入議會黨團的議員 | 18（4.00%） |

資料來源：俄羅斯聯邦中央選舉委員會官方網站（ЦИК России, 2022）。

　　正因為國會被「統一俄羅斯」黨黨團掌握絕對多數，反對黨為求取決策空間，此時期的主要活動便轉往議會外的抗議運動，企圖以民粹街頭運動來影響議會，號召要公平選舉、消除貧富差距及開放媒體等，激進者甚至要求普欽下臺[18]。如俄羅斯聯邦共產黨因為2003年國會選舉失敗引發分裂危機，2004年謝米金（G. U. Semigin, Г. Ю. Семигин）自俄共脫出，另成立了「俄羅斯愛國者」黨，於是俄共於進入議會時的52席時，減少了5席，僅剩47席，根本無法與「統一俄羅斯」黨相抗衡。於是，俄共的重心放到議會外，發動和組織民眾進行抗議活動和示威遊行，希望引起民眾高度關注，俾使在2007年議會選舉能重登第一大黨之位。

　　2005年5月19日總統普欽簽署新的「俄羅斯聯邦國家杜馬代表選舉法」，其真正目的在於降低國會政黨的數目，增加政黨對於黨員的控制力，鞏固權力黨「統一俄羅斯」黨未來在國會的影響力，也為其未來權力生涯鋪路（此點明顯可於第五屆國家杜馬選舉前後看出），於是將混合式選制改為比例代表制，所有議員代表依比例代表制選出，法案還禁止選舉

---

[18] 2007年5月1日國際勞動節各政治勢力，尤其是反對黨舉行大規模的示威遊行，大約有6萬人次參加此次的街頭抗議運動。

同盟，只有政黨成員可以成爲候選人，非政黨成員或其他政黨的人員必須列入某一政黨的候選人名單，才可以成爲候選人，但是其數量不得超過名單總數的50%，得票率超過7%的政黨才有權分配國會席位[19]。而此法案的通過，已經明顯地影響了政黨體制的走向與2007年國家杜馬的議員聯盟。

　　2007年12月2日舉行了第五屆的國家杜馬選舉，由於「統一俄羅斯」黨於10月2日宣布普欽爲該黨候選人名單首位，並以普欽爲號召，大幅拉抬了該黨的聲勢，於是普欽所領導之「統一俄羅斯」黨以超過半數64.30%的超高支持率再次成爲杜馬的第一大黨。由於此次採用新選舉法，依比例代表制的選舉結果大幅縮減了進入國會的政黨數目，11個政黨參選，共計只有四個跨越7%的政黨門檻得以進入國家杜馬分配議席（詳見表2-3），這四個政黨中，只有共產黨可以算是反對黨，普欽領導的「統一俄羅斯」黨和另外一個親克里姆林宮的政黨「正義俄羅斯」黨，得票率加起來超過7成，在450席的下議院中，攻占353席，此結果普遍認爲是普欽即將卸任前之重要權力布局，不僅關係到普欽政治生涯之延續，更是普欽擔任總理期間（2008-2012）掌握國會之權力黨的重要契機。

表 2-3　2007 年第五屆國會杜馬政黨席位數與得票率

| 排名 | 政黨 | 比例代表制 | | | | |
|---|---|---|---|---|---|---|
| | | 得票 | % | ±% | 席位 | 席位 ± |
| 1 | 統一俄羅斯<br>（Единая Россия） | 44,714,241 | 64.30% | ▲ 26.74% | 315 | ▲ 11 |
| 2 | 俄羅斯聯邦共產黨<br>（Коммунистическая<br>партия Российской<br>Федерации, КПРФ） | 8,046,886 | 11.57% | ▼ 1.04% | 57 | ▲ 6 |
| 3 | 俄羅斯自由民主黨<br>（Либерально-<br>демократическая партия<br>России, ЛДПР） | 5,660,823 | 8.14% | ▼ 3.31% | 40 | ▲ 4 |

[19] 得票率達到7%的政黨不能少於兩個，它們的得票數總計不得少於選民的60%，假如得票率達到7%的政黨少於兩個，未達到7%得票率的政黨也有可能依次進入杜馬。

表 2-3　2007 **年第五屆國會杜馬政黨席位數與得票率（續）**

| 排名 | 政黨 | 比例代表制 | | | | |
|---|---|---|---|---|---|---|
| | | 得票 | % | ±% | 席位 | 席位 ± |
| 4 | 正義俄羅斯<br>（Справедливая Россия, СР） | 5,383,639 | 7.74% | - | 38 | - |
| 5 | 俄羅斯農業黨<br>（Аграрная Партия России, АПР） | 1,600,234 | 2.30% | ▼ 1.34% | 0 | ▼ 2 |
| 6 | 俄羅斯統一民主黨「雅布羅柯」<br>（Российская объединённая демократическая партия, Яблоко） | 1,108,985 | 1.59% | ▼ 2.71 % | 0 | ▼ 4 |
| 7 | 公民力量<br>（Гражданская сила） | 733,604 | 1.05% | - | 0 | - |
| 8 | 右翼力量聯盟<br>（Союз правых сил, СПС） | 669,444 | 0.96% | - | 0 | - |
| 9 | 俄羅斯愛國者黨<br>（Патриоты России） | 615,417 | 0.89% | - | 0 | - |
| 10 | 社會正義黨<br>（Партия социальной справедливости, ПСС） | 154,083 | 0.22% | - | 0 | - |
| 11 | 俄羅斯民主黨<br>（Демократическая партия России, ДПР） | 89,780 | 0.13% | - | 0 | - |
| 有效票 | | 68,777,136 | 98.89% | - | - | - |
| 無效票 / 空白票 | | 759,929 | 1.11% | ▼ 3.61% | - | - |
| 總計 | | | 100% | - | 450 | - |
| 選民總數 / 投票率 | | 109,145,517 | 63.78% | ▲ 0.22% | - | - |

資料來源：俄羅斯聯邦中央選舉委員會官方網站（ЦИК России, 2022）。

　　2011 年 12 月 5 日俄羅斯國會第六屆國家杜馬大選結果（見表 2-4）公布後，7 日普欽正式登記參加 2012 年 3 月俄羅斯總統大選，旋即在莫斯科和聖彼得堡等地，引發大規模抗議國會大選舞弊及反對普欽的遊

行示威，反對黨及觀察員指控這次大選有作票及舞弊嫌疑，並透過臉書（Facebook）和推特（Twitter）串聯，同時號召民眾上街抗議，反對普欽長達 12 年的執政。

表 2-4　2011 年第六屆國會杜馬政黨席位數與得票率

| 排名 | 政黨 | 比例代表制 | | | | |
|---|---|---|---|---|---|---|
| | | 得票 | % | ±% | 席位 | 席位 ± |
| 1 | 統一俄羅斯（Единая Россия） | 32,379,135 | 49.32% | ▼ 14.98% | 238 | ▼ 77 |
| 2 | 俄羅斯聯邦共產黨（Коммунистическая партия Российской Федерации, КПРФ） | 12,599,507 | 19.19% | ▲ 7.62% | 92 | ▲ 35 |
| 3 | 正義俄羅斯（Справедливая Россия, СР） | 8,695,522 | 13.24% | ▲ 5.50% | 64 | ▲ 26 |
| 4 | 俄羅斯自由民主黨（Либерально-демократическая партия России, ЛДПР） | 7,664,570 | 11.67% | ▲ 3.53% | 56 | ▲ 16 |
| 5 | 俄羅斯統一民主黨「雅布羅柯」（Российская объединённая демократическая партия, Яблоко） | 2,252,403 | 3.43% | ▲ 1.84% | 0 | - |
| 6 | 俄羅斯愛國者（Патриоты России） | 639,119 | 0.97% | ▲ 0.08% | 0 | - |
| 7 | 右派事務黨（Всероссийская политическая партия, Правое дело） | 392,806 | 0.60% | ▼ 1.54% | 0 | - |
| 有效票合計 | | 64,623,062 | 98.42% | - | - | - |
| 無效票 / 空白票 | | 1,033,464 | 1.57% | ▲ 0,52% | - | - |
| 總計 | | | 100% | - | 450 | - |
| 選民總數 / 投票率 | | 109,237,780 | 60.10% | ▼ 3.61% | - | - |

資料來源：俄羅斯聯邦中央選舉委員會官方網站（ЦИК России, 2022）。

在 2011 年的國會選舉中，普欽領導的統一俄羅斯黨雖然成功成爲國會第一大黨，但是得票率首次未過半，僅 49.32%，席位也較前次選舉下降 77 席，且選舉前後發生多起大型抗議活動，此次的國會選舉有幾點值得注意：

其一，普欽的個人領導魅力（charisma）不僅沒有拉抬統一俄羅斯黨在國會的席位，且其支持度也在此次國會大選後，曾經一度下滑至 50% 以下，對於克里姆林宮所在之行政中心的莫斯科，人民對於普欽的再執政已由選票表現不滿。普欽與梅德章傑夫的職位互換也被視爲統治菁英利益交換。普欽 12 年（包含總統 8 年和總理 4 年）執政所形成的國家體制分裂所產生的副作用——恩庇侍從、酬庸、尋租等已讓俄羅斯民眾與反對團體大感不滿，產生整個統治結構的合法性下跌危機開始浮現。

其二，從 2011 年的國會大選結果，可以發現民主自由主義取向的政黨——俄羅斯民主聯盟「雅布羅柯黨」（3.43%）和右派事務黨（0.60%）在上一屆選舉失利沒有分配到席位後，此次的選舉中仍然沒有通過 7% 的門檻而分配到席位，而 2012 年的總統大選中也未見民主黨派推舉的候選人，由此可再次證明俄羅斯人民對於民主的渴望度和期望值，及俄羅斯人民對於「民主」的詮釋有異於西方的價值觀（見第一章）。

根據第一章所建構的「俄羅斯民主體制維繫之邊際成本與效益分析概念模型」，要維持住中央再集權政策，必須要使 MR > MC，此時必須以增加民主輸入來維持住政權合法性，因此，普欽政權於 2014 年 2 月 24 日公布實施新的「俄羅斯聯邦國家杜馬代表選舉法」（Federal Law No. 20-FZ "On Elections of Deputies of the State Duma of the Federal Assembly of the Russian Federation", федеральный закон № 20-ФЗ «О выборах депутатов Государственной Думы Федерального собрания Российской Федерации»），根據該法，國家杜馬選舉重新恢復採比例代表制和單一選區多數制的混合制舉行：225 名國家杜馬議員由單一選區多數制選出，其他 225 名議員由政黨名單比例代表制選出（5% 門檻）。

2016 年 9 月 18 日舉行第七屆國家杜馬選舉（見表 2-5），此次的選舉創下俄羅斯聯邦獨立以來最低的投票率，僅 47.88%（以往的選舉，都

有 60% 以上），選民對選舉反應冷淡。在首都莫斯科、聖彼得堡等主要
城市的投票率均下跌；其中在莫斯科，投票率僅有 35.2%（РИА Новости,
2016）。但是由於 2014 年克里米亞併入俄羅斯後，以美國為主的西方民
主國家對俄羅斯展開經濟制裁，普欽政權更加強對反對力量的壓制，自由
派反對黨於媒體曝光、宣傳參選政綱的機會更受當局嚴格管控。另外，反
對派的「不團結」也稀釋了公眾支持，因此統一俄羅斯黨席位數大幅增
加，共獲得 343 個席位，獲得席位數 76.22%，但是在政黨名單比例代表
票的政黨得票率僅 54.20%，顯示人民對於政黨的信任度仍舊不高。儘管
當局在選舉前推出新措施，放寬政黨參選的要求、容許獨立人士競選等，
然而仍然沒有自由派反對黨能打破躋身國家杜馬的 5% 得票率門檻。

　　2021 年舉辦第八屆的國家杜馬選舉（見表 2-6）。為了避免重蹈 2016
年投票率低迷的覆轍，讓公民的投票意願提高，政府煞費苦心，將投票期
程從 1 天延長為 3 天，政府機構與國營企業強迫員工出門投票，各地頻頻
傳出作票事件（灌票、重複投票等），但投票率也僅上升至 51.72%。統
一俄羅斯黨的政黨比例代表票也較 2016 年的 54% 顯著下滑，這也代表著
普欽在 2018 年提出的退休金政策改革，不僅嚴重影響他的支持率（BBC,
2018; TACC, 2018）[20]，後續效應也反映在2021年的國家杜馬選舉結果，再
者，俄羅斯經濟長期倚賴石油與天然氣出口，很容易受國際油價波動影
響，歐美制裁持續，讓經濟發展與生活水平停滯不前，也令人民產生不
滿。

　　而這次的國會杜馬選舉，共產黨拿到 18.93% 政黨比例代表票，較
2016 年的 13% 進步許多。雖然，俄羅斯當局祭出鐵腕手段全面鎮壓批評
普欽的異議人士，一些知名的反對派政治人物面臨起訴或者因為當局的壓

---

[20] 為了避免人口結構正高速萎縮，進而讓退休年金拖垮國家財政的俄羅斯政府，2018 年 6 月提
出了極為爭議、大幅調升退休年齡門檻的年金改制案（政府計畫於未來 10 年逐步將男性退
休年齡由 60 歲調高至 65 歲，女性在未來 16 年逐步由 55 歲調高至 63 歲）。然而政策提案
卻讓超過 9 成的俄國民眾大表不滿，連續 2 個月來，全國反年改抗議更是遍地開花。普欽的
支持率也從 80% 降至 64%。普欽後來於 8 月 30 日態度些許軟化，將女性退休年齡從 63 歲
目標下修成 60 歲，還承諾退休金給付額將於 6 年內增加 40%。9 月 27 日國家杜馬三讀通過，
相應的法案於 10 月 3 日簽署成為法律，之後一些反對改革的行動仍在繼續。

表 2-5　2016 年第七屆國會杜馬政黨席位數與得票率

| 排名 | 政黨 | 比例代表制 | | | | 單一選區多數制 | | | 總計 | | | |
|---|---|---|---|---|---|---|---|---|---|---|---|---|
| | | 得票 | % | ±% | 席位 | 得票 | % | 席位 | 席位 | ± | % | ±% |
| 1 | 統一俄羅斯（Единная Россия） | 28,527,828 | 54.20% | ▲4.87% | 140 | 25,162,770 | 48.42% | 203 | 343 | ▲105 | 76.22% | ▲23.33% |
| 2 | 俄羅斯聯邦共產黨（Коммунистическая партия Российской Федерации, КПРФ） | 7,019,752 | 13.34% | ▼5.85% | 35 | 6,492,145 | 12.93% | 7 | 42 | ▼50 | 9.33% | ▼11.11% |
| 3 | 俄羅斯自由民主黨（Либерально-демократическая партия России, ЛДПР） | 6,917,063 | 13.14% | ▲1.47% | 34 | 5,064,794 | 9.75% | 5 | 39 | ▼17 | 8.67% | ▼3.78% |
| 4 | 正義俄羅斯（Справедливая Россия, СР） | 3,275,053 | 6.22% | ▼7.02% | 16 | 5,017,645 | 9.66% | 7 | 23 | ▼41 | 5.11% | ▼9.11% |
| 5 | 俄羅斯共產黨人（Коммунистическая партия Коммунисты России, КПКР） | 1,192,595 | 2.27% | - | 0 | 1,847,824 | 3.56% | 0 | 0 | - | 0 | - |
| 6 | 俄羅斯統一民主黨「雅布羅柯」（Российская объединённная демократическая партия, Яблоко） | 1,051,335 | 1.99% | ▼1.44% | 0 | 1,323,793 | 2.55% | 0 | 0 | - | 0 | - |

表2-5 2016年第七屆國會杜馬政黨席位數與得票率（續）

| 排名 | 政黨 | 比例代表制 | | | | 單一選區多數制 | | | 總計 | | | |
|---|---|---|---|---|---|---|---|---|---|---|---|---|
| | | 得票 | % | ±% | 席位 | 得票 | % | 席位 | 席位 | ± | % | ±% |
| 7 | 俄羅斯社會正義退休者黨（Российская партия пенсионеров за социальную справедливость, Партия пенсионеров） | 910,848 | 1.73% | - | 0 | - | - | - | 0 | - | 0 | - |
| 8 | 全俄政黨「祖國」（Всероссийская политическая партия, Родина） | 792,226 | 1.51% | - | 0 | 1,241,642 | 2.39% | 1 | 1 | ▲1 | 0.22% | ▲0.22% |
| 9 | 成長黨（Всероссийская политическая партия, Партия Роста） | 679,030 | 1.29% | ▲0.69% | 0 | 1,171,259 | 2.25% | 0 | 0 | - | 0 | - |
| 10 | 俄羅斯生態黨「綠黨」（Российская экологическая партия, Зеленые） | 399,429 | 0.76% | - | 0 | 770,076 | 1.48% | 0 | 0 | - | 0 | - |
| 11 | 人民自由黨（Партия народной свободы, ПАРНАС） | 384,675 | 0.73% | - | 0 | 530,862 | 1.02% | 0 | 0 | - | 0 | - |

表2-5　2016 年第七屆國會杜馬政黨席位數與得票率（續）

| 排名 | 政黨 | 比例代表制 | | | | 單一選區多數制 | | | 總計 | | | |
|---|---|---|---|---|---|---|---|---|---|---|---|---|
| | | 得票 | % | ±% | 席位 | 得票 | % | 席位 | 席位 | ± | % | ±% |
| 12 | 俄羅斯愛國者（Патриоты России） | 310,015 | 0.59% | ▼0.38% | 0 | 704,197 | 1.36% | 0 | 0 | - | 0 | - |
| 13 | 公民平臺（Гражданская платформа） | 115,433 | 0.22% | - | 0 | 364,100 | 0.70% | 1 | 1 | ▲1 | 0.22% | ▲0.22% |
| 14 | 公民力量（Гражданская сила） | 73,971 | 0.14% | - | 0 | 79,922 | 0.15% | 0 | 0 | - | 0 | - |
| 15 | 無黨籍 | - | - | - | - | 429,051 | 0.83% | 1 | 1 | - | 0.22% | ▲0.22% |
| | 有效票 | 51,649,253 | 98.13% | ▼0.30% | - | 50,200,080 | 96.60% | - | - | - | - | - |
| | 無效票／空白票 | 982,596 | 1.87% | ▲0.30% | - | 1,767,725 | 3.40% | - | - | - | - | - |
| | 總計 | - | 100% | - | 225 | - | 100% | 225 | 450 | - | 100% | - |
| | 選民總數／投票率 | 110,061,200 | 47.88% | ▼12.22% | - | 109,636,794 | 47.40% | - | - | - | - | - |

資料來源：俄羅斯聯邦中央選舉委員會官方網站（ЦИК России, 2022）。

表 2-6 2021 年第八屆國會杜馬政黨席位數與得票率

| 政黨 | 比例代表制 | | | | | 單一選區多數制 | | 總計 | | | |
| --- | --- | --- | --- | --- | --- | --- | --- | --- | --- | --- | --- |
| | 票數 | % | ±% | 席位 | ± | 席位 | ± | 席位 | ± | % | ±% |
| 統一俄羅斯（Единая Россия） | 28,064,200 | 49.82% | ▼4.38% | 126 | ▼14 | 198 | ▼5 | 324 | ▼19 | 72% | ▼4.22% |
| 俄羅斯共產黨（КПРФ） | 10,660,669 | 18.93% | ▲5.59% | 48 | ▲13 | 9 | ▲2 | 57 | ▲15 | 12.67% | ▲3.34% |
| 自由民主黨（ЛДПР） | 4,252,252 | 7.55% | ▼5.59% | 19 | ▼15 | 2 | ▼3 | 21 | ▼18 | 4.67% | ▼4% |
| 正義俄羅斯—為了真理（Справедливая Россия — За правду） | 4,201,744 | 7.46% | ▲1.24% | 19 | ▲3 | 8 | ▲1 | 27 | ▲4 | 6% | ▲0.89% |
| 新人類（Новые люди） | 2,997,744 | 5.32% | 新政黨 | 13 | 新政黨 | 0 | 新政黨 | 13 | 新政黨 | 2.89% | 新政黨 |
| 退休者黨（Партия пенсионеров） | 1,381,915 | 2.45% | ▲0.72% | 0 | | 0 | | 0 | | 0% | |
| 雅布羅柯黨（Яблоко） | 753,268 | 1.34% | ▼0.65% | 0 | | 0 | | 0 | | 0% | |
| 俄羅斯共產黨人（Коммунисты России） | 715,621 | 1.27% | ▼1% | 0 | | 0 | | 0 | | 0% | |
| 綠黨（Зелёные） | 512,418 | 0.91% | ▲0.15% | 0 | | 0 | | 0 | | 0% | |
| 祖國黨（Родина） | 450,449 | 0.80% | ▼0.71% | 0 | | 1 | | 1 | | 0.22% | |
| 俄羅斯自由和公正黨（РПСС） | 431,530 | 0.77% | 新政黨 | 0 | 新政黨 | 0 | 新政黨 | 0 | 新政黨 | 0% | 新政黨 |
| 綠色替代（Зелёная альтернатива） | 357,870 | 0.64% | 新政黨 | 0 | 新政黨 | 0 | 新政黨 | 0 | 新政黨 | 0% | 新政黨 |
| 成長黨（Партия Роста） | 291,465 | 0.52% | ▼0.77% | 0 | | 1 | ▲1 | 1 | ▲1 | 0.22% | ▲0.22% |
| 公民平臺黨（Гражданская платформа） | 86,964 | 0.15% | ▼0.07% | 0 | | 1 | | 1 | | 0.22% | |
| 無黨籍 | | | | | | 5 | ▲4 | 5 | ▲4 | 1.11% | ▲0.89% |
| 有效票 | 55,158,109 | 97.92% | ▼0.21% | | | | | | | | |

表 2-6　2021 年第八屆國會杜馬政黨席位數與得票率（續）

| 政黨 | 比例代表制 | | | | | 單一選區多數制 | | 總計 | | | |
|---|---|---|---|---|---|---|---|---|---|---|---|
| | 票數 | % | ±% | 席位 | ± | 席位 | ± | 席位 | ± | % | ±% |
| 無效票 | 1,171,581 | 2.08% | ▲ 0.21% | | | | | | | | |
| 總計 | 56,329,690 | 100% | — | 225 | | 225 | | 450 | | 100% | — |
| 選民總數和投票率 | 109,204,662 | 51.72% | | | | ▲ 3.84% | | | | | |

資料來源：俄羅斯聯邦中央選舉委員會官方網站（ЦИК России, 2022）。

力而被迫離開俄羅斯，且大多數反對派政治人物都被禁止參選。這次國家杜馬選舉前，納瓦爾尼與戰友設法鼓勵選民進行「聰明投票」（smart voting），將票投給各選區最有可能擊敗統一俄羅斯黨的候選人，這也是俄羅斯聯邦共產黨此次席次增加的一個原因（端傳媒，2021）。而此次以低標（5.32%）進入國會的政黨「新人類」（Новые люди）是一個新政黨，普遍被認為是中間偏右的自由黨，是自 2007 年以後，首個以偏右派的主張進入國會的政黨，但仍有觀察家認為其為普欽所建立的傀儡黨，目的是要平衡國際對俄羅斯國會普遍偏左的觀點（Коммерсантъ，2020）。

　　綜而言之，從 2000 年以來，國會與政黨的活動，是體現普欽政權外表民主法治、內在加強集權的重大推手。從 2002 年普欽促成「權力黨」統一俄羅斯黨的組建後，統一俄羅斯黨自 2003 年第四屆國家杜馬選舉，直至 2021 年第八屆國家杜馬選舉，都一直是國會第一大黨，即使 2011 年第六屆選舉總得票率未過半，但也因為除了共產黨外，其餘國會政黨皆是親普欽的政黨，所以統一俄羅斯黨成為普欽在國會的最佳助力，而使得普欽政權期間，府會間未見爭議，所提出之法案，或修憲，或增訂法律，無意外地皆以絕對多數通過，加強了普欽政權中央再集權制度性策略的運作。


# 第六節　俄羅斯國會與政黨的困境與難題

　　從蘇聯解體後的府會政爭，到現在的府會和諧，俄羅斯的政治表面上似乎趨於穩定，但實則隱藏著總統專政、三權失衡的危機，國會能否正常運作，這關切著俄羅斯是否能繼續朝向民主鞏固階段邁進之關鍵，以下羅列之俄羅斯國會所面臨的歷史困境與難題，正是俄羅斯未來極應積極努力改革之重點。

# 壹、聯邦委員會（上議院）實為總統之傀儡機構

　　雖然在 1993 年初期之構想爲聯邦委員會由各聯邦主體直接選舉產生，後來葉爾欽爲求控制地方，將聯邦委員會代表改由指派之聯邦主體行政首長和立法機關主席（議長）擔任，而普欽於 2002 年起進一步改由聯邦主體行政首長與地方議長各提名一人，經地方立法機關同意派任，2012年普欽歸位後，由於地方抗議多，所以又進一步改回地方行政首長由地方直選產生。此舉表面上顯示聯邦委員會的議員係由各地方自由意志同意產生，但是因爲兩個歷史因素影響，造成聯邦委員會實質上被總統所操控。

　　因素其一，1993 年十月事件後，地方蘇維埃（地方議會）被葉爾欽強制解散，造成代表難產，故葉爾欽及其支持者主張，聯邦委員會應自動由各聯邦主體的行政首長與地方議長擔任（李玉珍，1998：61），此舉可以讓總統較輕易掌控上議院，因爲當時除了共和國的行政首長是民選外，其他的行政首長都是總統派任（畢英賢，1996：30）。於是，從 1995 年第二屆國會開始，聯邦委員會全面改由聯邦主體的行政首長與立法機關主席（議長）擔任。但是，自 1996 年開始，地方行政長官由總統任命改由民主選舉產生，正是由於這樣的背景，日後普欽才需要將地方行政首長一體改爲聯邦中央派任，並以此牢牢掌控聯邦委員會。

　　因素其二，2004 年 9 月，普欽蟬聯總統後，爲提高國家權力機關的效率，提出了一項「有關俄羅斯聯邦主體立法權力機構與行政機關組成原則修改法案」，此法案旨在取消地方行政首長民選，改由總統提名、地方議會批准，國家杜馬在該年的 12 月 11 日通過此案，12 月 27 日由普欽發布總統令（Konitzer and Wegren, 2006: 503-522）。之後，2012 年地方行政首長改爲地方直選，但是因爲總統有權以法律責任爲由，罷免地方行政首長，改派任代理行政首長和統一俄羅斯黨占據地方議會（見第四章）。此些作爲不僅讓總統對地方權力機關擁有絕對支配權，也間接全面掌控了聯邦委員會。

## 貳、強勢總統下的弱勢國家杜馬

　　在1993年10月炮轟國會後誕生的俄羅斯聯邦憲法奠定了強勢總統權力的基礎：國家實行總統制，總統作爲國家元首，不屬於三權分立體系中的任何一權，是由俄羅斯聯邦選民直接產生，從而獲得人民直接賦予的憲法權利。因此，總統獨立地行使憲法權力，在法律上不受其他任何國家權力機關的干預，也不對三權中的任何一權負責並報告工作。在這種體制下，國家杜馬雖然作爲全民代表機關和立法權力機構，總統卻能干預議會，由於俄羅斯憲法設計，使議會處於一個較弱勢的地位，而且總統還有權頒布總統令，可以從某種程度上取代議會立法。例如總統直接參與立法程序、擁有立法提案權及可以以否決法案爲威脅，自始至終影響整個立法過程。同時，總統在國家杜馬和國家元首、政府之間發生矛盾衝突的情況下，可以根據憲法有權解散國家杜馬。顯然，議會的作用很有限，而議會是俄羅斯各政黨的主要活動舞臺，而總統相對議會處於強勢地位，對議會中的政黨活動享有極大的約束力，因此，在總統與政黨的關係上，政黨不得不處於弱勢的地位，國家杜馬對總統幾乎處於完全從屬的地位。總統成爲包括政黨體制改革、國家杜馬代表選舉在內的國家政治經濟的推動者，沒有總統的倡導和支持，任何改革都很難實現。

　　此外，國家杜馬是最重要的立法者，但是大多數的政論家及學者對杜馬和杜馬立法不是很重視，其一是議會監督功能被刻意弱化；其二是議會的能力還受到很大的內部牽制，1993年至2002年的國家杜馬內部分裂嚴重，各議員聯盟和議會黨團之間的協調很差，加入議會黨團的議員並不一定要遵守該議會黨團的投票紀律，還有政黨之間的大量分歧（Ostrow, 1998: 793-816）。2003年至今（2022）的國家杜馬因統一俄羅斯黨獨大，其他政黨的力量越來越稀釋，而統一俄羅斯黨卻只是「權力黨」，無法成爲「執政黨」。因此，總體而言，大多數的政論家都認爲，國家杜馬沒有歐美議會該擁有之實際權力。

## 一、議會監督機制弱化

在 1990 年代，國家杜馬經由立法或內部調整制定了一系列的監督機制。在 2004 年至 2005 年間，普欽政權卻針對這些正式立法作了一連串的修改來增加調控的程度，且試圖轉移獨立代表和委員會的權力至國家杜馬理事會（Council of State Duma, Совет Государственной Думы）[21] 或更高層級（如總統）。此外，增強政權合法化很明顯地是一些議事規則修訂所試圖得到的副產品。

議會監督方面增加的管理調控主要展現在四方面 —— 政府時間（the government hour, Правительственный час）、公聽會（hearings, слушания）、反貪腐委員會（the anti-corruption commission, комиссия по противодействию коррупции）和議會調查（parliamentary investigations, парламентские расследования）。

### （一）政府時間

政府時間，也就是施政報告立法備詢，是質詢政府成員有關施行政策的每週固定機制。2004 年 11 月 10 日俄羅斯聯邦國家杜馬第 1101-IV 號決議案「修訂第 38 條和第 41 條俄羅斯聯邦國家杜馬規則」（Decree of the State Duma of the Federal Assembly of RF No. 1101-IV of the State Duma "On Amending Articles 38 and 41 of the Regulations of the State Duma of the Federal Assembly of the Russian Federation", Постановление ГД ФС РФ № 1101-IV ГД «о внесении изменений в статьи 38 и 41 регламента государственной думы федерального собрания российской федерации»）中，將政府時間延長至每週兩個半小時，並將事前規劃系統化，規定會議召開前 10 天就要確定整個會議將討論的主題和被邀請的官員。這項改變

---

21 國家杜馬理事會是杜馬的集體常設機關，其設置是為了國家杜馬活動議程的事前準備與審視組織問題。其組成包含國家杜馬主席和多位議員聯盟領導人。國家杜馬副主席和各委員會主席也參與理事會的工作。

限制了國家杜馬因應日常發燒議題的能力。

## （二）公聽會

公聽會也受到較大的限制。2004 年以前，只要是經由國家杜馬內委員會同意，任何議題皆可召開公聽會，但 2004 年 2 月 20 日第 132-IV 號決議案「修訂第 62 條、第 64 條、第 67 條和第 199 條俄羅斯聯邦國家杜馬規則」（Decree of the State Duma of the Federal Assembly of RF No. 132-IV of the State Duma "On Amendments to Articles 62, 64, 67 and 199 of the Rules of the State Duma of the Federal Assembly of the Russian Federation", Постановление ГД ФС РФ № 132-IV ГД «О внесении изменений в статьи 62, 64, 67 и 199 Регламента Государственной Думы Федерального Собрания Российской Федерации»）將議題限制在國家杜馬的司法權上，如此，就將召開有關國內外政策，如軍事政策的公聽會的可能性排除在外。此外，此項決議也移除了委員會召開公聽會的自主權，規定公聽會的召開必須得到國家杜馬理事會的同意。而這僅是普欽加強國家杜馬理事會控制、增進統一俄羅斯黨對於委員會運作的領導所實施的議事規則修訂之一，即使統一俄羅斯黨掌控了所有杜馬委員會的主席職位，也在所有委員會中占有大部分席位。

## （三）反貪腐委員會

反貪腐委員會在第三屆國家杜馬（2000-2003）時，對於貪腐的調查與報告製作非常活躍，但是，卻因當年普欽撤換前鐵道部長 Nikolai Aksenenko（Николай Е. Аксёненко）和原子能部長 Yevgeny Adamov（Евгений Адамов）的下臺事件，被視爲普欽派系鬥爭的工具 [22]。反貪腐

---

[22] Nikolai Aksenenko 爲金融寡頭，於 1997 年至 2002 年任職鐵道部長（министр путей сообщения），2001 年因反貪腐委員會舉發，被控濫用職權和濫用鐵路事業的利潤被起訴。Yevgeny Adamov 於 1998 年被葉爾欽指派擔任原子能部長，2001 年被反貪腐委員會調查，被控詐欺與濫權，被普欽撤換而下臺。而此被反貪腐委員會調查而被撤換的兩個高級官員，皆

委員會當時組成成員包含大部分國安體系的前高級官員，還以更促進杜馬調查權的先鋒之姿出現。他們所擬之有關議會調查的法律草案，還在政府與總統的反對下，於 2003 年 10 月一讀通過。但是，於第四屆的杜馬開始，委員會的職權被杜馬大幅縮水，其調查工作被全面停權，而被限制在法律草案的專業知識提供。

## （四）議會調查

在議會調查部分，根據 2001 年 Pelizzo 和 Stapenhurst 訪問 83 位國會議員所作的國會內部意見調查中，有 96% 的國會議員曾經參與過議會調查（Pelizzo, R. and R. Stapenhurst, 2004: 4）。從 2001 年開始，親總統之多數黨組成後，2001 年至 2005 年，議會調查權力大幅被行政部門指稱違反憲法人權，而無法有著穩定的法律基礎來籌組調查委員會，且如議會要重啟調查權都會被行政部門以違憲封鎖，也因此關於庫斯克號事件和莫斯科歌劇院脅持事件的調查也都在最初階段就被腰斬。2005 年通過的議會調查法（law on parliamentary investigations, Закон «О парламентских расследованиях»）首次正式賦予國會進行調查的權利，但通過的是總統提出的版本，而非當時議會起草的版本。因此，議會調查的提出常會系統性的駁回，因為總統管理團隊會以最嚴格的法律框架來審視其調查範圍外，更規定要啟動調查必須經由一連串非常高的程序門檻，更甚的是，調查必須由兩院共同進行，其提出必須經由兩院複雜的程序投票且大多數同意，而當執法機構介入調查事件後，議會必須中止調查。故，實務上，這些規定意味著調查只有在總統的同意下才可提出。

因此，即使自 2005 年議會調查法通過後，議會調查仍維持罕見的、非正式的和無效率的。在 2006 年至 2008 年，沒有任何正式調查的倡議，因為要求的程序繁瑣，和自第四屆後國會杜馬的組成因素（統一俄羅斯黨占有大多數席位）使得正式議會調查的提出異常地困難。因此，非常諷刺

---

是葉爾欽的派系菁英，因此，反貪腐委員會潛在性被視為普欽為自身派系菁英布置，借刀殺人之舉（Шлейнов, 2008; Remington, 2006: 270）。

的，議會調查是合法的，卻不可能去執行。

　　從上述四方面對議會監督機制弱化來看，大幅的調控可視爲俄羅斯執政菁英一直在玩「繞著規則而轉的遊戲」（game around the rules）來謀取自身利益（Yakolev, 2006: 1048）。且此調控不僅僅在國會監督部分，還擴及到一般立法，如稅收立法的過度調控，其目的就是在沒有克里姆林宮認可下，任何行使代表的權利的成本皆會過高或不可行。

　　再者，2004 年國會更將其憲法上所規定的第 103 條國家杜馬主要職權中之「任免審計院（Accounting Chamber, Счетная палата）審計長」和「任免依據聯邦憲法法律行使職權之人權代表」之權利讓與總統指定，也就是說今後的候選人都是總統提名，杜馬通過。此種層級控制的趨勢代表著普欽團隊在有著順從的多數的情況下，是有極大的機會在潛在性降低杜馬對監督事務的自治權方面進行有系統的改變。也因此，普欽政權能極快在國會通過非政府組織法（the law on NGOs）和修訂集會遊行法和公民投票法（the laws on public demonstrations and referenda），作爲趕在 2008 年總統大選前彌補克里姆林宮政治控制漏洞的預防措施。此外，這些正式的修訂法律與規則不僅僅是要加強總統管理的控制，更擔負著增加政權合法性的角色。可以說，延長「政府時間」的主要目的不僅僅在於給予議員代表和市民有機會看到政府官員解釋其政策與行動，更給予政府官員一個規律性、友善的平臺表現提供媒體報導。而議會調查法是準憲法的立法（para-constitutional legislation）來限制議會調查，但卻也允許讓普欽和其統一俄羅斯黨議員代表對外指稱，俄羅斯將公民社會發展與議會黨派權利視爲優先選項，且「提高議會的角色和加強監督功能」（Путин, 2005），而 2008 年的憲法修正案賦予國家杜馬有權聽取政府的年度報告，也是民主法治表面化的功夫之一。

　　再者，預算監督本也是國會制衡行政的有效利器，而自審計院之審計長改由總統提名後，審計院被議員代表們普遍認爲是總統的代理機關。因此，不管是在預算委員會和審計院，也被普欽政權攬爲己用。一般而言，國會議員傳統上對於軍事預算均會予以尊重而不加干涉，但是，在第四屆國會杜馬期間，也非正式地放棄審核國家其他預算的能力。2008 年 11

月，杜馬確認預算撥款的分配權也被轉移到由七個國會上下廳院代表所組成的特別委員會（Буркалёва, 2008）。

　　總而言之，國會與政黨活動的表面化工夫是俄羅斯國家政權和政府合法化的重要機制。合法化變成杜馬監督活動的主要目標與企圖之一。因此，普欽政權是以掌握政黨與國會來增加政權合法性和個人的支持度，也掌握媒體爲其施政作宣導並展現其尊重國會之反對派之風度。

## 二、無執政黨、只有「權力黨」的國家杜馬

　　李帕特（Lijphart, 1992）和林茲（Linz, 1994）都認爲超級總統制總體上不利於政黨制度的形成和政治穩定。從政黨在國家政治的作用來看，現代政黨政治的核心，是政黨爭取成爲執政黨，然後透過領導和掌握國家政權來貫徹黨的政綱和政策。但在俄羅斯，在議會中獲勝的政黨（即使是多數黨）卻沒有組閣的權利，因爲負有組閣任務的總理人選掌握在總統手中，而在傳統俄羅斯的總統內規中，俄羅斯總統是獨立於政黨，不加入任何政黨，因此總統可以操控政黨成爲「權力黨」，政黨（即使是議會中的最大黨）卻無法成爲執政黨，擁有實質的行政權力。

　　雖然在憲法上並未規定聯邦總統是掌控行政權，但實際上，總統在組織政府方面起著決定性的作用。聯邦總理的人選是由總統提名，國家杜馬對該人選進行表決。如果以理論面看，議會對總統是會產生制衡的作用，但是從實際面的運作看，議會在決定總理人選的作用和影響是非常有限的，因爲主導權掌握在總統手上，如果議會一再拒絕總統的總理提名，那麼國家杜馬就面臨著被總統解散的危機。而歷年來因此而引發的憲政危機，都是以國家杜馬的妥協而告終，如 1998 年 3 月 27 日葉爾欽正式任命基里延科爲新總理，並警告國家杜馬，如果不通過，將解散國會，雖然經過兩次投票不通過，最後國家杜馬還是在 4 月 24 日以 251 票贊成通過新總理的任命案。

　　不僅如此，一旦議會和總統之間的衝突異常尖銳化，總統還可以依靠憲法權力解散政府，透過迫使政府辭職來緩和與議會間的緊張關係。這樣

的半總統制，對於議會和政黨在國內政治的作用特別不利。因為從權力的邏輯上來看，既然政府總理人選需要經過議會的表決與批准，那麼政府就必須向議會承擔政治責任，政府的辭職也應該經過議會的程序。但經驗顯示，在葉爾欽時期，國家杜馬對葉爾欽屢次更換總理顯得束手無策。

此外，關於俄羅斯不存在實質之執政黨，而只有總統支持之「權力黨」，這是俄羅斯國會的主要特點。「權力黨」是蘇聯解體後在俄羅斯出現的特有現象，它不是執政黨，而是受制於總統，是執政者的支撐力量，實施執政者的政治意圖，確保權力的穩定，透過其在議會中的議員代表使執政者的決策合法化，與此同時，「權力黨」也能從執政當局得到有利的資源，確保本身的地位，故「權力黨」與權力當局的關係是互惠的（Коргунюк, 2001: 19）。

基本上，總統超然於政黨之上，不加入任何政黨，但是會鼓勵親信或相關政要組織政黨，在葉爾欽時期，就先後出現以蓋達（Y. T. Gaidar, E. T. Гайдар）為首的「俄羅斯民主選擇」黨及以車爾諾梅爾丁為首的「我們的家園俄羅斯」等「權力黨」，這些政黨得到政府的大力支持，更擁有官方媒體的關注，然而卻得不到群眾的擁護，在國家杜馬中幾度遭到國會最大反對黨——俄羅斯共產黨的挑戰而居於弱勢。但是在普欽時期的「權力黨」——「統一俄羅斯」黨不僅在短短幾年間就成為俄羅斯最大政黨，更在杜馬中擁有絕對多數。相對於蓋達「俄羅斯民主選擇」黨的右派自由主義特色，「統一俄羅斯」黨偏向中間派立場，而其群眾支持率也在普欽的支持下，遠遠高於其他政黨，由於其在國家杜馬中的第一大黨的穩固地位，統一俄羅斯黨已經可以確保總統和政府的決策在議會中得以順利通過。

統一俄羅斯黨雖然力圖要成為名副其實的執政黨，但是普欽個人並不加入統一俄羅斯黨，並且在2002年至2008年間歷次的總理選擇上，並沒有提名統一俄羅斯黨的黨魁兼任總理，也沒有授權統一俄羅斯黨組閣，而2012年普欽回歸總統職位，梅德韋傑夫任總理並兼任統一俄羅斯黨黨主席，但是由於梅德韋傑夫在擔任總統期間，意圖脫離普欽的權力控制（見第四章），普欽對於梅德韋傑夫已不是全然信任，更不可能將實際權力下

放給梅德韋傑夫，而這其實也是間接地鞏固總統權力，不願權力下放議會。

## 參、不成熟的政黨政治

健全的國會取決於成熟的政黨體制，而政黨在國內政治的邊緣化，是俄羅斯政治的特色。政黨作用之所以如此薄弱之因素，可歸因於第一屆國會選舉時機安排和政黨的不穩定性。

### 一、第一屆國會選舉時機的安排

在政治轉型過程中，一般而言，政黨在第一次或初期的選舉就可以占有政治舞臺的重要地位，但是在俄羅斯的轉型過程中，1991 年所舉辦的總統大選，所有總統候選人除了季里諾夫斯基（V. V. Zhirinovski, B. B.Жириновский）外，其他都是獨立參選，完全沒有以政黨作基礎，政黨所發揮的作用微乎其微。再者，葉爾欽為了推行蓋達的震盪療法，並沒有馬上改選國會，因為當時的國會是人代會和最高蘇維埃，而人代會和最高蘇維埃在此時是支持葉爾欽的政策，甚至還授權葉爾欽進行經濟改革，故葉爾欽否決了在蘇聯解體後立即舉行國會大選；等到 1993 年 12 月舉行時，時間已經過了兩年，在 1990 年至 1991 年民主運動發展時期建立起來的政黨，因為得不到活動的舞臺，幾乎都消失殆盡，其中以右派自由主義取向的政黨損失最大，因為人們把當時混亂的社會局勢和經濟狀況歸罪於西方自由主義的政策主張，而這也是俄共後來能在幾次國家杜馬選舉獨占鰲頭之因。

根據麥克佛（McFaul, 1993: 88）的研究，只有在政權崩潰後立即舉行的選舉，才能真正產生根據不同社會利益形成的政黨，而這樣的政黨才能在議會中真正起作用。但是在蘇聯解體後，由於俄羅斯沒有舉行重大的選舉，這阻礙了俄羅斯新政黨的成長，更由於沒有相互之間的競爭，政黨幾乎沒有在政治中發揮作用。歐當納（O'Donnell）和史密特（Schmitter）在

探討威權體制轉型民主的論述提出，民主轉型的重要契機之一在於轉型後的「奠基性選舉」（founding election），此舉關係到政黨的正常運作與國會的功能作用（1986: 57-64），基於此論點可推論，因爲俄羅斯沒有馬上進行政黨可以控制候選人名單的後共產主義的「奠基性選舉」，結果政黨徹底被國內政治孤立而邊緣化。

## 二、不穩固的政黨（除了統一俄羅斯黨）

俄羅斯政黨的不穩定性主要表現在兩方面，其一是政黨數量龐雜、紀律鬆散。1991年登記的政黨就有700多個，到1993年達到1,000多個，1997年更有1,500多個（Зевелева, Свириденко and Шелохаева, 2000: 543-549）。

政黨數量繁多的效應反映在歷次的國會結構上，最終達到5%跨入議會門檻的政黨，往往超過三個以上，而且選票超過半數而產生多數黨的可能性幾乎等於零，雖然在議會中，可以組成議會黨團而掌握多數席次，但是因爲議會黨團間的約束力弱，彼此歧見大，這樣根本無法產生執政黨的資格與共識，也無法擁有與總統談判的籌碼；而且進入議會要實現聯合執政的難度也很大，因爲政黨的紀律鬆散，很多政黨的領導人都只是爲了自身的利益暫時結合在一起，爲了自身利益而談判破局的場面時有所見。

2004年12月政黨法實施，將建立政黨的黨員人數從1萬提高到5萬，迫使各種政治力量重新組合，如此可有效地降低政黨的數量，而實際的效果反映在2007年國會選舉後，入議會的政黨僅有四個，就可知政黨法實際上發揮了效用，但政黨能否實際產生約束黨員的作用，就得看政黨本身是否健全。

其二是政黨組織結構不健全或政黨分裂危機。

在政黨組織結構不健全方面，迄今，組織嚴密、綱領明確、機構健全、社會基礎深厚的政黨不多。其一，政黨很少由社會群體自然形成，皆是由競選的需要由個別菁英、領袖臨時拼湊而成，因此缺乏牢固的社會基礎，其發展和生存皆不穩固，甚至是曇花一現，疏於地方組織和基層組織

的建設；其二，政黨的黨綱與意識形態模糊，思想綱領定位不明確，即使是「統一俄羅斯」黨這樣的國會第一大黨其意識形態也模糊難辨，自然很難讓選民有極深的認同；其三，政黨的運作不是靠制度和綱領的成熟，而是取決於領袖人物的個人魅力和能力，如此，政黨的命運往往與領袖人物的聲望、地位的變化而大起大落，最典型的例子是久加諾夫（Gennady Zyuganov, Геннадий Зюганов）領導的「俄羅斯聯邦共產黨」、季里諾夫斯基領導的「自由民主黨」，還有車爾諾梅爾丁領導的「我們的家園俄羅斯」黨（林永芳，2006：32）。

　　在眾多的政黨中，唯有兩個政黨自第一屆至第八屆國會選舉皆有進入議會，就是俄羅斯聯邦共產黨和自由民主黨。季里諾夫斯基領導的自由民主黨雖帶有強烈的大俄羅斯民族主義色彩，但在實際的參政作為中偏向實用主義，在重大議案表決中，總是站在「當權者」一邊，根據當時形勢改變立場[23]。但是自由民主黨在 2021 年第八屆國家杜馬選舉急遽下降，僅獲得 21 席，隨著季里諾夫斯基於 2022 年 4 月因新冠肺炎過世（RTVI, 2022），在第九屆（2026）的國家杜馬選舉，自由民主黨是否能保有國會席位，仍是一個懸念。

　　至於俄羅斯聯邦共產黨雖擁有很鮮明的黨綱與相對嚴密的組織，卻面臨著社會支持度不足與分裂危機。在 1991 年八一九事變中被迫解散，雖於 1993 年重建，但其社會基礎及原有的黨員架構已遭破壞。在葉爾欽時期，由於久加諾夫的個人魅力強勢領導與葉爾欽的經濟改革失敗，俄羅斯聯邦共產黨一躍成為國會中最大黨，但自 2000 年後普欽執政後實施的國會和政黨改革，俄羅斯聯邦共產黨徘徊在服從與對抗之間，黨內開始出現分裂，派系分裂傾向與危機在第四次和第五次的國家杜馬選舉失利後明顯出現，尤其俄共的社會支持基礎偏向老年化，組織成員出現了世代的斷層，因此，無論是綱領或組織成員或架構，俄共的生存取決於自身的發展與更新，後久加諾夫的共產黨是否仍舊發展，將會是其挑戰。

---

23 雖然自由民主黨在國家杜馬中常批評政府的執政，但是對政府的反對意見都停留在口頭上，在重大問題的表決中卻總是投票贊成總統提出的議案，謂之國會中的「騎牆派」。

## 肆、新「政黨法」與「國會杜馬議員選舉法」的實施限制民主 及反對力量的成長

　　由於2000年普欽初任總統時本身中間偏右派的政治色彩[24]，自從2000年執政後，開始打壓左派的俄羅斯共產黨，並大力整頓政治秩序，努力培植親政府政黨，調和議會中各黨派的關係，終於在2001年上半年促使議會三讀通過總統起草的政黨法草案，希望能夠規範政黨體系。2001年通過的「政黨法」規定了政黨必須遵守的基本原則以及一系列限制性和禁止性條款，只允許建立全俄羅斯聯邦範圍的政黨，不承認地區性政黨，政黨至少擁有1萬名黨員（但在2004年的修正案中，提高至5萬名），如果一個政黨在5年內沒有提出自己的候選人或候選人名單參加選舉，將取消其註冊資格，黨員在當選為總統後，應該即刻終止自己的黨員資格。在杜馬選舉中得票率達到一定比例的政黨有權參加杜馬席位的分配。2002年12月普欽正式簽署「國會杜馬議員選舉法」，新選舉法規定只有根據「政黨法」的政黨才可以提出杜馬候選人名單，2005年5月修訂，全面改為比例代表制，更調整進入國會的門檻為7%。此規定大大提升了政黨對黨員的約束力，有利於政黨的整合與制度化。

　　再者，新「政黨法」大幅降低了政黨的數量，2006年在中央選舉委員會立法登記的政黨只有25個，而2007年登記參選的政黨只有11個，12月2日所舉行第五屆國家杜馬選舉結果顯示，進入杜馬的政黨只有四個。2011年登記參選的政黨降至七個，第六屆進入杜馬的政黨也是四個，統一俄羅斯黨穩固地成為國會的最大黨。值得注意的是，2004年新修訂的「政黨法」與2005年新修訂的「國會杜馬議員選舉法」的實施，也嚴格地限制了民主和反對力量的發展，一直是自由民主右派的「雅布羅柯」黨，從2007年第五屆國家杜馬開始，就無法拿到席位進入國會，也是自

---

[24] 中間派是由普欽時期開始占有重要地位，標榜自己是中間派主義的政黨紛紛宣稱自己代表全俄羅斯的利益，特別是中產階級的利益，它們反對激進作法，主張俄羅斯走中間路線，對社會實行漸進、溫和的改革，他反映了蘇聯解體後人們對右翼激進自由主義政策的失望和不滿，同時又害怕回到蘇聯過去的矛盾心態。

第五屆開始至今，俄羅斯沒有民主力量的政黨。而在 2007 年之後的每屆國家杜馬選舉都出現了許多弊端，包含俄羅斯政府動用國家資源支持統一俄羅斯黨進行選舉、僞造開票結果，及大量舞弊詐欺行爲，是否更能印證了費雪（2005）所述之民主脫軌（Democracy Derailed）[25]。而對於俄羅斯人民而言，應該憂慮的是，健全民主體制下應具備之健全國會制度是否已逐漸流於形式。

## 第七節　半總統制框架下的高度人治探討：以2008年至2012年普欽轉任總理時的總統與國會關係爲例

俄羅斯聯邦的憲政體制基本上是半總統制，很多學者對於這點都有共識[26]。但對於俄羅斯是屬於半總統制下的何種政權類型，則存在著很多意見紛歧。

從俄羅斯聯邦民主轉型過程來看，1993 年 12 月 12 日俄羅斯通過的俄羅斯憲法與同日舉行的國家杜馬的選舉，是俄羅斯政治史上的里程碑，但因爲憲法賦予總統比之國會較大的權力（Troxel, 2003: 31-33），且在實際的權力運作上，國會因爲歷史因素及結構上的弱點，如上議院的傀儡化、國會政黨的分裂、無執政黨等因素而導致積弱不振，無法發揮其憲法上應有的權力。因此，對於俄羅斯在半總統制下的次類型看法，在普欽政權下，超級總統制或總統—議會制皆是學界普遍的看法。而在 2008 年至2012 年間，梅德韋傑夫當選總統，普欽轉任總理兼統一俄羅斯黨黨主席，俄羅斯似乎自 2008 年起開始啓動「總理—總統制」的腳步。但從普欽擔任總理兼任國會最大黨「統一俄羅斯」黨黨魁，再從普欽在總理位置上的強勢主導行政態勢，和梅德韋傑夫居於臣屬與反抗矛盾情結中看來，俄羅斯的政治體制呈現了高度人治的現象。

---

25 費雪認爲俄羅斯已經出現民主倒退，原因在於原物料資源豐富、經濟自由化不足和超級總統制之憲政結果。
26 如林茲（1996）、特羅謝（2003）、吳玉山（2002）、葉爾基（2007, 2008）等。

　　在憲法的半總統制的框架下，俄羅斯高度人治的現象也讓西方學者認爲是政治威權的再現，嚴重影響俄羅斯的民主進程。對於俄羅斯高度人治的解釋，如從制度性因素，也就是俄羅斯憲政體制和國會政治（國會與政黨）面來觀察，是不夠的。其一，從憲政體制面觀，2008 年至 2012 年間普欽從總統轉任總理，卻讓總理從以前被總統架空之行政權轉而成爲實質的權力，俄羅斯的憲政體制並無改變，也就是沒有修憲的狀況下，這其中的轉變不謂不大。在半總統制研究的文獻當中，總理定位經常屬於次要角色的情況。學者在建構半總統制運作類型時，府會關係、總統權力行使，以及行政、立法互動，常成爲建構半總統制運作類型的基礎，而總理雖居於總統與國會在人事競爭與政策競爭的核心，卻較爲少見其在相關研究中被突顯。換言之，總統、總理、國會三角互動關係當中，總理多被認爲是附屬於其他兩者的權力角色，如以總理負責方向爲核心切入，總理負責的方式其實可細分爲總理只向總統負責、總理只向國會負責，和同時向國會與總統負責。但，普欽卻能以「總理」之角色跳脫此傳統總理的負責方式，且在總統具有總理提名權與任命權（憲法第 83 條）、憲法命令權（憲法第 90 條）、解散國會權（憲法第 84 條）外，還有「可作出關於俄羅斯聯邦政府辭職的決定」（Президент Российской Федерации может принять решение об отставке Правительства Российской Федерации）（憲法第 117 條第 2 項）的俄羅斯憲政體制。俄羅斯從 1991 年獨立後，在葉爾欽時期總理每逢政治或經濟危機就擔任避雷針被撤換 [27]；而在普欽時期則是爲了權力鞏固被撤換 [28]。普欽不僅在 2008 年底所爆發的全球金融大海嘯下之人民認定的責任歸屬脫身而出，並持續強勢地主導國家行政與國會立法。因此，如果試圖以半總統制的框架和次類型的定義解釋俄羅斯的高度人治現況，可以看出，半總統制定義下的憲政規範和俄羅斯的憲政實踐

---

[27] 葉爾欽在其總統任期（1991-1999）中換了 6 位總理——蓋達、車爾諾梅爾丁、基里延科、普里馬科夫、斯契帕申（Sergei Stepashin, С. В. Степашин）和普欽。

[28] 普欽在其總統任期（2000-2008）中換了 3 任總理——卡西亞諾夫（Mikhail Kasyanov, М. М. Касьянов）、弗拉德科夫（М. Е. Fradkov, М. Е. Фрадков）和祖布科夫（Viktor Zubkov, В. А. Зубков）

是矛盾的，俄羅斯的半總統制仍必須在日後去除高度人治的變項後，再觀察其憲政實踐，才能眞正去評斷俄羅斯的民主走向。

其二，從國會政治面觀，「總理－總統制」中總統－總理權力之政黨介質角色，是否可以解釋普欽的高度人治，這也是值得探討的問題。趙竹成（2010：157-171）認爲政黨是總統－總理權力運作的介質，並以兩方面來探討總統權力的限制：一、因爲俄羅斯總統向來是無黨籍，總理是否兼多數黨主席是會影響俄羅斯半總統制的權力天平朝總理或總統傾斜；二、聯邦主體的行政首長任命須受到地方議會的制約，而地方議會掌控在多數黨手中，也就是統一俄羅斯黨手中，亦就是統一俄羅斯黨黨主席普欽手中。

關於俄羅斯總統無黨籍的潛規則，是從葉爾欽 1991 年擔任總統起，他認爲黨代表不同階級的利益，而他代表國家，他就是國家，無需政黨的加持，再加上當時的人代會支持葉爾欽的政策，因而使得葉爾欽並沒有在獨立後的第一時間內舉辦國會選舉，更在 1993 年砲打國會後，對於共產黨的勢力嚴加打壓，費雪（2001: 233）曾言「從 80 年代他（葉爾欽）的鬥爭經歷開始，到 2000 年總統生涯結束，葉爾欽始終對政黨帶有蔑視，他拒絕領導或加入一個政黨，他認爲自己超越了一般政治，因而在某種程度上是代表了整個國家利益的全民領袖」。而普欽雖然頒布了「政黨法」，但普欽也遵循了葉爾欽超然於政黨之外的潛規則，在其總統任期內從未加入任何一個政黨，因爲普欽個人的聲望與政策績效超越任何一個政黨。

因此，如果從政黨的不成熟與國會的弱勢去推定「總統無黨籍，總理是否兼多數黨主席是會影響俄羅斯半總統制的權力天平朝總理或總統傾斜」之傳統政黨政治運作，對俄羅斯高度人治的現象，也就是對總統權力的限制解釋，也是亟待商榷的。其一，即使在普欽的運作下，「統一俄羅斯」黨於 2003 年與 2007 年國會大選成爲國家杜馬的第一大黨，也僅是「權力黨」，而普欽雖在 2008 年接任「統一俄羅斯」黨黨魁，但嚴格說來，「統一俄羅斯」黨仍不是「執政黨」，蓋其中的差別是普欽並不是爲了實踐「統一俄羅斯」黨的黨綱而執政，反之，是「統一俄羅斯」黨是爲普欽

的理念服務，因此，在 2012 年普欽再次當選總統，梅德韋傑夫轉任總理兼任「統一俄羅斯」黨黨主席，此權力天平還是朝總統普欽傾斜；其二，2008 年普欽雖然身兼總理和「統一俄羅斯」黨黨主席，但在 2008 年政府內閣 16 位部長中，只有 3 位是「統一俄羅斯」黨黨員，由此可見，「統一俄羅斯」黨並不具有標準政黨政治中多數黨的重要性，僅是普欽鞏固權力的具民主裝飾性的工具，僅有輔助意味，而非真正的決定因素。

再者，「聯邦主體的行政首長任命須受到地方議會的制約，而地方議會掌控在多數黨手中，也就是統一俄羅斯黨手中」之限制總統權力看法，本書作者認為普欽此作為立法於其在總統職位之時（亦即在 2004 年），整體而言，並非限制總統權力，而是為俄羅斯中央再集權政策作加持，也就是鞏固中央權力。

由此推知，俄羅斯的高度人治與民主停滯（或稱民主倒退）的政治威權呈現，政黨、選舉與國會在目前的發展僅是普欽政權的工具，但半總統制仍是憲政規範的框架。因此，布里辛斯基（2008: 106）認為普欽 8 年的統治，雖將俄羅斯的民主退回善變、中央集權的政體，但也至少適度地進展到規則的憲法體制，也無修改憲法，於此，更可證明俄羅斯實質上轉向政治威權並非必要，而是其抉擇。

俄羅斯的民主抉擇，也就是轉往政治威權與中央再集權政策，本書作者認為如上所述，是與普欽的權力菁英層級建構（亦即非制度性因素）和其衍生的經社問題有著極密切的關聯，而這是否也能提供俄羅斯高度人治現況，與普欽轉任總理後權力天平從總統轉至總理的現象的解釋，為下一章節（俄羅斯權力菁英結構）所要探討的重點。


# 第八節　小結

1993 年憲法第 11 條規定俄羅斯「三權分立」的制度原則：俄羅斯聯邦國家權力由俄羅斯聯邦總統、聯邦會議、俄羅斯聯邦政府和俄羅斯聯邦法院行使。但是由於總統權力過大，進而導致三權失衡，一般而言，在民

主鞏固的過程中，除了運作良好的半總統制外，更必須同時具備有效制衡總統的強大國會和有效整合同黨議員的強力政黨（郭武平，1999：57），但目前此發展之根本是維繫在於國會和政黨的體制健全化發展與實際執政者普欽的作為和意向。

　　普欽所展現出來的強勢總統對俄羅斯民主的影響，特別是國會與政黨，是非常明顯的，尤其俄羅斯總統對於國會擁有美國總統所不可企及的權力：憲法第 111 條第 4 項「在國家杜馬三次否決提出的俄羅斯聯邦政府總理候選人後，俄羅斯聯邦總統任命俄羅斯聯邦政府總理，解散國家杜馬並確定新的選舉」（Президент России, 2022），吳玉山認為此條款「可以說是俄羅斯『超級總統制』的核心條款」（2000：90-91）。再者，總理和內閣雖然必須對國會負責，但實際上是只聽命於總統。而府會關係的對立與和諧也取決於總統的作為與策略，尤其是普欽政權下，他巧妙地培植權力黨，進而控制國會運作。

　　2008 年 5 月 7 日，一項俄羅斯政局的重大改變，是普欽於總統卸任後接受擔任「統一俄羅斯」黨黨主席，身兼總理與「統一俄羅斯」黨領袖，首次出現了俄羅斯國會中執政黨的雛型，握有實權的總理兼國會最大黨黨主席，對俄羅斯之政治結構產生重大的影響，而這影響著普欽規劃於 2012 年重新歸位的安排[29]。因為，俄羅斯憲法第 93 條規定，國家杜馬可以啟動彈劾總統的程序，但需要獲得三分之二多數通過。聯邦委員會和俄最高法院隨後將決定是否解除總統職務。而「統一俄羅斯」黨控制著杜馬三分之二以上席位，可以輕易修改憲法和啟動彈劾總統的程序。普欽的制度性安排也成功地讓他在 2012 年歸位，執政至今。

　　1993 年憲法與之後的修憲和總統、國會的選舉制度是俄羅斯民主政治發展的重要基石，而穩定的政黨是國會是否能發揮應有功能的重要因素。俄羅斯的多黨制是總統集權下的多黨制，各政黨可以經由選舉進入國會，憑藉國會運作影響國家立法與政治。但根據俄羅斯憲法，總統可憑藉

---

[29] 雖然，之前也曾出現總理兼任黨主席的情況，如車爾諾梅爾丁與其領導的「我們的家園俄羅斯」黨，但因車爾諾梅爾丁並未實際握有實權之故，國會中仍舊只有「權力黨」。

其憲法權力控制國會和政府，國會的多數黨無權組建政府，當選總統的候選人須自動拋棄黨籍，在這種情況下，國會和政黨的作用受到多方面的限制。特羅謝（2003: 2-3）認爲，雖然俄羅斯在蘇聯解體後實施民主轉型，但是民主在俄羅斯尚不明朗，也不知能否安然地度過未來幾年的政治動盪，但是可以從國會通過的法律比之總統命令更爲民主這點來看，國會的權力的正常行使對於俄羅斯的民主穩定有著決定性的作用。

但是，俄羅斯民主的深化有賴於政黨的自我發展健全，不再附庸於總統或總理的權力主導，具備完整發展的黨綱，不由領袖魅力最爲主要領導，也許才能改變目前國會之局勢。再者，本文認爲執政黨是有能力透過領導與掌握國家政權去貫徹黨的政綱與政策，在現今的俄羅斯政黨的運作尚不成熟，政黨大多沒有明確的黨綱，大多是隨著總統（或總理）的意志而更改其政黨方向，統一俄羅斯黨一直不是執政黨，而是「普欽黨」，日後俄羅斯是否有執政黨，能眞正掌控國家方向與權力，這可能要在「後普欽時期」，也就是普欽強人沒落後，強勢總統不再主導政局才可看出。過去，「統一俄羅斯」黨幾次表明並不滿足於權力黨的地位，力圖成爲名副其實的執政黨，且其並不隱瞞自己在條件具備時組閣的訴求。雖然，「統一俄羅斯」黨仍不能擺脫普欽的控制，如果能在未來「後普欽時代」將其「權力黨」角色轉換成眞正的執政黨，不再是最高權威的政治附庸，這對國會權力之提升，將是一大助力，俄羅斯的民主道路將更爲鞏固。

總而言之，俄羅斯的三權分立制度能否落實，能否在多黨制上產生以民主爲基礎的執政黨，目前還是未知數，因爲這涉及國家權力的重新分配，是一個憲法問題，而國會的修憲功能與超級總統制是聯繫在一起，普欽及其之後的繼任者是否願意把總統權力下放國會，關係著俄羅斯未來政局的發展；簡言之，總統、政府和國會可能還有好長一段磨合的民主道路要走！

# 第三章　普欽政權下俄羅斯權力網絡與權力菁英[*]

## 第一節　前言

從 1999 年普欽被提名為俄羅斯總理，2000 年當選總統，從此開創了俄羅斯的普欽時代。對當前俄羅斯政權的研究莫過於關注普欽本人，然而隨著時間的推移，權力菁英及其對行政權力的影響就變得越重要。由俄羅斯權力菁英控制的最重要的軍事、情報、法律和經濟機構，將影響俄羅斯下一任總統的選擇及俄羅斯政局的未來發展（Sestanovich, 2020）。

在普欽政權下，俄羅斯的「人治」色彩濃厚，普欽在其掌權期間，積極地建構並鞏固其權力層級，並利用權力菁英間的鬥爭和傾軋來作為菁英權力團體間相互制衡與自身權力鞏固的培養皿。法律出身的普欽[1] 熟知如何以法律與制度來增加政權的合法性與支持度，普欽曾於 2000 年就任總統時，公開發言要成為憲法和法律的捍衛先鋒，所以可以此來理解普欽為何在 2008 年時他不修憲延長任期（維持政權合法性成本最低），而是提拔梅德韋傑夫當總統，因為他當時權力強大，且能維持對權力菁英的操控。但是到了 2020 年即將面臨同樣的抉擇時，他卻於 2020 年 1 月撤換總理梅德韋傑夫，改任米舒斯金（Mikhail Mishustin, Михаил В. Мишустин），之後又透過修訂憲法來延長自己的權力，他的作法和以往執政風格迥異，著實令人費解。這是否暗示了 2008 年至 2012 年普欽擔任總理期間，及 2012 年重返總統之位後的這 10 年間，俄羅斯的政治菁英與權力核心慢慢地發生了變化，普欽開始在傳統權力菁英間漸漸有所疏遠，

---

[*] 本章原稿於 2021 年 12 月刊載於《政治科學論叢》，第 90 期，頁 73-116，作者已增修部分內容，為統一專書內容，將原文之「普京」譯名改為「普欽」，特此聲明。

[1] 普欽畢業於列寧格勒大學（現聖彼得堡大學）國際法學系。

在普欽政權表面成功背後，存在著對權力菁英穩定性的嚴重懷疑。

　　俄羅斯作爲一個「網絡國家」（network state），權力菁英間的網絡與非正式運作深切影響所謂的「俄羅斯系統」（the Russian system）。L. Shevtsova（2003: 16）將「俄羅斯系統」定義爲「一種特殊類型的治理結構，其特徵包括家長式統治（paternalism）、專制、與外界隔絕、渴望成爲大國。該系統的核心是全權的領導者，凌駕於法律之上，將所有權力集中在他手中，沒有制衡的問責制，並將所有其他機構限制爲輔助性的行政職能」。

　　蘇聯時期將此系統更加強化，基於列寧的菁英統治概念，蘇聯政治制度的高度結構化和集中化，共產黨「職官名錄」（nomenklatura, номенклатура）對於政治菁英的維持和遞補擁有一定的規則。1991 年蘇聯解體和之後出現的新生的市場經濟和脆弱的民主制度，標誌著對共產黨統治的決定性背離及與過去的專制徹底決裂。但是俄羅斯的政治菁英卻大部分被保留下來，因此普欽領導下的個人專制政權的出現其實並不意外。再者，費雪（2005）更指出了俄羅斯政經系統的結構性因素，例如對石油和天然氣的依賴、政治腐敗和公民社會的軟弱，使得俄羅斯再回到專制統治，權力掌握在少數菁英、寡頭或單一獨裁者手中。

　　G. L. Field 和 J. Higley（1980: 20）將菁英定義爲「在公共和私人官僚組織中占據戰略位置的人」。因此，在分析構成後蘇聯時期俄羅斯權力菁英之前，必須確定菁英行使權力的「戰略地位」和關鍵組織。普欽在 2000 年擔任總統以來，對於自身與權力菁英的維持不餘遺力，作者認爲普欽權力菁英團隊內部的嚴重分歧是一個特點，而不是俄羅斯統治方式的缺陷。在其執政期間，普欽與其說是領導者，不如說他是在權力菁英競爭團體中扮演仲裁者的角色，並堅持自己的中心地位，這也是作者對於普欽的權力網絡（Putin's power networks）的理解。

　　普欽的權力網絡，嚴格來說不應該以普欽之名將其個人化，因爲俄羅斯領導人對其權力網絡的建構，都是起於羅曼諾夫王朝初期的幾個世紀的俄羅斯政治文化：俄羅斯人不信任政治機構，在與官僚打交道時習慣依賴他們的非正式網絡──blat（блат）、互惠互利和對「自己人」（свой）的

忠誠受到高度重視。除了對制度的不信任之外，俄羅斯人也缺乏對法律的
尊重和對政治的疏離，而自相矛盾的是，同時還渴望有一個強大的領導者
來彌補制度的破洞（Ledeneva, 2013）。因此，俄羅斯權力菁英最主要問
題是非正式性（informality）的重要性，事實上，在俄羅斯，官方行政制
式運作遠沒有人際關係重要（Stanovaya, 2020a）。而這種情況並非由普欽
引入，而是在俄羅斯存在多年。要探討這些問題，必須分析俄羅斯的非正
式網絡 blat 和權力網絡 sistema（система）特有的社會與政治文化，才能
進一步剖析普欽政權下的權力菁英發展與未來變化。

　　因此，本章的研究目的如下：

　　一、本研究將探討網絡（networks）理論，和網絡國家的非正式性建
構權力菁英網絡矩陣。

　　二、以俄羅斯特有的非正式網絡 blat，進而形成普欽政權下的權力網
絡 sistema，並以傳統俄羅斯的網絡連帶鎖鏈——「連帶（無）責任制」
（krugovaia poruka, круговая порука）與蘇聯遺緒的「蘇維埃行政—命令
文化」探討普欽的權力網絡。

　　三、以菁英網絡矩陣分析普欽權力菁英結構，並檢視從俄羅斯普欽執
政（2000）開始迄今，俄羅斯權力菁英團體發展與轉變過程，分析普欽政
權未來發展。

# 第二節　「網絡」與菁英網絡類型矩陣

## 壹、「網絡」與「網絡國家」

### 一、「網絡」定義與發展

　　1950 年代始，「網絡」的概念在人類學、心理學、社會學等領域
被廣泛地討論，但在組織行為的研究中可能起源更早。1930 年代，F. J.
Roethlisberger 和 W. J. Dickson（1939）在「管理和工作者」（management

and the worker）中已指出並強調組織中非正式網絡的重要性。1970 年代，網絡分析途徑成爲學術研究的一新興領域。H. White 及其研究夥伴，企圖從網絡關係中探討並分析社會結構，透過個人社會網絡來確定「位置」（position）或「角色」（role）（Nohria, 1992）。受到 H. White 的影響，社會網絡分析發展出兩個最具影響力的理論：一是 M. Granovetter（1973, 1985）將關係分爲強連帶（strong tie）與弱連帶（weak tie），並認爲上述兩種不同的連帶在人與人、組織與組織，甚至國家與國家之間發揮著不同的作用。另一個則是 R. S. Burt（1992）的結構洞理論（structural hole theory），從理性的角度出發，強調社會網絡的功利性與工具性作用，只要一個人處於應用結構洞越多的位置，關係運用的優勢越大，獲得的回報機率越高。

社會與組織間網絡的參與者不但相互依賴且關係複雜，其行爲、互動模式與交易情境亦具有多變、連動的特質，因此在網絡研究有靜態的點線面的研究，以區分網絡節點（nodes）、連帶（ties）、結構（structure）等基礎，以及網絡結構中的單位動態發展，例如組織角色（ego）、雙元互動（dyad）與網絡等動態關係發展條件之作用與組合（Easley and Kleinberg, 2010: 54-58）。

從以上的網絡研究來看，「網絡」的定義極爲廣泛與模糊，J. C. Mitchell（1969）將「網絡」界定爲行爲者（actors）（包括個人或是組織）形成之特定形態的社會關係（例如友誼、資金轉移、交疊的成員資格）連帶的一組節點，這些「連帶」涵蓋行爲者之間的利益與權力關係等，透過這些關係可進行資源轉換、資訊交換等互動行爲，並形成獨特的資源相互依存關係（Laumann et al, 1978: 458）。

## 二、網絡國家的非正式性

基於網絡的特性，Vadim Kononenko 和 Arkady Moshes（2021）引入了「網絡國家」的概念來描述俄羅斯的權力治理，「網絡國家」概念已被用來表明國家機構已被權力網絡滲透，這些權力網絡擴散、分解和多元化非

正式性運作（informal practice）（Steen, 2003）。

　　非正式性是一個整體的抽象概念，它可細分為非正式制度（informal institution）、非正式網絡（informal network），與非正式運作（informal practice），三種同時運作的因素，而非正式網絡是非正式制度與非正式運作的節點與連帶。除了生活所需的非正式網絡，在網絡國家的政治體制上也會形成非正式性的權力網絡。在非正式性下產生了菁英之間利益分配與政權穩定的需求，但是也造成公領域及私領域逐漸模糊的情況發生。國家資源被菁英私用、個人主義加上層級制度，造成菁英們爭奪權力並且促進恩庇關係。Henry E. Hale（2014: 61-66）認為前蘇聯國家在解體後的政治情勢所呈現出來的情況是恩庇政治盛行的場面，並且在政治體系中會形成金字塔結構。在金字塔結構（見圖3-1）中，每個黑點代表著個體（節點），黑點之間的線條表示強制性和交互利益的關係（連帶），垂直線表示相對的隸屬關係與權力。最上層的黑點代表著權力最高的恩庇主（或領導者），越往底層的黑點表示侍從者，或是介於上下之間的中間人，且越往底層則有越複雜的的從屬關係。水平點或線代表通常處於同一階層的個人或團體，此種圖像化的網絡關係被比喻為「權力金字塔」（pyramids of authority）。

　　在前蘇聯國家中，總統制比較容易形成「單一型金字塔」，通常國家的主要網絡會構成最主要的金字塔，其中恩庇主的位子是由國家領袖來擔任。並且在主要金字塔之外的網絡會被有系統地邊緣化，因此無法與主宰政局的金字塔結構抗衡。而半總統制或議會制政權則傾向於「競爭型金字塔」，此意味著單一網絡占領總統一職的重要性並不如總統制一樣具有影響力，也無法成為一個唯一具有影響力的網絡，在這情況下，第三勢力網絡可以製造謀略空間（maneuvering room），藉由挑撥或結合其他網絡使自己成為有力的網絡。

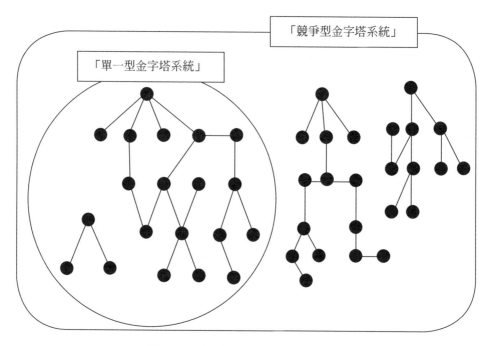

**圖 3-1　網絡國家之金字塔結構**

資料來源：作者參考 Henry E. Hale（2014: 64）自行改繪。

## 貳、菁英團體之網絡類型矩陣

　　社會連帶（social ties）在私領域與公領域中都存在，權力網絡內部可能有更強或更弱的連帶，而這些連帶皆有助於超越公私領域的界線。從前述之 Granovette（1995）的強連帶與弱連帶的關係尺度來看，強連帶主要維繫著群體與組織內部的關係，能帶來認同感與信任感，強連帶一般與家庭、內圈（inner circle）和強頻率的接觸有關。而弱連帶則使人們在群體與組織之間建立起聯繫，並得到不重複的訊息與資源，因此具有弱連帶關係的人往往處於訊息橋（bridge）的優勢，擁有比他人更豐富的訊息與資源，而且弱連帶具有較低的個人接觸頻率，具有層級隸屬關係的特徵，例如職業、公司、成員資格、校友會或同袍。

　　作者參考 Alena V. Ledeneva（2013）以 M. Granovette 的強連帶與弱連帶製作的關係尺度，和從私領域到公領域，代表了網絡運作的一系列

環境，從完全親密到與之相關的制度配置，建構了一個菁英團體的網絡類型矩陣（見圖 3-2）。這個類型矩陣從關係尺度與公私領域的交集提供了四種網絡類型：中心化網絡與個人——內圈（inner circle）、強連帶和私領域相關——有用的朋友（useful friend），弱連帶和公領域相關——核心接觸（core contacts），及去中心化網絡與制度——中介或外圍接觸（mediated, or periphery contacts）。但是作者認為 Alena V. Ledeneva 的菁英類型矩陣並沒有說明各個菁英類型間如何連結與權力趨向（趨於個人或趨於制度），因此作者就該網絡矩陣增加了中間人的滲透來貫穿菁英圈，並用箭頭來顯示菁英團體對權力的趨向（見圖 3-2）。在網絡國家中，強連帶的「內圈」是與領導核心者（個人）連帶關係最親密的團體，包含親人、密友。「有用的朋友」雖也是強連帶，但往往帶有利益關係的結合，且通常需要經由領導核心者信任的中間人來牽線。弱連帶是因制度而接觸，「核心接觸」通常指因職務圍繞在領導核心者旁邊或是擔任制度體系重要職務者。而中介與外圍接觸通常是指在制度內較易成為晉身之階的機構，但是要能在職務上跨越至上層，仍須經由中間人來引介。

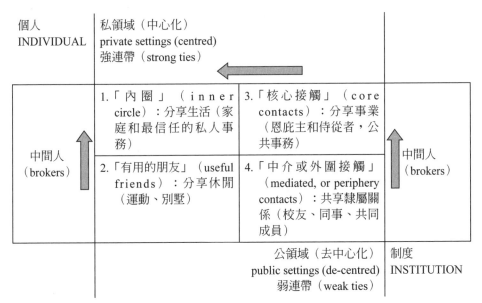

**圖 3-2　菁英團體的網絡類型矩陣**

資料來源：作者根據 Alena V. Ledeneva（2013）自行繪製。

　　一般而言，網絡的特徵在於中心性（領導中心），即個人與同一領導中心的連帶關係程度以及網絡中個人與中心之間連帶的強度，也就是接觸頻率。個人可以透過接觸最頻繁的連帶關係來識別網絡的核心。而通常權力網絡是以處於層級最高職位的人為中心。「內圈」和「有用的朋友」即是與個人有著強連帶的網絡，但是「有用的朋友」通常需經由中間人來向上連結領導中心（見圖3-2左方之垂直向上箭頭）。而在去中心化性質（低中心性）的網絡中，所有網絡的節點會與制度相互聯繫在一起，而這樣的網絡類型比較常見於西方國家的官僚體制之中，「核心接觸」和「中介與外圍接觸」在網絡國家雖然是因制度而成的弱連帶，但是「核心接觸」菁英會因為自身傑出的行政能力而與領導核心密切接觸，「中介與外圍接觸」同樣也常會經由中間人作為晉升「核心接觸」的橋梁（見圖 3-2 右方之垂直向上箭頭）。而這四類菁英在網絡國家中都會積極地向個人（領導中心）靠攏去獲得權力（見圖 3-2 上方於強連帶之橫向向左箭頭，而弱連帶下方並無橫向箭頭，而是只有右方之向上箭頭）。

　　當公共和私人領域之間的劃分明確時，網絡分為主要在私領域運營並服務於私人需求的網絡，和主要在公領域運營並服務於公共需求的網絡。然而，如果公私領域之間缺乏明確的界線，網絡可以同時為這兩個領域提供服務。在共產主義社會中，公私領域之間往往沒有明確的劃分，經濟短缺導致對私領域的個人網絡的過度依賴。在後蘇聯時代，權力菁英也有缺乏公私分工的特徵，私人生活、時間表和生活方式完全取決於所隸屬的菁英團體（Krystanovskaya , 2005）。

## 第三節　俄羅斯式的網絡blat與權力網絡sistema

　　俄羅斯式的網絡具有相當的特殊性，俄羅斯的社會與人際網絡與聯繫機制 blat（本文稱之為「互惠共生」）和俄羅斯權力網絡 sistema 是沙俄和蘇聯歷史的遺緒，至今形成俄羅斯特有的政治文化與菁英模式。

　　後蘇聯時期，法律政治文化在制度建設中的突出作用引發了激烈的

論爭，論爭的主題就是俄國民眾的行為與態度的連續和嬗變。民主對於後蘇聯時期人民是新觀念，但後蘇聯人民卻仍習慣於接受壓榨、卻能夠提供保護的舊「強勢型」威權的領導（Мельвиль and Никитин, 1991; Гудков, 2015）。而私人財產的「新」觀念是與「blat」和「sistema」這一「舊」的紐帶相互聯繫的。因此，新舊文化之間並不必然會發生衝突。制度框架的迅速變遷反而會刺激人們向最基本的模式回歸，轉而支援連續性（Афанасьев, 2000: 60）。

新制度主義學派認為，關係現象的再生是理性化的結果（Lasin, 2002）。蘇聯體系的崩潰造成了一定的制度真空，於是，人們自然會尋找某種策略，以應對制度缺陷。這類策略既依靠現存的非正式運作，又依賴新興的制度，從而補償新型市場民主制度中的漏洞與斷層。「俄羅斯國家結構的制度缺點……已經被各式各樣的非正式模式所填補、替代或者補償，而這些模式正是權力的縮影、行政與政治關係的呈現」（Соловьев, 2008: 155-156）。Р. В. Рывкина（R.V. Ryvkina, 1999: 18）認為，經濟領域中的「制度真空」，往往與社會領域中的「道德真空」相伴隨，而這種真空是因為民眾的貧困化和社會群體的邊緣化所引發的，真空的存在揭示了俄國民眾的心理與政治文化的基本模式。因此，「blat」和「sistema」在後蘇聯背景下的復興無疑是一個指標，從中既可以看出俄羅斯傳統政治文化所具有的牢固吸引力，也可以看出「blat」和「sistema」的內容與形式隨著後蘇聯時期的變革而不斷變化。

## 壹、俄羅斯式的網絡：blat[2]（互惠共生）

在俄羅斯，blat 是一個通俗的用語，它表示透過與人與人之間的聯

---

[2] blat 有些人會翻譯成「關係」，但作者認為中文「關係」，和俄羅斯的 blat 雖有些意義相近，但仍不是一樣的解釋，作者怕避免混淆，所以使用 blat 原文。另一原因是 blat 在俄文中有很多的含意且連俄羅斯人也很難解釋清楚。在俄語中，常見的 blat 的意義包括：(1) 垂直或層級式模式，例如保護和庇護；(2) 水平或互利交易；(3) 兩邊牽線的中間人操作；(4) 交換「恩惠」，獲得透過友誼和其他具有約束力的關係的相關資源；(5) 諸如互助，相互理解和訊息交流之類的社交模式（Ledeneva, 1998）。

繫來完成事情的方式，包括使用人脈、牽線和交換「恩惠」（favors）。
blat 的實際運作與社交性有極大的關聯性，也就是使用人與人聯繫方式或
網絡，但也同時獲得影響力或獲取有限資源的工具性目的，因此社交性
和工具性之間的界線模糊不清，突顯了 blat 的矛盾性。固定進行此類交流
的人被視爲中間人（brokers 或 blatmeisters, блатмейстеры），而不是朋友
（Ledeneva, 1998: 144-155）。中間人的性質在俄羅斯關係網絡 blat 中特別
重要，因爲俄羅斯的 blat 基本性質是封閉的，也因爲蘇聯時期史達林推行
檢舉制度，導致 blat 和 blat 間基本上是不信任的，blat 和 blat 的接觸都必
須有雙方都信賴的中間人才能連結。

　　我們可以從蘇聯體系的三個特點來解釋 blat 的普遍性。首先，blat「互
惠共生」是以非正式網絡來調節社會供需，並在社會規則所能容忍的約定
俗成下所達成的廣泛共識。中央計畫經濟和隨之而來的短缺促使人們使用
「恩惠」來獲取每日必需的食物，商品或服務。因此，出現了雙重標準：
儘管透過個人渠道例行的資源再分配不是非法的，但它也不是完全合法
的。

　　其次，由於蘇聯對國家財產的壟斷，而使得公和私領域之間的界線
模糊不清，也常常不自覺地（或是自覺但不認爲有何不妥）越線。每個
擁有裁量權的權力看守者（gatekeeper）都可以決定只給「我們」（us）
「恩惠」，從而將公領域與私領域的界線重新定義爲「我們」與「他們」
（them）更有連帶關係的二分法。

　　第三，由於計畫經濟的集中和封閉性，在各個層面上增強了「我們」
和「他們」的心態，規範了雙重標準，在這種情況下，blat 間的交易又可
分爲圈內人（insiders）和圈外人（outsiders）。blat 圈內人（強連帶）被
視爲朋友間的連結，blat 圈外人（弱連帶）則是將公領域資源重新分配到
私領域網絡中。這種認知上的矛盾性是既可維持利他主義的自我形象，又
可同時參與有利於「互惠共生」的經濟。

　　blat 網絡的大眾化，可以用法國社會學大師 Pierre Bourdieu 所用的術
語「誤認知」（misrecognition）來解釋這種「對現實視而不見」（being
blinded to reality）的能力，亦可將其稱之爲「誤認知效應」（misrecognition

effect）。當支配／被支配的結構也內嵌於個人的稟性中，個人會以支配／被支配的結構性視野來觀看世界，並視其爲理所當然，此即爲所謂的「誤認知」（Bourdieu, 1989）。簡單說，「制度讓我做」（the system made me do it）和「每個人都做」（everyone does it）之外，短缺和其他物質限制、相對剝奪和不公平相關的條件往往成爲「誤認知效應」的成因，經過時間的洗禮，成爲習慣性行爲，就會形成合法制度和隱性規則之間的共生關係。

後蘇聯的改革破壞了促成 blat 普遍化的蘇聯體系。首先，充盈的商品和資本市場已經取代了短缺的經濟；其次，國有財產日益私有化，已經可以爲「獲取恩惠」（favor of access）定價；第三，與社會主義有關的安全感和長期計畫經濟已不復存在，從而使人們對 blat 的工具性誤認知更加困難。

但是，如果認爲，一旦中央計畫經濟政權不再存在，就不再需要替代貨幣或不需廣泛使用非正式網絡 blat，市場將會代替過去由非正式網絡執行的功能，這是不成立的。觀察俄羅斯的社會現況，網絡的使用不僅並沒有減少，實際上反而增加了，特別是在某些新領域，如獲得工作、醫療保健、教育等仍然很重要（Miller et al., 2001; Rose, 2001）。

也許很多人將 blat 的非正式運作，歸責於社會主義的遺緒，但是卻也不能否認非正式運作對政治制度的功能，及其對解決個人問題的有效性。然而，後蘇聯時期，社交網絡已開始被富人和有權勢的人所占用，對窮人來說變得越來越難進入。帝俄與蘇聯時期一個底層相連、頂層孤獨的社會已經在後蘇聯時期變成了底層孤獨並在頂層密切連接的社會，而這也說明 blat 在後蘇聯時期，已漸漸轉變爲專爲高層服務的「權力網絡」sistema。

## 貳、俄羅斯式權力網絡：sistema[3]

sistema 是俄羅斯權力網絡的統稱，對於俄羅斯的政治與社會有很強

---

3　sistema 是俄文的直譯，作者不使用英文 system，或是直接翻譯成中文「系統」的原因，在於

的控制力。它代表著對權力和治理體系的共同理念，但是卻無法明確的解釋。儘管 sistema 的含意含糊不清，但「治理系統」（sistema upravleniya, система управления）的簡寫術語是最常見的。在狹義上，它意味著「權力」（power, власть）或是國家機構的權威；在廣義上，sistema 遵守官方制度和正式程序，但也遵循不成文的規則和實踐規範。其矛盾性源於權力的晦澀本質，一方面來自俄羅斯權力網絡的效力和複雜性，另一方面來自國家制度的不完善。

當蘇聯解體時，以共產黨為主的高度菁英統治極權體系的政治制度也隨之瓦解，在葉爾欽（1991-1999）時期，這些高度私人化的非正式運作應該被新的、透明的制度和市場機制所取代。然而，新制度在劇烈的民主轉型和激進的震盪療法的政經環境下，顯得軟弱和無效。因此，從蘇聯時期繼承而來，因應時勢的非正式權力網絡 sistema 再度復興，得以彌合這一差距。

Alena V. Ledeneva（2013）認為 sistema 擁有下列特點：

## 一、鑲嵌性（Embeddedness）

雖然權力網絡的運作在法律和制度有正式的規定，但也同樣依賴於社會中普遍存在的不成文規則、社交網絡和非正式規範。使用網絡不是個人的選擇，而是社會制度和社會關係網通用的方式，所以 sistema 是被鑲嵌在俄羅斯的正式制度與非正式運作之中。

## 二、滲透本質（Diffuse nature）

權力網絡滲透本質能貫穿正式和非正式層級，讓兩種形態的層級沒有固定的界線，例如雖然氏族層級（clan hierarchy）一般而言是垂直的，是上至下的控制並與處於高位者有強連帶，但是網絡可在去中心化的模式中依賴弱連帶。因為網絡不僅可以當跨氏族的橋梁，亦可當跨制度的橋梁。

---

sistema 在俄羅斯也是帶有很多的意涵，如果使用英文或中文翻譯，反而會誤解或不易明白。

而利益與資源的結合或菁英團體間的競爭就會產生重疊的界線和滲透的運作方式。

## 三、複雜性（Complexity）

分配和動員權力是依照網絡原則和層級來組織的，因此 sistema 的構成是極其複雜，即使是擁有正式和非正式權力的領導者也沒有足夠的力量來改變 sistema。

## 四、保密性（Anonymity）

權力網絡隱藏在「連帶（無）責任」（collective (ir) responsibility，以下解釋）背後，一榮俱榮，一損俱損。權力網絡基於使用非正式運作、影響力和槓桿原則來操縱制度表面背後的財產權與龐大利益。國家及其權力網絡的保密性是有其意涵的，因為私人化的權力網絡渠道的長期影響是在真正的和正式的權力中心之間造成差距，最終削弱制度的力量及其可管理性（Ledeneva, 2013: 19-24）。

權力網絡最大的作用為控制資源和驅動菁英，而它們構成了 sistema 有效的治理模式，但同時也為俄羅斯的現代化帶來了強大的阻礙[4]。因此，俄羅斯權力網絡 sistema，其非正式性的傳統，除了前述的 blat 外，貫穿俄羅斯歷史的政治文化 krugovaia poruka（круговая порука, collective (ir) responsibility），也就是「連帶（無）責任」和蘇聯時期的「蘇維埃行政─命令文化」（Soviet administrative-command culture）則是維繫權力網絡 sistema 連鎖控制的鎖鏈。

---

[4] 俄羅斯現代化的矛盾在於俄羅斯在某些方面（如太空科技、核子技術）已經是現代的，甚至是後現代的。但是學術文獻中，俄羅斯「前現代」（pre-modern）卻與傳統的治理模式有關，所以我們不應該僅僅從官僚主義的私人化或恩庇侍從關係的角度，來研究俄羅斯的權力網絡，它們還依賴私人網絡（blat）來彌補制度缺失，以私人信任來替代對官方機構的不信任。

## （一）「連帶（無）責任」

　　krugovaia poruka 是俄羅斯自帝俄時期、蘇聯時期，沿襲至今的一種特殊社會網絡的維繫機制[5]，其描述的是一種情境，特定集團或網絡圈中，所有成員對集團中的個體成員的行為與責任負有連帶（無）責任，相對應的，每個個體成員也對集團的整體行為負有連帶（無）責任，因此集團成員的生命與命運就不可避免地緊密相連。而沿襲至今，「連帶（無）責任」指涉的是一種行為或關係模式，由於這種關係模式的存在，個人被視為社會單位（這個單位可以是團體、網絡、家庭或者黨派）中的一分子，而不是自主的個體。

　　「連帶（無）責任」最早發端於古俄羅斯社會，它最初是對農奴的連鎖控制的管理方式，在蘇聯時期和後蘇聯時代，「連帶（無）責任」變成在 blat 間交易中相互包庇、或牽制、或共生共榮的行為與機制（Ledeneva, 2011: 91-114）。

　　審視俄國歷史，「連帶（無）責任」其實是在以氏族（clans）為主要的政治經濟單位的時期出現[6]，這一模式為上層統治團體以最小成本來施行政與財政控制提供了一種有效的工具。G. L.Yaney（1973）認為，「連帶（無）責任」實質上是俄國政治制度中的一種基本元素。

　　在沙俄時期，「連帶（無）責任」的運用模式可以分為兩大類：犯罪型和財政型[7]。而在蘇聯時期，「連帶（無）責任」產生了某些程度的變化，

---

[5]　krugovaia poruka 此詞可以直譯為「連帶（無）責任」、「集體（無）責任」、「連鎖控制」、「掩護」等意義，但是探索其真正的含意，作者以「連帶（無）責任」稱之，是為了與網絡理論中的行為者在網絡結構上是以節點來呈現，節點之間的連帶則表達行動者之間的關係與流向。因此，「連帶（無）責任」可以更進一步點出網絡的重要性。這個詞有兩個意思：在沙俄時期，可以單單翻譯為「連帶責任」，但在蘇聯時期至今，就包含雙含意：「連帶責任」和「連帶無責任」。

[6]　氏族作為一個整體，對繳納貢品負有責任，氏族每個個體成員都有義務上繳。隨後，各個氏族形成以基輔為中心的國家，然而，為了追求行政管理的有效性，「連帶（無）責任」模式依然被統治階級保留下來並訴諸實踐。

[7]　犯罪型的「連帶（無）責任」模式指的是如果某一地區發生了犯罪行為，那麼該地區的所有居民都要繳納罰金。到了 17 世紀，「連帶（無）責任」這一模式主要運用在財政事務，尤其是稅收。如果個體不能或者不樂意交稅，那麼這個缺口將由各農村或村莊其他人分攤。對國家來說，連帶（無）責任制能夠有效地維繫對農村的財政控制（Andrle, 1994）。

在史達林統治時期，由於大整肅之故，檢舉制度已經成為中央控制地方機關的手段，因此「連帶（無）責任」成為官僚集團防止被檢舉的自衛性措施，是官僚們自我保護、壓制批評的工具[8]，而官僚們也開始選擇依附「大老闆」（big boss），形成一個命運共同體，官僚們按照非正式運作行事來明哲保身，因為他們明白，違反檯面下規則的後果遠比違反正式制度嚴重許多，每個「大老闆」在基層上都有自己依賴和信任的親信，而後者完全效忠於他。在「連帶（無）責任」的約束下，忠誠度變得個人化並由網絡來保護（Fitzpatrick and Gellately, 1997; Hosking, 2004）。

## （二）「蘇維埃行政—命令文化」

經濟學家和前莫斯科市長波波夫（Gavriil Popov, Гавриил Попов）指出「行政—命令系統」指的是蘇聯的治理方式：集中式、官僚化、行政式分配資源，命令式動員幹部（Крыштановская, 2005）。

Т.П. Коржихина（T.P. Korzhikhina, 1992: 4-26）認為「行政—命令系統」的特點包含：(1) 蘇聯地方政府機構的作用減弱，中央集權（實際上是個人化的權力）才是政治中心；(2) 由於大規模鎮壓和行政調動資源而導致系統的緊急權力極度擴張；(3) 對行政機構的不斷監督、指示和控制，國家機器的官僚化及其與黨的機器合併，其結果被稱為「黨國」（party-state）；(4)落實「職官名錄」任命原則：國家官員由各級黨委審查、批准、推薦和確認；(5) 幹部（官僚）缺乏敬業精神、經驗不足和個人依賴性，因為選拔是基於「適合系統」（fit the system）、忠誠和政治資歷的原則，而不是基於人才、技能和管理能力。

違反和背叛「職官名錄」菁英利益可能會受到嚴厲懲罰，並將其排除在「職官名錄」之外（Тимофеев, 1993: 6-7）。因此，蘇聯時期，口頭和個人命令曾經比書面法令（указы）和指示（распоряжения）更重要，

---

8 「連帶（無）責任」的自衛保護途徑為截獲通訊資訊、運用軍事審查人員和郵政職工來跟蹤檢舉信。或是比較溫和的作法，把檢舉信退回到地方當局手中，經過層層運作，實際上這類檢舉信通常會落在那些被揭發者的手中，結果是，沒有人將信件公開，從此消聲匿跡。

並且必須更嚴加遵守，它們在後蘇聯時期仍然占有相當的重要性（Colton, 2007: 325）。儘管當今的政治體制正式宣布支持憲法權利、權力分立、司法獨立和財產權保障，遵守非正式的口頭命令或指示，仍然是治理的主要特徵。

## 參、普欽的 sistema

從蘇聯解體後，葉爾欽擔任總統，俄羅斯從極權向民主制度過渡，但是其權力網絡卻延續著蘇聯的菁英和遺緒。因此，在蘇聯解體後的俄羅斯，新舊菁英雖大部分不是「同一」，卻是「同源」（吳玉山，2007：83-84），共同有著蘇聯傳統政治結構與文化的遺緒，但也延續著內部權力菁英嚴重分裂的特點。

1990 年代，葉爾欽政府試圖將西方價值觀和民主制度引入俄羅斯來打造新菁英。這對年輕人有一定的吸引力，但對老一輩則未然，他們看到自己的生活水準直線下降並渴望蘇聯時代的穩定。因此，在葉爾欽第一任總統任期（1991-1996）期間，因為民主轉型成效不佳和實施劇烈的經濟改革，造成了內部菁英嚴重分歧。1993 年 10 月砲轟國會後，政府成員大幅換血。政府成員的頻繁更替大大減弱了權力菁英對總統的個人依附和忠誠度，這也是造成葉爾欽執政後期俄羅斯政局不穩的一個重要原因。第二次總統任期（1996-1999）間，由於葉爾欽嚴重酗酒，健康不佳和政治上的孤立，葉爾欽更加依賴和信任自己身邊的親信和「家族」（family）菁英團體，而不同菁英團體與反對勢力間的分裂更為嚴重。

普欽時期，俄羅斯的菁英網絡開始緊密連結，非正式團體（informal groups）承攬決策權，自身構成一個制衡體系（Viktorov, 2014），如前所述，sistema 並非由普欽引入，而是在俄羅斯存在多年，只是在普欽時期，這些權力菁英網絡的特點透過普欽的管理手腕，而更加地明顯。所以，在普欽時期，這種對權力網絡的治理依賴被稱為普欽的 sistema（Putin's sistema）**9**。

　　普欽的 sistema 是把金字塔結構、對普欽的個人忠誠度和對權力網絡的調節控制結合起來，普欽的角色相當於權力網絡的仲裁者，且可以透過正式的從屬關係和官方職位來追求非正式的利益，增加了其複雜性。因此 sistema 受益於層級控制，但也依賴於網絡的強度、靈活性、適應性和配置，從而整合了層級間垂直和非層級間平行的權力控制。忠誠度，是普欽的 sistema 最注重的特質，此忠誠度已發展出對恩庇主的個人忠誠傾向，且遠遠超出了企業價值觀或團隊精神，並帶有「保護」的承諾，而個人忠誠有著將非正式命令置於正式法律之上的服從特質（Kryshtanovskaya, 2005）。

　　此外，普欽的 sistema 之所以有別於俄羅斯或蘇聯其他領導人的原因，有以下特點：

## 一、普欽政權期間內部權力菁英很少置換

　　自普欽上臺以來，克里姆林宮一直甚少去觸及權力菁英體制。首先，菁英變革在俄羅斯政治史都常常會對領導人造成傷害，因為被替換的權力菁英常常會成為反對派，而出現政治緊張，如同蘇聯解體前的戈巴契夫時期和俄羅斯獨立後的葉爾欽時期，且在梅普共治時期（2008-2012），這種情況再次發生（Viktorov, 2014）。因此，普欽的 sistema 主要成就之一就是創造了一個平衡且彼此競爭的俄羅斯權力菁英（Tefft, 2020），並透過在地區任命「代理地方行政首長」來實施中央至地方的垂直權力體系**10**。

---

9　在普欽的 sistema 的研究中，俄羅斯的權力網絡也有被稱為「氏族政治」（clan politics），因為氏族與恩庇侍從及地域性相關聯，並且確實可以隨著時間的推移表現出一些親屬關係、裙帶關係和封閉性的特點，但是作者認為葉爾欽後期的「家族」菁英派系或可認定為氏族政治，但是對於普欽的 sistema 而言，雖然普欽的權力網絡也是傳承於傳統的氏族結構，但有極大的不同點在於其權力網絡不是基於血緣、婚姻關係，而是更具多向性（multi-vector），因此更加機會主義、不穩定和難以預測（Schatz, 2005; Collins, 2006; Sharafutdinova, 2011），所以不能以「氏族政治」稱之。

10　在 2012 年統一地方選舉時程後，地方行政首長任期屆滿後至 9 月分選舉的這段時間出現了行政首長職位的空缺，由於法律沒有規定這段時間行政首長如何產生，於是中央在這段空缺期任命了一批代理行政首長。此外，行政首長提前辭職或被解職也會造成代理行政首長的出

其次，普欽需要權力菁英的支持才能繼續並順利掌權，俄羅斯的歷史已經證明了強大的菁英對政府的支持非常重要（Avadliani, 2019）。因此，俄羅斯的政治穩定和合法性建立在權力菁英支持普欽領導的共識之上（Tefft, 2020）。這也可以解釋與制度化和正式的銓敘程序相比，個人和非正式關係，以及與總統的接觸和忠誠占有首要地位。

## 二、意識形態的掌控

俄羅斯是個意識形態非常複雜的國家。康弗斯（Philip Converse）曾提出的信仰體系（belief system）概念，是「思想和態度的組態在其中透過某種形式的約束或功能獨立性結合在一起」（Lussier, 2019）。事實上，俄羅斯權力菁英的信仰體系比非菁英更結構化，這意味著他們有比輿論更強的意識形態依附。而且，正是在帝國輝煌時代懷舊的意識形態上，普欽得到了俄羅斯權力菁英的最大支持。而這種保守的意識形態在 2014 年克里米亞危機期間最為明顯，因為普欽將這種保守和民族主義的意識形態當作政治工具。

## 三、權力菁英的分裂是普欽反制權力菁英的策略

普欽 sistema 的權力菁英不是單一的群體，而是存在著不同類型的分裂。因此，普欽運用反制衡策略，透過平衡他們的權力，得到菁英的支持。權力菁英主要的分裂最主要有三種模式：其一為保守—現代化（conservative-modernisation）分裂，其明顯體現在「捍衛者」

---

現。代理行政首長由中央任命，獲得中央扶持，再加上提前履職可以掌控地方行政資源和經濟資源，所以在實際參選中有較強競爭力，很容易在選舉中獲勝。從 2012 年至 2018 年間除伊爾庫茨克州和濱海邊區代理行政首長未獲勝外，其餘全部成功當選。因此，普欽利用對地方行政首長官的任命權和免職權，將大量年輕的科技官僚或執政經驗豐富、能力強的菁英安插到各聯邦主體任代理行政長官的現象越來越多。

（protectors）[11] 和「法治派」（siliviki）[12] 的對立。「捍衛者」團體堅持保守主義、鎮壓和侵略，但年輕一代「法治派」支持進步、自由化和對話（Stanovaya, 2020a）。其二為世代分裂（generational schism），最具體的例子為梅普時期支持梅德韋傑夫的年輕科技官僚，和支持普欽的年長及傳統蘇聯教育下的世代間的緊張（Viktorov, 2014）。其三為地位—聲譽（position-reputation）分裂，有些權力菁英單單是因為他們在政府中的高階職位而獲得政治影響力，但是有些菁英是由於他們與普欽的關係，而在官方角色外具有政治影響力（Gorenburg, 2020）。前者的影響力是比較多變的，因為是地位給予他們權力，這意味著一旦他們失去了地位，他們的影響力就會自動減弱。後者大多由「強力集團」（siloviki）組成，無論他們占據什麼位置，都擁有一定的影響力。這三種分裂模式在 2018 年選舉過後，更為激烈，從外部看，由這些菁英組成的政權看起來穩定而強大。然而，如果我們從內部來看，菁英間的分裂危機正在腐蝕俄羅斯的政局（Greene, 2019）。

## 第四節　普欽sistema權力菁英之結構與發展分析

　　普欽在 2000 年初任總統時期的第一階段，圍繞在普欽身邊的主要是葉爾欽的「家族」、高層菁英的殘餘勢力和普欽的聖彼得堡菁英團體間的權力鬥爭。這場鬥爭暴露了新總統團隊內部越來越明顯的裂痕。隨著葉爾欽殘餘勢力的消退，普欽的聖彼得堡菁英團體也開始分裂，「強力集團」開始強勢地擴張權力，試圖控制資源，於是普欽的朋友（內圈和有用的朋

---

[11] 從 2014 年以來形成了一種新型菁英「捍衛者」，大多數是許多在普欽政權裡「強力集團」中主張鎮壓的菁英集團領袖與保守意識形態人士之間所形成的非正式聯盟。他們一致認為，應對俄羅斯的挑戰需要採取更嚴厲、更保守的方法。

[12] 「法治派」人士，係指與強力集團相對峙的年輕科技官僚（younger technocrats），大多具有高學歷，並擁有高度專業知識，希望帶領俄羅斯朝向現代化國家邁進（連弘宜，2016：93）。

友）和安全部門的前同事之間反復發生摩擦和對立，衝突不斷[13]。在普欽政權時期，權力菁英的最大轉變發生在 2007 年至 2008 年之間，2004 年和 2012 年總統選舉前後的轉變較小，2020 年普欽撤換總理、公投修憲也引起了一波菁英變動。

因此，在探討普欽 sistema 權力菁英之變動與發展時，作者首先以先前建構的菁英團體的網絡類型矩陣，來分析普欽 sistema 下的菁英團體結構，然後審視 1991 年至今，俄羅斯的權力菁英團體的發展與變化歷程，並輔以俄羅斯《獨立報》（Nezavisimaya Gazeta, Независимая Газета）20 年間（1999-2019）對俄羅斯最有影響的 100 位政治人物之排名[14]，可用於探討普欽統治 20 年期間俄羅斯菁英中最具政治影響力的成員，最後試著就 2020 年時更換總理和修憲公投後的菁英變動，爲菁英團體的未來發展作一分析。

## 壹、俄羅斯菁英團體的結構分析

對於普欽的菁英團體結構，總體可歸類爲以普欽政權下的權力菁英分類的「克里姆林宮塔樓」（Kremlin towers）[15]、著重於菁英管理模式

---

[13] 例如，Rosneft 與 Gazprom 的鬥爭、Rosneft 與 Transneft 的內鬨等。

[14] 自蘇聯解體後，俄羅斯的《獨立報》每月會對俄羅斯最有影響的 100 位政治人物進行排名，並會在每年的 1 月，發布前年度的總排名。俄羅斯的《獨立報》在每年每月會使用封閉式問卷，向 24-27 名俄羅斯政治學家、政治戰略家、媒體專家、政黨代表進行專家問卷調查並統計結果（專家名單會列於報導結尾）。每個月，會向專家們提問以下問題：「您如何評價下列俄羅斯政治家在俄羅斯聯邦總統、俄羅斯聯邦政府、俄羅斯聯邦議會行政管理中的影響（從 1 到 10 的評分等級）？」每月專家都會對問卷中的政治人物評分，也可提出未列於名單中的政治人物，如果有多於 2 位專家提出了未列於名單上的人物，而這人物將會出現在下月待評分的政治人物名單中。在年度政治人物匯總表中，匯總了專家認爲至少有 6 個月進入前 100 名的所有政治家的平均得分排名（Gorenburg, 2020; Орлов, 2021）。而本文則擷取 1999 年至 2019 年的資料，從這些資料可用於分析普欽統治 20 年期間俄羅斯菁英中最具政治影響力的成員，並挑選每時期較有影響力及之後有延續影響（至少有延續影響 10 年以上）或影響力延續至今的重要權力菁英進行分析，符合的菁英大約爲 40 人。

[15] В. Прибыловский 提出的「克里姆林宮塔樓」模型這不僅是以克里姆林宮建築對菁英團體的譬喻，而且是對瀰漫該政權的內部競爭的評論。他以一個權力圈中區分了九個基本權力集團。其中至少有兩個與來自聖彼得堡的安全部門有關。

的「政治局 2.0」（Politburo 2.0）[16]，或說明與普欽權力距離的「行星」
（Planets）[17]的模型（Липман and Петров, 2012: 28-30）。但是，本文想強
調網絡來分析普欽的菁英結構與發展，因此以圖 3-2 的菁英團體的網絡類
型矩陣分析普欽 sistema 下的菁英團體（圖 3-3）。以強連帶與弱連帶、私
領域與公領域、個人與制度間的網絡，網絡彼此交錯且在 sistema 的運作
中起著關鍵的作用，尤其是在公私領域界限模糊，身居高位的個人與其網
絡連帶的菁英團體間的關係會隨著時間而變化。例如，老朋友或強連帶的
有用的朋友一旦被任命至值得信賴的職位，就會晉升至內圈；又或者弱連

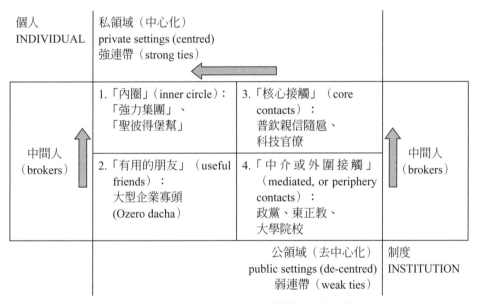

**圖 3-3　普欽 sistema 的菁英網絡矩陣**

資料來源：作者自行繪製。

---

[16] 「明欽科分析公司」（The Minchenko analytical company）長期以來一直使用「政治局 2.0」
的比喻來分析菁英管理和追蹤菁英階層的變化。

[17] Евгений Гонтмахер 提出的「行星」模型將普欽描述為被三個行星圈包圍的太陽。每個「行星」
都有自己的「軌道」（經濟或社會部門）、「衛星」（行星的基本網絡）和「人口」（他們
的幸福取決於他們的行星站在向陽的一面）。

帶核心接觸的科技官僚因被普欽信任而逐漸取代原有的內圈。網絡中的這種位置變化是基於連帶的強度和環境變化的動態發展，也就是私人網絡可能導致任命和正式從屬關係；或者相反，正式從屬關係可能導致私人網絡持續時間超過正式從屬關係；或正式從屬關係已然結束，卻由私人網絡延續權力。這些變化不太可能在模型矩陣中反映出來，但可以透過對網絡的長期觀察來追蹤。

## 一、中心化網絡與個人：內圈

　　內圈包括每天或定期聯繫的關係者，在普欽 sistema 可以認定為普欽的核心圈，包含密友、可以直接和普欽聯繫，以及可以被邀請至私人聚會（例如生日會）的緊密關係者。一般而言，普欽強連帶的內圈包含兩個菁英集團：聖彼得堡「強力集團」和「聖彼得堡幫」。這兩個集團成員是由普欽在 1990 年前後，擔任國家安全部門或曾任聖彼得堡副市長期間遇到的同事所組成。20 年後，仍然是普欽的核心菁英，並主宰著俄羅斯的政治路線和國營大企業（Monaghan, 2015）。

## （一）「強力集團」

　　菁英團體中，最強大、最複雜也是最多派系的就是「強力集團」，主要的成員大多出身自軍工複合體或安全部門，例如謝欽（Igor Sechin, Игорь Сечин）、帕儲雪夫（Nikolai Patrushev, Николай П. Патрушев）、博爾特尼科夫（Aleksandr Bortnikov, Александр В Бортников）、伊凡諾夫（Sergei Ivanov, Сергей Б. Иванов）和巴斯特里金（Aleksandr Bastrykin, Александр И. Бастрыкин）等，但是比起不同的菁英團體之間，強力集團成員之間的衝突最為明顯，如聖彼得堡的兩個主要「強力集團」陣營，謝欽陣營和伊凡諾夫—帕儲雪夫（Ivanov-Patrushev）陣營之間始終存在緊張關係。但是將「強力集團」集結的是一套核心價值觀和共同的政策偏好：「強力集團」相信國家是社會的基礎，因此必須增強社會各個領域的國家權力——尤其是在經濟、安全領域和國防部門。在意識形態方面，「強力

集團」遵循「國家主權主義」，將愛國主義、反西方主義、仇外心理、民族主義、軍國主義、威權主義和經濟手段聯繫在一起（Staun, 2007）。

在此集團內，成員並非皆處於平等地位，而是有著權力層級，其結構可形容為一個同心圓，依經驗資深、政策影響，和對原物料資源及相關單位的控制程度，區分為最內部的核心團體（謝欽、伊凡諾夫—帕儲雪夫等），第二層為依附核心團體的中央事務官，其經歷都持續反映出蘇聯時期統治的遺產，如運輸部，就帶有強烈的軍方色彩，而該集團派系除了對軍事、武力、司法部門的控制外，該集團成員也遍布政府主要機關的領導成員，例如原子能署（Energy Agency, Агентства по атомной энергии）、關稅局（Customs Service, Таможенная служба），且對聯邦資產基金（Federal Property Fund, Российский фонд федерального имущества）和金融監管局（Financial Monitoring Service, Службы по финансовому мониторингу）有著一定的影響力。第三層為邊際的次團體較為流動性，例如烏斯欽諾夫（Vladimir Ustinov, Владимир Устинов）[18]，或較小的政務官，多為總統全權代表、州長或地區執法部門的首腦，實現其對地方事務的控制（Bremmer and Charap, 2006: 86-87）。

2014 年以後，隨著克里姆林宮的態度變得越來越保守，從「強力集團」中分裂出一個關鍵團體——「捍衛者」[19]，因主張保護國家體系免受國內外敵人的侵害，變得日益強大。他們彼此分享強硬的意識形態觀點和對政治反對派使用鎮壓的訴求。「捍衛者」的意識形態毫無顧忌地借鑑了陰謀論，試圖動員社會對抗外國威脅，並主張對俄羅斯人的私人和政治生活進行更嚴格的控制。成員包含安全理事會祕書帕儲雪夫、調查委員會主席巴斯特里金，以及外國情報局局長納雷什金（Sergey Naryshkin, Сергей Е. Нарышкин）等。

---

18 烏斯欽諾夫曾是葉爾欽的權力菁英，曾為俄羅斯司法部長，現為南方聯邦區總統全權代表（Plenipotentiary Envoy to the Southern Federal District），早已投靠「強力集團」，在對俄首富霍多爾科夫斯基的打擊行動中發揮了重要作用。

19 「捍衛者」雖然出自「強力集團」，但並非所有「捍衛者」都是「強力集團」，也並非所有「強力集團」都是「捍衛者」。

## （二）「聖彼得堡幫」

　　「聖彼得堡幫」大致是用來稱呼除了聖彼得堡「強力集團」外的聖彼得堡菁英團體。如律師、物理學家、柔道夥伴等。他們同強力集團一樣效忠於普欽，但他們一般沒有軍警的出身。他們是普欽所建構的的第二大權力派系，也是普欽用來平衡、制約強力集團勢力的主要力量，「聖彼得堡幫」菁英團體透過專業領域和政府內的政務管理，贏得了普欽的個人信任。該菁英團體包括梅德韋傑夫、庫德林（Alexei Kudrin, Алексей Л. Кудрин）、格雷夫（German Gref, Герман О. Греф）以及科扎克（Dmitry Kozak, Дмитрий Козак）等，他們雖然輪調了各種高層職位，但是都可以近距離接觸總統。

　　在普欽的第一、二任總統時期，他們是屬於關鍵經濟人物，尤其是建立石油「穩定基金」的庫德林，對 2008 年金融海嘯期間，恢復俄羅斯經濟、穩定國內金融動盪發揮了突出作用。「聖彼得堡幫」的經濟改革理念與普欽的需求相符，他們的改革是一種漸進的、溫和的、「有俄羅斯特色」的改革；是要建立一種「有秩序、可控制的市場經濟」，加強國家總體經濟掌控。

## 二、強連帶和私領域相關：「有用的朋友」

　　許多帶著恩惠的友誼都是經由中間人連帶而形成「有用的朋友」，而這樣的強連帶，通常帶著利益的交換和政商關係。此網絡包含 Ozero Dacha 合作社（Ozero Dacha Cooperative）[20] 和大型私人企業寡頭。

　　普欽和科瓦爾丘克（Yuri Kovalchuk, Юрий Ковальчук）、雅庫寧（Vladimir Yakunin, Владимир И. Якунин）及其他 5 位朋友於 1990 年代初在聖彼得堡成立了 Ozero Dacha 合作社（Dawisha, 2015: 94-96），這些人因為和普欽的關係，後來在普欽第二任期時和「強力集團」密切聯繫，彼

---

[20] Ozero Dacha 合作社成立於 1990 年代中期，是俄羅斯銀行的所有者，美國財政部將其描述為俄羅斯高級領導層的私人銀行，其中包括普欽本人。

此互惠。

　　大型企業寡頭包含共同擁有俄羅斯最大的天然氣管道和電力供應線建築公司 Stroygazmontazh（Стройгазмонтаж）集團的羅騰伯格兄弟（Arkady Rotenberg and Boris Rotenberg, Аркадий Ротенберг and Борис Ротенберг）、國有技術公司 Rostec（Ростех）的負責人切梅佐夫（Sergei Chemezov, Сергей Чемезов）和國有石油運輸公司 Transneft（Транснефть）的總裁托卡列夫（Nikolay Tokarev, Николай Токарев）都是普欽在東德時的朋友或同事（Stanovaya, 2020b）。國家主權主義者需要寡頭來創造財富，而寡頭需要國家提供政治穩定和保護。

### 三、弱連帶和公領域相關：「核心接觸」

　　領導人需要專業科技官僚才能執行他們的政策，在制度中的弱連帶網絡便是政策的實際運作者，也是在制度中與普欽「核心接觸」者，包含普欽的親信隨扈（Putin's retinue）和科技官僚。

　　親信隨扈是普欽行政團隊的核心，每天與總統本人接觸。總統親信隨扈的職能相當狹窄：制定總統的日程安排並處理禮賓職能、準備和安排普欽的會議。例如，總統府辦公廳主任瓦伊諾（Anton Vaino, Антон Вайно），以及克里姆林宮新聞祕書佩斯科夫（Dmitry Peskov, Дмитрий Песков）等。親信隨扈滿足總統在工作及相關的需求，以及向普欽提供符合他現有世界觀的重點訊息，維持他的工作情緒，報告其成就，而不是以問題來讓他煩憂（Stanovaya, 2020b）。

　　科技官僚為普欽在幾個關鍵領域制定政策。總理米舒斯金負責促進俄羅斯的經濟成長，俄羅斯總統府辦公廳第一副主任基里延科負責監督國內和地區政策、格洛莫夫（Aleksei Gromov, Алексей Громов）負責傳統媒體、第一副總理別洛烏索夫（Andrei Belousov, Андрей Белоусов）領導經濟決策過程、財政部長西盧阿諾夫（Anton Siluanov, Антон Силуанов）負責財政政策和預算、外交部長拉夫羅夫（Sergei Lavrov, Сергей Лавров）、國防部長紹伊古（Sergey Shoigu, Сергей Шойгу）負責執行有

關外交和軍事政策的決定、中央銀行行長納比烏琳娜（Elvira Nabiullina, Эльвира Набиуллина）和莫斯科市長索比亞寧（Sergei Sobianin, Сергей Собянин）也屬於這一團體。所有這些科技官僚都是普欽很難找到可以取代的傑出人物。

## 四、去中心化網絡與制度：中介或外圍接觸

　　透過弱連帶和制度，在普欽 sistema 作中介或外圍接觸的網絡：政黨、東正教與大學院校。這三者都是制度與社會重要的組成，隸屬於普欽的權力黨（統一俄羅斯黨）、大學院校教育、宗教都有助於促進弱連帶，並確保任命優先權、財產收購、國家對商業企業的支持、工作以及協助執法機構解決問題。中介與外圍接觸受益於與權力網絡的從屬關係，並有助於維持對不成文規則的依賴和遵守。

　　觀察俄羅斯菁英的出身，可以看出俄羅斯權力菁英與三所最負盛名的高等教育機構的連帶：莫斯科國立大學、莫斯科國際關係學院（MGIMO）和聖彼得堡國立大學。學校畢業生中最負盛名的職位是與稅務和海關機構相關的職位以及國家事務官職位。

　　俄羅斯東正教在普欽第三任期時開始正式合作，東正教逐漸在權力菁英內部建立了影響網絡。政黨有系統地諮詢俄羅斯東正教，邀請教會代表參加國家儀式，用國有企業的資金翻新聖地等。這使得俄羅斯東正教能夠帶頭並在菁英團體中傳播其價值觀（Hudson, 2015）。

## 貳、1991 年以來俄羅斯權力菁英團體的發展與重要權力菁英分析

　　探討普欽的權力菁英的起源可以追溯到葉爾欽時代，1991 年俄羅斯獨立後，是由領導俄羅斯天然氣工業股份公司集團（Gazprom Group, Газпром，以下簡稱 Gazprom）的創始人以及 1992 年至 1998 年的俄羅斯總理車爾諾梅爾丁，和當時的董事長維亞基列夫（Rem Vyakhirev, Рем

Вяхирев）所組成的主要的寡頭集團。當時的 Gazprom 集團發揮了最大的政治和經濟影響力，但同時期也有其他幾個重要集團，最著名的是丘拜斯（Anatolii Chubais, Анатолий Чубайс）[21]的聖彼得堡集團（Petersburg Group，由 1991-1992 年政府自由派改革派的剩餘人員組成）；莫斯科市長盧日科夫（Yury Luzhkov, Юрий Лужков）為首的市長團體，其中也包含尤科斯（Yukos, ЮКОС）石油公司的總裁霍多爾科夫斯基（Mikhail Khodorkovsky, Михаил Ходорковский）；以及「家族」，成員包含寡頭別列佐夫斯基、沃洛申（Aleksandr Voloshin, Александр Волошин）、尤馬舍夫（Valentin Yusmashev, Валентин Юмашев）、德里帕斯卡（Oleg Deripaska, Олег Дерипаска）和阿布拉莫維奇（Roman Abramovich, Роман Абрамович）[22]之間的聯盟。1996年總統大選後，「家族」扳倒了Gazprom集團並掌握了權力。

　　1999 年普欽擔任總理，2000 年擔任總統，他的繼任要歸功於別列佐夫斯基和丘拜斯聯合集團，在與敵對的盧日科夫和普里馬科夫集團中的勝利。

　　根據俄羅斯《獨立報》20 年間（1999-2019）對俄羅斯最有影響的100 位政治人物之排名，葉爾欽時代的菁英存續者（圖 3-4）中，有一些主要是商業界的寡頭，其中包括阿布拉莫維奇、阿列克佩羅夫（Vagit Alekperov, Вагит Алекперов）[23]、波塔寧（Vladimir Potanin, Владимир

---

[21] 丘拜斯是俄羅斯商業寡頭，在 1990 年代初期作為葉爾欽政府有影響力的成員負責俄羅斯的私有化，1998 年至 2008 年，他領導國有電力壟斷企業 RAO UES，之後擔任 Rosnanotech 國有企業的負責人。

[22] 蘇聯解體後，俄羅斯開始進行私有化，透過別列佐夫斯基，阿布拉莫維奇結識葉爾欽「家族」。此後他又相繼控股了俄羅斯鋁業公司、俄羅斯民用航空公司等，自 1992 年起，已建立起自己的龐大產業帝國，成為 1990 年代末俄羅斯的產業寡頭之一。隨著 2014 年克里米亞危機，西方國家和俄羅斯關係惡化，阿布拉莫維奇也受到波及。2018 年 1 月 30 日，美國將 114 名包括阿布拉莫維奇在內的俄羅斯政治活動家和官員列入與俄羅斯領導層接近的「克里姆林宮名單」（Sputnik International, 2018）。

[23] 阿列克佩羅夫是俄羅斯大型石油公司 LUKOIL 的總裁。為人低調，善於和普欽政權建立良好關係，並致力於社會慈善，在 2020 年新冠肺炎疫情大流行中，LUKOIL 石油公司在俄羅斯 22 個地區捐贈了超過 6.52 億盧布，並在其前蘇聯地區國家捐贈了近 90 萬美元（neftegaz.ru, 2020）。

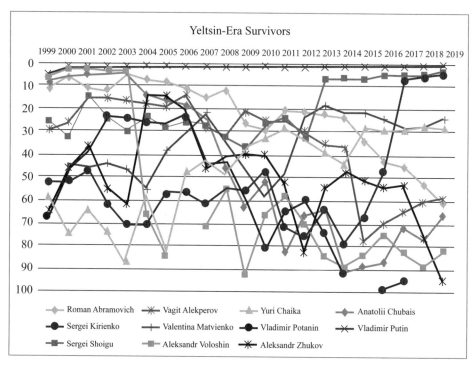

圖 3-4　對俄羅斯最有影響的 100 位政治人物之排名：葉爾欽時代的菁英
存續者

資料來源：Gorenburg（2020）。

Потанин）[24] 及丘拜斯。但是自 2014 年後，這四個人因為偏向與西方保持
關係，其影響力已然快速下降。

　　在高層政治菁英部分，於 1998 年葉爾欽時期曾任總理，現任俄羅斯
總統府辦公廳第一副主任的基里延科，和 1991 年至 2012 年曾任緊急情況
部（Ministry of Emergency Situations）部長、2012 年起擔任俄羅斯國防部
長的紹伊古，此兩人的影響力在 20 年間雖略有起伏，但最近幾年則維持

---

[24] 波塔寧是俄羅斯商業寡頭，政商手腕靈活，以能夠應對俄羅斯政治格局變化並保持影響力
而聞名。根據彭博億萬富翁指數，他是俄羅斯最富有的人，也是世界第四十二位最富有的
人（Bloomberg, 2021）。2018 年 1 月，波塔寧出現在美國財政部的「普欽名單」（Putin's
List）中，該名單中有 210 名與普欽關係密切的人（CNN, 2018）。

在影響力的前 10 名內。

　　與前兩位權力菁英相比，朱可夫（Aleksandr Zhukov, Александр Жуков）曾在政府中擔任過多種職位，包括作為國家杜馬第一副主席、組織索契（Sochi, Сочи）冬奧會的俄羅斯奧委會主席以及副總理，他的影響力近年來卻急遽下降。此外，值得注意的是，沃洛申在普欽的第一任總統任期內，曾任總統府辦公廳主任，被認為是俄羅斯最有權勢的人之一，雖然他自 2003 年辭職以來，職位相對較低，卻也一直保持在具有政治影響力的俄羅斯人名單上。

## 一、普欽政權初期（2000-2007）：權力菁英的奠基

　　普欽任職後的前 3 到 5 年，主要是與兩個主要菁英團體共享權力：與總統一起進駐莫斯科的聖彼得堡「強力集團」，以及從葉爾欽繼承的「家族」。聖彼得堡「強力集團」中最有影響力的人物，最初包括伊凡諾夫、帕儲雪夫和謝欽。聖彼得堡「強力集團」在當時也和其他聖彼得堡菁英團體，如其中包括科扎克和梅德韋傑夫的律師團體，及其他幾個團體結盟。從 2003 年至 2004 年，不斷壯大的聖彼得堡集團，特別是「強力集團」，開始分裂出規模較小的派系，且常常彼此鬥爭。第一個分裂的人是伊凡諾夫，他明擺著「繼承人」的自稱使謝欽感到不快。2005 年謝欽為了阻止科扎克被任命為總檢察長，而任命了烏斯季諾夫（Vladimir Ustinov, Владимир Устинов）[25]，包括帕儲雪夫在內的其他幾位菁英與謝欽衝突，也因此謝欽與梅德韋傑夫和科扎克的關係也陷入僵局。此外，「強力集團」中，雅庫寧所領導的一小群與俄羅斯東正教親近的菁英也自「強力集團」分裂，因為他們希望避免與謝欽或帕儲雪夫公開衝突。

　　「家族」也因為其成員對普欽的忠誠度（或缺乏忠誠度）而分裂，金融寡頭別列佐夫斯基被迫流亡英國[26]，而他的前附庸沃洛申和卡西亞諾

---

25 烏斯季諾夫的兒子已與謝欽的女兒結婚。
26 在葉爾欽時代，別列佐夫斯基是俄羅斯的「七大寡頭」之一，在金融、能源等領域累積了鉅額財富，並在政壇呼風喚雨。但他的下場是因為他說了「一個電視頻道讓猴子當選總統」的

夫宣誓效忠普欽，並分別擔任總統府辦公廳主任和總理職位。同時，德里帕斯卡保留並擴大了對鋁業的控制權，而阿布拉莫維奇則繼續從事石油行業。盧日科夫集團維持其對莫斯科的主控權，但是與此同時，由於失去霍多爾科夫斯基，市長集團中在經濟上明顯削弱。[27]

　　在普欽政權初期，普欽不僅利用權力菁英團體來鞏固自身的權力地位，也利用權力菁英團體間的鬥爭和權力傾軋，來作為菁英權力團體的相互制衡，以免權力菁英過分坐大，在權力奠基時期，普欽以鞏固自身作為權力菁英競爭團體中仲裁者的角色及中心地位，更甚者，也以權力菁英來制衡「統一俄羅斯」黨（Levitsky and Way, 2006: 199-216）。我們可以從此時期的三個事件來觀察普欽操縱權力菁英的政治鬥爭，藉而來分析普欽的菁英權力制衡與權力槓桿政策。其一，是自2004年以來，國營企業「俄羅斯石油公司」（Rosneft, Роснефть，以下簡稱Rosneft）和「天然氣工業公司」Gazprom的內鬥；其二，為2004年弗拉德科夫接任總理；其三，為2007年底普欽提名梅德韋傑夫擔任總統。茲分述如下：

　　其一，Rosneft和Gazprom為普欽最為倚重的兩個國營企業，2004年，Rosneft取得尤科斯石油公司最大的子公司尤甘斯克公司（Yuganskneftegaz, Юганскнефтегаз）的控股權。雖然普欽一度認可要將兩個企業合併，成為一個壟斷企業，但也許考慮到此合併後的壟斷企業過於龐大，一旦失控，將危及普欽的經濟命脈。因此，藉由兩個統治菁英派系——強力集團和聖彼得堡幫的既得利益競爭，讓當時的克里姆林宮幕僚長（現任副總理）謝欽掌控Rosneft；當時的第一副總理梅德韋傑夫擔任Gazprom董事會主席，兩者競爭的結果，Rosneft藉由一些精明的策略，包含利用一個未知名的龍頭企業在拍賣中購買尤科斯主要的資產，而逃掉了被Gazprom吸收的命運，這使得兩個國營企業保持分離狀態，也加深了強力集團和聖彼得堡幫間的權力傾軋。

---

　　笑話，這不僅使他的電視頻道（Channel One, Первый канал）被收掉，也讓他流亡英國，於2013年死於英國，死因不明。

[27] 2010年，盧日科夫被免去莫斯科市長一職後，迅速失去了影響力。

　　其二，弗拉德科夫爲強力集團的核心幹部，而 2004 年普欽提名弗拉德科夫爲總理，有兩大用意，第一，普欽爲了消滅葉爾欽政府寡頭菁英的勢力，尤科斯事件導致克里姆林宮內部的分裂，而時任總理卡西亞諾夫支持霍多爾科夫斯基，引起普欽不滿，因而在 2003 年國會選舉後，提前在政府提出總辭前，提名弗拉德科夫爲總理；第二，「統一俄羅斯」黨群眾支持率也在普欽的支持下，遠遠高於其他政黨，由於其在國家杜馬中的第一大黨的穩固地位，「統一俄羅斯」黨已經可以確保總統和政府的決策在議會中得以順利通過。「統一俄羅斯」黨雖然力圖要成爲名副其實的執政黨，但是當時普欽並沒有授權「統一俄羅斯」黨組閣，而是提名原俄羅斯聯邦駐歐盟代表弗拉德科夫爲總理，這其實也是間接地鞏固總統權力，不願權力下放議會，限制了俄羅斯政黨政治的發展，也間接制衡了「統一俄羅斯」黨的權力。

　　其三，普欽於 2007 年 12 月 11 日，距離下屆總統大選提名登記不到幾天的時間，才宣布梅德韋傑夫爲下任總統候選人，這樣的時機選擇與提名人選，對於普欽於第二任總統任期期滿後的未來鋪路是極爲有利的。於時機選擇方面，無論是全球或本地媒體鎂光燈在此時皆聚焦在普欽一人身上，猜測他是否會爲了保有總統職位，作出修憲選擇或是與白俄羅斯合併，雖然在最後關頭，普欽提名了梅德韋傑夫，卻也讓其個人的光環完全蓋過梅德韋傑夫，梅德韋傑夫縱然順利當選下屆的總統，卻也只是被認爲是普欽作爲 2012 年再任總統的暫時替代人選，其政策也只是普欽意志的延續。於提名人選方面，普欽並非提名權力菁英派系中勢力最強的強力集團成員擔任總統，而是提名勢力次之的聖彼得堡幫、文人出身的梅德韋傑夫，這權力制衡的意味非常濃厚，而且這也代表著如果梅德韋傑夫不甘心只是當個沒有實權的總統，他與普欽的中間，還屏障著一個勢力強大、武職軍事官僚的強力集團有待跨越。

　　根據俄羅斯《獨立報》20 年間（1999-2019）對俄羅斯最有影響的 100 位政治人物之排名，普欽的原始菁英團隊 12 人中（見圖 3-5），除了烏斯

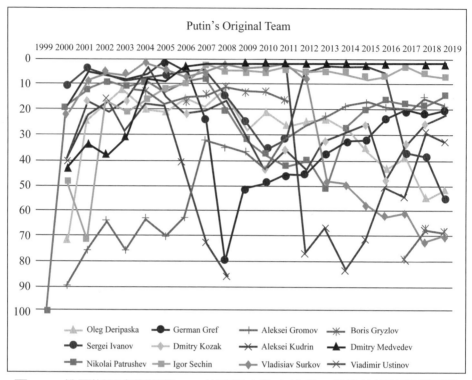

圖 3-5　**俄羅斯最有影響的 100 位政治人物之排名：普欽的原始菁英團隊**

資料來源：Gorenburg（2020）。

季諾夫[28] 外，其他 11 人 20 年來一直是俄羅斯政治中極具影響力的人物。該團隊的大多數人都與普欽有強連帶關係，部分是透過安全部門的連帶，部分是普欽在 1990 年代在聖彼得堡市長辦公室的同事與朋友網絡。

　　聖彼得堡「強力集團」謝欽、帕儲雪夫和伊凡諾夫在普欽執政期間一直是核心圈子的核心成員。這三個人的特點是無論他們在政府中擔任過何種職位，在「強力集團」的影響力仍然很高，例如謝欽曾擔任過總統辦公廳副主任、副總理（普欽擔任總理），和國營石油公司 Rosneft 的負責

---

28 儘管烏斯季諾夫在擔任總檢察長期間在俄羅斯政壇發揮了重要作用，但他在 2006 年被免職被解釋為政治失敗，即使仍擔任司法部長，他的影響力急遽下降。在他於 2008 年被免職並轉任南方聯邦區總統代表後，他完全從排名中消失了。

人。2012 年卸任政府職務後，他的影響力並未減弱，時至今日，他仍是俄羅斯最具政治影響力的 10 大人物之一。帕儲雪夫作爲俄羅斯聯邦安全局（FSB）局長和安全理事會祕書都具有很高的影響力，儘管後者的正式權力相對有限。伊凡諾夫首先擔任國防部長，然後擔任副總理，最後擔任總統府辦公廳主任，極具勢力。雖然他於 2016 年離開總統府的位子，影響力已經減弱，且其在俄羅斯政治中幾乎沒有重要的官方職位，但他仍然在名單上的事實，說明了他與普欽的強連帶。

聖彼得堡幫（包含律師、經濟學家和普欽的朋友）：梅德韋傑夫、庫德林[29]、格雷夫[30]、科札克和格里茲洛夫（Boris Gryzlov, Борис Грызлов）[31]。梅德韋傑夫先後擔任過總統辦公廳副主任、Gazprom 董事會主席、第一副總理、總統和總理，自 2020 年離開總理職位後，轉任俄羅斯聯邦安全會議副主席（deputy chairman of the Security Council），影響力稍減。科札克是普欽的親密盟友，1990 年代與普欽一起在聖彼得堡市政府工作，曾擔任過許多重要職位，現任爲總統府辦公廳副主任。普欽政權初期的金融部門開始集中在聖彼得堡經濟學家手中，庫德林和格雷夫變得比其創始人丘拜斯更具影響力。

在普欽的原始菁英團隊中，有 3 人是屬於普欽的弱連帶，即蘇爾科夫[32]、格洛莫夫和德里帕斯卡。蘇爾科夫在葉爾欽時期是沃洛申的下屬，2000 年後逐漸成爲普欽政權的重要人物和普欽政權意識形態的設計師。格洛莫夫則是自始就是莫斯科的行政官僚，在普欽領導下，職位逐步上升，

---

[29] 庫德林於 2000 年至 2011 年曾任財政部長，設立穩定基金，自 2018 年起由普欽提名擔任俄羅斯聯邦會計院主席（Chairman of the Accounts Chamber，俄羅斯聯邦的議會金融監管機構）。

[30] 格雷夫從 2000 年 5 月至 2007 年 9 月曾任經濟和貿易部長，自 2007 年起至今，擔任 Sberbank 的 CEO 和執行董事。

[31] 格里茲洛夫曾任前國家杜馬主席（2003-2011），俄最大黨統一俄羅斯黨前任黨主席（2004-2008）。

[32] 蘇爾科夫被認爲是克里姆林宮的主要思想家及意識形態掌控者，同時對總統競選工作有重要貢獻。蘇爾科夫被視爲俄羅斯現行政治體系的主要設計者，該體系通常被描述爲「可控」民主或「主權」民主。2011 年 12 月至 2013 年 5 月曾任俄羅斯副總理，2013 年辭職後，回到總統辦公廳，成爲總統的私人助理。2020 年 2 月離職，2020 年的百人影響力名單中，已不見他的名字（Орлов, 2021）。

現任總統府辦公廳第一副主任，影響力也逐步上升。德里帕斯卡是這個菁英團體中的一個異類，因爲他的角色是在企業而不是政府中。儘管與出現在其他團體中的一些商人相比，他與普欽的聯繫更緊密，但隨著權力從商界人士轉向政府官員，他的影響力在過去10年中有所下降。

此外，有些菁英是在普欽的第一任期時才嶄露頭角，包括米勒（Aleksei Miller, Алексей Миллер）作爲俄羅斯天然氣工業巨頭Gazprom的總裁，自2003年普欽在任期間以來一直保持在俄羅斯最具政治影響力的25人之列。羅戈津（Dmitry Rogozin, Дмитрий Рогозин）在普欽第一任總統任期時，爲祖國黨（Rodina, Родина）的黨主席[33]，是爲數不多的選舉出身的權力菁英之一，因此是當時少數擁有獨立權力基礎的、有影響力的政治家。

## 二、普欽第二任期結束至梅普共治時期（2007-2012）：第二梯隊權力菁英的出現

2007年至2008年是普欽政權時期菁英變動最大的時期，原因有二：一是2008年普欽面臨著總統任期期滿，繼任總統人選的壓力；二是梅普共治時期，普欽雖然擔任總理，但是如何使總理權力能壓制梅德韋傑夫總統，並維持自身對菁英團體的影響力。因此，許多權力菁英（第二梯隊）在2007年或2008年出現或升至高位，且大部分菁英的影響力一直持續至今。在此時期的菁英變動有三個特點：一是普欽的密友開始掌握勢力；二是女性菁英的崛起；三是東正教與普欽正式互惠，密切合作。

在梅德韋傑夫擔任總統期間，大多數菁英團體和權力網絡重新組成了兩個對立的聯盟，一個忠於梅德韋傑夫，主要是由聖彼得堡律師團體、沃洛申菁英團體和繼承自的葉爾欽「家族」的德沃科維奇（Arkady

---

33　祖國黨後來在2006年與一些左派小黨合併爲「公正俄羅斯」黨（A Just Russia），2021年1月與俄羅斯愛國者黨（Patriots of Russia）和眞理黨（For Truth）合併，組成了「正義俄羅斯—愛國者—眞理」黨（A Just Russia-Patriots-For Truth）（The Moscow Times, 2021）。

Dvorkovich, Аркадий Дворкович）<sup>34</sup> 和蘇瓦洛夫（Igor Shuvalov, Игорь Шувалов）<sup>35</sup> 菁英團體、聖彼得堡經濟學家，和其他一些小網絡所組成。另一個忠於謝欽，主要由聖彼得堡「強力集團」的謝欽和伊凡諾夫的菁英團體、雅庫寧的俄羅斯東正教「強力集團」，以及聖彼得堡柔術和物理學家菁英團體所組成。這兩個聯盟之間的主要分歧是總統任期，謝欽和他的人馬支持普欽第三任期，而在沃洛申領導下的另一方則支持梅德韋傑夫連任。然而，在梅德韋傑夫總統任期快要結束時，「梅德韋傑夫」聯盟基本上崩潰了。庫德林公開批評梅德韋傑夫，此舉實際上是在普欽控制下進行的。

　　根據俄羅斯《獨立報》20 年間（1999-2019）對俄羅斯最有影響的 100 位政治人物之排名，普欽第二任期所加入的菁英中（圖 3-6），有 5 個人與普欽關係密切：巴斯特里金<sup>36</sup>、納雷什金<sup>37</sup>、博爾特尼科夫、切梅佐夫和科瓦爾丘克。前三人曾是普欽在安全部門的同事<sup>38</sup>，值得一提的是，納雷什金在 2008 年至 2011 年間，在普欽的安排下，擔任梅德韋傑夫的總統府辦公廳主任，以確保梅德韋傑夫對普欽的忠誠（Reuters, 2008）。而博爾特尼科夫自 2008 年 5 月 12 日起，擔任俄羅斯聯邦安全局局長至今，由此可見，普欽對此兩人的信任。切梅佐夫和科瓦爾丘克未在普欽政府任官職，但卻因為是朋友關係而在重要的企業任職高位。切梅佐夫是 Rostec 國營國防工業公司的總裁，科瓦爾丘克則被譽為「普欽的私人銀行家」（Vladimir Putin's personal banker）。這 5 人和普欽的關係大多可以追溯到 1970 年代和 1980 年代的學校教育，或 1980 年代和 1990 年代在安全部

---

34 德沃科維奇是梅德韋傑夫密友，於 2008 年至 2012 年擔任梅德韋傑夫總統助理，2012 年至 2018 年間於梅德韋傑夫內閣擔任副總理一職。2018 年卸除政府職務後，影響力驟減。

35 蘇瓦洛夫於 2012 年至 2018 年任梅德韋傑夫內閣第一副總理。

36 巴斯特里金是普欽的大學同學。他曾任俄羅斯第一副檢察長、檢察長辦公室主席，於 2007 年被任命為總檢察長辦公室內的反腐敗機構調查委員會（Investigative Committee, IC）的負責人。他的影響力在 2011 年進一步增強，當時 IC 成為直接隸屬於總統的獨立機構。

37 納雷什金自 1980 年代初就和普欽認識，一起在列寧格勒的蘇聯安全部門（KGB）學校實習。曾任總統辦公廳主任、副總理、國家杜馬主席。2016 年 9 月，納雷什金被任命為俄羅斯對外情報局（SVR）局長。

38 這 3 人後來都是「捍衛者」領導人，此任用也可證實普欽在第三任期時，態度轉趨保守。

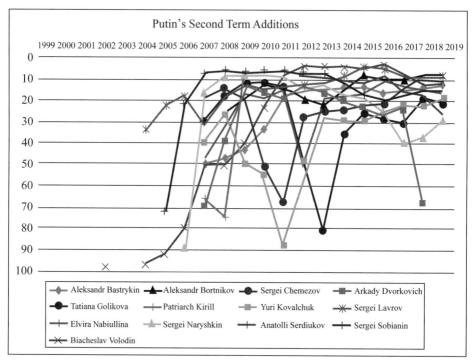

**圖 3-6　俄羅斯最有影響的 100 位政治人物之排名：普欽第二任期所加入的菁英**

資料來源：Gorenburg（2020）。

門工作。這 5 人幾乎在同一時間升至極具影響力的職位，並且在普欽之後的總統期間一直位居影響力的高位。

拉夫羅夫算是普欽第二任期時加入的另類菁英，他本身和普欽並無關係，是靠職位晉升而贏得影響力。他自 2004 年起擔任外交部長，此前曾擔任副外長和俄羅斯駐聯合國代表。儘管多年來他不是普欽的核心成員，但他能長期在高位也逐漸轉化爲對當局決策的更大影響力。

此外，有兩位突出的女性菁英也在此時崛起：戈利科娃（Tatiana Golikova, Татьяна Голикова）和納比烏琳娜（Elvira Nabiullina, Эльвира Набиуллина）。戈利科娃從財政部晉升，在 1990 年代後期曾任財政部副部長、衛生和社會發展部長、會計院主席，於 2018 年成爲主管社會政策

的副總理。納比烏琳娜在 2007 年成爲經濟發展和貿易部部長，自 2013 年轉任俄羅斯中央銀行行長以來，一直保持著影響力。

俄羅斯東正教莫斯科及全俄羅斯牧首（第十六任）基里爾（Patriarch Kirill, Патриарх Кирилл）在俄羅斯東正教會的等級制度中崛起，1989 年開始擔任教會對外關係部的負責人，2009 年在前牧首阿列克謝二世（Patriarch Alexy II, Патриарх Алексий II）去世後當選爲牧首，其領導下的教會開始與普欽領導下的俄羅斯政權密切合作。

現任莫斯科市長索比亞寧和沃洛金（Viacheslav Volodin, Вячеслав Володин）則是從選舉出身，索比亞寧於 2010 年由梅德韋傑夫指派接替盧日科夫成爲莫斯科市長，由於俄羅斯 2012 年 6 月立法恢復了 2004 年被取消的地方行政長官直選制度，索比亞寧於 2013 年成爲立法後第一位民選市長，而他的權力也獨立於普欽的菁英網絡，從民眾中建立聲望。沃洛金從 1999 年開始成爲國家杜馬議員，擔任杜馬副議長，2011 年擔任總統辦公廳第一副主任時，推動普欽的第三任期回歸，成功進入普欽的「核心接觸」（Economist, 2016），自 2016 年起擔任國家杜馬議長。

## 三、普欽第三任期後（2012-2019）：權力菁英間接班人之競爭

2012 年俄羅斯總統與總理互換位的關鍵問題上，謝欽聯盟取得了勝利，菁英團體間的鬥爭轉向資源的爭奪：謝欽對上德沃科維奇，俄羅斯國家石油公司總裁和國家副總理之間可見的戰爭，集中在石油和天然氣的控制上。而菁英團體間的其他衝突也從 2011 年開始出現，並在 2012 年底開始變得明顯且火熱化。

首先，負責軍工複合體的副總理羅戈津開始嶄露頭角。儘管他不屬於任何行政／經濟族群和集團，但在權力菁英中相當一部分的重要人士對他開始重視，因此謝欽開始對羅戈津產生戒備[39]。即使羅戈津與「強力集團」

---

39 實際上，謝欽和羅戈津早期基於他們對西方主義者丘拜斯、庫德林以及對蘇爾科夫的共同敵視而站在同一陣線，但是因爲羅戈津的崛起，雙方利益重疊，關係早已陷入僵局。

在意識形態上有共識和氏族網絡的強連帶[40]，他也沒有設法與普欽周圍的「強力集團」結盟。羅戈津在 2011 年被任命為副總理，他在國防工業利益團體、軍隊和警察高層將領，及許多曾看好謝欽的「強力集團」的菁英間甚受重視[41]。

　　而另一個菁英團體鬥爭的焦點則是謝爾久科夫事件（The Serdyukov affair）。2007 年，普欽任命謝爾久科夫（Anatoly Serdyukov, Анатолий Сердюков）為俄羅斯聯邦國防部長，主要任務是打擊俄羅斯軍隊的腐敗和低效率，他任內開始著手軍隊改革和企圖解決國防部腐敗問題的嘗試，都得到了總統的普遍支持。由於他強大的連襟強連帶網絡[42]，包括謝欽及其他有影響力的「普欽的朋友」都對他極其寬容。

　　謝爾久科夫在 2012 年被總理梅德韋傑夫批評其軍隊改革的延誤，而公開提出辭職，但普欽不予接受。這發生在謝爾久科夫因外遇醜聞而與妻子和岳父公開決裂之前[43]。2012 年 9 月，普欽由於身體嚴重不適[44]，他無法繼續壓制腐敗醜聞並抑制菁英之間的內部鬥爭。最終，反謝爾久科夫運動在媒體的揭露下開始發酵，此舉迫使普欽解除了他親信的國防部長的職務，這可能是普欽首度屈服於菁英團體的壓力下，免職了一個忠誠度高，但犯錯的「圈內人」[45]。之後，紹伊古接任國防部長（Weiss, 2013）。

　　羅戈津的崛起和謝爾久科夫事件後，權力菁英團體開始重組。由於對謝爾久科夫的共同敵對情緒，羅戈津和伊凡諾夫之間的機會主義聯盟發

---

[40] 羅戈津妻子的父親雖是退休的 KGB 將軍，但是來自莫斯科，這幾乎意味著可以肯定他支持普里馬科夫。

[41] 羅戈津由於與其他領導人的衝突，他在離開公正俄羅斯黨後被引進了普欽的菁英網絡。對於引進半反對派人物和愛國者羅戈津是誰的想法，目前仍不明確，但是肯定不是謝欽，有一說認為是伊凡諾夫。

[42] 謝爾久科夫的岳父是祖布科夫，並把他扶上國防部長的職位。祖布科夫曾為總理，之後擔任副總理，自 2008 年起擔任 Gazprom 董事會主席。

[43] 謝爾久科夫與國防部採購辦公室主任瓦西里耶娃（Yevgenia Vasilyeva, Евгения Васильева）發生婚外情，並與其同居。他的元配家庭對此極為不滿。之後他的元配波赫萊貝尼娜（Yulia Pokhlebenina, Юлия Похлебенина）訴請離婚。而他的岳父向他的同夥明確表示，他不再認他為女婿，撤銷所有對他的支持與庇蔭。

[44] 普欽在當時因為接受體能訓練而背部受傷。

[45] 但是，普欽卻阻止了謝爾久科夫的敵人把他送進監獄。普欽基於提供恩庇主保護的立場，認為謝爾久科夫可能曾經不檢點，但他是一個忠誠的圈內人。

展成一個穩定的聯盟，之後其共同的目標是反對總理梅德韋傑夫、副總理德沃科維奇和蘇爾科夫。原因有二：其一，德沃科維奇與伊凡諾夫之間的衝突已使電信巨頭 Rostelekom（Ростелеком）的 2014 年私有化計畫陷入僵局 46。最後，德沃科維奇支持的烏斯曼諾夫（Alisher Usmanov, Алишер Усманов）勝出，Rostelekom 新總裁是隸屬於烏斯曼諾夫陣營的卡路金（Sergei Kalugin, Сергей Калугин）；其二，伊凡諾夫在 2014 年索契冬季奧運會的籌備上擊敗了德沃科維奇。47

在謝爾久科夫倒臺事件後，引起兩個效應：普欽對現有的權力菁英網絡的操控力減少的疑慮，和未來總統接班人之爭。

此時期，俄羅斯的主要政治鬥爭，一邊是由沃洛申和德沃科維奇領導的親梅德韋傑夫陣營，另一邊是伊凡諾夫和羅戈津領導的新反梅德韋傑夫聯盟，他們計畫將梅德韋傑夫撤除總理職位（同時可能爲繼承者角色）。

謝欽的舊反梅德韋傑夫聯盟，其立場基本保持不變，但並未將梅德韋傑夫視爲主要敵人。謝欽基本上不曾是梅德韋傑夫的好友，但他也並未參與將梅德韋傑夫從總理辦公室免職（2020 年 1 月 15 日梅德韋傑夫宣布辭職）的鬥爭，顯然是因爲謝欽擔心梅德韋傑夫的繼任者極可能不會是紹伊古、祖布科夫或索比亞寧，而是伊凡諾夫 48。謝欽陣營主要是反對任何背離自己已習慣的國家資本主義原則的行爲，反對庫德林式和／或德沃科維奇式的自由主義改革，或任何漸進式的政權自由化。

在外交政策方面，謝欽陣營主張與中國結盟來對抗西方。雅庫寧的俄羅斯東正教徒「強力集團」雖然也反對西方，卻並不認爲中國是反西方俄羅斯的最好朋友，而是更喜歡阿拉伯─穆斯林世界，這與羅戈津有共同

---

46 Rostelekom 的主要競爭者是總統顧問及前通訊部長謝戈列夫（Igor Shchegolev, Игорь Щёголев）和他的「錢袋」（謝戈列夫孩子的教父）、俄羅斯東正教企業家馬洛夫耶夫（Konstantin Malofeyev, Константин Малофеев，Rostelekom 的最大非官股的股東，在謝戈列夫擔任通訊部長期間以極其便宜的價格購得股份）。而另一位則是烏斯曼諾夫。伊凡諾夫支持謝戈列夫和馬洛夫耶夫，而德沃科維奇和現任通訊部長尼基法洛夫（Nikolai Nikiforov, Николай Никифоров）則支持烏斯曼諾夫。

47 2013 年 2 月，他成功地讓普欽總統對參議員比拉洛夫（Akhmed Bilalov, Ахмед Билалов，德沃科維奇的人馬）產生反感。結果，比拉洛夫丟掉了國有的北高加索度假村（KSK）奧委會副主席兼董事會主席的職位。

48 謝欽對伊凡諾夫的權力雄心抱有戒心，因此對伊凡諾夫的盟友羅戈津也加以防範。

點。另一方面，儘管聖彼得堡物理學家團體與雅庫寧有聯合過，但他們還是傾向於為謝欽團隊效力，他們並不在乎東正教，對阿拉伯世界並不特別同情，也沒有敵意向西。但是，只要謝欽對普欽保持自己的影響力，彼得堡物理學家團體就不希望分裂並放棄謝欽（Taylor, 2017: 57-60）。

此外，莫斯科市長索比亞寧因為逐漸在人民中贏得支持，開始在莫斯科形成一個新菁英團體，而他們也盡量避免與謝欽、伊凡諾夫以及梅德韋傑夫發生爭執。

根據俄羅斯《獨立報》20 年間（1999-2019）對俄羅斯最有影響的 100 位政治人物之排名，普欽在順利回歸第三任總統職位後，政策開始趨於保守，除了菁英團體間的鬥爭越來越白熱化外，菁英網絡也越加封閉。因此，2012 年後，能進入名單的新菁英明顯減少（見圖 3-7）。但有三位菁英極可能在未來有更高的影響力：佩斯科夫自 2012 年以來一直擔任普欽

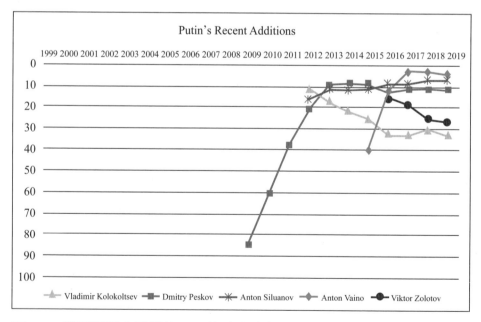

**圖 3-7 俄羅斯最有影響的 100 位政治人物之排名：普欽第三任期新加入的菁英**

資料來源：Gorenburg（2020）。

的新聞祕書；西盧阿諾夫於 2011 年任財政部長，曾於 2018 年至 2020 年兼任第一副總理；瓦伊諾於 2016 年直接被任命為總統府辦公廳主任。這三人的重用，也顯示出普欽知道舊有的權力菁英團體已發展出自己的網絡，未來不太能受普欽操控，普欽開始傾向弱連帶的「核心接觸」，這些人依賴普欽所給予的職位，對普欽的忠誠度極高。

## 四、2020 年的修憲與菁英的變動

2020 年 1 月梅德韋傑夫辭去總理職位，7 月 1 日通過全民公投修憲[49]。普欽總統巧妙地取消了俄羅斯憲法對總統任期限制的規定。然而，透過修改憲法和改組政府，此舉也具體顯示了普欽的 sistema 正在面臨危機，以往圍繞著普欽的權力菁英團體，因為長期擁有權力，已然建立了能脫離並獨立於普欽控制下的菁英網絡，能以自己的名義去拓展勢力（Stanovaya, 2020b）。因此，從 2020 年更換新總理後，可以發現自 2000 年代初以來一直與普欽並肩作戰的老朋友和同事逐漸被更年輕、更科技官僚的人員所取代。

2020 年 7 月的公投涉及一些重大的憲法修正案，該修正案允許普欽實現雙重目標：將他之前的總統任期歸零，可以再競選兩屆（再延長 12 年，直到 2036 年），並同時限制總統的權力（Gould-Davies, 2020）。普欽的憲法修正案試圖為他在 2024 年總統任期的過渡作好計畫，並透過降低總統的重要性來減少對普欽將選擇誰作為繼任者的關注。

首先，修憲後的總統職位不會擁有普欽目前的權力。因此，任命他的繼任者不會是一個至關重要的決定（Roth, 2020）；其次，其中一項修正案旨在加強議會的權力和總理的作用；第三，新憲法草案賦予前總統及其家屬豁免權，前總統將成為聯邦委員會（俄羅斯聯邦議會上院）的終身成員（Russell, 2020）。透過修改憲法來鞏固其豁免權的努力，可以被視為普欽開始計畫卸職的準備（Meyer et al., 2020）。

---

[49] 該公投原定於 4 月舉行，但因新冠肺炎疫情大流行而推遲。

2020 年後，可以發現權力菁英的更新速度明顯加快，這主要是因為 2020 年 1 月新政府的組建。但是根據 2021 年 1 月俄羅斯《獨立報》所公布的 2020 年最具影響力的 100 位政治人物排名（見表 3-1），新出現在名單的菁英，除了現任總理米舒斯金（第二名）和格里戈連科[50]（Dmitry Grigorenko, Дмитрий Григоренко，第四十六名）外，其餘皆在 50 名以外，也就是說目前新加入的菁英仍在「大外圍」更新，這也顯示出 2020 年俄羅斯政治人物影響力的主要特徵如下：(1) 政府菁英核心顯著更新；(2) 與總統有持續穩定接觸的人物影響力仍是最顯著的；(3) 弱連帶「核心接觸」的菁英影響力明顯提升（見表 3-1 的淺灰色列）。

### 表 3-1　2020 年俄羅斯最有影響力的 100 位政治人物排名：前 20 名

| 政治人物 | 排名 | 職位 | 菁英網絡矩陣類型 | 出現時期 |
|---|---|---|---|---|
| 普欽（Vladimir Putin） | 1 | 總統 | - | - |
| 米舒斯金（Mikhail Mishustin） | 2 | 總理 | 核心接觸 | 2020 年後 |
| 瓦伊諾（Anton Vaino） | 3 | 總統府辦公廳主任 | 核心接觸 | 第三任期後（2016） |
| 紹伊古（Sergei Shoigu） | 4 | 國防部長 | 核心接觸 | 葉爾欽時期續存者 |
| 梅德韋傑夫（Dmitry Medvedev） | 5 | 俄羅斯聯邦安全會議副主席第四任統一俄羅斯黨主席 | 聖彼得堡幫 | 普欽政權初期（原始菁英） |
| 謝欽（Igor Sechin） | 6 | Rosneft CEO | 強力集團 | 普欽政權初期（原始菁英） |
| 基里延科（Sergei Kirienko） | 7 | 總統府辦公廳第一副主任 | 核心接觸 | 葉爾欽時期續存者 |
| 索比亞寧（Sergei Sobyanin） | 8 | 莫斯科市長 | 核心接觸 | 普欽第二任期 |

---

[50] 格里戈連科於 2020 年 1 月擔任俄羅斯聯邦副總理和政府辦公廳主任。稅務與金融專業。

表 3-1　2020 年俄羅斯最有影響力的 100 位政治人物排名：前 20 名（續）

| 政治人物 | 排名 | 職位 | 菁英網絡矩陣類型 | 出現時期 |
|---|---|---|---|---|
| 拉夫羅夫（Sergei Lavrov） | 9 | 外交部長 | 核心接觸 | 普欽第二任期 |
| 西盧阿諾夫（Anton Siluanov） | 10 | 財政部長 | 核心接觸 | 普欽第三任期 |
| 納比烏琳娜（Elvira Nabiullina） | 11 | 中央銀行總裁 | 核心接觸 | 普欽第二任期 |
| 沃洛金（Viacheslav Volodin） | 12 | 國家杜馬議長 | 核心接觸 | 普欽第二任期 |
| 別洛烏索夫（Andrei Belousov） | 13 | 第一副總理 | 核心接觸 | 普欽第三任期 |
| 博爾特尼科夫（Alexander Bortnikov） | 14 | FSB 聯邦安全局局長 | 強力集團（捍衛者） | 普欽第二任期 |
| 巴斯特里金（Alexander Bastrykin） | 15 | 調查委員會主席 | 強力集團（捍衛者） | 普欽第二任期 |
| 佩斯科夫（Dmitry Peskov） | 16 | 總統府新聞祕書、發言人 | 核心接觸 | 普欽第三任期 |
| 帕儲雪夫（Nikolai Patrushev） | 17 | 安全理事會祕書 | 強力集團 | 普欽政權初期（原始菁英） |
| 科瓦爾丘克（Yuri Kovalchuk） | 18 | Rossiya Bank 總裁 | 有用的朋友 | 普欽政權初期（原始菁英） |
| 格雷夫（German Gref） | 19 | Sberbank CEO 和執行董事 | 聖彼得堡幫 | 普欽政權初期（原始菁英） |
| 切梅佐夫（Sergei Chemezov） | 20 | Rostec 總裁 | 有用的朋友 | 普欽第二任期 |

註：淺灰色列為普欽自第三任期後漸漸倚重之弱連帶「核心接觸」菁英。
資料來源：作者根據 Орлов（2021）資料自行整理。

　　總理米舒斯金（第二名）的影響力雖高，但其內閣引進許多新菁英，且多為科技官僚，靠著職位而獲得影響力（新菁英多在 50 名以外），所以菁英網絡根基甚淺，因此新政府權力的穩定仍須依賴普欽的保護。值得注意的是，國防部長紹伊古是核心接觸的科技官僚，出現時期卻是屬於葉

爾欽時期存續者，在普欽政權期間持續維持著高影響力，實力不容小覷。

　　名單上前五名的構成產生顯著變化。2020 年底，普欽、米舒斯金、總統府辦公廳主任瓦伊諾、國防部長紹伊古、安全理事會副主席兼統一俄羅斯黨領袖梅德韋傑夫按排名順序為影響力前五名。值得注意的是在有效對抗新冠疫情的情況下，莫斯科市長索比亞寧的影響力顯著增強（第八名）[51]（Орлов, 2021）。

## 第五節　小結

　　T. H. Rigby（1990）在《蘇聯的政治菁英》（*Political Elites in the USSR*）一書中，以「職官名錄」為中心來分析蘇聯時期的「恩庇侍從主義」。除了從職官名錄與共黨的組織來分析蘇聯領導人的統治方式外，G. Easter 從蘇聯國家體制建立的角度來分析，提出蘇聯在 1917 年 10 月革命後所建立的極權國家體制是經由私人關係網絡所形成的，而不是過去一般理論所認為的是經由組織與制度所建立而成的。整個蘇聯國家的體制是在經歷將近 20 年的時間過程中逐漸形成而趨於完備的（2007）。

　　從俄羅斯特有的網絡 blat 和權力網絡 sistema 的角度來看，可以歸結俄羅斯政治文化具有以下的連續特質：

1. 把個人當作某個較大系統的一部分（例如「自己人」的圈子或者利益關係網）而不是彼此孤立或只為自我考慮。
2. 鼓勵個人尋求保護並償還得到的恩惠。
3. 保持、培養長期的關係，進而建構彼此間的相互依賴，而不追求短期、短視的行為。
4. 依據靈活的檯面下準則來進行治理，不依靠既定的法律規則。

　　根據俄羅斯特有的政治文化特質，作者從兩個面向來分析普欽時期的俄羅斯菁英：網絡矩陣分類與出現時期。前者指「內圈」、「有用的朋

---

[51] 2019 年索比亞寧在第十五名。

友」、「核心接觸」與「中介或外圍接觸」；後者是指「葉爾欽時期存續者」、「普欽原始團隊」、「普欽第二任期加入者」以及「普欽第三任期新加入者」。在普欽政權的初期，權力菁英團體集中於「強力集團」與「聖彼得堡幫」，兩者相互競爭，是「內圈」分裂的開端，另外葉爾欽時期的菁英中也產生了投靠者（包括「家族」與「有用的朋友」），而成為葉爾欽時期續存者。梅普共治時期（2008-2012），年輕的「法治派」崛起，並與「強力集團」相抗衡，代表著梅德韋傑夫已經從「核心接觸」的科技官僚在發展自身的權力網絡。「強力集團」在 2012 年至 2017 年梅普兩次換位之後獲得優勢，梅德韋傑夫繼普欽任總理後「法治派」被壓抑，此一態勢在 2014 年烏克蘭事件與俄羅斯受到西方制裁與孤立後加劇，最終結果是 2020 年總理梅德韋傑夫的去職。在此同時，普欽所培植的第二梯隊菁英也已經出現，主要是「核心接觸」，包括科技官僚與「親信隨扈」。隨著普欽展開延續本身政治生涯的布局，這個第二梯隊的重要性逐漸增加，顯示普欽想要擺脫舊菁英對其所施加的限制。因此俄羅斯的菁英似乎逐漸從兩個聖彼得堡內圈之間的競爭，轉移到「強力集團」與「核心接觸」科技官僚之間的競爭（當然強力集團也有分化）。在這個轉移中間，自由派、現代化派，與親西方的力量被擠壓消失了（「法治派」與國際派的企業寡頭）。因此，這也形成了美歐普遍認為普欽正在建立一個更加保守、更加意識形態化、更加反西方的新政權。

　　然而，透過賦予年輕的科技官僚菁英更多權力，普欽正在將自己的 sistema 置於危機之中。年輕科技官僚的權力都是來自於普欽的賦予，權力基礎來自於地位，是非常薄弱的。因此，最大的可能性是，普欽最後的選擇仍舊會走回當初葉爾欽選擇繼位者的決定，直接選擇來自安全部門或軍隊的強大領導人，也就是強力集團的權力菁英，以確保普欽主義繼續存在（Volkov and Kolesnikov, 2020）。因此，普欽正在尋找一個足夠強大以控制俄羅斯，又足夠忠誠以確保自己及其盟友的安全和豁免權的繼任者。但是，國內示威、對民主的質疑、社會鬥爭正在使國家菁英階層變得脆弱，因此，未來幾年，普欽總統與權力菁英之間的權力平衡可能發生的變化與發展將會得到更多的關注。

# 第四章 普欽政權下中央與地方關係<sup>*</sup>

## 第一節 前言

　　俄羅斯是世界上最大，也擁有最多聯邦主體（constituent entities of the Russian Federation, субъе́кт (ы)）的聯邦制國家，1993 年蘇聯解體後，俄羅斯獨立後，當時的聯邦主體為 89 個，但 2005 年開始至 2008 年，俄羅斯歷經幾次的聯邦主體重新劃分合併，2009 年，聯邦主體變為 83 個，但從 2014 年克里米亞（Crimea, Крым）公投加入俄羅斯後，俄羅斯增列兩個聯邦主體〔克里米亞共和國和直轄市塞凡堡市（Sevastopol, Севастополь）〕，2022 年 2 月俄羅斯發動侵烏戰爭，俄羅斯於 9 月 23 日至 27 日在烏克蘭東部頓內茨克（Donetsk, Донецк）、盧甘斯克（Luhansk, Луганск）、赫爾松（Kherson, Херсон）及札波羅熱（Zaporozhye, Запорожье）四個地區舉行入俄公投，俄羅斯總統普欽 5 日正式簽署俄羅斯接納新領土與組建聯邦新主體的聯邦憲法，片面併吞烏克蘭 4 州的法律正式生效。此 4 區正式載入俄羅斯憲法，俄羅斯聯邦主體再增四個（頓內茨克共和國、盧甘斯克共和國、赫爾松州及札波羅熱州）。因此自 2022 年起依照俄羅斯憲法第 65 條規定俄羅斯是一個由 24 個共和國（Republic, Республика，包含 2014 年加入的克里米亞共和國、2022 年加入的頓內茨克共和國和盧甘斯克共各國）、九個邊區（kray, край）、48 個州（oblast, область，包含 2022 年加入的赫爾松州和扎波羅熱州）、一個自治州（autonomous oblast, автономная область）、四個自治區（autonomous okrug, автономный округ）及三個直轄市（Moscow; St. Petersburg; Sevastopol, Москва; Санкт-Петербург; Севастополь），恢復為 89 個聯邦主體構成的聯邦制國家（Президент России, 2022）。

---

*　本章最初稿於 2011 年 6 月刊載於《問題與研究》，第 50 卷第 2 期，頁 1-34，作者已大量增修內容，符合現勢，為統一專書內容，將原文之「普金」譯名改為「普欽」，特此聲明。

　　因為俄羅斯擁有 89 個聯邦主體和六種行政結構形式，因此俄羅斯一直面臨著如何處理中央與地方關係的問題。1992 年 4 月，俄羅斯對 1978 年憲法進行了一次最重大的修訂，通過了「俄羅斯聯邦—俄羅斯憲法（基本法）」。該憲法修正案仍然堅持聯邦制，但對中央與地方的職責重新作了劃分，明確中央專屬管轄權、共同管轄權。如中央專屬管轄權包括「俄羅斯聯邦國家權力機構的管轄權應包括：俄羅斯聯邦的聯邦結構，組成、領土及其完整性。修正案強調了所屬共和國必須在聯邦憲法和法律範圍內行使權力」（Виртуальный музей конституционной истории РФ, 2022）。

　　1993 年 12 月俄羅斯舉行公投，通過了新憲法，89 個聯邦主體在憲法中的地位是由 1993 年聯邦憲法所確定。1993 年俄羅斯聯邦憲法規定，聯邦國家權力機關和聯邦主體國家權力機關之間管轄範圍和職權的劃分，建立在聯邦各族人民平等與自決基礎之上，在聯邦國家權力機關與各聯邦主體相互關係方面一律平等。共和國（國家）擁有自己的憲法和法律。邊區、州、聯邦直轄市、自治州、自治區擁有自己的憲章和法律。所有俄羅斯聯邦主體彼此平等（憲法第 5 條）。但共和國、邊區和自治州的主體地位存在實際上的不平等，共和國的權力相對較大，有權規定自己的母語（憲法第 68 條）（Президент России, 2022）。

　　根據俄羅斯憲法，俄羅斯聯邦有下列幾種形式的主體，各有不同之特色，首先是自治主體按民族人口構成和發展程度分為共和國（國家）、自治州和自治區，而必須說明的是，自治州和自治區是個較特殊的聯邦主體結構，雖然自治州和自治區在憲法意義上是聯邦主體之一，但在行政區劃上卻是「州」或「邊區」的一部分，這是行政管理與結構上的一個矛盾，包含自治州和自治區的財政預算補助也同時來自聯邦與州或邊區，但在政治上卻與州和邊區同等，不受州或邊區之節制，也就是在「行政區域」轄區內獨立出與該行政區域同等級的「民族政府」，這對州或邊區都是造成極大的困擾[1]。

---

[1]　而就自治區本身而言，除少數自治區因資源豐富尚可自足外，大多數自治區之財政相當窘迫。因此，在聯邦主體合併規劃中，就首先將自治區併入該自治區所在位置之州或邊區，有關詳細聯邦主體合併時間表請參考表 4-5。

　　除了按民族人口構成的自治主體外，其他地區是非自治主體，也就是以俄羅斯人為主地區，在行政區劃分為邊區和州與兩個市，形成「民族政府」（nation-governmental, национально-государственное）與「行政區域」（administrative-territorial, административно-территориальное）兩種「妥協性」與「權宜性」雙制並行的特殊架構，也使得行政管理的結構與權力的行使上出現矛盾（趙竹成，2002：53）。

　　從前蘇聯開始，前蘇聯和俄羅斯雖然名義上皆奉行聯邦制，但其實際施行的地方目標政策卻一直是朝向著高度中央集權單一制發展；但聯邦主體的意向卻又與聯邦中央背道而行，它們認為自身是有主權的政治實體，甚至某些聯邦主體呈現高度分離的傾向（如車臣共和國）。雖然在葉爾欽時期，曾經為了國家的整合和維持內部的統一而跟各聯邦主體妥協，簽訂聯邦和地方間分權條約，給予地方極大的自治權，但這些讓步都只是暫時性的措施。

　　在普欽政權時期，在中央與地方權力上作了相當程度的改革，中央再度掌握主權，中央集權政策再次得勢。俄羅斯是「競爭性威權體制」的代表國家，「……舉辦定期的總統與議會競爭性選舉，但由於執政者掌握了一切資源，並且運用包括控制選舉在內的一切方法來維持執政地位，特別是在普欽的執政時期，選舉的象徵性意義大於實質性的意義，因此被認為並非真正的自由民主體制，僅是一種準民主、或半民主的情況」（吳玉山，2007：71-72）。在「競爭性威權體制國家」中，競爭性的選舉會使菁英危機意識提高，給體制帶來挑戰，因此，當權者常會小心地控制選舉，但威權體制常如面臨到選票及強大對手的嚴重挑戰，甚至會影響到政權的穩定，對內會導致菁英的分裂，對外會面臨反對菁英的大幅示威抗議。因此，維持單一政黨與民間反對勢力力量的壓抑，並阻止強大反對領導人物對手的崛起，是競爭性威權政權統治菁英的一貫目標。

　　普欽之中央再集權（recentralization, рецентрализация）策略，就是要建立一個「強大的國家」，普欽與權力菁英組成了普欽政權，資源型經濟驅使中央集權的動力，普欽政權控制國會與政黨，政黨再控制地方議會及首長，而地方議會和首長再來控制聯邦主體，出現層層權力鏈的控制。因

此，普欽擔任俄聯邦總統後，把中央與地方關係的處理作為其履職的首要任務，一再強調，聯邦、地區和地方各級政府之間劃分權限的問題是聯邦關係的核心問題之一。確定聯邦和地區法的最佳比例能夠確保聯邦關係的穩定性和可預測性。

因此，本章試圖釐清兩個重要問題：第一，在葉爾欽時期，聯邦主體的主權過度發展，為何在普欽時期卻又能將這些權力收回？第二，其決定性因素為何？而此決定性因素又如何地影響聯邦中央和地方間的權力拉扯？

故本章有兩個重點，首先是試著對俄羅斯聯邦制作理論概念模型建構，再者探討此模型之於俄羅斯聯邦制的適用性。從此模型觀察整體俄羅斯中央與地方關係建構的過程，分析聯邦經濟表現與經濟發展程度和聯邦政權合法性，會直接影響地方向聯邦中央爭取地方分權的意願與實際行動，而聯邦中央也會隨著經濟表現和經濟發展程度之提升，以及聯邦政權合法性的提高，會進一步加強中央集權的立法與縮減地方主權的措施。故在普欽時期，隨著經濟表現亮眼，以及經濟發展程度的提升，此有利於政府積極對政權合法性的運作，讓中央可以再度掌握主控權，相對地削弱了葉爾欽時期所遺留的群藩擴權現象。

# 第二節　理論探討與模型建構

## 壹、聯邦制之概念釐清

在每個政治體系中，政府都必須用某種方式來聯繫中央政府和較低層級的地方政府單位，此種聯繫可能對個人自由、經濟和社會發展及政治穩定造成影響。聯繫中央和地方政府有不同的方式，一般可分為「單一制」（unitary system）和「聯邦制」（federal system）。聯邦制或單一制都是為一個主權國家用以組織國家權力的方式，所採取的手段多為中央集權或地方分權。

　　一般而言，聯邦制的出現，肇因於既要促成統一，又要兼顧地方的自主性。雖然學者對於聯邦制的概念各異，如 W. H. Riker（1975: 93-172）從「權力分立」（division of power）的觀點來定義聯邦主義，為聯邦制下了一個定義：「聯邦主義指涉一種政治組織，在此組織下的政府活動，被劃分為地方的（regional）與中央的政府，這兩種類型的政府，對於某些領域的活動，都擁有最終的決定權。」而 D. J. Elazar（1997: 237-251）則從「非中央集權」（noncentralization of power）來描述聯邦主義，認為：「聯邦主義乃是一種多重中心（multiple centers）的基本權力分配，而非是將權力從單一中心或者是從金字塔的頂端向下委託給其他行為者。」但對於聯邦的本質（nature）特徵卻還是有一定的共識，也就是必須具備下列幾個特徵：第一，聯邦由兩個或兩個以上的成員國組成，也就是一個以地域為基礎的政治體系，其權力分屬中央政府和地方政府；第二，有一部統一的成文聯邦憲法，並且規定聯邦憲法具有最高的法律地位；第三，中央政府和地方政府的權力都來自聯邦憲法的規定，地方單位是固定的，而唯有他們的同意才可變更（Levine, 1993: 311-312）。

　　但，A. Lijphart（1999: 185）認為一個國家在憲法上是否採納聯邦制度已經無關緊要。某些名義上的聯邦國家實行相當高度的中央集權，因而和單一制其實沒有什麼本質區別。因此，必須釐清的第一個觀念是，制度上採取聯邦制的國家並不全然等於實行分權的國家，而採取單一制的國家也不必然全是集權的。尤其當涉及國家利益時，強化集權是許多國家採取的方式（如實施宵禁），作為一種組織國家權力的方式，無論是聯邦制或單一制，都是各國基於本身的實際情況所作的選擇，其目的都是在保障全國統一的前提下，實現中央和地方的利益平衡，從這個意義上而言，分權或集權都應被視為解決國家結構問題的方法或手段。

　　聯邦制概念中尚有一個需要釐清的概念，就是實施聯邦制不等於實行了民主，如前蘇聯的例子（Stepan, 2000: 133-176）。但聯邦制的確與民主息息相關，只有真正實施民主才能提供聯邦機制的保障，確保聯邦成員法律上的權力得到尊重（Lane and Ersson, 2005: 163-182）。

## 貳、B. Baldi（1999）之聯邦制分類

　　B. Baldi 認為聯邦制並不能以傳統的二分法（dichotomy）來定義，而是有等級之分的，他試著發展出一個政府多層級體系分類圖（the classificatory scheme）（如圖 4-1 所示），此分類圖是奠基於兩個分析面向，而此兩個分析面向在概念上是分立的：聯邦主義（federalism）和地方分權（decentralization）。前者陳述了政府層級間關係的本質，奠基於憲法、制度和政治變項之中央與地方間關係；而後者陳述了不同層級政府間的實際分權，涉及決策的權限、管理和財政資源。兩個分析面向的交集，證實了聯邦制並不是個簡單的二分法，而是個演化的連續統（continuum）。

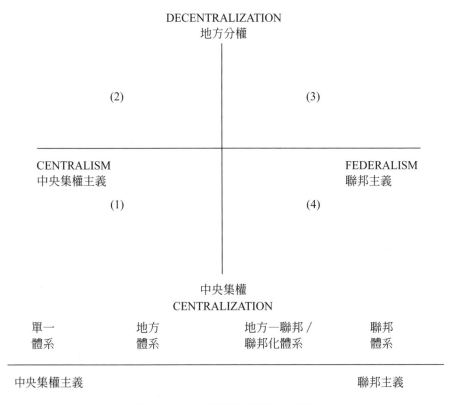

圖 4-1　政府多層級體系分類圖

資料來源：Baldi（1999: 14-15）。

## 一、第一連續統（First continuum）（橫軸）：中央集權主義／聯邦主義

中央集權意味著一個「中央」（center）和多個附屬中央的次級單位（sub-units）。而沿著橫軸，「中央」越受局限，因為出現了其他「中央」（Along the continuum, the "center" becomes more and more constrained by the emergence of other "centers"）：次級單位將自己升格為擁有主權的自治實體。如果從演進的角度來看，此連續統描述了聯邦化（federalization）的過程。但如果以靜態的角度來看，此連續統在局限中央潛力上區隔了政府的多層級體系——單一體系（unitary system）（地方政府尚不認為自己是全然的政治實體或無憲法基礎）→地方體系（regional systems）（憲法承認的政治實體，但無自訂法律的權力）→地方－聯邦或聯邦化體系（region-federal/federalizing system）（所有聯邦條件已到位，但仍不是完全的聯邦，憲法已承認為政治實體，有全然的自訂法律能力，但主權可能比之其他地方區域是不對稱的）→聯邦體系（federation）（擁有包含領土內所有組成政治實體完整的聯邦憲法，所有組成的單位皆有權參與聯邦憲法的修訂，不能單方面地改變自身的地位）。

## 二、第二連續統（Second continuum）（縱軸）：中央集權／地方分權

此連續統可以動態、也可以靜態角度分析。從靜態的角度，此連續統顯現出政府體系是中央集權或地方分權，可從決策的權限、管理和財政資源端看中央釋權的程度。而從動態的角度，可從兩個連續統的交會關係來解讀，也就是政府多層級體系分類圖中，表現自治最完全的地方政府在於第三象限（3）；最不自治的是在第一象限（1）；最有自治潛力但沒有憲法保障的則在第二象限（2）；雖有憲法保障但程度上卻有受限的，則在第四象限（4）（Baldi, 1999: 14-17）。

## 參、俄羅斯聯邦之聯邦制模型建構 [2]

　　到目前為止，學界對於聯邦制的研究多停留在對聯邦制外在特徵的描述，或是對於聯邦憲法分權的比較，抑或是不同層級政府之間權力的分配，且這些結論的得出多是以美國體制為藍本的，尚缺少對聯邦制本質提出有說服力的結論。且在不同的國家，對於聯邦制的解釋、設計和實施都大不相同，所以要真正地了解一個國家的聯邦制度，必須將此制度放置於該國的歷史、政治和經濟脈絡之下，去分析該國聯邦制度本質、影響該國聯邦制度的成敗因素，並配合當下的現況，因為不同的社會經濟背景在很大程度上會對該國聯邦制產生莫大的影響。

　　而俄羅斯的聯邦制根本問題點，不是如同歐美聯邦制一般在於中央集權或是地方分權程度，而是中央與地方的「零合博弈」[3]，是聯邦制原則與政府整合間的關係。而採取地方分權或中央集權的措施，皆是避免國家分裂，維持國家統一的權宜手段。因此，對於俄羅斯聯邦制之理論建構，首先要確定影響俄羅斯聯邦制之自變項，也就是聯邦經濟發展和政權合法性。

### 一、自變項一：經濟表現與經濟發展程度

　　政權穩定理論（regime stability theory）著重於經濟表現對政權穩定的影響。對此，吳玉山（1998：446-447）認為只要經濟表現良好，專制政權便無需擔心其體制的穩固性，也無需從事任何體制改革；另政治穩定理論認為民主為一種工具，是達到豐裕物質生活的手段，因此僅具有工具價值（instrumental value）。

---

[2]　本章俄羅斯聯邦制的模型建構所用之概念模型與第一章第三節之民主抉擇模型是一樣的概念，以邊際成本（MC）與邊際收益（MR）來解釋俄羅斯聯邦制，因作者考慮到讀者可能會單獨閱讀某些章節，如果不完整解釋，讀者會不清楚，因此在模型建構部分解釋的文字（變項部分）會是相同的，特此說明。

[3]　Mikhail A. Alexseev（2001: 101-106）認為1990年代俄羅斯聯邦能因應社會經濟和政治的挑戰，撐過地方分離危機有下列四個因素：(1) 聯邦中央有給予地方選擇性的好處，讓地方有能力和中央討價還價；(2) 地方分離主義者無外援；(3) 種族分離主義者散亂無整合；(4) 中央與地方權力平衡手段運用。

　　另外，吳玉山（1997：114-118）檢視了前蘇聯共和國的經驗模式，討論了權力不對等之大小政治實體間的關係，發現二者經濟發展程度差距和外援的有無，決定了以小對大抗衡或屈從的政策與態度。也就是說，大政治實體的經濟發展程度越高，越能對小政治實體造成影響與控制。

## 二、自變項二：聯邦政權合法性（Legitimacy of Political Regime）

　　Weber（康樂編譯，1989：12）從人們的實際社會行為及其價值取向出發，討論「出於什麼原因而服從統治」的問題。他認為合法性促成了被統治者遵從統治者命令的動機，任何群體之所以遵從命令，在於他們是否相信那個系統的合法性。假如被統治者不相信一個政治系統的合法性，那麼此系統將會不穩定而趨於崩潰；相反地，一個穩固的統治系統必須取得被統治者實在的支持。

　　Weber 之後，多數學者都延續其研究思路，一方面探討政治系統成員會根據自己的價值規範來評判統治秩序、政治機構，以及執政主體本身是否合法，再來決定是否服從其統治；而另一方面探討如何建立和維持這種統治體制的問題，這便是合法性問題。正如 Lipset（1959: 78）對合法性之解釋，認為政治系統是人們產生和堅持現存政治制度，是社會最適宜制度之信仰的能力。換言之，任何政治系統若具有能力形成並維護一種使其成員確信現行之政治制度，對此也是該社會最為適當的信念，那麼便具有統治的合法性。因此，政治權力合法性，指的不是法學意義上的合法性，而是指公眾對於政治統治與體制的認同，它對政治權力體系有著重大的意義。一般說來，政權合法性程度越高，則政治權力的效能就越大（邱芝、范建中，2009：7）。

　　隨著合法性越來越成為一個重要的分析概念，許多研究學者開始關注這一概念並將其運用到超國家制度安排的研究之中。因此，目前有關合法性的研究，大多還是集中於超國家制度，尤其是對歐盟的研究。

　　在超國家制度的政權合法性上，在此意味著兩個層面的意義：一是超國家制度的存在得到認可，即對國家層級治理機構的職能分工和權限範圍

的認可，乃至願意向超國家層級讓渡更多的權限；二是根據超國家制度安排所作出的決策，能夠獲得廣泛認可並得以遵守和執行。

　　在超國家制度之政權合法性上，主要來自三種不同的來源：一是「輸出」的合法性（output legitimacy），主要衡量政府政策之效率與有效性；二是「輸入」的合法性（input legitimacy），即透過民選的議會獲得直接的民主合法性，增加政策的透明度，擴大公民參與和諮詢權；三是成員「借與的」合法性（borrowed legitimacy through Member States），即透過成員國及其具有合法性地位的權威結構（如成員國政府、議會、政治菁英）讓渡權限來獲得（Horeth, 2001: 8-9）。

　　由此可見，合法性的增減就依賴於上述諸種合法性來源的博弈結果，將可以呈現一個三角模式——即民主治理、政策績效和成員國的自主權三方相互角力關係，來尋求維持制度的合法性。成員國的自主權主導著治理的有效性和合法性的增減，有效性和合法性又是相互制約的關係——即政策有效性的增強，一方面會透過「輸出」的途徑來提升政權合法性，但另一方面又會簡化決策程序、提高決策機構的獨立決策能力，而這相對地會侵害了建立在「民主」基礎之上的政權合法性（Larsson, 2005: 118）。

　　本章將政權合法性試圖運用到俄羅斯聯邦制之探討，強調在俄羅斯聯邦獨立之初，就和各個聯邦主體個別簽訂雙邊的聯邦條約，其性質就如同在國家的框架內，卻出現各個主體簽約讓渡權限予中央，有超國家制度的設計，於是決定了俄羅斯聯邦制的發展，這是本章研究的核心議題。

## 三、研究模型之建構

　　俄羅斯在獨立之前，也就是在前蘇聯時期，雖然冠以聯邦制國家之名，實際上卻是中央集權的單一制國家，不存在真正實質上的聯邦制。在蘇聯解體後，俄羅斯聯邦也面臨著解體的危機，因為各民族共和國之民族主義高漲，分離意識濃厚，各個共和國、自治區和自治州都蠢蠢欲動。而在葉爾欽執政時期，其聯邦政策開始對地方妥協退讓，此造成了聯邦主體與聯邦中央之間，展開「拉鋸式」的權力爭奪關係。葉爾欽政府分別與各

主體簽訂聯邦條約，造成地方勢力逐漸增強，而聯邦中央權力的有效性也被相對削弱。但在普欽時期，卻因政權日趨穩定，而漸進地改革中央與地方機制，將之前下放的權力又回歸到中央。而在 2008 年梅德韋傑夫當選總統後，也延續了普欽的中央集權政策，進一步地整合中央和地方資源。不過此作為，無疑地會遭遇來自各聯邦主體之地方勢力相當強烈的挑戰。

　　因此，針對俄羅斯聯邦制的特殊現象，也就是名義上是聯邦制國家，但在普欽時期卻漸行中央集權之實，或稱中央再集權（Гельман, 2006: 90），在此試圖解釋此現象而設計出整體的研究架構（如圖 4-2 所示）。本研究架構首先套用經濟學的邊際成本（marginal cost, MC）和邊際收益（marginal revenue, MR）概念，把聯邦主體視為一個理性的行為者——如廠商，廠商的生產計畫是依據邊際收益與成本結構而定，當邊際收益大於邊際成本時，廠商願意繼續生產；若邊際收益小於邊際成本，廠商會放棄生產。如果以聯邦主體與聯邦中央之互動來看，因為很難實際去量化聯邦主體與聯邦中央的政策考量，故這是一個概念性的政治模型運作，也就是設定當聯邦主體認為 MR 線往上，MC 線向下，聯邦主體會要求分權，而聯邦中央（圖 4-2 右方顯示聯邦中央作法，是以增加聯邦主體的成本作為考量）為了維持一個完整的國家，也會趨於地方分權；而當聯邦主體認為 MR 線往下，MC 線往上，聯邦主體會屈從中央，而中央會趨於中央集權。而聯邦主體的成本在本模型中，是由聯邦中央所賦予的，因此聯邦中央如能增加聯邦主體的邊際成本，即可降低分權或分離傾向。更嚴謹來說，如聯邦主體爭取地方分權所需付出的成本小於其收益時，聯邦主體會以種種行動來與中央對抗，要求多項自治權力；反之則會放軟身段，選擇服從中央權力。而聯邦中央則會強化自變項的運作，來增高聯邦主體的成本，用以貫徹其自始自終不變的目標：即維持一個中央集權的強大國家。

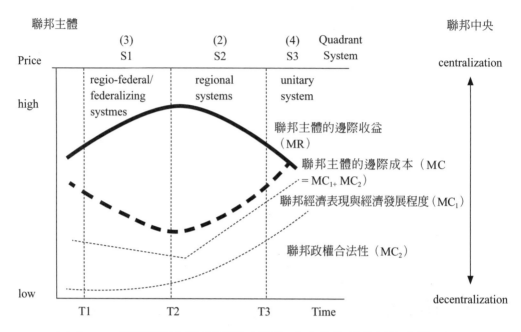

**圖 4-2　俄羅斯聯邦體制維繫之邊際成本與收益分析概念模型**

資料來源：作者自行繪製。

　　從圖 4-2 來看，聯邦主體的邊際成本有兩個來源（$MC = MC_1 + MC_2$），其一是聯邦經濟表現和經濟發展程度（$MC_1$），當聯邦之經濟表現穩定，國內生產總額（Gross Domestic Product, GDP）上升，增進社會繁榮和中產階級的興起。再者，當聯邦中央經濟發展程度優於聯邦主體，聯邦主體財政受制於聯邦中央，增加了聯邦中央對聯邦主體的影響。而俄羅斯的經濟表現（如圖 4-2 所示）一開始呈現為斜率較為負的直線，而突然轉折為斜率較大的直線，其因素為自 2000 年以後，石油價格大漲，俄羅斯的經濟由於石油美元的大量灌注，經濟快速成長與復甦，而此代表隨著經濟的快速發展，聯邦主體的邊際成本將急速上升。而經濟表現在 2008 年金融危機後趨緩，聯邦中央經濟結構問題浮現，影響著聯邦中央的經濟發展程度，但因為國際能源價格仍高居不下，原油價格維持在每桶 70-90

美元，故經濟表現曲線（$MC_1$）之後半段仍維持直線[4]。

聯邦主體之邊際成本的第二項要素是聯邦之合法性（$MC_2$），中央政府和地方政府呈現的緊張關係是中央政府的合法性降低，而地方政府的合法性提高，因為地方政府有居民（尤其是民族）的支持。尤其是當中央與地方的權限分配不清時，彼此的談判將成為主要的交往模式，地方政府從權力的傳送者轉變為行為的主體。而成員的自主權左右了政策的績效，俄羅斯是個多民族的國家，蘇聯時期對於俄羅斯共和國的聯邦設計就是以民族為基礎，所以俄羅斯聯邦在蘇聯解體後，地方政府便變成行為的主體，為了防止進一步分裂，將原先的 32 個民族自治實體，增加以行政區域劃分的主體，共增為 89 個，以民主治理和政策績效壓制了成員的自主權，而隨著中央集權的強度增強，政策的有效性大大地增加，將地方又再度轉變為權力的傳送者，民主治理與成員自主權被相對制約，此措施使得政權合法性升高。因此，當聯邦主體之邊際成本增加時，政權合法性便會成為自變項，也是政府可以有效運作的可控制變項。但是當政府以政策實施來增強政策績效而制約民主治理與成員自主權時，也僅能漸步實施，不能急功求利。因而呈現出在圖4-2的變化，就為一條坡度較為和緩的凹形曲線。

在聯邦主體的邊際收益方面，聯邦中央因為與聯邦主體的妥協，聯邦主體獲得多起地方自治的權力，而此權力增加了地方菁英一直企望的利益──資源最大化和責任最小化，因此起初邊際收益率是遞增的，這是因為自治權力中包含著對自己資源的控制，有助於提升聯邦主體的利益，因此邊際收益會隨著自治的效果而顯著增加。但是隨著前蘇聯計畫經濟的遺緒、地緣經濟仍必須依賴聯邦中央，聯邦主權是有限的，聯邦中央控制能源與貿易的通路，對於吸引外資有相當的困難（Bahry, 2005: 127-129）。而自治權力意味著須自負盈虧時，深化改革的難題交給聯邦主體來承擔，再者，1998 年 8 月的亞洲金融風暴突顯了聯邦主體無力自救的危機（MR

---

[4]　固然在經濟起飛時期，經濟可以大幅度成長，但不能長久持續，所以經濟成長速度在經濟體系逐漸成熟後會成長趨緩，甚至有下滑的趨勢，但此涉及俄羅斯聯邦的經濟發展未來，並不在此文之探討範圍，故圖 4-2 並未繪出。

線向下之轉折點），而在 2002 年後油價逐步上揚，聯邦中央在得利於國家能源價格上漲，經濟表現和經濟發展程度增強後，對於聯邦主體預算有更大的控制權，使得聯邦主體左右窘迫（Von Beyme, 2000: 34-37），而逐漸屈從於中央權力。從圖 4-2 所示的 MR 曲線走勢來看，當投入的資源到達飽和時，在最高點之後，則會出現經濟學上所稱的「邊際效益遞減」現象，表示聯邦主體自治政策困難度提升，導致每單位收益遞減。

而當聯邦主體之邊際成本最低及邊際收益最高時，聯邦中央如不能提高聯邦主體的邊際成本（如增加政策績效或成員自主權或加強經濟表現），則聯邦主體之分離意識會開始浮現，造成聯邦危機（federal risk），而此時聯邦中央的作法就會傾向於妥協，並以地方分權來減少聯邦危機。而當聯邦主體之邊際成本與邊際收益線越趨於相近時，此表示著聯邦主體在對抗聯邦中央時之籌碼日益漸少，對於聯邦中央的政令或措施，會出現服從接受大於反抗爭權的現象，而當聯邦主體的邊際成本增加時，便意味著聯邦中央的政權日漸穩固，聯邦中央就會趨於採取中央集權政策，來貫徹傳統的統治手段。

而邊際成本與邊際收益的相交點，則代表著聯邦主體願意主動聽從聯邦中央的指揮，此點看似均衡點，但因「新中央集權」成本與利益之間的平衡仍不明朗，因此，聯邦主體雖在此時對於聯邦中央屈從，但並不表示真正完全臣服，甘於作中央政策的傳送者。此時，聯邦中央會有著兩種選擇，此種選擇會依據聯邦主體的性質——「民族政府」（民族屬性）或「行政區域」（地理因素）有著不同的反應模式。行政區域大多以俄羅斯人為主體，「民族政府」會因聯邦中央的中央集權措施產生反撲現象，「行政區域」則會服從聯邦中央的命令。因此，雖然早期的聯邦主體規劃，因聯邦整合之考量，是先考慮「民族屬性」之差異，再加上地理區域的條件限制，但這是因為當時現實政經環境考量之故，後來，聯邦中央對於聯邦主體之「軟性」調整合併[5]，可以看見皆有將「民族政府」併入「行

---

[5] 大致作法為鼓動人民公投，再由國家杜馬表決通過聯邦主體合併，以民主治理模式來加強政權合法性。

政區域」的傾向，此爲聯邦中央爲了加強垂直整合，避免少數民族分裂的政策作法，也是其加強政權合法性的部分政策思維（其詳細作法見普欽之第二任期地方政策具體措施）。但未來無論是聯邦主體在經濟發展上超越聯邦中央，或是聯邦中央的集權措施越過政權合法性的界線，聯邦主體仍會積極掌握機會爭取其相對的自主權。

　　再者，本架構模型再套以 B. Baldi（1999）的聯邦制之連續統概念與類別象限（如圖 4-1、表 4-1 所示），來彰顯俄羅斯聯邦之最終目的仍然是奉行單一制中央集權的強大國家，俄羅斯的聯邦制在聯邦主體的邊際成本升高（也就是聯邦經濟表現高和聯邦政權合法性高）而邊際收益降低時，聯邦中央會加強中央集權，體系也會朝向單一制方向邁進，會空有聯邦之名而行單一制之實，而轉往第四象限發展。反之，則會給予地方多項權力，暫時性地出現地方分權，即邁向第二象限或第三象限。從表 4-1 可看出，當聯邦經濟表現低和聯邦政權合法性低時，聯邦主體的邊際成本降低，民族或地方意識會開始抬頭，要求分離或更多的地方權力（端看民族分布之多寡），而聯邦中央爲了維繫整個體制，會採取妥協的姿態，和地方協商，給予地方權力來增加其聯邦政權合法性，此時聯邦體制會走向聯邦化體系，也就移往第三象限。爲了鞏固其政權合法性，聯邦開始逐步加強政策之有效性，而有效性會制約民主治理，聯邦化體系又往回邁入地方體系，會逐漸從第三象限邁向第二象限。從另一個角度分析，聯邦經濟發展表現高，但聯邦政權之合法性低（也許是民主治理或行政績效低），此時政府雖會給予地方多一些的自主權，來提高政權合法性，但同時會進行行政改革，提高行政績效來制約地方的自主權，進而逐步地邁向單一制，也就是從第二象限轉向第一象限（或囿於聯邦之名而轉往第四象限）。而在經濟發展表現高，政權合法性也高時，聯邦中央實際奉行單一制，卻也不會一時之間馬上轉變，仍會維持聯邦制，但卻已將地方視爲權力的傳送者，雖然轉往第四象限，未來仍是會朝第一象限邁進。

表 4-1　聯邦經濟表現、聯邦政權合法性與聯邦等級之關係

| | | 聯邦經濟發展表現 | |
| --- | --- | --- | --- |
| | | 低 | 高 |
| 聯邦政權合法性 | 低 | 分離或地方－聯邦／聯邦化體系<br>(3) | 地方或區域體系<br>(2) |
| | 高 | 地方或區域體系<br>(2) | 單一體系<br>(4) → (1) |

資料來源：作者自行整理。

# 第三節　俄羅斯聯邦制之邊際成本與收益分析模型之實證

　　俄羅斯的領土是在逐步地對外擴張中興起和形成的，在不斷強化中央集權的統治中確立了帝國體制和專制統治。彼得一世執政後，效法西歐，全面改革了政府行政管理機構，鞏固和強化君主專制在地區的權力，建立了等級隸屬的制度化體系，加強了地方對中央的依賴性。俄羅斯帝國的中央和地方關係是在高度中央集權的沙皇專制下演進的。傳統上，地方政權只是中央政權在地方的延續和伸張而已（Von Beyme, 2000: 23-26）。

　　蘇聯政權所面臨任務的複雜性在於，維護多民族統一國家的思想與其廣泛宣傳的民族自決權是相互牴觸的（Solnick, 1996: 13）。再者，列寧給予個別地區以國家主權和脫離它的可能性，於是民族聯邦制依據一種政治契約建立，加盟國自願組成聯邦國家的法律保障就是自由退出的權利，這一權利在蘇聯的三部憲法（即 1924 年、1936 年、1977 年）皆有明文規定（王煒，2005：110-115）。雖然，名義上實行的是聯邦制，但其黨政不分的體制實際上仍然是高度中央集權的。蘇聯時期中央和地方的關係既具有聯邦制國家的結構形式，又有單一制國家權力高度集中統一的實質。地方蘇維埃和基層俯首聽命於中央，在統一的計畫經濟體制下，地方只是具有行政區劃意義而已（Аринин, 1999: 165-182），在蘇聯管理地方的特

點與方式上，在權力和資源的分配上無疑地出現了階級式的中央集權，即中央與地方邦聯不再存有實質的平行關係，而是上下垂直的階級關係。

　　雖然，俄羅斯在蘇聯解體後，仍然實施聯邦制，但是中央集權的思想在歷經幾個世代後，於俄羅斯傳統治理模式上已經根深蒂固。因此，研究俄羅斯聯邦制之前提假設即是，俄羅斯的領導中央自始至終皆是往中央集權單一制發展，但是受到聯邦經濟表現和經濟發展程度及聯邦合法性這兩個自變項的影響（先是受制，後是控制），而改變俄羅斯聯邦中央與地方的互動（依變項），在經濟表現和經濟發展程度低時，會以提高聯邦合法性，加強民主治理與成員自主性來維持聯邦的完整性，以降低聯邦主體的分離意願（T1 → T2）；而在經濟表現和經濟發展程度提高時，則會逐步地將權力回收中央（T2 → T3），並以提高政策績效來制約民主治理（T3），在採取中央集權作法同時，維持聯邦合法性來鞏固中央政權。因此，聯邦政權合法性暨是自變項亦是可控制變數，藉由其中的變項操作（如政策績效），來制約聯邦主體的成員自主性，這也是聯邦中央和地方之間的權力博弈運作。

## 壹、葉爾欽時期（T1 → T2）：談判機制和地方分權化（1991-1998）

　　俄羅斯和蘇聯的聯邦制在很大的程度上只是在特定內外交困的形勢下，為保持與不同地區的聯繫和解決民族問題而採取的方式和手段，共同面對的問題就是聯邦中央與聯邦主體如何劃分權力，這實質上也就是中央和地方關係的關鍵問題。且在 1991 年 12 月蘇聯正式解體後，所帶來的效應就是中央威權喪失殆盡，以及中央權力的癱瘓，此大大刺激了地方層級的自治共和國對獨立和主權地位的追求。然而，在俄羅斯新聯邦的建立過程中，大多數的共和國、州和區（行政規劃區域）因著經濟和特殊安全因素考量，雖然願意加入聯邦，但這種意願還是建立在自利的基礎上。因此，此時聯邦政權合法性是低落的（$MC_2$ 往下），以及整體政策績效不彰，聯邦中央為了維持聯邦的完整性，提高政權合法性，不重蹈前蘇聯的

覆轍。因此，在成員自主權還有民主治理變項，給予地方相當大的自主，1992 年與不同行政層級的聯邦主體簽訂 3 項分權條約 [6]，1994 年起聯邦中央開始與各聯邦主體分別簽訂分權條約 [7]。這是第一次，在談判的基礎上，根據聯邦與聯邦主體間分權的原則，共同確認的正式法律文件。但是條約的簽署只是暫時緩和了中央和地方間分權的緊張關係，並不意味著問題的解決（Zubkov, 2005: 285-287）。

但此時，聯邦中央並不純然任由地方分權，聯邦條約簽署之前，俄羅斯聯邦共有 32 個不同形式、以民族為基礎的共和國組成的聯邦主體，這意味著建立聯邦的基礎是民族原則，而在聯邦條約簽署之後，聯邦主體數量增加了將近 3 倍，達到 89 個，除了已有的民族自治共和國、自治州和自治區外，又增加了行政區域為單位的聯邦主體，而此行政區域不是自然形成的，而是人為劃定（Российское государство и общество XX век, 1999: 62-63）。況且，雖然聯邦條約本質上都是「聯邦」與「聯邦主體」間的

---

6　蘇聯解體後，地方的分離運動如雨後春筍般，日漸式微的中央權威和聯邦權力機關的爭鬥日益激烈，克里姆林宮為阻止這狀況進一步蔓延和發展，被迫與聯邦主體進行談判，給予它們不同程度的自治權，1992 年 3 月 12 日俄羅斯聯邦政府與俄羅斯聯邦各主體簽訂了 3 項聯邦條約（僅有韃靼斯坦共和國和車臣共和國未簽署），分別是「關於俄羅斯聯邦國家權力機關與聯邦內主權共和國權力機關間分權條約」（Treaty On Delimitation of Jurisdictional Subjects between the State Bodies of the Russian Federation and the State Bodies of the sovereign Republic composed of Russian Federation, договор о разграничении предметов ведения полномочий между федеральными органами государственной власти Российской Федераций и органами власти суверенных республик в составе Российской Федераций）、「關於俄羅斯聯邦國家權力機關與聯邦各邊區、各州、莫斯科市、聖彼得堡市權力機關間分權條約」（Treaty On Delimitation of Jurisdictional Subjects between the State Bodies of the Krays, Oblasts, Moscow and Saint Peterburg, договор о разграничении предметов ведения полномочий между федеральными органами власти краев, областей, городов Москвы и Санкт-Петербурга Российской Федераций），以及「關於俄羅斯聯邦國家權力機關與聯邦內自治州、各自治區間分權條約」（Treaty On Delimitation of Jurisdictional Subjects between the State Bodies of the Russian Federation and the State Bodies of the Autonomous Oblasts, Autonomous Okrugs composed of Russian Federation, договор о разграничении предметов ведения полномочий между федеральными органами государственной власти Российской Федераций и органами власти автономной области, автономных округов в составе Российской Федераций），根據聯邦條約，共和國擁有在其境內除了規定為聯邦機構管轄權限以外的全部權力，共和國的地位和領土未經其同意不得變更。共和國是國際活動和對外經濟關係的獨立參加者，土地、礦藏、水源、動植物是生活在其境內人民的財富（趙竹成，2002：58-59）。

7　1994 年 2 月 15 日與韃靼斯坦共和國簽訂雙邊條約開始，至 1998 年 6 月，已有 46 個聯邦主體與聯邦中央簽訂類似條約（趙竹成，2002：83）。

雙邊條約，卻又分成「聯邦」—「共和國」雙邊條約、「聯邦」—「州」
或「邊區」或「市」雙邊條約及「聯邦」—「州」或「邊區」—「自治州」
或「自治區」三邊條約，而這種安排明顯是反映「不同聯邦主體處於不同
的行政區劃層級」的事實（趙竹成，2002：83），此種「不對稱的聯邦制」
（asymmetric federalism）運作，不僅代表著聯邦中央試圖降低地方威脅，
刻意分散聯邦主體力量的目的，同時也加深了不同類聯邦主體的潛在衝突
以及激化邊區、各州與各共和國間的矛盾因素（Лынсенко, 1998: 13-36）。

　　再者，1991 年至 1998 年是俄羅斯經濟最動盪的年代，整體的 GDP
成長、工業生產率和投資成長均是呈現下滑的趨勢，平均年成長率皆為負
成長，此外通貨膨脹問題更是嚴重（見表 4-2 所示）。在此經濟轉型的初
期，俄羅斯的經濟出現兩項特點：一是選舉週期影響經濟政策方向[8]；二是
金融寡頭干政[9]，控制俄羅斯經濟命脈，操縱國家經濟政策。在國家經濟尚
且不能自主的狀態下，$MC_1$ 呈現負斜率的直線，且受制於民主治理的因
素，在選舉前後，更尋求地方政府的支持，而造成地方勢力坐大。尤其是
地方勢力的擴張，首先就表現在要求明確重新界定中央和地方兩級政府之
間的財政關係，以此來明確劃分中央和地方的職權和職責。地方政府從中
央附屬機構轉變成為政治經濟上相對獨立的主體，地方政府的勢力在新制
度框架內和自身利益推動下，產生極為有力的擴張條件，不但控制了地
方大多數的資源，並將其轉換為抗衡聯邦中央的資本和力量（Heinemann-
Grüder, 2002: 67-91）。

---

8　國會選舉與總統大選前後，為了爭取選民的支持，政府的立場時常改變，分裂的民意和分立
　的府會，總是造成俄羅斯的總體經濟政策顯簸擺盪，時緊時鬆，選舉前後保守緩進，經改就
　會停滯，選舉之間隔期間大步向前，激進改革，此為 Mary McAuley 所稱的「短期化政策」
　（Policy of the short term）現象（吳玉山，2002：201-202）。

9　在俄羅斯，寡頭係指那些藉由私有化過程而崛起且累積了大量資產的金融工業集團，他們結
　合了工業資本和銀行資本，操縱媒體、干涉政治、干預決策，最後擠身於政壇高層的最大資
　本代表。

表 4-2　俄羅斯 1991 年至 1999 年主要總體經濟指標

| | 1991 | 1992 | 1993 | 1994 | 1995 | 1996 | 1997 | 1998 | 1999 |
|---|---|---|---|---|---|---|---|---|---|
| GDP 成長率 % | -5.0 | -14.5 | -8.7 | -12.6 | -4.1 | -3.8 | 1.4 | -5.3 | 6.4 |
| 工業生產成長率 % | -8.0 | -18.0 | -14.0 | -21.0 | -3.3 | -4.5 | 2.0 | -5.2 | 9.5 |
| 固定資本年成長率 % | -15.0 | -40.0 | -12.0 | -24.0 | -10.0 | -18.0 | -5.0 | -12.0 | 6.4 |
| 通貨膨脹率（CPI）% | 128.6 | 1490.4 | 874.2 | 307.7 | 197.4 | 47.8 | 14.8 | 27.7 | 85.7 |
| 油價（Brent）（美元／桶） | 20.0 | 19.32 | 16.97 | 15.82 | 17.02 | 20.67 | 19.09 | 12.72 | 17.97 |
| 外匯存底（包含黃金）（億／美元） | - | - | 88.9 | 67.4 | 150.1 | 155.2 | 168.1 | 124.8 | 115.0 |

註 1：外匯存底數據資料來源為俄羅斯中央銀行（Банк России），所有數據皆引自當年 12
　　　月數據，但俄羅斯央行資料從 1993 年起，所以 1991 年和 1992 年資料為空白。
註 2：油價數據資料來源為大不列顛石油公司（BP, 2002），其餘數據資料來源為世界銀行
　　　（World Bank, 2022）。
資料來源：World Bank（2022）；BP（2022）；Банк России（2022）。

　　隨著在 1993 年 12 月 12 日全民公投通過聯邦新憲法草案，確定了民主、聯邦制、共和制、分權的憲法原則，以及聯邦新憲法明白規定了聯邦主體數目和法律地位。但因為與不同行政層級的聯邦主體簽訂的聯邦分權條約（1992 年），在時間上是在聯邦憲法（1993 年）確立之前，再加上之後與各個聯邦主體簽訂的雙邊分權條約（1994 年開始），所賦予的地方權力便不斷擴大，增加了聯邦收益。事實上，這也壓縮了聯邦憲法以及聯邦中央的角色和地位。因此，在葉爾欽時期的聯邦制，面對聯邦經濟表現和經濟發展程度低、政權合法性低時，為避免俄羅斯分離，葉爾欽極力提升聯邦主體的地位。其實聯邦主體的邊際成本在 1998 年亞洲金融風暴時期呈現為最低點（Herd, 1999: 259-269），此時出現了作為重要支柱的中央政府完全消失的危險，雖然從 1994 年經濟面因為停止震盪療法，而改採較為溫和之經濟改革政策，但聯邦政權合法性卻因政策績效不彰，以及西方同情科索沃事件，而引發國內少數民族分離意識，迫使葉爾欽自 1994 年起至 1998 年期間，又再次和各聯邦主體簽訂分權條約，地方一躍

成為「合作夥伴」關係。很明顯地，此時的俄羅斯聯邦反而最接近「聯邦制」，為「地區—聯邦體系」（聯邦化體系），位在第三象限。

　　但自 1998 年 8 月後，在眾聯邦主體即將分崩離析的狀況下，情況有了改變。原先的聯邦中央推動經濟改革及和支持與地方妥協的的菁英們，由於失敗的經濟政策，地位產生動搖，再加上民眾對新國家元首（普欽）的支持（$MC_2$），聯邦中央開始轉變態度，開始中央再集權的動作，而聯邦主體在財源窘迫及規避責任的考量下（MR 線往下），也轉而向中央配合（Steen, 2003: 95-117）。

## 貳、普欽時期（T2 → T3）：削藩與中央再集權（1999-2008）

　　普欽在俄羅斯的聯邦制度問題上立場鮮明，就是要建立一個「強大的國家」，試圖恢復有效的垂直權力鏈（restore an effective vertical chain of authority）體系，因此普欽上臺執政以後，把根除地方與聯邦中央之權力爭奪「拉鋸戰」式的循環作為神聖的義務（Ross, 2005: 355），普欽此種想法正是俄羅斯傳統典型的中央集權思考模式。

　　自普欽執政始，便開啟了俄羅斯自 1999 年經濟高度發展。在此時期可以分為兩個重要階段，第一階段是 1998 年至 2002 年，為 1998 年金融風暴導致的盧布大幅貶值效應，帶動國內生產與出口商品之增加，第二階段為 2003 年至 2008 年，因為國際油價的上漲，帶動了俄羅斯整體經濟的成長，高度依賴能源出口型經濟發展模式累積鉅額的外匯存底。如果從 1998 年至 2006 年的俄羅斯 GDP 成長率與油價漲跌趨勢來看（見圖 4-3），俄羅斯經濟波動與國際油價上漲有著明顯的關聯性。因為國際能源價格的高漲，不僅有助於俄羅斯經濟成長，同時在徹底有效地掌握油氣能源，也成為中央再集權的重要動力與誘因。

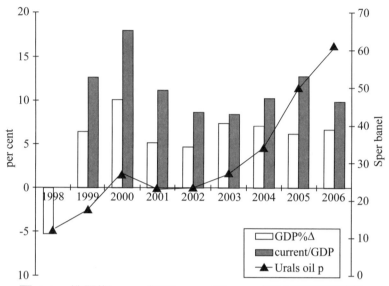

**圖 4-3　俄羅斯 1998 年至 2006 年 GDP 和油價漲跌圖表**

資料來源：Hanson（2007: 870）。

　　在普欽執政的前 8 年裡，俄羅斯國內生產總值總體增長了 70%、工業增長了 75%、投資亦增長了 125%（許菁芸，2009：198-200）。得益於這些指標，俄羅斯重新回到了世界經濟十強的行列。從世界銀行發布俄羅斯經濟報告中可以看出，自 2003 年至 2008 年，俄羅斯的 GDP 成長都維持在 5-8% 之間（見表 4-3）（World Bank, 2009: 6）。因此，從 1999 年起，聯邦的經濟表現和經濟發展程度（$MC_1$）出現了一個轉折點，此轉折點後，$MC_1$ 線呈現斜率頗大且為正的直線，也就是因為這條聯邦主體的邊際成本線急遽提升，聯邦主體開始在經濟及預算上受制於聯邦中央，對於普欽的聯邦制度之改造，大部分地方政府也改變其態度，屈從於聯邦中央的領導。

表 4-3　俄羅斯 2000 年至 2008 年主要總體經濟指標

| | 2000 | 2001 | 2002 | 2003 | 2004 | 2005 | 2006 | 2007 | 2008 |
|---|---|---|---|---|---|---|---|---|---|
| GDP 成長率 % | 10.0 | 2.1 | 4.7 | 7.3 | 7.2 | 6.4 | 8.2 | 8.5 | 5.2 |
| 工業生產成長率 % | 12.1 | 5.8 | 3.8 | 9.1 | 9.7 | 4.1 | 4.5 | 4.8 | 1.9 |
| 固定資本年成長率 % | 18.1 | 10.2 | 2.8 | 13.9 | 12.6 | 10.6 | 18.0 | 21.0 | 10.6 |
| 通貨膨脹率（CPI）% | 20.8 | 21.5 | 15.8 | 13.7 | 10.9 | 12.7 | 9.7 | 9.0 | 14.1 |
| 油價（Brent）（美元／桶） | 28.5 | 24.44 | 25.02 | 28.83 | 38.27 | 54.52 | 65.14 | 72.39 | 97.26 |
| 外匯存底（包含黃金）（億／美元） | 276.6 | 372.8 | 482.0 | 681.6 | 1,174 | 1,684 | 2,890 | 4,788 | 4,271 |

註：油價數據資料來源為 BP（2022），其餘數據資料來源為世界銀行（World Bank, 2022）。
資料來源：World Bank（2022）；BP（2022）；Банк России（2022）。

　　此外，聯邦主體改變作法的另一個原因，乃在於聯邦主體的邊際收益開始出現遞減現象。首先，聯邦主體在俄羅斯聯邦獨立的初期，地方菁英為追求資源最大化和責任最小化的利益，積極地經營分權化，並認為地方分權是一種提高政府效率和加強民主化的有效方式，但經歷幾年積極爭取的地方分權，卻因為聯邦中央和聯邦主體間之權力劃分不清，亦造成地方行政績效低落，例如俄羅斯憲法第 71 條和第 72 條雖然劃分了聯邦中央和聯邦主體之間的支出責任，但由於支出責任劃分的模糊規定，反而造成聯邦中央和聯邦主體之財政體系出現嚴重爭議；其次，由於聯邦中央和眾聯邦主體間的不對稱之聯邦分權條約，造成了地方嚴重的貧富不均，中央和地方的資源分配不均，資源嚴重偏頗較為特殊的聯邦主體，如莫斯科市和其他共和國，物流通路與對外貿易不易拓展，反而嚴重加深了聯邦主體的財政困難（Ickes and Ofer, 2006: 412-418）。

　　而普欽在 2000 年至 2008 年來的強化中央集權措施，如果套用政權合法性 $MC_2$ 的三角模式，為了避免地方的民族意識，他努力地加強政策績效，在第一任期內制約成員的自主權，第二任期加強制約民主治理，而這

些策略與措施搭配上強勢的經濟發展（$MC_1$），讓聯邦中央順利地管理聯邦主體，當然總統大選與議會權力黨的勝利也增強了聯邦中央的政權合法性（Söderlund, 2005: 521-522）。當聯邦主體邊際成本遞增、邊際收益遞減的情況下，相對地，聯邦中央要收回聯邦主體的地方主權之阻力降低，便可加緊腳步實施中央集權，在第一任總統任期時，俄羅斯聯邦制走回到第二象限，此時可歸類於地方體系，第二任總統任期時，已朝向第一象限邁進，雖然名義上仍是聯邦制，但隱約已有單一體系的輪廓了。

## 一、普欽的聯邦制改革政策

基本上，普欽的聯邦制改革可以分為兩個時期：第一任總統任期和第二任總統任期。在第一任總統任期時，普欽開始削弱地方政府首長的實權，並加強聯邦中央對地方的控制力，具體措施為如下：

## （一）聯邦區（Federal districts, Федеральный округ）的設立及總統全權代表（Plenipotentiary Representative of the President of the Russian Federation, представители Президента Российской Федерации）的設置

普欽認為要復興俄羅斯，必須加強聯邦中央對聯邦主體的控制，形成統一的經濟、政治、法律空間。普欽在 2000 年 5 月 13 日發布第 849 號總統令「關於聯邦區內俄羅斯聯邦總統全權代表」（On the Plenipotentiary Representative of the President of the Russian Federation in a Federal District, «О полномочном представителе Президента Российской Федерации в федеральном округе»），將俄羅斯聯邦的 89 個主體[10] 聯合分成七個聯邦區。分別為以莫斯科為中心的中央聯邦區（Central Federal District, Центральный федеральный округ）、以聖彼得堡為中心的西北聯邦區（Northwestern Federal District, Северо-западный федеральный округ）、

---

[10] 2000 年七個聯邦區設立時是 89 個聯邦主體，2005 年至 2008 年才開始聯邦主體合併。

以頓河羅斯托夫（Rostov-on-Don, г. Ростов-на-Дону）為中心的南方聯邦區（Southern Federal District, Южный федеральный округ）、以下諾夫哥羅德（Nizhny Novgorod, г. Нижний Новгород）為中心的伏爾加河沿岸聯邦區（Volga Federal District, Приволжский федеральный округ）、以凱薩琳堡（Yekaterinburg, г. Екатеринбург）為中心的烏拉爾聯邦區（Urals Federal District, Уральский федеральный округ）、以新西伯利亞城（Novosibirsk, г. Новосибирск）為中心的西伯利亞聯邦區（Siberian Federal District, Сибирский федеральный округ），和以哈巴羅夫斯克（Pyatigorsk, г. Хабаровск）為中心的遠東聯邦區（North Caucasian Federal District, Дальневосточный федеральный округ）。

聯邦區之劃定並不是依據區域管理原則，而是依俄羅斯軍區（Military Districts, Военные Округа）範圍劃定，並於同年 5 月 18 日發布派駐在七個聯邦區的總統全權代表，目的是鞏固國家統一，強化總統對地方的管理體制（Ross, 2005: 356-357）。普欽希望透過這一措施，簡化中央與地方的關係結構，加強對各聯邦主體權力機關的監督，提高政權運作效率，為建立統一的國家垂直權力體系，實現對聯邦主體的有效控制，普欽這一措施無疑使聯邦中央和總統擁有了對地方進行控制的行政管理機制（Hyde, 2001: 722-725）。

2010 年 1 月 19 日，梅德韋傑夫簽發命令決定在車臣地區單獨設立第八個聯邦區——以皮亞季戈爾斯克（Pyatigorsk, Пятигорск）為中心的北高加索聯邦區（North Caucasian Federal District, Северо-Кавказский федеральный округ），2014 年克里米亞公投併入俄羅斯，同年 3 月 21 日設立第九個聯邦區——克里米亞聯邦區（Crimean Federal District, Крымский федеральный округ），但是於 2016 年 7 月廢除，併入南方聯邦區，所以俄羅斯目前共有八個聯邦區（Совет Федерации Федерального Собрания Российской Федерации, 2022）。

2022 年俄烏戰爭爆發，頓內茨克、盧甘斯克、赫爾松及札波羅熱於 9 月 23 日至 27 日公投加入俄羅斯，普欽於 10 月 5 日正式簽署法律文件，將烏東 4 地區併入俄羅斯，正式載入俄羅斯憲法，成為俄羅斯聯邦主體，

爲頓內茨克共和國、盧甘斯克共和國、赫爾松州及札波羅熱州，而此四個聯邦主體已劃入南方聯邦區。2021 年至 2022 年俄羅斯聯邦之聯邦區概況見表 4-4。

表 4-4　2021 年至 2022 年俄羅斯聯邦之聯邦區概況

| | 聯邦區名稱 | 面積（km²）（2021） | 人口（2021） | 聯邦主體數（2022） | 聯邦區中心 |
|---|---|---|---|---|---|
| 1 | 中央聯邦區 | 650,025 | 40,334,532 | 18 | 莫斯科市 |
| 2 | 西北聯邦區 | 1,686,972 | 13,917,197 | 11 | 聖彼得堡市 |
| 3 | 南方聯邦區 | 447,821 | 13,746,442 | 12* | 頓河羅斯托夫 |
| 4 | 伏爾加河沿岸聯邦區 | 1,036,975 | 28,943,264 | 14 | 下諾夫哥羅德 |
| 5 | 北高加索聯邦區（2010 年成立） | 170,439 | 10,171,434 | 7 | 皮亞季戈爾斯克 |
| 6 | 烏拉爾聯邦區 | 1,818,497 | 12,300,793 | 6 | 凱薩琳堡 |
| 7 | 西伯利亞聯邦區 | 4,361,727 | 16,792,699 | 10 | 新西伯利亞城 |
| 8 | 遠東聯邦區 | 6,952,555 | 7,975,762 | 11 | 哈巴羅夫斯克 |

* 已包含頓內茨克共和國、盧甘斯克共和國、赫爾松州及札波羅熱州等四個聯邦主體。
資料來源：茲參考俄羅斯聯邦國家統計處（Federal State Statistics Service, Rosstat, Федеральная служба государственной статистики, Росстат）官方網站聯邦主體人口統計數據。因 2022 年官網尚未更新，面積、人口數皆爲 2021 年數據。

## （二）整頓憲法秩序，恢復聯邦憲法和法律的權威

　　措施其一就是勒令地方修改法律以符合聯邦憲法，普欽透過簽署總統令整頓憲法秩序並恢復憲法權威的措施，徹底改變了聯邦主體無視聯邦憲法和法律的局面，有效地維護了聯邦憲法和法律的權威，到 2003 年 12 月，與俄羅斯憲法相牴觸的法律文件大部分都已經進行修正，使之多方面地符合聯邦標準（Chebankova, 2005: 933-949; 2007: 283-285）。

　　措施其二就是以立法推動聯邦制改革，普欽於 2000 年向國家杜馬提

交了聯邦委員會（上議院）組成原則等三個法律草案[11]，法律草案對聯邦關係進行了較大調整，調整方式包括：(1) 改變俄羅斯國會上院——聯邦委員會的組成，取消了各聯邦主體行政長官和立法機關領導人兼任聯邦委員會成員的資格，削弱了在聯邦委員會中占有三分之二比例的地方官員於中央立法機構的發言與立法權；(2) 賦予總統解除聯邦主體行政長官職務的權力，和解散不遵守聯邦法律地方議會的辦法，透過將裁定地方首長、地方議會違憲行為收歸聯邦中央所有，建立聯邦中央約束地方菁英的法律干預機制[12]；(3) 延長聯邦主體首長任期，允許三連任至四連任，並賦予聯邦主體首長有權解除他的下級政權機關領導人的職務的權力，而此作為反映了普欽在處理中央和地方關係時所採取的平衡策略[13]；(4)2000年 9 月設立國務院（State Council, Государственный Совет）和 2002 年 5月通過在聯邦委員會下設置立法理事會（the Council of Lawmakers, Совет законодателей），此兩個機構的設立，名義上是讓被迫退出聯邦委員會的地方首長可以直接參與中央事務，但都僅有顧問功能，而無決策權力（Remington, 2003: 667-691; Turovsky, 2007: 78-80）。

　　而措施之三就是利用「政黨法」與「國會杜馬議員選舉法」根除地方主義。2001 年通過的「政黨法」規定了政黨必須遵守的基本原則以及一系列限制性和禁止性條款，只允許建立全俄羅斯聯邦範圍的政黨，不承認地區性政黨，而此些地區性政黨大部分為地方菁英所掌控。2002 年 12 月普欽正式簽署「國會杜馬議員選舉法」，新選舉法規定只有根據「政黨法」的政黨才可以提出杜馬候選人名單，且全面改為比例代表制（許菁芸，2010：144-145），迫使地方菁英向聯邦權利黨「統一俄羅斯」黨（United Russia party, Единая Россия）靠攏，鞏固了「統一俄羅斯」黨在地區的影響力。

---

11　法案包括「關於俄羅斯聯邦聯邦會議之聯邦委員會組成原則」、「關於俄羅斯聯邦各主體政府立法（代表）及行政機構組成原則」以及「關於俄羅斯聯邦地方自治組織通則增修」等（趙竹成，2002：214-217）。

12　雖然此一制裁從未使用過，但威嚇作用仍迫使地方菁英聽命中央（Ross, 2003: 34-36）。

13　而此也作為對一些聯邦主體首長忠誠的獎賞（Gel'man, 2001；龐大朋主編，2008：190-191）。

在普欽的第二任的任期內，2004 年 9 月 3 日發生在別斯蘭（Beslan, Беслан）的人質事件 [14]，為啟動了第二次聯邦改革的契機，由於普欽認為地方政府無能治理地方事務，俄羅斯必須建立一個更有效的安全體系，於是借助反恐的名義，深化中央對地方的監督與控制，其具體措施如下：

## 1. 總統重新掌握地方首長任免權

取消地方人民普選地方首長制度，代之以總統提名、地方議會批准的方式。2004 年 9 月 28 日，普欽向國家杜馬提交修改俄羅斯聯邦主體首長選舉程序的法案。該法案規定，聯邦總統應在聯邦主體原首長任期屆滿前 35 天提出新的候選人，如果地方議會兩次否定總統提出的候選人，總統可以解散地方議會，聯邦主體最高首長的任期不得超過 5 年。總統有權提前解除地方首長之職務並提出新的候選人，此法案實際上掌握了地方首長的任免權，將國家權力牢牢控制在聯邦中央和總統手中，為實現聯邦中央集權最關鍵的一步（Ross, 2005: 361-363）。

## 2. 以軟性態度逐漸促使聯邦主體合併

俄羅斯聯邦制度的一個特點就是聯邦主體眾多，且各自的經濟和社會發展不均，此為國家分裂的關鍵點。因此，實施聯邦主體合併計畫便成了普欽主要的地方規劃政策。2005 年之前俄羅斯的聯邦主體為 89 個，但 2005 年開始至 2008 年，俄羅斯歷經幾次的聯邦主體重新劃分合併，以策動人民公投之民主治理方式來維持政權合法性，以達到垂直整合之功效，且以「民族政府」併入「行政區域」的方式，來制衡少數民族分裂的政策，至 2009 年為止，共合併成 83 個聯邦主體。合併過程如下：

2005 年 12 月 1 日彼爾姆州（Perm Oblast, Пермская область）和

---

[14] 別斯蘭人質事件是指 2004 年 9 月 1 日，車臣分離主義武裝分子在俄羅斯南部北奧塞梯共和國別斯蘭市第一學校製造的一起劫持學生、教師和家長作為人質的恐怖活動，到 2004 年 9 月 3 日事件結束，該事件造成了 326 人死亡，在俄羅斯國內造成很大影響，也引起了國際社會的廣泛關注。普欽指出恐怖分子在別斯蘭市製造的人質事件是滅絕人性的，其殘忍史無前例。這是對整個俄羅斯、整個民族的挑釁，是對整個國家發動的進攻。別斯蘭（Beslan, Беслан）是俄羅斯北奧塞梯共和國的一個重鎮，同時也是布拉娃別列日尼區的行政中心。別斯蘭是共和國的第三大城市，僅次於首府弗拉季高加索和莫茲多克，在 2002 年俄羅斯人口普查中這一地區的人口數約為 3 萬 5,550 人，略多於 1989 年普查的 3 萬 2,469 人。

科米—波爾米亞克自治區（Komi-Permyak Autonomous Okrug, Коми-Пермяцкий автономный округ）正式合併成立俄羅斯聯邦新主體彼爾姆邊區（Perm Kray, Пермский край），2007 年 1 月 1 日泰梅爾自治區（Taymyr Autonomous Okrug, Таймырский автономный округ）和埃文基自治區（Evenk Autonomous Okrugs, Эвенкийский автономный округ）正式併入克拉斯諾亞爾斯克邊區（Krasnoyarsk Kray, Красноярский край），2007 年 7 月 1 日堪察加州（Kamchatka Oblast, Камчатская область）和克里亞克自治區（Koryak Autonomous Okrug, Корякский автономный округ）正式合併成立俄羅斯聯邦新主體堪察加邊區（Kamchatka Kray, Камчатский край），2008 年 1 月 1 日烏斯季—奧爾登—布里亞特自治區（Ust-Orda Buryat Okrug, Усть-Ордынский Бурятский автономный округ）正式併入伊爾庫茨克州（Irkutsk Oblast, Иркутская область），2008 年 3 月 1 日赤塔州（Chita Oblast, Читинская область）和阿金—布里亞特自治區（Agin-Buryat Autonomous Okrug, Агинская Бурятский автономный округ）正式合併成立俄羅斯聯邦新主體外貝加爾邊區（Zabaykalsky Kray, Забайкальский край），2005 年至 2008 年俄羅斯聯邦主體合併時間見表 4-5：

表 4-5　2005 年至 2008 年俄羅斯聯邦主體合併時間

| 公投日期 | 正式合併日期 | 合併主體 |
|---|---|---|
| 2003 年 12 月 7 日 | 2005 年 12 月 1 日 | 彼爾姆州＋科米—彼爾米亞克自治區→彼爾姆邊區 |
| 2005 年 4 月 17 日 | 2007 年 1 月 1 日 | 克拉斯諾亞爾斯克邊區＋埃文基自治區＋泰梅爾自治區→克拉斯諾亞爾斯克邊區 |
| 2005 年 10 月 12 日 | 2007 年 7 月 1 日 | 堪察加州＋科里亞克自治區→堪察加邊區 |
| 2006 年 4 月 16 日 | 2008 年 1 月 1 日 | 伊爾庫茨克州＋烏斯季—奧爾登—布里亞特自治區→伊爾庫茨克州 |
| 2007 年 3 月 11 日 | 2008 年 3 月 1 日 | 赤塔州＋阿金—布里亞特自治區→外貝加爾邊區 |

資料來源：作者自行整理。

　　而此些合併計畫在縮減聯邦主體數目的同時，也讓聯邦中央未來的行政績效得以提升，加強了政權合法性的運作（Mitin, 2008: 53-55）。但值得注意的一點為聯邦中央合併聯邦主體政策，為得是鞏固地方，降低經濟不獨立之地方開銷，而非製造敵人──也就是建立一批實力強大的地區，因此其合併政策是合併某些實力過弱的地區，尤其是將那些 1990 年代獨立出來的民族自治區（民族政府）併入邊區或州（行政區域）的一部分的方式進行縮減，但是聯邦中央否決了一些金融工業集團所提出合併議案，原因是此類「超級地區」（super subject）的經濟實力足以和莫斯科相提並論 [15]。

## 二、聯邦主體對普欽聯邦改革的反應

　　隨著普欽的「中央再集權」政策的逐步實施，聯邦中央卻極少遭受聯邦主體的積極抗議與反彈，最主要原因與其說是普欽的高人氣聲望，不如說是聯邦中央刻意製造聯邦主體地方菁英間的矛盾。而此矛盾肇因於下列聯邦中央的布局：

### （一）「不對稱的聯邦制」

　　儘管聯邦主體在 90 年代曾為了擴大自己的權力範圍和獲得更多資源與聯邦中央談判，但由於聯邦中央雖表面上妥協，但實際上採取各個擊破，與不同的聯邦主體單獨簽訂分權條約，而形成了特殊的「不對稱的聯邦制」（asymmetric federalism），加深了不同類聯邦主體的潛在衝突以及激化邊區、各州與各共和國間的矛盾，因此可以發現聯邦主體採取集體行動聯合起來和聯邦中央談判的情形並不多。

---

[15] 如將秋明州（Tyumen Oblast, Тюменская область）與亞馬爾─涅涅茨自治區（Yamalo-Nenets Autonomous Okrug, Ямало-Ненецкий автономный округ）和漢特─曼西自治區（Khanty-Mansi Autonomous Okrug, Ханты-Мансийский автономный округ）成爲秋明邊區（Tyumen kray, Тюменский край）的提案（Goode, 2004: 219-257）。

## （二）聯邦中央選擇性的執行懲罰或獎勵

「中央再集權」政策執行最重要的機制，就是對聯邦主體首長或地方菁英進行選擇性的懲罰或獎勵。如聯邦中央會選擇性地懲罰一些州長，如庫爾斯克州（Kursk Oblast, Курская область）州長魯茲科伊，2000 年被法院裁定取消其競選連任的權力[16]；再者，於 2001 年放寬大多數州長的任期限制，作為忠誠的獎勵；此外，選擇性地個別與有影響力的行政首長進行條件交換，以換取中央想要的選舉結果，或是邀請地方首長進入普欽政府核心，轉進中央，讓中央得以指派自己的人馬對地方重新掌握（尤其是針對「民族政府」或與聯邦中央意見相左之聯邦主體），如雅庫特（Yakuts, Якуты），或濱海邊區（Primorsky Kray, Приморский край）和聖彼得堡市的行政首長，就是與聯邦中央談判後，選擇離開現任職位轉進中央，而取而代之的是中央支持的候選人（Прибыловский, 2004: 21-26）。

## （三）非正式的調整中央與地方的衝突機制

聯邦中央在與較為棘手的聯邦主體博弈時，會採取非正式的作法，其採取方法有二，其一，聯邦中央財政預算撥款的對象，不是公民，而是地方菁英（Гельман, 2006: 96）。聯邦中央會將資源或預算分給那些效忠於它的地方領導人來控制（尤其是北高加索的民族自治共和國，主要是車臣和印古什）；其二，允許為數不多而在經濟上有影響力，或是政治上對中央有重要意義的地方領導人能夠保有對主要經濟資源的控制，如韃靼斯坦（Republic of Tatarstan, Республика Татарстан）[17]和巴什科爾托斯坦

---

[16] 2000 年 10 月 22 日，在競選連任過程中，魯茲科伊於選舉前 13 個小時被庫爾斯克州法院以利用職權為競選造勢和財產來源不明為由，取消了其競選資格。2003 年 11 月 26 日，他在競選國家杜馬議員時，又被俄羅斯最高法院取消了參選資格。這是否涉及了司法受政治操控而致之的結果，在這方面已多有議論。但俄羅斯學者普遍傾向於認為這是政治力量的操作（Верховский, Михайловская, Прибыловский, 2003: 160-163）。

[17] 聯邦中央並於 2007 年單獨與韃靼斯坦共和國簽訂「聯邦中央與韃靼斯坦共和國分權條約」（Treaty on Delimitation of Jurisdictional Subjects and Powers between Bodies of Public Authority of the Russian Federation and Bodies of Public Authority of the Republic of Tatarstan, Договор о разграничении предметов ведения и полномочий между органами государственной власти

（Bashkortostan, Башкортостан），相較於其他聯邦主體，此兩個經濟資源豐富的共和國是聯邦中央特別允許保有特殊自治地位。

## 參、梅普體制至普欽歸位（T3）：名義上民主治理、實質上延續中央集權（2008 以後）

### 一、梅普體制時期（2008-2012）

2008 年對於俄羅斯聯邦政治而言，是具有決定性影響的一年，俄羅斯於 2008 年 3 月 2 日舉行總統大選，強勢總統普欽結束了 8 年的執政，取而代之的是提名支持梅德韋傑夫擔任總統候選人，並於總統大選後轉任總理，而普欽在 2008 年 5 月就任總理的前夕，也同意擔任俄羅斯國會大黨「統一俄羅斯」黨的黨主席，這也是俄羅斯國會首次出現有執政權力的政黨[18]。

綜觀 2008 年至今的俄羅斯經濟，受到全球金融風暴影響，全球需求不景氣、日用品價格下跌，以及信貸緊縮威脅企業生存等，根據俄羅斯聯邦國家統計局（Federal State Statistics Service, Rosstat, Федеральная служба государственной статистики, Росстат）資料，自 2008 年第四季起俄羅斯的 GDP 增長率，從 2007 年同季的 9.5% 降到大約 1.1%，2009 年俄羅斯國內生產總值開始呈現負成長（許菁芸，2009：204-206）。因此，$MC_1$ 開始呈現平緩走勢，代表著聯邦中央對聯邦主體的強勢作爲開始會出現些許鬆動。

於是，爲了繼續維持國家的穩定，在政權合法性 $MC_2$ 上須略作調整，並以名義上加強民主治理方式，來增強政權的合法性，藉以平衡經濟的衰退（$MC_1$）。因此，在 2008 年 12 月 22 日，梅德韋傑夫向國家杜馬提交法案，對現行的聯邦主體立法與行政機關組織原則和政黨法進行修改，2009

Российской Федерации и органами государственной власти Республики Татарстан）。

[18]「統一俄羅斯」黨——此權力黨目前還不能直稱「執政黨」，雖然在「梅普體制」下，普欽普遍被認爲是實際的執政者，但是總統梅德韋傑夫依循俄羅斯慣例，沒有加入任何政黨。

年 3 月 20 日國家杜馬通過、3 月 25 日聯邦委員會核准，總統於 4 月 5 日公布「俄羅斯聯邦各聯邦主體政府立法機關及行政機關組織法及政黨法修改案」（Federal Law No. 41-FZ "On Amending the Federal Law 'On general principles of organization of legislative (representative) and executive bodies of state power of RF'" and the Federal Law "On political parties" of Federation, Федеральный закон № 41-ФЗ «О внесении изменений в Федеральный закон ‹Об общих принципах организации законодательных (представительных) и исполнительных органов государственной власти субъектов РФ›» и Федеральный закон «О политических партиях» Федерации），其主要內容是改變現有的聯邦主體首長提名辦法，改由地方議會中之多數黨常設集體領導機關提名不得少於 3 名聯邦主體候選人供總統決選，之後再由地方議會決議批准。其中，更增加了總統對地方議會的解散條款權力[19]。

從聯邦中央的主動釋權，讓政黨積極參與地方行政首長提名，法理上強化了普欽對地方行政首長任命過程的影響力，表面上提升聯邦中央對地方的民主治理，但地方議會在 2007 年以後也如國會一般，「統一俄羅斯」黨為最大黨，由在地方議會占據主導地位的「統一俄羅斯」黨獲得地方行政首長提名權，雖然對於俄羅斯政黨制度具有重要意義，而實質上，強化了統一俄羅斯黨黨魁普欽對地方行政的主導權。

因此，此時期雖然聯邦經濟表現停滯，於是聯邦中央調整對地方的控制來因應，但是此時期仍舊是維持中央集權的措施，只是略偏地方體系，並略往第四象限移動，可以說是介於第四象限與第一象限之間。

但是，隨著原物料能源價格的升高，俄羅斯對原物料礦產能源出口的依賴不斷增加，俄羅斯聯邦中央越來越希望能徹底掌控原物料、礦產和能源利益，以提高聯邦中央的支配權力。如 2004 年開始，俄羅斯政府轉向

---

[19] 具體條文簡介如下：在現任聯邦主體首長任職到期前 90 天內與總統進行協商，並提出不少於 3 名候選人供總統挑選。若總統不認可，則該黨在與總統協商後 14 天內再次提出不少於 3 名候選人。若總統再次不滿意的話，則直接與聯邦主體地方議會進行協商，並由該地方議會各政黨提出候選人。在協商之後，總統向該地方議會提出候選人，履行有關任命程序。若地方議會否決總統提出的候選人，則總統須提出新的候選人。若地方議會再次拒絕，則總統有權解散該地方議會（Президент России, 2009）。

國家主權主義（statism）（Hanson, 2007: 879-883），鎖定控制「戰略」
（strategic）部門 [20]，特別是原物料部門的石油。而且俄羅斯中央政府堅持
所有的出口輸送管都必須爲國營企業 Transneft 所控管，也凍結了私人企
業建造及管理新輸送管線的申請（許菁芸，2009：223）。再者，2005 年
國家杜馬通過，2006 年生效的新「礦產資源法」（New Mineral Resources
Law）明確規定礦產資源只歸聯邦中央所有，並取消了地方政府批准和監
管自然資源開發的權力，此進一步加強了中央集權。

## 二、普欽第三任期起（2012 年至今）

　　2012 年普欽再次當選總統，開始其總統的第三任期，出於對俄羅斯
菁英層及反對黨要求民主化進程的妥協和重視，恢復由聯邦地方公民普遍
直選出地方首腦，不再由總統來任命地方行政首長。但普欽擁有對地方最
高官員免職的權力，而掌管地方議會的政黨仍是統一俄羅斯黨，因此地方
的人事權還是牢牢掌握在總統手中。

　　普欽的國家領導風格是極其矛盾，一方面堅守法理，採行制度性
的策略，但爲了鞏固權力，又積極運行非制度性策略，但有一點是不
變的，就是國家主權主義──一個強大的俄羅斯國家。而 Sakwa（2008:
884-86）也指出普欽的國家改造模式也在兩種形態間徘徊，一是回歸憲政
（reconstitution），另一是回歸集權（reconcentration）。因此普欽及其領
導團隊以法律與制度來增加政府的合法性與支持度的同時，卻以非正式運
作，如恩庇侍從、酬庸等來鞏固自身權力與架空法律與制度的內涵，從其
2012 年後，對地方的舉措，更可以了解其越趨威權的運作。

　　對於中央和地方關係影響最大的是，2012 年 4 月 25 日國家杜馬
通過聯邦法第 40-FZ 號「關於修改俄羅斯聯邦法『聯邦主體政府立法
及行政機關組織總原則』和『關於俄羅斯聯邦公民選舉權和公民投票
權的基本保障的聯邦法』」（Federal Law No. 40-FZ "On Amendments

---

[20] 除了石油和天然氣外，現在更逐步擴大到銀行和國防相關工業。

to the Federal Law 'On the General Principles of Organization of Legislative (Representative) and Executive Bodies of State Power of the Subjects of the Russian Federation' and the Federal Law 'On Basic Guarantees of Electoral Rights and the Right to Participate in a Referendum of Citizens of the Russian Federation'", Федеральный закон № 40-ФЗ «О внесении изменений в Федеральный закон ‹Об общих принципах организации законодательных (представительных) и исполнительных органов государственной власти субъектов Российской Федерации› и Федеральный закон ‹Об основных гарантиях избирательных прав и права на участие в референдуме граждан Российской Федерации››»），該法於 6 月 1 日生效，規定俄聯邦主體最高行政首長由俄羅斯公民在普遍、平等、直接、不記名投票原則上直接選舉產生，任期 5 年，連任不得超過兩屆，凡年滿 30 歲的俄羅斯公民皆有權競選地方行政首長，候選人既可由黨派提名，也可以獨立候選人身分參選（КОДИФИКАЦИЯ.РФ, 2022）。而該法也從代理行政首長和選舉過濾機制來加強中央對地方的集權掌控。

## （一）代理行政首長是中央對地方關係的特有現象

　　2012 年 6 月 1 日生效的聯邦法第 40-FZ 號第 4 條規定，爲統一地方選舉，原本在春秋兩季個別舉行的地方選舉（包含行政首長和地方議員），2012 年起統一選舉時程，在 10 月的第二個星期日舉行，2013 年後的各屆地方選舉日皆同。而自法律生效後，各聯邦主體的地方行政首長任期皆至 2012 年 12 月 31 日止。而這項法律導致部分聯邦主體行政首長任期屆滿後至 12 月 31 日下任行政首長上任前的這段時間，出現了行政首長職位的空缺。由於法律沒有規定這段時間行政首長如何產生，於是中央在這段空缺期任命了一批代理行政首長。此外，行政首長提前辭職或被解職也會造成代理行政首長的出現。代理行政首長由中央任命，獲得中央扶持，再加上提前履職可以掌控地方行政資源和經濟資源，所以在實際參選中有較強競爭力，很容易在選舉中獲勝。因此，從 2012 年至 2018 年間除伊爾庫

茨克州和濱海邊區代理行政首長未獲勝外，其餘全部成功當選（吳德坤，2019：93-104）。

此外，該法也規定地方行政首長任職後如有腐敗行為或涉及其他利益衝突，總統有權將其免職。地方行政首長如違反聯邦或地區法律，總統也有權將其召回，另任命代理行政首長代理職務。因此，普欽利用對地方行政首長的任命權和免職權，將大量年輕的科技官僚或執政經驗豐富、能力強的菁英安插到各聯邦主體任代理行政長官的現象越來越多。

## （二）選舉「過濾」（filter）機制

根據 2012 年 6 月 1 日生效的聯邦法第 40-FZ 號法律規定，申請登記參選的各黨派或獨立候選人要在參選聯邦主體內得到市政機構代表的連署。該選舉「過濾」機制分三層篩選候選人：第一層，申請登記的候選人需要在所參選的聯邦主體內得到 5-10% 的市政代表和領導的連署；第二層，在這些代表和領導連署中還必須包括 5-10% 的市政區（municipal district, муниципальный район）和城市區（urban district, городской округ）立法機關代表和行政領導人連署（只有直轄市和沒有居民點的州沒有這層審查，如莫斯科市、聖彼得堡市、塞凡堡市、馬加丹州）；第三層，在不少於四分之三的市政區和城市區獲得連署支持。各聯邦主體可以自行規定第一層和第二層連署數量的比例大小，但在四分之三地區獲得連署支持的這一層，地方沒有權力改變（РИА Новости, 2012；吳德坤，2019：95-101）。

選舉「過濾」機制的設立首先是為了提高地方自治機關代表的地位，促進政黨進行基層組織建設。但目前統一俄羅斯黨控制著各市政地區議會的多數席位和行政領導人職位，中央由此實際掌控著地方行政首長選舉的參選資格。因此，哪些候選人可以參選不是由地方市政代表，而是由統一俄羅斯黨實際掌控。所謂提高地方自治機關代表的地位，實際是提升了統一俄羅斯黨代表在地方的權力（Движение в защиту прав избирателей «Голос», 2018）。

可以說，雖然聯邦中央雖然交出了地方行政首長的任命權，但藉助統一俄羅斯黨在地方議會的優勢地位，仍可以有效控制地方政府行政首長的產生的方式。再者，總統仍然有權力免除地方行政首長職務，任命自己認爲合適的人選作爲代理行政首長。即使反對黨候選人當選地方行政長官，只要失去總統的信任，總統有權直接免除其職務。其次，聯邦中央對地方財政的控制沒有發生改變。地方財政仍需要中央透過轉移支付的手段來維持基本的平衡，地方經濟的發展實際由中央控制。

# 第四節　小結：發現與討論的限制

本章之研究點主要是立基於俄羅斯的中央和地方關係，是在高度中央集權的蘇聯體制下演進與發展而來。傳統上，地方政權只是中央政權在地方的延伸而已，因此聯邦中央仍堅守著這種傳統中央集權的治理模式。而當聯邦經濟表現良好和聯邦經濟發展程度高（$MC_1$ 升高），再加上實質的政策績效來穩定政權合法性（$MC_2$ 升高），此時的聯邦中央就會偏向中央集權化；反之，則會妥協地方分權。

但從聯邦主體角度來看，本文亦假設聯邦主體是理性的，會以聯邦主體的利益來作考量，會依照其成本收益來決定是否屈從中央，抑或是抗衡中央來爭取更多的地方權力。從研究發現，當聯邦主體邊際收益大於邊際成本時，聯邦主體會以平等姿態來與聯邦中央爭權，但如果邊際成本大於邊際收益，聯邦主體會降低姿態屈從聯邦中央的控制。故俄羅斯的聯邦體制並不是簡單的二分法，而是如同 B. Baldi 所言，是個動態過程，而聯邦憲法於此過程中所扮演的角色，只是增強聯邦政權的合法性，但對於聯邦主體自主權並無加分效果（Walker, 1995: 3）。

由此可見，未來俄羅斯聯邦中央如果在經濟表現佳和提升政權合法性之條件下，此條件將有助於中央集權化的發展。只是要避免矯枉過正，畢竟從聯邦中央角度思考，勢必會漠視聯邦主體的權益，何況中央集權也是有一定的限度。基本上，俄羅斯不可能在形式上成爲單一制國家，因爲俄

羅斯的民族眾多、幅員遼闊，如果引起地方的反彈，尤其是挑起各民族的民族主義聲浪，反而會造成國家的動盪不安。這是俄羅斯聯邦制在集權與分權上的困境，也是俄羅斯聯邦制在中央與地方權力的弔詭之處。而如何在中央集權和地方分權的蹺蹺板上（亦即是抗衡或脅從），找到一個平衡點，似乎是本研究模型從邊際成本與效益觀點出發，所試圖解釋的議題，以及提出一個合理的解釋。

另外，本章的討論有以下幾項限制，必須加以說明：

首先，本章並沒有討論俄羅斯聯邦制中一般認為極其重要的民族問題，尤其是因為蘇聯時期為了便於控制各民族，行政區劃的頻繁變動更造成了地方之間領土糾紛和民族衝突 [21]，而此種社會分裂（social cleavage）是屬於前現代性（premodern）的問題 [22]，是難以調和的，所以在此種社會分裂相當嚴重的聯邦主體上，往往會出現非理性的對抗，例如車臣共和國，無論給予多大的自治權力，種族民族主義仍舊存在，要求分離仍是其唯一目標。本文認為，如要討論此個案，並不符合一般理性聯邦主體的利益考量，只有在聯邦經濟表現不佳和經濟發展陷入困境，以及聯邦政策之績效不彰，而聯邦中央又沒有有效地對應政策時，聯邦主體的民族分離意識才會高漲，如前蘇聯一般。但這也是本文一直所強調的，聯邦中央會持續地作調整措施，來維持其政權的合法性。而在聯邦中央在調整的過程中，勢必會讓利於聯邦主體，而當地方分權擴張時，又會威脅到聯邦中央的主導權，陷入循環式的中央集權與地方分權的爭權困境中。

第二，本文並沒有討論到國際因素對俄羅斯聯邦制的影響，原因在於俄羅斯聯邦主體無論在地緣上或是政治上都是屬於半封閉性的政治系

---

[21] 此糾紛和衝突涉及了：(1) 部分被壓迫民族問題，因為史達林時期曾對許多民族進行全民族的大規模驅逐，包含車臣人、亞美尼亞人和印古什人等，總計在這段期間被遷往中亞、哈薩克及西伯利亞的民族超過 100 萬人；(2) 為開發而遷往中亞的俄羅斯人與當地民族互動不良之問題（趙竹成，2002：28-31）。

[22] 社會分裂可以有三種類型：前現代性的、現代性的（modern）和後現代性的（postmodern）。這三種分裂的歸納主要是以西方國家的發展經驗為準。前現代性的社會分裂主要包括族群和宗教；現代性的社會分裂主要是勞資階級對立；而後現代的社會分裂則落在環保與發展之爭、女權運動（最顯著的包括墮胎合法化）等議題之上（Inglehart, 1984: 25-69；吳玉山，2002：237）。

統，並不擁有國家自主的地位。再者，國際法上並不允許他國干預國家主權，因此這已是本文的研究範圍之外。不過2022年俄羅斯發動對烏克蘭的特別軍事行動後，由於對烏戰事推展不利，因此在同年9月底發布部分軍事動員令，徵召30萬人民前往前線，卻祕密動員強制徵召偏遠與相對貧窮的少數民族的共和國、自治州和自治區，如布里亞特（Buryatia, Бурятия）和達吉斯坦共和國（Dagestan, Дагестан）（Metzger, 2022），許多共和國出現民族自決與民族主義的高漲，此勢必衝擊到聯邦中央權力，甚至聯邦主體爭取獨立，以及受到國際勢力的介入，對於俄羅斯聯邦制發展將產生相當的變數，此將有待於未來進一步更多的觀察與研究。

# 第五章　俄羅斯資源型經濟與能源戰略

## 第一節　前言

　　2022 年 2 月 24 日俄羅斯對烏克蘭展開「特別軍事行動」，正式開啓了「2022 年俄烏戰爭」的序幕，從戰爭開始，美歐及其盟國針對俄羅斯入侵烏克蘭，對俄羅斯實施了前所未有的經濟制裁。經濟制裁主要分爲兩種，一是貿易制裁，基本上就是貿易禁令，另一則是金融制裁。一些最重大的制裁措施包括將幾家俄羅斯主要銀行從 SWIFT 支付系統中移除；凍結俄羅斯在國外的資產；限制俄羅斯石油進口；並切斷對俄羅斯的關鍵出口，如高科技組件和半導體。

　　制裁實施幾週後，俄羅斯盧布貶值，外國跨國公司撤出該國，經濟前景似乎開始黯淡。但俄羅斯作出了積極的反制裁，包括普欽宣布「不友好」國家必須支付盧布購買俄羅斯的天然氣、Gazprom 切斷了對波蘭和保加利亞的天然氣供應，如不用盧布支付，不會恢復對他們供氣。德國、匈牙利和斯洛伐克等歐盟國家中的天然氣公司都同意透過俄羅斯的天然氣工業銀行先付歐元，然後兌換成盧布完成支付[1]。這些作法反而促成盧布的升值，俄羅斯也增加了對中國和印度的石油出口。

　　盧布現在是全球表現最強勢的貨幣。從 2014 年克里米亞危機，俄羅斯經歷了多年的制裁，也變得更加自給自足，擁有大量外匯存底。那麼，制裁有效嗎？相信這是很多人的疑問。國際貨幣基金組織（International Monetary Fund, IMF）表示戰爭和歐美的制裁讓俄羅斯經濟失衡，會影響俄羅斯人的購買力。在能源方面情況相對複雜，可以說俄羅斯現在充分受益於國際能源市場價格暴漲，2022 年國際原油價格平均高於 100 美元，6

---

[1] 包括 VEB、Otkritie、Sovcom、VTB、Sberbank、俄羅斯央行等，涉及與能源有關的交易都仍能進行。

月到達 120 美元，在 2021 年只有約爲 70 美元（IMF, 2022）。而這也意味著俄羅斯過於倚賴能源出口，其經濟結構存在著諸多隱憂及產業分布不均的極大問題。

　　普欽第三任期（2012 年起）後，俄羅斯能源高度倚賴對經濟的影響開始強烈顯現出來，經濟開始減緩成長，自然帶來了政治上的效應，普欽長期執政成爲批評的焦點，反普欽的遊行示威也陸續出現，雖然普欽依然受到俄羅斯民眾擁戴，但卻是因爲俄烏戰爭，俄羅斯重返大國的民族主義發酵，未來俄烏戰爭結束後，潛藏的經濟問題再次浮上檯面，普欽的政治生涯將面臨極大的考驗。

　　普欽的崛起得利於 1998 年的金融危機，俄羅斯經濟跌入谷底，1999 年普欽首任總理，俄羅斯經濟正好處於谷底反彈，盧布大幅貶值反而帶動俄羅斯國內企業出口增加。2000 年普欽當選總統，又逢國際油價逐漸上升的紅利，普欽初期執政 8 年來，靠出售豐富的石油和天然氣，取得了外匯存底世界第三、年平均經濟成長率 7% 以及個位數失業率的良好經濟成績，鞏固了普欽政權。

　　2008 年金融海嘯，世界各國無一倖免。美國的金融危機，刹那之間影響擴及全球，全世界各國都承受相當嚴厲的考驗，除了銀行與相關企業紛紛倒閉關廠外，原物料價格大跌，股市大跌，重創了全世界的財富，俄羅斯當然也不例外。但相較於經濟危機，俄羅斯的政治雖也邁入總統大選而政權易手，但由於普欽的高支持率與精心的布局，俄羅斯政局卻也仍趨穩定。

　　2008 年底金融危機同時，石油價格大跌（此趨勢對俄羅斯而言比金融危機影響更爲巨大），使得俄羅斯經濟的諸多問題浮上檯面，能源的過度倚賴已經成爲俄羅斯經濟發展的最致命的軟肋，但也是普欽政權實行中央再集權政策的推手和助力，未來也必成爲俄羅斯當局要面臨的極大危機與挑戰，2014 年克里米亞併入俄羅斯後，乃至 2022 年俄烏戰爭，能源更是俄羅斯經濟的支撐鋼索，也就是說俄羅斯經濟的脆弱性在於國際能源價格的波動，因此，2022 年的俄烏戰爭已經變相成爲俄羅斯與美歐間對國際能源價格的影響角逐戰。

因此，本章節的研究目的爲下：

一、分析俄羅斯的產業發展模式——資源型經濟（Resource Based Economy），並就 1991 年至 2021 年的俄羅斯經濟作一概述。

二、從高度依賴石油出口的經濟狀況探討其潛藏的產業結構失衡和經濟危機，而此些經濟上的弱點面臨 2008 年末席捲而來的全球金融風暴，2014 年後因爲美國的頁岩油量產而導致的國際油價大幅降低，更加暴露其脆弱性及缺乏應變能力，但即使因爲 2022 年俄烏戰爭在經濟上之大規模衰退（國際貨幣基金預估 2022 年俄羅斯 GDP 會是 -8.5），俄羅斯的外交上仍挾著幾年來因著油價大漲而累積的國庫盈餘，試圖在 2022 年的俄烏戰爭中，重組世界權力和重建本身的地緣政治勢力。

三、能源在俄羅斯不是被當作經濟商品看待，而是戰略物資，因此藉著分析俄羅斯能源戰略，以國內運作探討俄羅斯對於能源產業的管控外，並以國際運作來進而探討俄羅斯如何藉由石油和天然氣管線來維持其能源供給安全。

## 第二節　冷戰後俄羅斯經濟與產業發展模式（1991-2021）：從震盪療法（Shock Therapy）到依賴能源發展

1991 年蘇聯解體後，獨立後的俄羅斯正是從整個制度崩潰的廢墟中開啓了邁向市場經濟轉型的途徑。從 1991 年 12 月獨立到 2022 年俄烏戰爭爆發，在這 30 年間，俄羅斯經濟發展主要經歷兩個階段——葉爾欽執政時期（1991-1998）和普欽執政時期（1999-2021，包含 1998-2012 普欽擔任總理期間），值得注意的是，此兩個階段之變化，政治上除了領導人之更替外，經濟上之表現更是截然不同。

在第一階段葉爾欽執政時期至 1998 年亞洲金融風暴，俄羅斯人民經歷了經濟大幅度衰退、通貨膨脹和失業率大幅上升之痛苦外，1998 年金融

危機後，國際油價逐步攀升，俄羅斯的經濟快速起飛，如果從 1995 年至 2020 年俄羅斯 GDP 成長與 Brent 原油價格來看，俄羅斯經濟波動與國際油價上漲有著明顯的關聯性（見圖 5-1），國際原油價格對俄羅斯的 GDP 漲跌有著極大的影響 [2]。

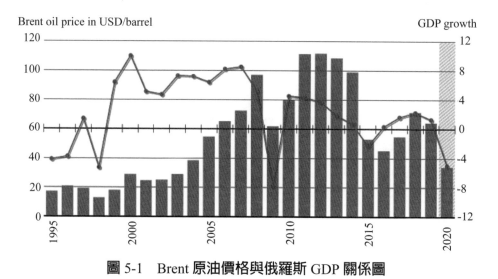

**圖 5-1　Brent 原油價格與俄羅斯 GDP 關係圖**

資料來源：World Bank（2022）；BP（2022）。

　　因此，此章節先就俄羅斯主要之產業發展模式作相關探討，再就俄羅斯自 1991 年至 2021 年之兩個階段經濟作一概述，並由此引申出俄羅斯高度依賴能源出口的經濟成長。

---

[2]　吳春光（2008）發表於政治科學論叢的〈普欽的能源政策分析〉一文，以原油和天然氣的價格及產量對每人平均國內生產毛額進行格蘭傑因果關係檢定（granger causality tests），再以衝擊反應函數（tmpulse respond function）來評估俄羅斯原油和天然氣政策的執行績效，而發現國際原油價格的上漲對俄羅斯經濟成長的預測具有顯著的格蘭傑因果關係和正向的衝擊反應。當然，2005 年的俄羅斯全國性的大規模抗議和 2008 年喬治亞戰爭、全球金融風暴是俄羅斯 GDP 成長率下跌的因素之一，但如果就長期性的觀察而言，油價上漲與俄羅斯的 GDP 成長是有顯著的關聯性。

## 壹、俄羅斯產業發展模式：高度依賴能源出口的資源型經濟

### 一、「資源型經濟」定義

2006 年 OECD 的經濟調查報告，針對俄羅斯高度依賴能源出口的經濟模式發表了看法，將俄羅斯經濟發展模式定義為資源型經濟，根據 OECD 的定義，資源型經濟係指自然資源產出占 GDP 的 10% 以上，占出口 40% 以上的經濟。當原物料價格經常波動，進口收入相當倚賴國際價格時，也正隱含著資源型經濟國家對於外在環境的衝擊是相當脆弱的。此種經濟發展模式也許短期可拉抬俄羅斯整體的經濟成長，但如果沒有仔細規劃其未來發展，對長期經濟發展而言，反而會成為其他非資源產業的絆腳石且會使經濟成長趨緩，甚至停滯（Ahrend, 2006）。

當然，擁有豐富的自然資源，明顯的擁有優勢：資源出口成長能成為經濟成長的動力，出口收入的增多可刺激進口，不僅可改善人民的生活水準，也可透過進口資本財，加快其他產業的發展（Kim, 1998）。

但，資源型經濟的弱點在於自然資源部門成長潛力較小，其原因有二，一是自然資源有限，二是自然資源開採單位多是國營企業或是為官股控制，較私人企業營運，國營生產事業較無效率，勞動生產成長潛力較被限制。

### 二、俄羅斯「資源型經濟」：發展與危機

俄羅斯是油氣資源最豐富的國家之一，在世界能源市場占有非常重要的地位。根據俄羅斯能源戰略評估，俄羅斯境內之天然氣占了世界天然氣儲量的三分之一，石油儲量的十分之一。能源產業幾乎占俄國內生產總值的四分之一，約占投資的三分之一，出口的二分之一以上和約 40% 的預算收入（Министерство энергетики РФ, 2020: 10-11）。油氣收入增加是俄羅斯近年來經濟成長的主要動力。雖然從 2014 年技術進步促進了美國頁岩油和頁岩氣產量的增加，導致油價與天然氣價格急遽下跌，油價在 40-60 美元間低迷擺盪，但自 2020 年起，新冠肺炎（COVID-19）疫情爆

發，全球油氣需求大幅下降，供過於求，更使得原油期貨價格在 2020 年 4 月跌至負值。又 2021 年起，由於國際疫苗的研發與推出，經濟活動的復甦，經濟生產的增加帶動能源消耗的快速成長，國際原油價格又開始走強（70.91 美元／桶），2022 年俄烏戰爭爆發，俄羅斯目前的經濟情勢充分受益於國際能源市場價格暴漲，目前國際原油價格平均高於 100 美元，6 月到達 120 美元（IMF, 2022）。俄羅斯長期依賴石油與天然氣的出口，石油和天然氣價格的漲跌大幅影響俄羅斯的經濟發展，不僅是俄羅斯的經濟命脈，也影響著普欽的政治前途與外交政策規劃。

　　資源型經濟對於一國經濟發展而言，既是「恩賜」，也是「詛咒」，關鍵在於資源能否促進經濟持續發展（Ross, 1999），而資源型經濟所帶來的危機與風險，正一一應驗在俄羅斯的經濟結構上，且隨著油價的浮動，其脆弱性漸漸浮現檯面，未來俄羅斯經濟的發展，正取決於俄羅斯政府的對此些危機的因應對策。現將此些危機簡述如下：

## （一）過度依賴石油出口，總體經濟易受國際油價波動影響

　　儘管俄羅斯政府每年都提出優先發展經濟的任務，想試圖解決經濟成長中對能源出口的過度依賴性問題，但是每年每當要對國內生產毛額的成長和預算收入作總體性的預測時，卻總還要以每桶石油的價格為依據來衡量。

## （二）能源工業排擠，產業結構失衡

　　雖然有部分說法認為俄羅斯產業結構失衡的原因之一是蘇聯計畫經濟的後遺症導致[3]，但大都不否認能源工業的排擠效應是最主要的原因。

---

[3] 學者認為俄羅斯產業失衡並不是開始於經濟轉型時期，而是出現在蘇聯後期，由於計畫經濟的長期實施，在蘇聯存續的 70 餘年間，各加盟共和國之間有著明確的經濟分工。蘇聯解體後，俄羅斯作為蘇聯版圖上最大的經濟體，繼承了蘇聯時期嚴重失衡的經濟結構。在蘇聯經濟中，工業、建築業、交通運輸業占社會總產值和國民所得的比重過高，服務業所占比重過小，而且工業內部又呈現為重工業和軍事工業所占比重過大。特別是軍事工業，在冷戰結束後，軍工產品的需求急遽減少，國防工業轉型困難及其導致的軍工企業減產直接影響了整個工業生產。

　　蘇聯時期最終產品的競爭力很弱，同時價格嚴重被扭曲，原物料和能源的價格相對比較便宜，而最終產品相對較貴。轉型初期，在開放價格和實施自由化以後，在盧布匯率較低的情況下，原物料和能源性商品的出口就變得非常有利。而在能源價格上漲，國內需求銳減，來自國外的進口商品顯得更有競爭力，如此，最終產品的生產企業不但無法向國外出口商品，也逐步喪失了傳統的國內市場。

　　1990 年代，俄羅斯經濟危機的一個重要表現就是工業生產嚴重下滑，但是不同工業部門下滑的程度是不同的：工業生產中下滑最嚴重的是機器製造、金屬加工和食品工業等最終消費部門，而出口導向的能源工業部門下滑的幅度則相對較小。1998 年金融危機後，俄羅斯經濟因為盧布貶值效應，工業生產逐漸恢復成長，但是工業內部的結構實質上並沒有改變，也就是仍著重在能源工業的生產與出口，隨著國際能源與原物料價格不斷上漲，俄羅斯的產業結構更加惡化，採掘工業生產不斷增加，而製造業尤其是機器製造業發展緩慢，甚至有停滯的現象（Бессонов, 2003: 39）。

## （三）投資環境缺乏穩定性，外資流向能源部門

　　從 2003 年起國際評級機構雖然不斷調高俄羅斯主權信用評級[4]，但俄羅斯實際的投資環境並未得到根本改善，主要在於俄羅斯對於外國投資法規經常變更，政府保護主義、過度干預市場、貪汙、官僚主義和營私舞弊公然盛行，投資者權益無法有效保障等。於是，外資盡量選擇一些很快回收成本，且能在最短期限內將利潤匯出的行業，而外資瞄準了能源業的高營利性，能源成為外資一直以來青睞的行業，因為根據測算，俄羅斯能源

---

[4] 但是自 2022 年 2 月 24 日俄羅斯出兵烏克蘭，標準普爾（SandP）於 2 月 27 日調降俄羅斯長期主權信用評等從 BBB- 下調為 BB+，之後俄羅斯被美歐各國經濟制裁，俄羅斯再連續被調降主權信用評等，3 月 18 日被降為 CC，理由是俄羅斯在美元計價的 2023 年和 2043 年歐洲債券到期時難以償債。2022 年 4 月 8 日，由 CC 再調降為 SD（Selective Default，選擇性違約），係因制裁及歐盟規定。該國政府於 2022 年 4 月 4 日到期時以盧布支付以美元計價的國際債券之利息和本金，但 SandP 認為該國政府將用於償還其本國債券（OFZ）的資金轉移到國內帳戶，部分或全部之非居民債券持有人可能無法收到款項。此外，目前美國制裁授予的豁免於 2022 年 5 月 25 日屆期，導致該國於屆期日後之即時償債能力進一步弱化。

部門的盈利率高達 35-80%，可望很快回收成本。

## （四）鉅額外匯流入國內，通貨膨脹率急速上升

2000 年以來，因著能源出口之鉅額外匯流入國內，在存在著出口結匯制度的情況下，中央銀行大量購買外匯，導致盧布的發行量擴大，加劇了通貨膨脹的壓力，再加上人民收入增加，消費者物價全面上漲，從 2005 年至 2008 年，人民收入增加了 41%，實際工資的上漲帶動了消費信貸的擴張，從而刺激了消費需求，帶動了整體物價快速上漲。俄羅斯 2000 年至 2010 年的通膨率每年都維持在 10-20%，而之後因普欽三任歸位後，民眾抗議聲浪大，普欽政權極力抑制通膨，因此之後從 2011 年起，每年通膨都維持在 6-8%，直到 2015 年俄羅斯面臨歐美制裁，加上油價因為美國頁岩油量產而急遽下跌，導致政府在抑制通膨有心無力，通膨率上升至 15.5%。

# 貳、俄羅斯聯邦獨立後的經濟發展過程

## 一、葉爾欽執政時期（1991-1999）：「震盪療法」經濟震盪

1991 年至 1999 年的經濟危機，實際上可分為兩階段，從表 5-1 所列舉的數字可以看出，第一階段是 1991 年至 1994 年，這是經濟危機最嚴重的階段，因為在蘇聯崩解的 1991 年底，俄羅斯的經濟狀況極度惡劣，通貨膨脹已經達到每月 12% 的水準，GDP 下滑了 13%，對外貿易持續逆差，盧布快速貶值。

在掃除戈巴契夫的殘存政治勢力，並亟欲擺脫共產黨和其他蘇聯共和國牽制的葉爾欽，在首席經濟顧問蓋達的鼓吹下，選擇實施以自由化、私有化和穩定化[5]為主要目標的「震盪療法」。而震盪改革的施行使俄羅

---

5　自由化是指經濟自由化，包括價格自由化、對外貿易自由化、經濟自由化；私有化指國有企業私有化；穩定化指採取緊縮政策，實現財政和貨幣的穩定。

斯經濟迅速惡化，在 1992 年，GDP 與去年同期相比下跌了 14.5%，工業生產下跌了 18%，通貨膨脹率上升了 1490.4%（見表 5-1）。第二階段為 1995 年至 1999 年，震盪療法在總統和國會間的多次的拉鋸戰中屢屢調整和修改方向，最後在 1994 年車爾諾梅爾丁總理任內宣布停止，而改採比較緩和漸進、壓抑通貨膨脹、刺激生產的經濟方案，生產下降速度開始減緩，通貨膨脹率降低，但整體的 GDP 仍然呈現負成長趨勢，人民生活水準低落。而 1998 年的金融風暴，俄羅斯的經濟更加雪上加霜，經濟危機使得俄羅斯國力迅速下滑。

### 表 5-1　俄羅斯 1991 年至 1999 年主要總體經濟指標

| | 1991 | 1992 | 1993 | 1994 | 1995 | 1996 | 1997 | 1998 | 1999 |
|---|---|---|---|---|---|---|---|---|---|
| GDP 成長率 % | -5.0 | -14.5 | -8.7 | -12.6 | -4.1 | -3.8 | 1.4 | -5.3 | 6.4 |
| 工業生產成長率 % | -8.0 | -18.0 | -14.0 | -21.0 | -3.3 | -4.5 | 2.0 | -5.2 | 9.5 |
| 固定資本年成長率 % | -15.0 | -40.0 | -12.0 | -24.0 | -10.0 | -18.0 | -5.0 | -12.0 | 6.4 |
| 通貨膨脹率（CPI）% | 128.6 | 1490.4 | 874.2 | 307.7 | 197.4 | 47.8 | 14.8 | 27.7 | 85.7 |
| 油價（Brent）（美元／桶） | 20.0 | 19.32 | 16.97 | 15.82 | 17.02 | 20.67 | 19.09 | 12.72 | 17.97 |
| 外匯存底（包含黃金）（億／美元） | - | - | 88.9 | 67.4 | 150.1 | 155.2 | 168.1 | 124.8 | 115.0 |

註 1：外匯存底數據資料來源為俄羅斯中央銀行（Банк России），所有數據皆引自當年 12 月數據，但俄羅斯央行資料從 1993 年起，所以 1991 年和 1992 年資料為空白。
註 2：油價數據資料來源為 BP（2022），其餘數據資料來源為世界銀行（2022）。
資料來源：World Bank（2022）；BP（2022）；Банк России（2022）。

## 二、普欽政權時期（1999-2021）：依賴能源經濟高度成長至經濟趨緩

### （一）普欽第一、二任執政時期（1999-2008）：油價高漲，經濟迅速起飛

　　普欽於 2000 年就任總統時，俄羅斯的外匯存底僅有 115 億美元，而外債是 1,330 億美元。而普欽上臺後以兩個經濟目標為優先，其一是設定

一個能極大化市場經濟效益的機制，在保障私人企業利益的同時能與國家利益相輔相成，二是鞏固俄羅斯經濟，隨時能因應危機（Gaddy and Ickes, 2009: 45）。其經濟政策是以全面調整、探索符合本國國情的發展方向、振興經濟、實施強國戰略爲主線；改革和加強國家控制，是這一時期的主要政策特徵。在經濟發展策略方面，制定並實施「2000 年至 2010 年俄羅斯聯邦社會經濟發展戰略」（Strategies of the socio-economic development of the Russian Federation until 2010, «Стратегии социально-экономического развития Российской Федерации до 2010 года»），實施稅收和養老金改革，制定土地法典，大幅度減少創業和經營障礙，啓動公務員制度改革，加快俄羅斯入世談判等（Рогов, 2019）。政治環境方面，普欽任內積極扶持「權力黨」[6]，歷年來，俄羅斯聯邦民主體制最大的缺口就是在於議會的弱勢與政黨的不穩固，這也是西方國家認爲俄羅斯「民主倒退」的理由之一。

　　普欽執政始起，俄羅斯經濟開始有起色，經歷了 1998 年的金融風暴，俄羅斯成長起點是在 1999 年（普欽出任葉爾欽政權總理一職），在此時期可分爲兩個階段，第一階段爲 1998 年至 2002 年，1998 年金融風暴導致的盧布貶值效應帶動國內生產與出口商品增加；第二階段爲 2003 年至 2008 年，國際油價的上漲帶動了整體經濟的成長，高度依賴能源出口型經濟發展模式累積鉅額的外匯存底。

　　2005 年 1 月俄羅斯比預計快 3 年半的時間還清了國際貨幣基金貸款，2007 年外債降至 370 億美元，居民收入增加，擴大了國內消費，出口、投資與消費的增加帶動了經濟榮景，也正是在這個時間點（2004 年），俄羅斯開始建構石油穩定基金（Stabilization Fund），快速累積外匯存底，在 2008 年已累積超過 4,000 億美元。普欽初執政 8 年來俄羅斯國內生產總值

---

6　俄羅斯不存在實質之執政黨，而只有總統支持之「權力黨」，這是俄羅斯國會的主要特點。「權力黨」是蘇聯解體後在俄羅斯出現的特有現象，它不是執政黨，而是受制於總統，是執政者的支撐力量，實施執政者的政治意圖，確保權力的穩定，通過其在議會中的議員代表使執政者的決策合法化，與此同時，「權力黨」也能從執政當局得到有利的資源，確保本身的地位，故「權力黨」與權力當局的關係是互惠的。

總體上成長了 70%，工業成長了 75%，投資成長了 125%。得益於這些指標，俄羅斯重新回到了世界經濟十強的行列。從世界銀行發布俄羅斯經濟報告中可以看見，自 2003 年至 2007 年俄羅斯的 GDP 成長都維持在 6-8%之間（表 5-2），尤其在 2006 年及 2007 年，GDP 更達到 8% 以上，雖然這都得歸功於油價的高漲，但也使得俄羅斯名列「金磚四國」，大幅拉抬了俄羅斯的國際地位。

表 5-2　俄羅斯 2000 年至 2007 年主要總體經濟指標

| | 2000 | 2001 | 2002 | 2003 | 2004 | 2005 | 2006 | 2007 |
|---|---|---|---|---|---|---|---|---|
| GDP 成長率 % | 10.0 | 2.1 | 4.7 | 7.3 | 7.2 | 6.4 | 8.2 | 8.5 |
| 工業生產成長率 % | 12.1 | 5.8 | 3.8 | 9.1 | 9.7 | 4.1 | 4.5 | 4.8 |
| 固定資本年成長率 % | 18.1 | 10.2 | 2.8 | 13.9 | 12.6 | 10.6 | 18.0 | 21.0 |
| 通貨膨脹率（CPI）% | 20.8 | 21.5 | 15.8 | 13.7 | 10.9 | 12.7 | 9.7 | 9.0 |
| 油價（Brent）（美元／桶） | 28.5 | 24.44 | 25.02 | 28.83 | 38.27 | 54.52 | 65.14 | 72.39 |
| 外匯存底（包含黃金）（億／美元） | 276.6 | 372.8 | 482.0 | 681.6 | 1,174 | 1,684 | 2,890 | 4,788 |

註 1：外匯存底的數據資料來源爲俄羅斯中央銀行（Банк России, 2022），所有當年數據皆引自當年 12 月數據。
註 2：油價數據資料來源爲 BP（2022），其餘數據資料來源爲世界銀行（2022）。
資料來源：World Bank（2022）；BP（2022）；Банк России（2022）。

## （二）2008 年金融風暴至 2014 年克里米亞危機：油價持續攀升至高點（2009 年因金融危機下降除外），但經濟成長卻趨緩

2008 年下半年金融風暴席捲全球，全球經濟遭受重創，但每個國家的受創程度卻輕重不一，越是經濟高度發展國家，受創程度越高，因爲此次的金融危機肇始於已開發國家，隨後肆虐全球，暴露出當前國際金融體系的弊端——信用泡沫、房地產泡沫和金融監管系統的嚴重失誤。而對於發展中國家或原物料豐富國家而言，其實大部分是受到外資大規模撤離、全球需求突然降低及國外借貸緊縮的因素衝擊到國內經濟。

　　資源型經濟的俄羅斯，從 2002 年以來，其產業發展迅速，稅收的大幅成長主要得益於良好的國際市場行情，也就是石油、天然氣以及各類金屬材料的國際市場價格上漲（Aslund, 2004）。這種局面導致俄羅斯預算體系對能源出口的依賴性越來越大。「荷蘭病」所帶來的效應已逐漸影響俄羅斯經濟，在世界出口市場的分析中，在中高技術產品的出口方面，俄羅斯甚至不如巴西、中國和土耳其。而它甚至無法與低工資的亞洲生產製造國相競爭，也許，如同普欽所計畫，可將發展領域建構在過去威風一時的軍事相關高科技方面產業，如航太工業，但卻因為能源利基過大，而導致經濟結構扭曲，而未著手實施。更糟的是，國內工業產出和進口相比相對弱勢。原物料的大量出口拉抬了匯率，卻使得其他產業在國際上的競爭力相對降低，這也許就是所謂的「原物料詛咒」（Hanson, 2007: 874-75）。

　　因此，與其說是 2008 年的金融危機導致俄羅斯整體經濟衰退，倒不如說是油價大幅度下滑，結合自二次世界大戰以來最惡劣的國際經濟環境，使得俄羅斯潛藏在 2000 年至 2008 年經濟榮景下，因為過度依賴石油出口的金融與產業危機，一一浮上檯面，而此些危機的效應已大量衝擊到國內經濟，國內需求也被突然的高失業率和國民淨所得減少而限制住，Subbotina（2007: 30-54）認為俄羅斯之所以陷入高度依賴能源出口的產業窘境，是在於政府沒有作好長期的經濟規劃。

　　綜觀 2008 年至 2014 年的俄羅斯經濟，2008 年受到全球金融風暴影響，全球需求不景氣、日用品價格下跌以及信貸緊縮威脅企業生存等，都成為影響俄羅斯經濟發展的重要因素。根據世界銀行統計（見表 5-3），自 2008 年起俄羅斯的 GDP 成長率，從 2007 年 8.5% 掉到 5.2%，工業生產成長率從 2007 年的 4.8% 降到 1.9%，2009 年 1 月負成長 16%，2 月負成長 13.2%。而信用緊縮、全球需求驟降、全球經濟的不確定性及失業率的成長，對於俄羅斯的投資與消費成長率造成了極大的傷害，此反映出俄羅斯銀行單位流動資金問題的惡化與因此導致的信用危機。

表 5-3　俄羅斯 2008 年至 2014 年主要總體經濟指標

| | 2008 | 2009 | 2010 | 2011 | 2012 | 2013 | 2014 |
|---|---|---|---|---|---|---|---|
| GDP 成長率 % | 5.2 | -7.8 | 4.5 | 4.3 | 4.0 | 1.8 | 0.7 |
| 工業生產成長率 % | 1.9 | -10.4 | 6.6 | 6.4 | 3.6 | 0.4 | 0.1 |
| 固定資本年成長率 % | 10.6 | -14.4 | 5.9 | 9.1 | 6.2 | 1.9 | -2.1 |
| 通貨膨脹率（CPI）% | 14.1 | 11.6 | 6.8 | 8.4 | 5.1 | 6.8 | 7.8 |
| 油價（Brent）（美元 / 桶） | 97.26 | 61.67 | 79.50 | 111.26 | 111.67 | 108.66 | 98.95 |
| 外匯存底（包含黃金）（億 / 美元） | 4,271 | 4,476 | 4,830 | 5,109 | 5,282 | 5,155 | 4,188 |

註 1：外匯存底的數據資料來源為俄羅斯中央銀行（Банк России, 2022），所有當年數據
　　　皆引自當年 12 月數據。
註 2：油價數據資料來源為 BP（2022），其餘數據資料來源為世界銀行（2022）。
資料來源：World Bank（2022）；BP（2022）；Банк России（2022）。

　　2009 年全球金融明顯惡化，乃至於石油價格下降至為每桶 61.67 美元，2009 年俄羅斯 GDP 成長至 -7.8%，而世界銀行於 2011 年 9 月發布的俄羅斯「No.26 經濟報導」也指出俄羅斯在 2009 年 -7.8% 的 GDP 成長率與 2010 年 GDP 恢復為 4.5% 的成長率，主因皆是因為國際油價漲跌（World Bank, 2011: 1-6）。因此，國際能源價格的高漲，不僅有助於俄羅斯經濟成長，同時在徹底有效地掌握油氣能源，也成為中央再集權的重要動力與誘因。

　　值得注意的是，2011 年起國際油價急遽上漲，油價飆至每桶 111.26 美元，但是這波高漲的油價卻沒有讓俄羅斯的 GDP 再上高峰，反而都維持在 4-5% 之間，原因可能在於俄羅斯長久以來的資源型經濟結構，再加上 2012 年普欽要回歸總統之位，檯面下以資源利益交換菁英的忠誠，更加強了中央集權國家下恩庇侍從的風氣，這樣特有的制度風險，由於龐大的自然資源利益驅使，也由於大量的能源出口常伴隨著貪汙舞弊，和所得分配不均與貧富差距拉大，長期而言，已經導致經濟成長趨緩下降。

### （三）2015年至2021年歐美經濟制裁和新冠肺炎疫情：經濟危機與停滯

　　2014年，俄羅斯與美國、歐盟等西方國家因為烏克蘭危機，爆發了冷戰後最嚴峻的地緣政治衝突。美國、歐盟以克里米亞併入俄羅斯和烏克蘭東部自行宣布獨立、敘利亞化武危機、俄干預美國大選（通俄門事件）、俄特工在英國中毒案等多種理由，發起了對俄經濟制裁。儘管普欽宣稱，俄羅斯經濟在長期制裁下情況一切正常，但制裁的影響和作用不容小覷。制裁與油價下跌的疊加效應，惡化了俄羅斯的投資環境，嚴重打擊了投資者的信心，引發資本大規模外流，導致俄羅斯於2015年的GDP自2009年來首見負成長（-2.0），再次引發經濟危機。

　　2019年8月，國際貨幣基金發布的「2019年俄羅斯經濟報告第19/260號」（Russian Federation 2019: IMF Country Report No. 19/260）指出，自2014年以來的西方制裁和全球油價下跌等種種不利因素，導致俄經濟年平均成長率低於預期；其中制裁使俄經濟成長率年平均下降0.2%，油價下跌使經濟年均下降0.65%（IMF, 2019），由此可見，制裁對於俄羅斯的GDP下滑雖有影響，但卻不是最主要的因素，造成俄羅斯GDP負成長的原因乃是急遽下滑的原油價格（見表5-4）。

### 表5-4　俄羅斯2015年至2021年主要總體經濟指標

| | 2015 | 2016 | 2017 | 2018 | 2019 | 2020 | 2021 |
|---|---|---|---|---|---|---|---|
| GDP 成長率 % | -2.0 | 0.2 | 1.8 | 2.8 | 2.2 | -2.7 | 4.8 |
| 工業生產成長率 % | -0.8 | 1.7 | 1.8 | 2.9 | 1.6 | -2.3 | 4.9 |
| 固定資本年成長率 % | -10.6 | 1.3 | 4.7 | 0.6 | 1.0 | -4.4 | 7.0 |
| 通貨膨脹率（CPI）% | 15.5 | 7.0 | 3.7 | 2.9 | 4.5 | 3.4 | 6.7 |
| 油價（Brent）（美元／桶） | 52.39 | 43.73 | 54.19 | 71.31 | 64.21 | 41.84 | 70.91 |
| 外匯存底（包含黃金）（億／美元） | 3,647 | 3,852 | 4,316 | 4,621 | 5,420 | 5,826 | 6,225 |

註1：外匯存底的數據資料來源為俄羅斯中央銀行（Банк России, 2022），所有當年數據皆引自當年12月數據。

註2：油價數據資料來源：BP（2022），其餘數據資料來源為世界銀行（2022）。

資料來源：World Bank（2022）；BP（2022）；Банк России（2022）。

　　2015 年美國因為開採頁岩油、氣的量產技術突破，而大量生產並出口頁岩油、氣[7]，石油價格從 2014 年的每桶 98.95 美元，2015 年降至 52.39 美元、2016 年更降至 43.73 元，雖然 2018 年因 OPEC 減產而導致油價上升至 71.31 元，但是 2020 年卻由於 COVID-19 疫情影響，全球運輸量下滑，導致全球石油需求大幅下降，原油價格降至 41.84 元，而後隨著疫情減緩，商品貿易增加，需求回升，原油價格從 2021 年開始上升至 70.91 元。因此，2015 年至 2016 年俄羅斯發生經濟危機，2017 年至 2019 年國家經濟處於停滯狀態，最主要的因素仍是面對國際油價的經濟脆弱性。這一時期，俄羅斯總體經濟形勢受到油價的制約，包括消費者需求、固定資本投資、對外貿易環境都受其影響，而俄羅斯緊縮的貨幣政策和財政政策，進一步削弱了經濟成長。2016 年至 2019 年，俄 GDP 年平均增長率僅為 0.5%，低於預期 2%（IMF, 2019）。

　　俄羅斯經濟陷入持續低成長，表明其經濟成長的根本動力不足。自 2003 年以來，俄羅斯經濟成長動力就是石油、天然氣出口資源依賴。普欽執政 20 餘年，經濟成長高度依賴能源部門，也對其他產業產生虹吸效應，出口成長換來的超額收益，支撐了俄羅斯的投資性消費和居民最終消費，促使俄羅斯國內所有生產要素流向資源型行業，資源收益又導致俄羅斯國內對製造業產品需求的提升，但由於俄本土製造業競爭力低落，於是大量進口國外民生製造品。因此，強化了以出口資源換取外匯，從國外進口民生製造品，從而進一步擠壓國內製造業發展空間的惡性循環，這樣的惡性循環導致俄羅斯製造業進一步萎縮，和工業內部結構進一步原物料化（李建民，2019：10-12）。

　　2019 年底以來爆發的新冠肺炎疫情，及 2020 年初在沙烏地阿拉伯、俄羅斯新一輪減產協定談判破裂雙重衝擊下，國際原油價格急遽下跌，使歷經西方制裁 6 年的俄羅斯經濟又遭受新的打擊，油價下跌對俄羅斯的直

---

[7] 美國因頁岩油、氣大量生產，以及美國其他能源政策的影響，美國進口能源占美國總能源需求的比例直線下降，2007 年還占 29%，2011 年只占 19%，EIA 預估到 2040 年將僅占 9%，此外，頁岩氣使美國自 2015 年起就成為頁岩油、氣出口國。美國從能源進口大國轉變成為能源自給國，甚至成為能源輸出國。

接影響表現在預算收入減少、盧布匯率大幅波動、股市波動等。也因為全球經濟也隨著新冠肺炎疫情而大幅萎縮，俄羅斯的 GDP 於 2020 年又陷於負成長，低至 -2.7，成為普欽政權期間的第二低（2009 年為 -7.8）。但是隨著 2021 年中開始，歐洲乃至於世界各國陸續走出新冠疫情，復工復產，經濟生產的增加帶動能源消耗的快速成長，國際原油價格又開始走強，俄羅斯經濟在油價的推波助瀾下，GDP 在 2021 年又回升至 4.8。

　　值得注意的是，由於 2014 年後美國、歐盟對於俄羅斯的經濟制裁，反而刺激俄羅斯的內需與農業成長，俄羅斯從 1996 年至 2000 年間，每年 300 萬公噸（年均）的糧食淨進口國，轉變為 2017 年至 2019 年間，每年 4,700 萬公噸的糧食淨出口國，尤其是小麥，因此近年來它已取代美國成為世界最大的小麥出口國。在 2017 年至 2018 年間，俄羅斯提供了 10-13% 的世界糧食出口和 20-23% 的小麥出口（USDA, 2021）。

　　俄羅斯的農業大幅成長並成為世界主要的糧食出口國，主要原因有二：

1. 從 2010 年至 2015 年，政府專注於提高生產力的投資和農耕技術改良外，俄羅斯農耕機械設備投資實際增加了 120%（Gokhberg et al., 2017; Kuzminov et al., 2018）。

2. 2014 年，烏克蘭的衝突導致俄羅斯與美國和其他主要西方國家的關係緊張，這些國家對俄羅斯實施了經濟制裁。作為回應，俄羅斯對實施制裁的國家實施了許多農產品和食品的進口禁令。進口禁令引起進口食品價格上漲，盧布貶值也間接地抬高了進口商品的價格，但卻使俄羅斯農業產品形成了進口替代，禁令帶來的更高價格和貿易保護刺激了俄羅斯本地的農業生產和消費（Liefert and Liefert, 2020）。

## 第三節　俄羅斯的能源戰略與實施

　　冷戰結束後，國際能源的日益短缺與競爭使得國際政治經濟格局處於變動之中，911 恐怖主義主義事件、伊拉克戰爭更是印證了經濟競爭滲透

進政治利益衝突，政治利益衝突又推動著經濟競爭或對抗，由此可見，能源一直是國際政治經濟大競賽的一個關鍵領域。能源資源，特別是石油和天然氣作為一種在世界各國分布極不均衡的不可再生資源，在世界各國能源需求量急遽膨脹的情況下，已成為影響現代國際關係的一個重要因素。而能源市場獨立於國內外的市場機制，其穩定往往從屬於國家的政治或軍事目標，對能源生產國而言，能源產地與通道運輸一直帶著濃濃的傳統地緣政治色彩。

從 1991 年前蘇聯解體後，經歷了葉爾欽時期（1991-1999）的經濟動盪與國際地位衰退的影響，俄羅斯一直將能源視為其東山再起的條件。近年來，全球能源價格不斷攀升，全球能源需求不斷升溫，為俄羅斯利用能源復興大國地位提供了難得的機遇。

從前面的分析可以看見，俄羅斯是高度依賴能源出口的資源型經濟國家，與其說原物料是俄羅斯產業的重心，倒不如說原物料出口貿易是俄羅斯經濟成長的實際動力。蘇聯時期是外貿商品結構嚴重畸形的封閉型經濟，俄羅斯聯邦自 1991 年獨立後立即實施對外貿易自由化，其資金密集型的重工業產品由於生產和技術大幅落後，難於和西方競爭。為了取得短缺的外匯資金，俄羅斯不得不大量出口能源原物料，成為為世界經濟中心提供原料的「外圍國家」，造成了俄羅斯經濟結構的「邊緣化」（Спартак, 2004: 246）。

長期以來，俄羅斯出口商品構成中，資源能源類產品占 65-70%；進口商品構成中，高技術和製造業產品為第一大項，占 60% 以上。據俄羅斯工業貿易部資料，截至 2014 年西方發起對俄制裁時，俄羅斯約一半的工業部門中，進口產品占同類產品銷售總量的 50% 以上。因此，俄羅斯出口商品結構呈現三個典型特徵：一是俄羅斯出口商品中原物料的比例過高，且有持續增加的趨勢；二是俄羅斯的出口商品中，機器設備所占的比例不斷下降；三是工業品出口在俄羅斯的出口總額中所占比重較低。而俄羅斯最主要的進口商品為機器設備和運輸工具、食品和生產用農業原料、化工製品和橡膠。

因此，油氣資源出口是俄羅斯的經濟命脈，為了能掌握國家油氣資源，促使俄羅斯再走向中央集權化，因此，隨著原物料能源價格的升高，俄羅斯對原物料礦產能源出口的依賴不斷增加，普欽政權越來越希望能徹底掌控原物料、礦產和能源利益，以提高聯邦中央的支配權力。在能源型經濟與中央再集權政策緊密連結之下，俄羅斯對於能源的掌控更為嚴格把關。

## 壹、俄羅斯能源戰略

2003 年俄羅斯公開宣布第一個能源發展戰略，此後每 5 到 6 年更新一次，以此來適應外部經濟環境和國際能源局勢的變化。俄羅斯先後共發布了 4 版「能源戰略」，分別為「俄羅斯聯邦 2020 年前能源戰略」（2003年）（Russia's Energy Strategy to 2020, Энергетическая стратегия России на период до 2020 года）、「俄羅斯聯邦 2030 年前能源戰略」（2009 年）（Russia's Energy Strategy to 2030, Энергетическая стратегия России на период до 2030 года）、「俄羅斯聯邦 2035 年前能源戰略」（2014 年）（Russia's Energy Strategy to 2030, Энергетическая стратегия России на период до 2035 года）、「俄羅斯聯邦 2035 年前能源戰略（修訂版）」（2020 年），這些戰略規劃了俄羅斯本國能源發展目標、任務、方向和主要措施。

普欽於 2000 年執政時，俄羅斯的經濟情勢明顯好轉，國際石油價格也開始向上攀爬，能源部門成為俄羅斯經濟的核心支柱，國家財政收入和外匯的最重要來源，無論國內或國外對於俄羅斯的油氣資源利益的角逐日益激烈。

　　2003 年的「尤科斯（Yukos, ЮКОС）事件」[8] 是俄羅斯能源政策的主要轉折點，也是俄羅斯石油公司國營化發展的起點，並且顯然預示著普欽政府有意強化對俄羅斯石油公司的控制。

　　於是，2003 年 8 月 28 日俄羅斯聯邦政府批准通過第 1234-R 號「俄羅斯聯邦 2020 年前能源戰略」，又稱「俄羅斯能源戰略」，設定了俄羅斯能源發展的優先方向，明確規定「能源是俄羅斯發展經濟的基礎和推行內外政策的工具」，要擴大能源出口，開發新的能源銷售市場，多樣化能源供給市場，開採其他國家領土的資源，強化俄羅斯公司在國內市場的運作，與外資簽訂長期合約藉以發展國內自然資源，並規範外資進入原物料開發，維持國家控制對油氣探勘開發與運輸路線的戰略性決策（Министерство промышленности и торговли Российской Федерации, 2003）。

　　據此，2004 年開始，俄羅斯政府轉向國家主權主義（statism），將石油、天然氣與重要地下礦產資源鎖定控制「戰略」（strategic）部門[9]（Hanson, 2007: 879-883），特別是原物料部門的石油。因此，相關能源產業從政府部門作垂直整合（見圖 5-2），對於戰略部門的具體決策都需由總統、總理及相關顧問來決定（Balzer, 2005: 21-24），而總統是最後的決策者，副總理則負責監控與協調石油公司來提高石油生產、改進稅收制度和籌建東向輸油管線；能源部（Ministry of Energy, Министерство энергетики РФ）、自然資源與環境部（Ministry of Natural Resources Environment, Министерство природных ресурсов и экологии）和其他相關機構來負責監管俄國的石油公司的生產運作（Kroutikhin, 2008: 28-31）。

---

8　尤科斯公司總裁霍多爾科夫斯基 2003 年 6 月被捕入獄。2003 年 12 月，尤科斯公司被宣布為拖欠稅款的公司，並被要求向俄羅斯聯邦政府支付罰金，2004 年 12 月尤科斯公司將其主要子公司 Yuganskneftegaz（Юганскнефтегаз）轉讓給 Rosneft 公司。這些事態發展預示著，俄羅斯聯邦政府打算最終解散尤科斯公司。俄羅斯政府將對一些石油生產、煉油和石油產品銷售於公司進行拍賣。2006 年 8 月 1 日尤科斯公司被法院宣告破產。2010 年尤科斯公司於歐洲人權法庭（The European Court of Human Rights, ECHR）正式向俄羅斯政府提出訴訟（BBC, 2010a）。

9　除了石油和天然氣外，現在更逐步擴大到銀行和國防相關工業。

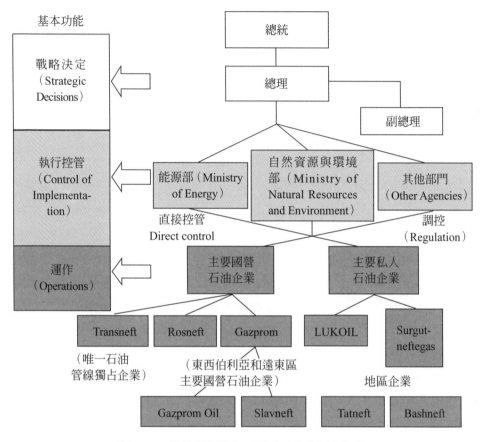

**圖 5-2　俄羅斯石油工業之主要決策角色**

資料來源：作者參考 Eder et al.（2009: 225）修改而成。

　　一般而言，能源商業活動鏈由三個基本要素組成，即能源的生產、運輸和加工銷售。在油氣領域，這些要素包括探勘和開發（上游），油氣運輸（中游），終端產品的加工、批發和零售（下游）。只有大型的公司有能力涉及兩個或三個領域，而大多數公司基本上專門從事一個領域的業務。俄羅斯主要的大型石油公司，最主要有包含上游油氣探勘和開發與下游終端產品的加工、批發和零售，兩個國營企業，「天然氣工業公司」（以下簡稱 Gazprom）（包括 Gazprom neft «Газпромнефть» 和 Slavneft

《Славнефть》）和「俄羅斯石油公司」（以下簡稱 Rosneft）；兩個民營企業 Lukoil（Лукойл）和 Surgutneftegaz（Сургутнефтегаз）（忠於中央指示）；兩個地區企業 Tatneft（Татнефть）和 Bashneft（Башнефть）。至於中游的運輸則由國營企業「石油運輸管道公司」（以下簡稱 Transneft）獨占（Eder et al., 2009: 224）。

　　再者，俄羅斯中央政府堅持所有的出口輸送管都必須爲國營企業 Transneft 所控管，也凍結了私人企業建造及管理新輸送管線的申請。而除了上述之大型石油企業外，俄羅斯的石油公司與大多數西方國家不同，僅從事石油貿易活動。而天然氣的開採、運輸與銷售則由 Gazprom 統一負責，國家擁有該公司約 40% 的股份。

　　由於 2008 年底爆發的全球金融危機，2003 年之「2020 年前俄羅斯能源戰略」中的一系列主要指數都需重新審議，因此，2009 年 11 月 13 日俄羅斯聯邦政府批准通過第 1715-R 號「俄羅斯聯邦 2030 年前能源戰略」，又稱「新俄羅斯能源戰略」，該戰略旨在最大範圍內地提高自然資源利用率，以確保經濟穩定發展，提高居民生活品質，鞏固俄羅斯的國際地位。因此，俄羅斯新「能源戰略」的戰略目標是，將自身的能源資源潛力達到最有效地利用，藉此強化俄羅斯在世界能源市場中的地位，並爲國家經濟得到最大利基。「俄羅斯聯邦 2030 年前能源戰略」分爲三個階段實施：第一階段：克服金融危機對能源領域的影響，爲後金融危機時期加速發展創造條件，並對燃料能源行業進行現代化改造；第二階段：在落實燃料能源行業創新發展的基礎上，整體提高能源和經濟領域的能源利用率；第三階段：實現對傳統能源的高效利用，並爲向新能源過渡創造有利的條件（Министерство энергетики РФ, 2009）。

　　2014 年頒布「2035 年前之能源戰略草案」及最新的 2020 年由總理米舒斯京（Mikhail Mishustin, Михаил Мишустин）批准能源部提交的「俄羅斯聯邦 2035 年前能源戰略」。2014 年的「俄羅斯聯邦 2035 年前能源戰略草案」提出了包括降低經濟發展對能源的依賴程度、調整能源結構、加大能源科技創新、拓展亞太市場等一系列措施。其中，降低對能源的依賴及提高對亞太地區的出口成爲重點。2020 年新版戰略根據近年來國際

能源格局變化，對 2014 年版本能源戰略進行了完善及調整，新版戰略認為，OPEC 減產協議及美國頁岩油氣對俄能源產業的衝擊將具有長期性。在滿足國內能源需求的基礎上，如何穩固俄在國際能源市場上的地位，成為此次新版戰略的核心內容（Министерство энергетики Российской Федерации, 2020）。這兩個能源戰略對能源需求的滿足都有相同的共同點，俄羅斯國內對能源需求的穩步上升要求，第一優先是首先要滿足國內能源供給，第二優先則是滿足歐亞區域內前蘇聯國家的需求，最終目標為加大出口及穩固俄在世界能源市場格局中的地位。普欽領導下的俄羅斯政府以前述能源戰略為導向，一方面推動了本國油氣產量及出口能力的增加，從而擴大了在世界油氣市場上的地位，另一方面，更利用俄羅斯的能源政策作為其外交政策上的工具，尤其針對前蘇聯國家 [10]——獨立國協國家，發展在「歐亞經濟聯盟」（Eurasian Economic Union, EAEU, Евразийский экономический союз, ЕАЭС）內的能源合作（Медведев, 2016）。

　　綜觀這些能源發展戰略，可以歸納出幾個特點：

1. 能源安全和發展是俄羅斯能源戰略制定的第一要務：透過出口高品質的能源資源和發展進口替代來促進俄羅斯經濟增長，減輕能源價格波動對其經濟的負面影響，提升俄羅斯在國際能源市場領導者的地位與國際競爭力。

2. 遠東和北極地區的重要性：遠東地區和北極在俄羅斯國家政治經濟領域的戰略性日漸突顯（尤其在 2014 年之後），由於這兩個地區的能源資源儲量豐富和地緣政治價值，因此被賦予了特殊的能源戰略意義。

3. 能源發展滿足需求順位第一是國內需求，第二為前蘇聯國家，第三是鞏固歐洲市場，第四則是亞太地區，但 2014 年頒布「俄羅斯聯邦 2035 年前能源戰略草案」及最新 2020 年的「俄羅斯聯邦 2035 年前能源戰略」，亞太地區、中國、太平洋等詞語的關鍵性質逐步提升，表明俄

---

10 本章節所說之前蘇聯地區國家，主要是以 1991 年參與「獨立國協」國家，因此並不包含波羅的海三小國。

羅斯正穩步推進實施亞太戰略，保障俄羅斯在亞太市場的地位，實現能源出口路徑多元化，確保國家能源安全。

## 貳、俄羅斯能源戰略的國內運作

俄羅斯對於能源戰略的最終目的是國家安全，包含地緣政治安全、能源安全和國家安全。俄羅斯能源戰略運作的互動主體為俄羅斯政府與國外投資商（通常是跨國石油公司），國外投資商雖是跨國企業，但在俄羅斯強勢的能源戰略及國家主權至上的俄羅斯大國思想下，純經濟合作如隨著國際環境變遷而察覺利益受損，尤其是在戰略部門，則會動用種種調控（regulation）手段來迫使國外投資商屈服。再者，莫斯科當局與國外投資商是屬於權力不對稱關係，因此國外投資商趨於劣勢，但此也顯示俄羅斯的投資環境依舊極為惡劣。

普欽政權於能源的國內戰略運作為確保國內能源需求安全，包含能源價格、產地與相關能源公司之投資比率等，以國內能源需求為最優先，次而考慮國外需求。其對於外資最欲接觸的油氣與地下礦產資源等戰略部門的調控運作方式可以下列兩個莫斯科當局與外資的互動來說明之：一、訂定相關法律與投資條款，使得外資除非經由聯邦中央決策，才能有限度地參與相關投資計畫或參與公司運作；二、對 1990 年代中期按產品分成協議（Production Sharing Agreements, PSAs; Соглашение о разделе продукции в сфере нефтедобычи, СРП）的外資參與俄羅斯境內油氣田專案進行調節外資持股管控（Sevastyanov, 2008: 42-44）。

## 一、外國戰略投資法

2005 年國家杜馬通過，2006 年生效的新「礦產資源法」（New Mineral Resources Law）明確規定礦產資源只歸聯邦中央所有，將礦產資源收歸中央管控。並取消了地方政府批准和監管自然資源開發的權力，此進一步加強中央集權的同時，也更加嚴格限制了外資對於俄羅斯資源礦產

的涉入程度。

　　俄羅斯政府並於 2008 年 5 月頒布了於 4 月 29 日簽署的聯邦法第 57-FZ 號「關於外國投資者向對俄羅斯聯邦國防和安全具有重要意義的商業主體進行投資的程式的聯邦法律」，簡稱「外國戰略投資法」（Federal Law No. 57-FZ "On Foreign Investments in Legal Entities of Strategic Importance to the National Defense and State Security of the Russian Federation", the Foreign Strategic Investment Law or "FSIL", Федеральный закон № 57-ФЗ «О порядке осуществления иностранных инвестиций в хозяйственные общества, имеющие стратегическое значение для обеспечения обороны страны и безопасности государства», Закон о стратегических иностранных инвестициях или ЗСИИ），該法律成爲俄羅斯管理外國投資者在俄羅斯的戰略部門進行投資的最新法律依據。此法定義包含地下礦產資源等 42 項對俄羅斯經濟具有戰略重要性的產業，統稱爲「戰略部門」（Strategic Company, Хозяйственное общество, имеющее стратегическое значение）[11]，關於該法的主管審核單位爲聯邦反壟斷局（Federal Antimonopoly Service, FAS, Федеральная антимонопольная служба или, ФАС），但最後的決定權卻是在總理領導的「俄羅斯外資監督政府委員會」（State commission for the Control of Foreign Investment in the Russian Federation, Правительственная　комиссия по контролю за осуществлением иностранныхинвестиций в Российской Федерации）。該法規定了 42 類行業屬於戰略部門，其中包括核能、太空航行業、航空業、武器生產與銷售、軍事和特種設備生產和銷售、在聯邦級礦產地進行礦產地質探勘和開採等。

　　該法對外資認定採取兩種標準，一是外國政府、國際組織或者出於國際組織控制下的機構，二是一般外國投資者。

---

11 戰略部門包含國防、核能、某些運輸活動（包括機場、海港、鐵路和輸油氣管道），某些電信和媒體業務（但不包括與網路有關的業務），某些電力和供熱相關的公司，漁業和特種金屬等「敏感」（sensitive）的產業。

　　基於安全理由，對於第一種外資，也就是國家等級，規定最為嚴格。此種外資如欲購買俄羅斯戰略部門企業 25% 以上的股份，必須得到「俄羅斯外資監督政府委員會」的批准。

　　而一般投資者（第二種）持有戰略性部門公司 50% 以上股份，就被視為「控制」（control, контроль），如果外國投資者希望獲得對某個戰略性部門公司的控制權（直接或間接），則該投資者必須和執法機關協商，獲得政府的審核同意（第 3.1 條第 3 項和第 5 條）。而該法更針對地下礦產資源，或稱戰略領域（subsoil area of federal importance or Strategic Field, Хозяйственное общество, имеющее стратегическое значение и осуществляющее пользование участком недр федерального значения）（第 6 條）訂出了嚴格的外國投資規定。根據該法，如果持有某戰略性地下礦產公司 10% 以上的股份，也會被政府當局視為「控制」（第 5.3 條），也就是說，外國公司收購戰略性地下礦產公司，如石油、天然氣等，不得超過 10% 的股份，而且也無法經由委外經營的方式取得經營權。如果持股超過 5%，應事先向政府相關部門提出戰略投資審核批准申請。

　　「外國戰略投資法」要求外國投資者優先考慮與 Rosneft、Gazprom 等國營大型油氣公司展開合作，鼓勵國內油氣公司或企業與外資簽訂長期油氣供給契約，或是乾脆避開「外國戰略投資法」對外資的限制，加強對非戰略部門油氣資源項目的投資或收購（馮方、許升輝、許敏，2010：67）。

## 二、產品分成協議

　　1995 年 12 月 6 日俄羅斯國家杜馬批准通過第 225-FZ 號「聯邦產品分成協議法」（On Production Sharing Agreements, «О соглашениях о разделе продукции»），1999 年 1 月俄頒布了「對『俄聯邦產品分成協議法』進行修改和補充的聯邦法」（On Amendment and Additions to the Federal Law "On Production Sharing Agreement", «О внесении изменений и дополнений в Федеральный закон ‹О соглашениях о разделе продукции›»），修改和

補充主要涉及一些限制性條款（Государственная Дума, 2000）。該法是一部調節國內外投資者在俄境內投資尋找、勘探和開採礦物資源及有關活動的聯邦法，投資者有權按協議進行上述作業，並由自己承擔費用和風險。產品分成基本分為三部分：1. 回償產品（compensation products, Компенсационная продукция）歸投資者所有，用以沖抵其執行協議的費用支出；2. 盈利產品（profitable products, прибыльная продукция）由國家和投資者按產品分成比率分享，部分歸投資者，部分作為國家盈利稅收，而產品分成比率取決於油田的開發利潤；3. 使用費，為投資者將所得利潤按協議之利潤分成參數上繳國家，作為資源開發和利用的各項費用。

　　該法的制定是因為俄羅斯缺乏開發當地油氣田的資金，同時也是為了避免油氣勘探、開發的巨大經濟風險，因此為了吸引大型的國外投資者，其簡化了投資者與國家之間的相互關係，尤其是在稅收部分，即徵稅基本上是按協議條款分配產品所取代。且在協議有效期內，投資者免交除利潤稅、資源使用稅、俄籍僱員的社會醫療保險費和俄羅斯居民國家就業基金費以外的其他各種稅費。俄政府希望透過這種方式吸引更多外國投資，把外國投資吸引到開採條件較差的礦區和礦種，而對於投資者的資金投入、生產技術水準、生態汙染控制技術提出了較高要求。俄多數地方政府因能從中得到實惠而贊成該法，而反對產品分成協議法的主要是以俄石油公司為代表的生產企業。

　　但，由於行政管理機構繁多，審批程式複雜，官僚行政作風拖延，造成投資商的退稅困難，而從 2001 年開始，俄羅斯進行全面的稅制改革，2002 年俄羅斯開徵統一的礦產資源開採稅，簡化了石油部門的稅制，這使得產品分成協議對外資的吸引力降低，故產品分成協議自實施以來，僅執行了三個專案協議，均是在 1990 年代中期簽署，因是各個油田的石油儲量和投資費用有所不同，因此，各個專案的經濟效益也不同。兩個在薩哈林島 [12]（Sakhalin, Сахалин）大陸架，分別為「薩哈林1號」（Sakhalin-1,

---

[12] 薩哈林島，中國習稱「庫頁島」。

Сахалин-1）專案 [13]，主要投資商爲埃克森美孚公司（Exxon Mobil），和「薩哈林 2 號」專案（Sakhalin-2, Сахалин-2）[14]，主要投資商爲合資企業「薩哈林能源」公司（Sakhalin Energy），最初最大股東爲英荷皇家殼牌公司（Royal Dutch Shell），2007 年 Gazprom 買了 50% 加一的股份而成爲最大的股東。還有一個在涅涅茨自治區的「哈里亞克」專案（Kharyaga, Харьяга）[15]，主要外商爲法國達道爾公司（Total）。

自 2000 年以來，國際石油價格逐年高漲，而上述協議是在特定的經濟、政治及特定石油價格（如簽訂「哈里亞克」產品分成協議時的石油價格爲 16-18 美元／桶）條件下簽署的。因此，在石油價格大約都維持在 70-90 美元／桶的近幾年來，俄羅斯政府開始認爲當年簽訂的協議是無利可圖，要求重新協議。

再者，除了投資商上繳的使用費外，盈利稅收是投資商先扣除回償產品費後才依產品分成比率上繳，而 2005 年宣稱因鋼鐵價格飆漲及盧布升值因素，英荷皇家殼牌將「薩哈林 2 號」專案之成本上修兩倍至 200 億，埃克森美孚公司將「薩哈林 1 號」專案之成本提高 30% 至 170 億，此舉大大降低了莫斯科的盈利稅收，並引起外商與莫斯科之間的不滿與衝突。

根據俄羅斯能源生產的明確規定，石油、天然氣開採和運輸專案必須透過國家生態鑑定。因此，2006 年俄羅斯政府正式採取行動，自然資源

---

[13] 「薩哈林 1 號」專案是俄最大的外商投資專案之一。1995 年 6 月 30 日，俄羅斯政府與相關投資商簽訂該專案的產品分成協議，該專案由美國埃克森美孚公司（持股 30%）、日本薩哈林石油和天然氣發展公司（Sakhalin Oil and Gas Development Co. Ltd.）（持股 30%）、印度石油天然氣公司（ONGC Videsh Ltd.）（持股 20%）和 Rosneft（持股 20%）共同參與實施。專案主要內容是開發薩哈林沿岸大陸架上的三個油氣田——柴沃（Chayvo, Чайво）、奧多普圖（Odoptu, Одопту-море）和阿爾庫通達吉（Arkutun-Dagi, Аркутун-Даги）。

[14] 「薩哈林 2 號」專案是俄羅斯與外國企業最早在石油、天然氣領域開展國際合作的一個重大專案。1994 年 6 月 22 日，俄羅斯政府和薩哈林州政府代表石油、天然氣資源的所有者，與三井物產株式會社（Mitsui）（持有 25% 的股份）、三菱商事株式會社（Mitsubishi）（持有 20% 的股份）、英荷皇家殼牌公司（持有 55% 的股份）組成的「薩哈林能源」（Sakhalin Energy）投資公司簽訂了產品分成協議。專案主要內容是開發皮利通－阿斯托赫（Piltun-Astokhskoye, Пильтун-Астохское）油田和隆斯克（Lunskoye, Лунское）油氣田。

[15] 「哈里亞克」專案是法國道達爾公司和俄羅斯政府於 1995 年 12 月在開發哈里亞克油田上達成產品分成協議。在該油田專案中，法國道達爾公司持有 50% 股份，挪威油氣公司海德魯公司（Norsk Hydro ASA）持有 40% 股份，涅涅茨自治區掌控的涅涅茨石油公司（Nenets Oil Co., Ненецкая нефтяная компания）持 10% 股份。

部與地方政府機關聯合指責「薩哈林 2 號」專案相關的開發與施工將使鄰近的海灣、森林資源被破壞，魚類產卵的河流被毀壞，此舉的目的在想要迫使外國投資商與俄羅斯當局妥協，重新協商當年的「產品分成協議」，增加俄方的獲利比例，並試圖削減外商的持股比例。2006 年秋，三井物產株式會社（持有 25% 的股份）宣稱「薩哈林能源公司」對於環境造成的損害將支付約 500 億的罰鍰與賠償。2006 年 12 月英荷皇家殼牌公司與其他外商決定要重新協商「薩哈林 2 號」的持有比例條款，並與俄羅斯國營公司 Gazprom 簽訂草案，Gazprom 以 74.5 億買下「薩哈林能源公司」50% 加一的股份，其他外商持股 50%，其中，英荷皇家殼牌公司持股減為 27.5%，三井物產株式會社持股減為 12.5%，三菱商事株式會社持股減為 10%。

　　相關類似的事件也發生在合資公司「秋明—英國石油公司」（TNK-BP, THK-BP）[16] 開發伊爾庫茨克州的 Kovykta（Ковыкта）天然氣田開發案上，「Kovykta」開發案雖不是「產品分成協議」專案，但俄羅斯政府也是利用環境問題來迫使 TNK-BP 公司放棄在 Kovykta 天然氣田中的權益，以撤銷 TNK-BP 公司在 Kovykta 天然氣田中的許可證為手段，迫使原持有開發公司 Rusia Petroleum（РУСИА Петролеум）[17] 約 62.4% 的股份的 TNK-BP 公司要將股份讓與以 10 億賣給俄羅斯國營公司 Gazprom，而 2008 年底全球金融危機之故，Gazprom 財政緊縮，因此雙方陷入談判僵局，TNK-BP 公司的天然氣田開發許可證也被撤銷，2010 年 6 月 TNK-BP 公司以無法償還貸款為由，已向當地法院申請 Rusia Petroleum 破產（Reuters, 2010）。而 TNK-BP 也於 2013 年被俄羅斯石油公司 Rosneft 收購（Reuters, 2013）。

---

16 這幾年來，外國公司收購俄羅斯公司的股份的興趣不斷提升。2003 年英國石油公司宣布收購俄羅斯「秋明石油公司」，「秋明—英國石油公司」成立，英國石油公司的資源擁有量大增。

17 Rusia Petroleum 為 Kovykta 天然氣田開發案的合資公司，英國石油公司與俄羅斯公司合資之 TNK-BP 公司持有 62.4% 的股份，俄羅斯 Interros（Интеррос）公司持股 25.8%，伊爾庫茨克州州政府持股 11.2%。

　　而同樣在 2006 年，莫斯科當局也發出聲明要觀察「薩哈林 1 號」專案油田開發是否對環境造成嚴重汙染，薩哈林地方政府因此軟性建議由持股 20% 的 Rosneft 來主持專案運作，藉此協助美國 Exxon Mobil 來避開與莫斯科當局調節機構正面衝突。此舉雖沒有縮減 Exxon Mobil 的持股比例，卻也間接地加強俄羅斯當局對專案的控制，符合俄羅斯能源戰略的布局（Sevastyanov, 2008: 42-44）。

　　俄羅斯於 2022 年 2 月對烏克蘭展開特別軍事行動後，英荷皇家殼牌公司表示將退出「薩哈林 2 號」和俄羅斯的其他企業。2022 年 6 月 30 日，普欽簽署將「薩哈林 2 號」項目運營商「薩哈林能源公司」的資產移交給國家，原因是外國個人和法律實體違反了 Piltun-Astokhskoye-B（PA-B）和 Lunskoye-A（Lun-A）油氣田平臺項目開發的行為，「威脅到俄羅斯的國家利益及其經濟安全」。「薩哈林能源公司」的現有股東已被給予 1 個月的時間，以同意按現有股份的比例接受新運營商的股份，俄羅斯政府隨後將決定是否允許外國股東保留其股份。如果被拒絕，政府將出售外國股東的股份，並將收益存入股東的專用帳戶。而「薩哈林能源公司」的財產轉歸俄羅斯聯邦所有，並無償使用（Фонтанка.ру, 2022）。

## 參、俄羅斯能源戰略之國際運作

### 一、對前蘇聯國家地區的能源戰略

　　俄羅斯在蘇聯解體後成為蘇聯在國際法上的繼承國，由於蘇聯在地緣政治上和經濟上的遺緒，俄羅斯擁有迫使大多數原蘇聯國家趨於其影響的兩大利器：一個是原蘇聯國家對它的經濟和能源依賴，俄羅斯擁有從其腹地延伸至這些國家的石油和天然氣供應管線，另一個是俄羅斯在大部分原蘇聯成員國領土上駐有軍隊，俄始終試圖利用原蘇聯國家的民族衝突，透過建立戰略飛地和保持駐軍實現自己的利益。1990 年代，對於前蘇聯國家，俄羅斯在外交上會使用「近鄰」（near abroad, Ближнее зарубежье）一詞來稱呼這些國家；2008 年以來，則改稱為「享有特權的利益關係國」

（privileged interests, Привилегированные интересы）（Президент России, 2008）。似乎在俄羅斯民眾與政治菁英的心中，還存在著「莫斯科對於後蘇維埃國家仍握有特殊權利」這樣的想法，這表明俄羅斯不僅想修改邊界或在鄰近國家進行干預，而且還想要求勢力範圍遍及整個歐亞大陸（Kozłowski et al., 2014）。因此，普欽曾於 2003 年國情咨文表示，俄羅斯視獨立國協國家為戰略利益範疇。

　　前蘇聯國家在蘇聯時期形成的在能源供需與能源運輸管線方面的強相互依賴性與互補性，使得蘇聯解體的後果基本上極少能波及到能源領域。俄羅斯還是前蘇聯國家中最大的能源生產國與出口國，而且前蘇聯大多數國家對俄羅斯的能源依賴度很高。因此，俄羅斯具有運用「能源」戰略整合前蘇聯國家的絕對優勢。俄羅斯按照前蘇聯國家對其在能源領域不同的依賴關係，實施不同的能源政策，主要的政策有三項：其一，加強與能源生產國在開採及運輸方面的合作，並強化成員國的能源依賴。中亞國家的石油幾乎全部依賴俄羅斯管線，俄羅斯還壟斷了絕大部分的中亞天然氣出口。中亞地區豐富的能源一直是俄羅斯傳統的能源利益之所在，而普欽執政以來，更為了確保在該地區的戰略利益，努力經營該地區的外交，這使得俄羅斯在中亞能源方面保持了強大的影響力和優勢。俄羅斯積極與哈薩克和土庫曼兩國簽署了天然氣購買長期契約，名義上是向歐洲提供更多的天然氣，但實際上是壟斷了天然氣的出口。

　　其二，嚴格管控中亞地區的能源輸歐管線。中亞地區的能源出口，尤其是天然氣資源，自蘇聯解體後，長期受俄羅斯的控制，主要原因就在於天然氣的輸送方式，最能節省運費的天然氣輸送方式就是輸送管線，而從蘇聯時期起中亞對外的天然氣輸送管線皆須通過俄羅斯。俄羅斯從蘇聯時期就已開始了石油和天然氣的布署，油氣管線從俄羅斯境內連結到中亞，中亞的油氣資源都需要經由俄羅斯轉運再通往歐洲以及其他世界市場。當初蘇聯流傳下來的天然氣管線現在就是屬於 Gazprom 所控管。中亞的天然氣出口國希望可以提高天然氣的價格，而俄羅斯卻希望保持價錢的低廉。俄羅斯利用了兩個手段，首先，低價買進中亞的天然氣，然後以更高的價格賣給歐洲；或者，買進中亞的天然氣供自己國內使用，然後保留自己國

內的天然氣以便將來可以用更高的價錢賣給歐洲（Woehrel, 2010: 4-6）。

其三，主導並干涉中亞與裏海能源管線鋪設。對於歐盟極力想促成的非經俄羅斯的管線鋪設部分，如 2007 年 6 月 25 日，歐盟能源委員與中歐過境國簽署了跨裏海天然氣管線（Trans-Caspian Gas Pipeline, TCGP）建設條約。然而，此舉遭到俄羅斯強烈反對，俄羅斯認為在裏海法律地位未被確定的情況下，土庫曼和亞塞拜然任何一方不得在沒有與裏海沿岸國家協商的情況下單方面採取行動，特別是外部勢力的介入只會使裏海未來地位的談判更趨複雜化（Kubicek, 2013: 175-176）。2018 年 8 月 12 日裏海沿岸五國俄羅斯、亞塞拜然、伊朗、哈薩克和土庫曼在哈薩克的阿克套（Актау）第五屆裏海國家峰會上簽署有關裏海的劃分協議，簽訂了「裏海法律地位公約」（The Convention on the Legal Status of the Caspian Sea），將位於歐亞大陸接合處的最大內陸鹹水湖裏海界定為「非海非湖」，是擁有特殊法律地位的水體，實施「特事特辦」的原則，五國可以不受限制地自行訂定規則。海床根據「國際湖泊」的方式劃分，但必須得到相鄰和對面國家之同意（匡增軍、馬晨晨，2018：24-31）。俄羅斯長期控制著裏海石油和天然氣的出口通道，沿岸的獨立國協國家輸出石油和天然氣，只能透過俄羅斯。

## 二、對歐洲地區能源戰略

俄羅斯是歐盟國家的主要能源供給國之一，長期以來，能源問題成為左右歐俄關係的一個重要因素，而歐盟東擴後隨著中東歐國家加入歐盟，歐盟對俄羅斯能源依賴程度則變得更高。東歐國家在加入歐盟之前，扮演的是歐俄能源合作中過境運輸國的角色，歐盟東擴後，雖然與俄羅斯直接接壤，但是傳統的運輸管線依舊要經過烏克蘭和白俄羅斯等獨立國協國家，也面臨能源供應的風險。

俄羅斯出口至歐盟的能源大多經由蘇聯時期所興建的能源輸送管線：友誼輸油管線（Druzhba oil pipeline, Нефтепровод Дружба）和兄弟／聯盟輸氣管線（Brotherhood/Soyuz gas pipline, Газопровод Братство/Союз）。友誼輸油管線或音譯德魯日巴輸油管線，亦稱經互會油管，是一個由俄羅

斯向中歐和東歐國家輸送原油的大型輸油管道系統，是世界上長度最長的輸油管道。管線分爲兩線，一線長 4,412 公里，從俄羅斯、白俄羅斯通至德國；另一線長 5,500 公里，經烏克蘭輸往捷克和匈牙利，工程分爲兩期，分別於 1964 年和 1973 年完工。「兄弟」天然氣管線，1967 年建成，年輸氣量爲 280 億立方米；「聯盟」天然氣管線，1979 年建成，兩條線統稱爲「兄弟／聯盟」管線，長 2,750 公里。經烏克蘭分叉，一條往斯洛伐克、捷克、奧地利等，一條進入摩爾多瓦、羅馬尼亞等。現由 Transneft 管理。

　　對俄羅斯而言，天然氣通道管線比之石油管線更爲重要，俄羅斯和前蘇聯地區蘊藏和生產大量的天然氣，而天然氣又具有不易運送的特質，建立天然氣通道管線是最安全且最省成本的運送方式，歐洲對於俄羅斯輸歐天然氣的需求比石油更加緊要。俄羅斯對歐輸出天然氣的主線是兄弟／聯盟輸氣管線，主要是經由烏克蘭輸往歐洲，烏克蘭無論在能源或地緣政治上都是俄羅斯重視的戰略要地，而由於大多數獨立國協國家占消費的 80-100% 的能源不得不依賴從俄羅斯進口，結合原蘇聯時期建立起來的能源系統，龐大的天然氣輸送系統相互連接的事實，因此俄羅斯仍然具有影響歐洲區能源供應體系的優勢（見表 5-5 和圖 5-3）。

### 表 5-5　俄羅斯輸歐天然氣管線

| 管線 | 啓用年度 | 路線 | 運能 |
|---|---|---|---|
| 兄弟／聯盟管線<br>（Brotherhood/Soyuz, Братство／Союз） | 1967/1979 | 俄羅斯－烏克蘭－中歐 | 130 bcm |
| 北極光<br>（Northern Lights, Сияние севера） | 1985 | 俄羅斯－白俄羅斯－烏克蘭－中歐 | 51 bcm |
| 亞馬爾－歐洲<br>（Yamal-Europe, Ямал-Европа） | 1997 | 俄羅斯－白俄羅斯－波蘭－西歐 | 33 bcm |
| 藍溪<br>（Blue Stream, Голубой поток） | 2002 | 俄羅斯－黑海－土耳其 | 16 bcm |
| 北溪<br>（Nord Stream, Северный поток） | 2012 | 俄羅斯－波羅的海－德國 | 55 bcm |

表 5-5　俄羅斯輸歐天然氣管線（續）

| 管線 | 啓用年度 | 路線 | 運能 |
|------|---------|------|------|
| 南溪<br>（South Stream, Южный поток） | 已停建 | 俄羅斯－黑海－中歐－希臘－義大利 | 63 bcm |
| 土耳其溪<br>（Turkish Stream, Туре́цкий пото́к） | 2019 | 俄羅斯－黑海－土耳其 | 63 bcm |
| 總計 | | | 316.5 bcm |

資料來源：Loskot-Strachota et al.（2008）；Mitrova and Pleines（2008）；Интерфакс（2016）。

圖 5-3　俄羅斯輸歐石油與天然氣管線圖

資料來源：Independent Balkan News Agency (ibna)（2018）。

再者，俄羅斯與烏克蘭、白俄羅斯的能源紛爭，多因蘇聯體制遺緒而起，因此，鞏固舊有能源供應國產地的供給、多元化能源輸出通道與確保能源需求安全一直是俄羅斯努力的目標。過去俄羅斯向西歐出口天然氣，主要倚賴烏克蘭的過境管線，特別是兄弟／聯盟管線[18]，由於蘇聯解體後，前蘇聯國家紛紛獨立，俄羅斯想分散天然氣出口路徑，不想在轉運路線太過依賴烏克蘭，所以1992年開始籌劃亞馬爾—歐洲（Yamal-Europe, Ямал -Европа）管線[19]及之後的藍溪（Blue Stream, Голубой поток）天然氣管線的修建。亞馬爾—歐洲管線繞過烏克蘭，使白俄羅斯成為俄羅斯另一個天然氣的轉運站。藍溪天然氣管線則穿過黑海，自土耳其轉運至其他歐洲國家[20]。

2005年俄羅斯選擇直接在波羅的海上建立北歐天然氣管線（North European Gas Pipeline, Северо-Европейский газопровод），以免除過境運輸困擾。該管線全長917公里，從俄羅斯維堡（Vyborg, Выборг），通過波羅的海直達德國的格拉夫斯瓦爾德（Greifswald）[21]。在2005年開始進行建造工程，並正式更名為北溪（Nord Stream, Северный поток）管線。第一段已於2011年11月8日啟用，第二段於2012年10月8日啟用，輸氣量為550億立方米／年（55 bcm/y）。

本是籌劃中的南溪（South Stream, Южный поток）天然氣管線，即是俄羅斯為了與歐盟計畫競爭而倡導的管線計畫。俄羅斯倡導的「南溪」管線計畫將穿越黑海，至保加利亞後分為南北線通向歐洲，北線通向塞爾維

---

18 兄弟／聯盟管線自1967年開始輸送天然氣，為目前俄羅斯天然氣最大的輸出管線。烏克蘭是最重要的過境轉運站，在此分兩路線，其一輸往捷克、德國、法國及瑞士；另一線至奧地利、義大利、匈牙利及前南斯拉夫等東歐國家（Gazprom, 2020）。

19 亞馬爾管線從1994年開始興建，於2006年完工，將俄羅斯西西伯利亞亞馬爾半島的天然氣經白俄羅斯輸送到波蘭、德國及其他歐洲國家市場。亞馬爾管線同時也促進俄羅斯與中歐國家在天然氣貿易方面的夥伴關係，有利於其能源外交多元化戰略的實施（Gazprom, 2020）。

20 藍溪天然氣管線於2002年12月底完工，2003年開始營運，從俄羅斯高加索北部的伊茲比熱內（Izobilnoye）經由黑海海底至土耳其首都安卡拉。該管線由俄羅斯天然氣工業股份公司及義大利最大的埃尼化工石油氣公司（Eni）共同修建。

21 北溪由位在西西伯利亞的南俄羅斯氣田（Yuzhno-Russkoyefield）供應氣源，該管線由俄羅斯天然氣工業公司持股51%；德國巴斯夫（BASF）持股24.5%；德國天然氣公司（E.ON）持股24.5%共同成立合資企業北溪公司（Nord Stream AG）負責建造和營運。

亞、匈牙利、斯洛維尼亞、奧地利，南線通往希臘和義大利。但是，因為保加利亞加入歐洲制裁俄羅斯，2014 年 12 月 1 日，普欽在對土耳其進行國事訪問時宣布，由於歐盟缺乏建設性立場，俄羅斯將終止「南溪」項目建設，改興建繞開烏克蘭到歐洲供應天然氣管線的「土耳其溪」（Turkish Stream）計畫（Reuters, 2018）。

俄羅斯藉由北溪天然氣管線計畫繞過白俄羅斯，亞馬爾—歐洲管線、藍溪和土耳其溪天然氣管線繞過烏克蘭，使俄羅斯可以掌握向西歐國家輸出天然氣的獨立管線，解決其天然氣管線過境問題，並透過能源地緣經濟，結合原天然氣管線輸出系統及新的「土耳其溪」天然氣管線計畫，建構復興能源大國地位的戰略。

## 三、對亞太地區（中國）能源戰略

2006 年與 2009 年俄羅斯和烏克蘭爆發的天然氣衝突危機，乃至於 2014 年的烏克蘭政爭，已造成俄羅斯與烏克蘭和歐洲國家之間的不信任感，歐盟為減少對俄羅斯之能源依賴，加緊將經濟重心放置在再生能源的研究與生產。在亞洲方面，因為能源供給關係，俄羅斯為了拓展能源需求版圖，亞太地區在俄羅斯能源出口市場的戰略重要性與日俱增，發展與亞太地區國家的能源合作，有利於俄羅斯吸引這些國家的資金開發東西伯利亞和遠東地區的油氣資源，促進當地經濟發展，還有利於俄羅斯融入亞太經濟整合過程。俄羅斯的快速復甦代表著其位於迅速變化的東北亞之遠東區的重要性提高的可能。

因此，普欽十分重視本國中長期的能源戰略，俄羅斯於 2014 年 2 月 17 日發布「2035 年前能源戰略草案」，預測到 2034 年，俄羅斯將出口 23% 之能源至亞洲地區。根據草案，俄羅斯打算將當地生產的 32% 原油與 31% 天然氣運往亞太地區。因此，普欽就一直要以能源強權擴大俄羅斯在亞太地區的角色和地位，也將「以能源強權重返亞太」作為目標。

在石油合作部分，俄羅斯遠東輸管線一直是備受外界矚目的問題，尤其是俄羅斯究竟將修建從中國建議的安加爾斯克（Angarsk, Ангарск）

到中國大慶（Daqing, Дацин）的「安大線」，還是從日本建議之安加爾斯克到納霍德卡（Nakhodka, Находка）港口的「安納線」。最後，俄羅斯不選擇中國建議的「安大線」，也不選擇日本建議的「安納線」，而決定了在「安納線」的基礎上作出遠離貝加爾湖的修改方案——「泰納線」，也就是目前通稱的「東西伯利亞－太平洋」輸油管線（Eastern Siberia to the Pacific pipeline, ESPO, Нефтепровод Восточная Сибирь-Тихий океан, ВСТО）（見圖 5-4），「東西伯利亞－太平洋」的起點在泰舍特（Taishet, Тайшет），該管線穿越貝加爾湖北部，沿著貝加爾－阿穆爾大鐵路（Baikal-Amur Mainline, Байкало-Амурская магистраль，簡稱貝阿鐵路）南下，途經卡札欽斯科耶（Kazachinskoye, Казачинское）和斯科沃羅季諾（Skovorodino, Сковородино），並沿著俄中邊境地區一直通向納霍德卡附近的科濟米諾灣（Kozmino, Козьмино）。俄羅斯優先在第一段工程——泰舍特至斯科沃羅季諾結束後（2009 年 12 月 28 日竣工開通），

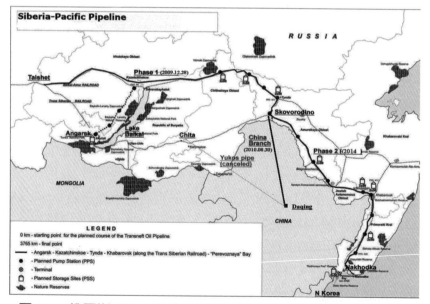

**圖 5-4　俄羅斯 ESPO 計畫路線圖（安大線→安納線→泰納線）**

資料來源：作者根據 Eder et al.（2009: 233）修改而成。作者增加年代與中國支線和已捨棄
　　　　之尤科斯管線。

自斯科沃羅季諾建一條支線至中國大慶（2010 年 8 月 3 日已竣工開通）。泰納線的建設除了涉及俄羅斯要在中國（安大線）與日本（安納線）的能源競合中維持「樞紐」的考量外，也涉及了俄羅斯重返亞太能源強權的權力體系與市場考量。此條石油管線的開通涉及了俄、中、日等國家對能源的競合，隨著能源議題在全世界的重要性持續發酵與擴充，能源合作已變成各國外交重點的同時，似乎可以獨立於各國間的政治價值與認同之外。

　　ESPO 的管道設計總長度爲 4,857 公里，途經伊爾庫茨克州、阿穆爾州（Amur Oblast, Амурская область）和哈巴羅夫斯克邊疆區（Khabarovsk Krai, Хабаровский край），至濱海邊區（Primorsky Krai, Приморский край），管道的年輸油設計能力爲 8,000 萬噸，輸油管道的直徑爲 1,220 毫米，沿途修建 32 個油泵站。其中 5,000 萬噸運往納霍德卡，然後通過太平洋運至日本等地，另外的 3,000 萬噸準備運往中國。

　　而在天然氣方面，在 2014 年烏克蘭危機威脅俄羅斯對歐洲能源供應，從而促使歐洲計畫降低對俄羅斯天然氣依賴的情況下，俄羅斯似乎準備很快與中國簽署一項談判了 10 年之久向中國出口天然氣的協議。所以說，烏克蘭危機促進了中俄協議的達成。

　　在中俄的天然氣合作上，一直無法取得共識，其主要原因係因爲價格過高，中國無法接受。2009 年歐洲國家遭逢金融風暴，對於石油的需求量銳減，連帶影響到天然氣的價格。在俄羅斯天然氣價格大幅降低的情形下，中俄的天然氣合作得以再現曙光。2009 年 10 月與 12 月，中俄雙方分別簽署「關於俄羅斯向中國出口天然氣的框架協議」及「關於俄羅斯向中國供應天然氣基本條件的協議」，俄羅斯預計於 2014 年至 2015 年開始向中國供應天然氣，俄羅斯將每年向中國輸送 700 億立方米天然氣。而俄中天然氣的輸送管線將分爲西線與東線，西線方向每年可供應約 300 億立方米；東線方向則約 380 億立方米。

　　2014 年 3 月，由於克里米亞事件 [22] 爆發烏俄衝突，歐盟與美國呼籲俄國不該侵犯烏克蘭主權並對俄羅斯加大制裁，驅使俄羅斯與中國加速能源合作。因此，中俄在 2014 年 5 月，兩國經過了 10 年的談判後，俄羅斯天然氣巨頭 Gazprom 與中石油終於簽訂了鉅額天然氣協議。該協議規定，俄羅斯將從 2014 年 9 月 1 日起鋪設從西伯利亞東部至中國的「中俄東線天然氣管線」——又稱「西伯利亞力量」（Power of Siberia）（見圖 5-5）。因此，在 2014 年 9 月在塔吉克首都杜尚別舉行的上海合作組織元首理事會期間，習近平與普欽再次會晤，習近平還感謝普欽「親自出席中俄東線天然氣管道俄羅斯境內段開工儀式」，並希望「盡早啟動中俄西線天然氣管道項目」。習近平和普欽都表示，兩國會繼續在重大能源項目上合作——以滿足中國與日俱增的能源需求，並在歐盟因烏克蘭問題而制裁普欽的背景下，為俄羅斯提供另一個市場（中國評論新聞網，2014）。該管線於 2019 年 10 月竣工。於 2019 年 12 月 2 日開始向中國跨境供氣，該管線全長 3,000 公里，輸氣直徑 1.42 公尺，供氣量為一年 380 億立方公尺（38bcm/y），Gazprom 的子公司 Gazprom Transgaz Tomsk 擔任主要施工承包商（NS Energy, 2022）。

　　2022 年 2 月，Gazprom 和中國石油天然氣集團公司（CNPC）簽署第二份天然氣長期合約，可為俄羅斯遠東地區供應 100 億立方公尺的天然氣，俄羅斯經「遠東」路線到中國的天然氣運輸量可能達到 480 億立方公尺。

　　另外，中俄正在制定「西伯利亞力量 2 號」（Power of Siberia 2）項目合作方案，它也被稱為「東方聯盟」號（Soyuz-Vostok, Союз Восток）。該項目規定，修建一條通過蒙古通往中國的天然氣管道，其設

---

[22] 自從 2013 年 11 月底開始，大批烏克蘭人民在首都基輔的獨立廣場示威，反對總統亞努柯維奇（Yanukovych）的親俄政府，在兩次與員警的衝突中，發生小規模死傷。2014 年 2 月 18 日，政府下令員警清除廣場的示威者，並派狙擊手在高處射殺平民，造成百多人死亡。2014 年 2 月下旬亞努柯維奇避走俄羅斯，烏克蘭議會進行修憲並限制總統權。目前，夾在東西方之間的烏克蘭就面臨俄國出兵「入侵」，歐美各國連聲譴責的窘境，烏克蘭境內的克里米亞自治區表態要投向俄國懷抱，3 月 16 日舉行的公投結果出爐，克里米亞境內有 9 成以上民眾希望加入俄國。

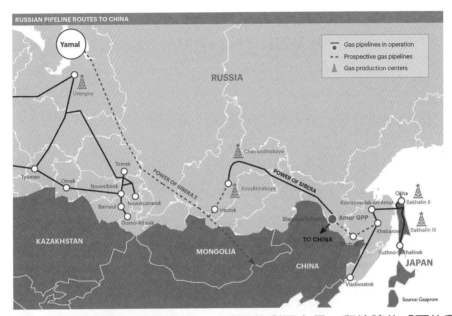

圖 5-5　「中俄東線天然氣管線」：「西伯利亞力量」和待建的「西伯利
亞力量 2 號」（虛線）

資料來源：Oilprice.com（2020）。

計能力預計為每年供應高達 500 億立方公尺的天然氣（VOA, 2022）。而
此項目方案在 2022 年俄烏戰爭爆發後，已經加速進行，尤其在德俄間的
北溪 2 號停止認證後，西伯利亞 2 號更顯示出該管線的重要性。

## 四、北極能源戰略

　　北極地區的經濟潛力不僅僅只限於自然資源的開採，俄羅斯在北
極地區的基本戰略發展目標之一是發展北方航道（Northern Sea Route,
Северный морской путь）（見圖 5-6），掌握北方航道主導權。俄羅斯北
極戰略文件指出，北方航道在北極自然資源運輸方面扮演著重要的交通要
道，俄羅斯政府將此一海上交通運輸航線作為俄羅斯北部沿海地區和北極
地區的商業貿易運輸航道。

　　1998 年 7 月 31 日俄羅斯頒布聯邦法第 155-FZ 號「關於俄羅斯聯邦內海、領海以及毗連區」（Federal Law No. 155-FZ "On Inland Sea Waters, the Territorial Sea and the Contiguous Zone of the Russian Federation", Федеральный закон № 155-ФЗ «О внутренних морских водах, территориальном море и прилежащей зоне Российской Федерации»）確定了北方海航道的法律地位，是「歷史上形成統一的俄羅斯北極交通線」。此聯邦法律顯示，俄羅斯一直將北方海航道作為自己的領海，並且積極向聯合國提出對北極大陸架的主權申請，擴展俄羅斯在北極的邊界，儘管美、加等多次反對阻撓，俄羅斯卻不曾改變對北方海航道實際控制的強硬態度。

**圖 5-6　俄羅斯「北方航道」路線示意圖**

註：上方虛線為穿極路線；中間實線為過境路線；下方粗黑線為沿岸路線。
資料來源：Heininen, Sergunin and Yarovoy（2014: 67）。

　　北方航道又稱「黃金水道」，意指豐富的能源資源。據美國地質調查局（United States Geological Survey, USGS）評估：北極可能儲藏1,669 萬億立方英尺未開發天然氣，900 億桶未開發原油，440 億桶未開發液態天然氣。2008 年俄羅斯政府發表了「俄羅斯聯邦 2020 年前及長期遠景的國家北極政策基礎」（Fundamentals of state policy of the Russian Federation in the Arctic for the period up to 2020 and the future prospects, Основы государственной политики Российской Федерации в Арктике на период до 2020 года и дальнейшую перспективу），2013 年 2 月普欽總統又簽署了「俄羅斯聯邦 2020 年前的北極區域發展與國家安全保障戰略」（Development Strategy of the Arctic Zone of the Russian Federation and National Security for the period until 2020, Стратегия развития Арктической зоны Российской Федерации и обеспечения национальной безопасности на период до 2020 года），俄羅斯均將北極視爲國家戰略重點，2017 年 5 月公布的「俄羅斯聯邦 2030 年前經濟安全戰略」（On the Russian Federation Economic Security Strategy until 2030, О Стратегии экономической безопасности Российской Федерации на период до 2030 года）中再次強調北極地區和北方海航道是國家未來經濟發展的優先方向（Президент России, 2017）。

　　俄羅斯儘管是世界上第一大天然氣儲備國，世界上第二大石油出口國，俄羅斯經濟嚴重依賴於能源經濟。但在 2010 年後，俄羅斯的石油和天然氣產量在下降。爲了長期保持在全球能源市場上的主導地位，俄羅斯急切渴望在北極地區開發能源。由此，在北極區域治理中，環境保護似乎並不是俄羅斯的工作重點，其對北方海航道的戰略更多是希望以北方航道的開關，更進一步帶動能源的開發，因此北方海航道的戰略性質，對俄羅斯而言，其實具有相當的排他性與擴張性。

# 第四節　小結

　　俄羅斯在普欽時期的中央再集權政策，就是要建立一個「強大的國家」，而此種中央集權的強勢作法，不僅是針對聯邦主體主權運作，更將能源、燃料、礦產等原物料資源收歸國營。而隨著原物料能源價格的升高，俄羅斯的經濟快速復甦，俄羅斯對原物料礦產能源出口的依賴不斷增加，俄羅斯聯邦中央越來越希望能徹底掌控原物料、礦產和能源利益，以提高聯邦中央的支配權力。

　　俄羅斯石油天然氣資源的出口一直占俄羅斯國內生產總額的 20% 以上，故其產業發展模式為典型高度依賴能源出口的資源型經濟，而資源型經濟的潛在風險在俄羅斯經濟上已經明顯地體現出來，其總體經濟表現易受國際油價影響的脆弱性，和能源原物料產業的虹吸效應所引發的「荷蘭病」風險造成的產業結構問題，及隱藏在龐大的利益驅使下而產生的官僚體制的貪腐與所得分配不均現象，在此次的金融海嘯席捲之下完全地表露無疑，從 2008 年至 2009 年，乃至 2015 年至 2016 年俄羅斯浮現的經濟危機，使得俄羅斯的總體經濟成長都下降至負成長，雖然 2009 年 2 月起油價復甦上揚，在 2010 年至 2013 年俄羅斯的經濟窘態得以暫時抒解，但經濟仍成長趨緩，因此，俄羅斯即使思考著產業轉型，但在短期之內，仍是極度依賴能源原物料的出口來支撐其整體經濟，而俄羅斯的總體經濟及普欽的政治優勢仍取決於國際油價行情的變動，而這種支撐點是極其脆弱的且非常不穩定。

　　再者，俄羅斯之原物料資源豐富加上其特殊橫跨歐亞之地理位置決定了俄羅斯經濟發展之優、劣勢，以及其所面臨的挑戰。

　　俄羅斯是橫跨歐亞兩洲的國家，特殊的地理位置與地緣政治優勢決定了它的外交政策是東西兼顧，既重視西方，又重視東方，但此種優勢也是其劣勢，俄羅斯也可說不屬於西方，也不屬於東方，歐盟與北約對俄羅斯又愛又恨，由於冷戰的陰影猶存，對俄羅斯無法真心接納；又因為俄羅斯的歷史文化發展根植於歐陸部分，也使得俄羅斯無法真正融入東方，俄羅斯的文化認同變成了俄羅斯的外交發展難題，更是俄羅斯未來面臨歐洲或

亞洲區域整合時，將會遇到的困境。

　　過去，俄羅斯的貿易夥伴集中在歐盟和獨立國協國家，但是歐盟和北約東擴，帶給俄羅斯地緣政治上不少的衝擊，在政治上備感威脅的同時，俄羅斯也想調整其外貿結構，不想在經濟上過度依賴歐盟國家而喪失其經濟利益主控權，而獨立國協國家與俄羅斯之間存在著太多歷史心結，不容易建立眞誠的經濟合作。於是，與東亞國家合作，漸漸成爲俄羅斯外交發展的重點。

　　2022 年俄烏戰爭危機，美國、歐盟和其友國皆對俄羅斯施以制裁，對於俄羅斯未來的發展與展望，與中國、印度等國家的能源合作將會持續增強，此舉不僅可加強俄羅斯的地緣政治影響力，也會使美國及歐盟對於俄羅斯與中國的合作警戒小心，從而提高俄羅斯的國際政治地位與權力運作。而對於經濟發展而言，東亞國家日增的原物料需求，對於俄羅斯亟欲擴大的原物料出口市場，更是亟待耕耘的龐大商機。

# 第六章 普欽政權下公民社會管理（一）：實體社會[*]

## 第一節 前言

俄羅斯總統普欽自 2022 年 2 月 24 日宣布對烏克蘭展開「特別軍事行動」至今，俄羅斯各地爆發了多次的反戰示威和抗議活動。除了示威之外，還有反對戰爭的請願書和公開信，並且很多反對力量都公開發表反對戰爭的聲明。抗議活動遭到俄羅斯當局的廣泛鎮壓，多人遭到逮捕和拘留，在 2022 年 3 月 6 日的反戰抗議活動中，俄羅斯各地約有 5,000 人被逮捕拘留——這是自蘇聯解體以來單日拘留人數最多的一次（The Moscow Times, 2022b）。

自從 2011 年 12 月 5 日俄羅斯國家杜馬大選結果公布後，7 日普欽正式登記參加 2012 年 3 月俄羅斯總統大選，旋即在莫斯科和聖彼得堡等地，引發大規模抗議國會大選舞弊及反對普欽的遊行示威，反對黨及觀察員指控這次大選有作票及舞弊嫌疑，並透過臉書（Facebook）和推特（Twitter）串聯，同時號召民眾上街抗議，反對普欽長達 12 年的執政，結果有 500多名民眾遭員警拘捕，還包括多名記者。2012 年 1 月 1 日再度出現反普浪潮，3 月 4 日的總統大選後，隨即發生大規模選舉舞弊示威抗議。「列瓦達中心」（Levada-Center, Аналитический центр Юрия Левады (Левада-Центр), 2011b）2011 年 12 月 26 日所公布於 12 月 24 日 Sakharov Avenue（проспект Сахарова）所作的街頭民調，和俄羅斯輿論研究中心（Russian Public Opinion Research Center, VCIOM, 2012）2012 年 2 月 15 日所公布於 2 月 4 日的 Bolonaya Square（Болотная площадь）街頭訪問數據，這兩個

---

[*] 第六章和第七章的最初稿於 2013 年 3 月刊載於《政治科學論叢》，第 55 期，頁 33-84，作者已大量增修內容，符合現勢，為統一專書內容，將原文之「普金」譯名改為「普欽」，特此聲明。

俄國最具權威的民調單位所提供的受訪者背景，很清楚標示出抗議運動的社會動員基礎。兩份民調資料都顯示了對於普欽的懷疑與對選舉舞弊的反感是集中在一群較特定的族群，也就是城市中產階級與在野黨（從自由派到共產黨）的支持者。他們的社會基礎特徵包括：大多為大城市居民（莫斯科）、職業多為白領專業人士、教育程度多在高等暨以上、80% 參與者有每天上網習慣，並從網路得到舞弊事件相關資訊、政治意識形態多自認為民主派或自由派居多（支持雅布羅柯黨最多，兩個調查中都占 3 成以上），再來則是共黨支持者。

從 2011 年爆發大規模抗議國會大選舞弊及反對普欽的遊行示威後，這幾年示威抗議不斷，2014 年也爆發過一些小規模的反戰示威，但隨著克里米亞併入俄羅斯後，民族主義瀰漫於俄羅斯，抗議與衝突也隨之減少，直至 2017 年開始爆發幾次大規模的全國性示威抗議，從 3 月 26 日抗議總理梅德韋傑夫貪汙、6 月 12 日俄羅斯國慶日全國爆發大規模示威，抗議總統普欽與政府貪汙腐敗、10 月 7 日在普欽 65 歲生日當天，全國超過 80 個城市進行示威遊行，抗議反對派領袖被關押及普欽打算繼續連任。普欽於 2018 年 5 月 7 日宣示就職，正式展開為期 6 年的第四個總統任期。反對派領袖納瓦爾尼號召全國人民在普欽宣誓的前夕，進行反普欽「像沙皇專政統治」的大遊行，俄羅斯多個城市於 5 月 5 日爆發示威，抗議普欽繼續擔任總統，已經有超過 1,000 名示威者在 19 個城市被警方逮捕，其中包括反對黨領袖納瓦爾尼（VOA, 2018），而納瓦爾尼在 5 月 6 日午夜在他的推特專頁網站上表示，他已經獲釋。

然而，儘管這幾年俄羅斯抗議運動不斷，甚至為俄羅斯公民社會注入一股新的活力，且引起國際媒體關注，也可以很明顯看出是朝向專業社會運動行動團體發展，亦獲得青年網路族群的接受與聲援，但如深入的探討俄羅斯的社會與普欽政權「管理」公民社會的策略，此類類似的抗議團體與活動，在目前的俄羅斯，是極難會有廣泛的社會對話與全國性的支持。

雖然，普欽 2012 年、2018 年總統大選皆獲得勝利，統一俄羅斯黨也在 2011 年、2016 年和 2021 年贏得國家杜馬最多席位，占據國會第一大黨席位，但是自從 2011 年後只要國會選舉和總統大選結果公布，隨即就會

爆發舞弊抗議，反對黨和民間團體對普欽政權抗議不斷，因此，這時可提出兩個疑問：

其一，從 2011 年後歷次的國家杜馬大選與總統大選及之後爆發的示威抗議，可以很明顯地看到，這些抗議組織和團體展現出一種沒有明顯與當局火爆敵對的氣氛。雖然，員警於現場逮捕多人，但也沒有出現大規模的暴動，而這些人於數日後隨即被釋放，此反映出俄羅斯政府「管理」公民社會立法政策的成效。而俄羅斯的公民社會是如何被管理？

其二，觀察歷年來參與報導的媒體與網路，可以發現俄羅斯的傳統媒體很明顯站在政府一方，一再指稱組織抗議活動者為反社會人士，為不愛國者；而相對地，參與抗議人士有 80% 以上有上網習慣，有關抗議與舞弊的訊息皆由網路得來。而普欽政權也開始於 2012 年加強管理網路空間，強調俄羅斯網路主權，而俄羅斯的具體作法為何？（於第七章探討）

普欽於 2012 年的「歸位」與俄羅斯大選的舞弊事件導致了這 10 年來俄羅斯陸續爆發的大小抗議與衝突不斷，但是俄羅斯的民主脫軌是否會重新回到軌道上，卻仍是個未知數。爰此，本章之研究目的如下：

一、俄羅斯是屬於「競爭性的威權體制」的代表國家，在其「中央再集權」政策下，競爭性的選舉不僅代表著政權穩定的危機，亦代表著反對勢力的舞臺。因應此邏輯，維持單一政黨與反對勢力的壓抑、阻止強大反對領導人物的崛起，並預防顏色革命中外國力量的從中協助，成為普欽政權「管理」公民社會的主要目標。本文首就俄羅斯公民社會概況，俄羅斯的反對力量作詳細分析。

二、分析普欽政權管理公民社會的正式制度策略，也就是就非政府組織與非商業組織的管理與立法，就「外國代理人」組織和「不受歡迎」組織，集會與遊行立法修訂，層層把關，嚴防顏色革命外國力量介入俄羅斯領土。

三、分析普欽政權管理公民社會的非正式運作策略，如何因應國內遊行與示威抗議，控制與管理親普欽青年運動團體，藉此探討俄羅斯政府如何主導「競爭性威權」混合體制下的公民社會建構。

四、藉由探討俄羅斯之影響民主抉擇變項（第一章），分析普欽過去

與未來如何以調整公民社會管理並放鬆立法之制度性因素，來維持其政權合法性，及探討俄羅斯的民主未來發展。

# 第二節　俄羅斯公民社會概況

## 壹、公民社會與民主

　　公民社會（civil society）的定義與範圍極難下界定，但是普遍認為公民社會主張社會獨立於國家而存在的理念，早在古希臘羅馬時代就已經萌發，並且得到不斷的拓展。大部分學者在定義公民社會時，大多會提及：一、公民社會是一個獨立、自我組織和自治的公領域的一環，是有別於私領域（private sphere）。私領域指的是家庭及友誼的網絡（family and friendship networks）；公領域則包括公民社會、政治社會（political society）、經濟社會（economic society）、國家官僚體系（state bureaucracy）及法治（rule of law）等（Howard, 2003: 33-34）；二、強調公民社會與政治社會不同。政治社會主要以政黨及各式政治組織組成，是可作為公民社會與國家之間的媒介，但公民社會也常表現政治性的一面，如部分公民社會的組織經常與地區性、國家性或政治性的組織聯繫，如環保團體或人權團體等（Peregudov, 2006: 51-52），再者，公民社會組織常有其自身利益考量，也常作為動員群眾的工具，這類型的公民社會組織包括職業社團、環保團體、非政府組織（Non-Govermental Organizations, NGOs）、學生團體、工會、媒體、宗教組織、學術機構等（Gole, 1999: 9；鄭得興，2008：70-71）。

　　一直以來，公民社會被視為促進民主的核心力量，也被認為是國家機器的制衡力量，更是政治和經濟改革的隱形推手，如懷特（G. White, 1994: 382）所言，「公民社會的概念是任何民主化討論的核心」。因此，公民社會是民主化研究的重要課題。麥克佛和崔格（McFaul and Treyger, 2004: 140-142）提出由水平和垂直兩方面來分析公民社會促進民主化的功

能。其一，從水平面觀，公民社會建立起民間的連結與信任，並引導公民
參與；其二，從垂直面觀，公民社會聚集參與者意見，並建立管道與國家
連結，以對政策發生影響，除了傳達人民的聲音給予政府外，並使政府必
須對人民負責，促使國家必須遵守民主規範。

## 貳、俄羅斯「競爭性威權體制」下之公民社會

麥克佛（M. McFaul, 2005: 5-19）認為，在 1989 年至 1992 年之
間發生在共產集團國家的民主化浪潮產生了三種截然不同的結果，吳
玉山（2007：71-72）據此將之區分為「穩定民主群」（stable nascent
democracies）、「總統專制群」（presidential autocracies）與介於兩者之
間的「競爭性的威權體制」（competitive authoritarianism）[1]。俄羅斯就是屬
於「競爭性的威權體制」的代表國家，「……舉辦定期的總統與議會競爭
性選舉，但由於執政者掌握了一切資源，並且運用包括控制選舉在內的一
切方法來維持執政地位，特別是在普欽八年的執政時期，選舉的象徵性意
義大於實質性的意義，因此被認為並非真正的自由民主體制，僅是一種准
民主、或半民主的情況」。

在「競爭性威權體制國家」中，競爭性的選舉會使菁英危機意識提
高，給體制帶來挑戰，因此當權者常會小心地控制選舉，但威權體制如常
面臨到選票及強大對手的嚴重挑戰，甚至會影響到政權的穩定，對內會導
致菁英的分裂，對外會面臨反對菁英的大幅示威抗議。因此，維持單一政
黨與民間反對勢力力量的壓抑，並阻止強大反對領導人物對手的崛起，是
競爭性威權政權統治菁英的一貫目標。

---

[1] 「穩定民主群」如波蘭、捷克（後來再加上斯洛伐克）、匈牙利、斯洛維尼亞等中東歐國家，
和愛沙尼亞、拉脫維亞、立陶宛等前蘇聯共和國出現了西方式的民主政權，進行了多次的政
黨輪替，民主鞏固有了穩定的進展；「總統專制群」如中亞國家，除了吉爾吉斯之外，哈薩
克、烏茲別克、土庫曼和塔吉克基本上都是由在蘇聯時期就掌權的各國共黨第一書記持續主
政，只不過其身分變成了總統，而且大部分還透過公民投票或修改憲法，使自己成為實質上
或法律上的終身總統；「競爭性的威權體制」就是一種雖然具有競爭性選舉，但是政權還是
牢牢掌握在威權統治者手中的制度，如俄羅斯。

　　蘇聯解體至今已過 30 年，公民社會在俄羅斯發展也同樣經過 30 年，但上述西方公民社會的概念，如與俄羅斯現今的「中央再集權」政治與社會相對照，則會有著俄羅斯是否存在著公民社會的爭議性，原因有二：其一，西方學者慣以「民主」與「民主化」角度來檢視俄羅斯政權和政治，「自由之家」（Freedom House）的評分指標當中，其中一個主要觀測點就是公民社會的發展，其近年來對於俄羅斯的民主自由評比分數不斷下滑，至 2004 年末，已經是下降至 5.5 分，評為「不自由」（Not Free）國家，而其評比從「部分自由」（Partly Free）下滑至「不自由」，原因為「幾乎消除了在該國具有影響力的政黨與反對力量和行政權力進一步集中」（Freedom House, 2005）[2]。而至 2021 年其評分為 19/100（政治權利 5/40，公民自由 14/60），為「不自由」國家（Freedom House, 2022）；其二，中間階層（middle class），或西方稱中產階級，一直以來被認為是公民社會的主要力量。但是由於葉爾欽時期承接蘇聯遺緒的統治菁英壟斷政治版圖與金融寡頭寡占經濟利益影響，及普欽時期鞏固菁英群的非制度性策略如恩庇侍從、酬庸和尋租等，極其壓制俄羅斯中間階層的發展，導致社會層級結構最大的問題就是中間階層的匱乏。如同羅斯（R. Rose, 1995: 35）認為俄羅斯為一沙漏型社會，由於中間階級的匱乏，上層的菁英與下層的人民的互動管道幾乎是封閉的[3]，而伊諾忍徹夫（Inozemtsev, 2009: 46-47）則認為垂直的流動，或稱菁英從社會到國家的流動（the circulation of elites from society to the state）幾乎斷裂，因此大部分的人民不相信當政者

---

2　自由之家的評分從 1972 年起的評級標準，旨在評估公民自由和政治權利，等級從 1（最自由）到 7（最不自由）。平均政治和公民自由在 1.0 到 2.5 之間的國家被認為是「自由」（Free），在 3.0 到 5.5 之間被認為是「部分自由」，而在 5.5 和 7.0 之間被認為是「不自由」。而自 2016 年起因評分方法備受爭議，改以分數（scores）和狀態（status），嚴謹細分為政治權利（40）及公民自由（60），滿分為 100（100 表示最好；0 表示最差），經過同等加權後，確定自由（61 到 100）、部分自由（31 到 60）或不自由（0 到 30）國家。2020 年起，全面將之前的評分轉換為新的評分（0 到 100）計算。

3　羅斯（1995）認為沙漏的底層為一般人民，其社會的機制為強大的非正式網絡，這些網絡依賴朋友、家族和其他直接互相面對的團體之間的誠信。而在這沙漏型社會的頂端，是一群為權力、財富和地位激烈競爭的菁英，菁英間的權謀合作是官僚個體確保實現其目標的途徑。菁英之間相互影響，人民之間相互作用，但菁英和人民之間的互動空間，就如沙漏的腰部般狹隘。

會考慮他們的需求和期望。

　　即使關於俄羅斯之公民社會存在與否的爭議性頗大，但是不可否認的是，俄羅斯非政府組織與活動始終存在著。根據統計，自蘇聯解體後，有超過 20 萬個非政府組織成立，且有許多自願性的組織，其內部結構是獨立於國家控制的。林永芳認為，俄羅斯的公民社會雖不符合西方公民社會的概念，但公民社會可以說是一種概念型的觀點，可用來當作研究俄羅斯公民社會現象特徵的參考點（Lin, 2003: 165），畢竟俄羅斯自主性民間團體發展至今，已大不同於 20 年前的蘇聯社會了。此外，從 2005 年的印花布革命（"chintz" revolt, ситцевая революция）至今發生的種種街頭示威抗議事件，讓普欽政權忙於從制度性與非制度性策略去「管理」公民社會，再加上資訊科技發酵，統治菁英在電子媒介管理上，包含傳統媒體與網路科技，都嚴密監督管理的作法上，俄羅斯的公民社會不管過去是否存在，但現在已然萌芽。

## 第三節　普欽政權之公民社會「管理」

　　普欽於 2000 年就任總統後，俄國政治學者兼記者馬爾科夫（Sergei Markov, Сергей А. Марков）旋即拋出「管理式民主」（managed democracy, управляемая демократия），成為描述俄國政治的流行詞彙。所謂的管理式民主，就是結合威權主義與民主這兩種矛盾概念後所形成的一種特殊政治模式。

　　雖說普欽加強國家調控，並以政治來主導社會發展，但真正的公民社會「管理」是於 2005 年因退休金貨幣化之社會福利改革所引發的大規模抗議，俄國媒體稱之為「印花布革命」[4] 後開始（Виноградов, 2005）。

---

[4] "chintz" revolt（ситцевая революция）作者譯印花布革命，是俄國許多媒體，如《獨立報》（Independent Newspaper, Независимая газета），Utro.ru（Утро.ru, 2005）於其報導中針對 2005 年因退休金貨幣化之社會福利改革所引發的大規模抗議所寫之用詞，經濟學人（Economist, 2005）雜誌也使用翻譯 "chintz" revolt 用詞。因臺灣這方面的研究甚少看見，或也僅提及此為抗議事件，不加著墨，此詞是作者根據俄媒的用法所翻譯。

## 壹、印花布革命：加強公民社會「管理」

　　2005 年 1 月間，俄羅斯爆發大規模抗議的「印花布革命」，以蘇聯時期老婦人所著之便宜「印花布」一詞來代表著參與抗議者大部分為退休人士，也意味對 2005 年 1 月 1 日生效的社會福利系統變革的抗議。而普欽自 2000 年就任以來，一直維持著 70-80% 的高支持率，在民眾中的聲望極高。此大規模的抗議活動顯得極為罕見外，有的市民還圍著象徵烏克蘭橙色革命的橙色圍巾出現在示威人群中，因此，此抗議事件也被俄羅斯當局視為是俄羅斯類顏色革命；除此之外，議會選戰失利的俄羅斯共產黨和雅布羅柯黨也利用此大規模抗議大肆批評普欽（Robertson, 2009: 532-534）。

　　此大規模抗議事件如同國家機器鬆動了一顆螺絲般，之後大大小小的抗議事件陸續發生，如詳細分析原因，印花布革命是反對運動開始的里程碑，也就是雖然是由退休老人所發動的自發性抗爭，其延燒範圍與規模之大（從北部的聖彼得堡擴散到遠東地區），竟然能些許撼動普欽政權，甚至造成多位官員下臺，除了讓早已對政權不滿的俄羅斯民眾或反對力量陸續開始以街頭抗議挑戰政權外，更使得政府開始正視街頭抗議。

　　而此時不禁有個疑問，退休人員對於社福政策變動的反抗，為何會讓普欽政權積極發展相關策略與修改法律來因應對政權的挑戰？作者認為，其原因有三：

### 一、壓制反對力量的凝聚與團結，並防止強大對手的崛起

　　2005 年的「印花布革命」已開始有看見反對力量操縱（主要為俄羅斯共產黨）與外國勢力介入的跡象（Economist, 2005）。因此，為了防止類似於烏克蘭橘色革命與其他顏色革命之外國勢力對俄羅斯公民社會團體的過分染指，也為了預防反對力量的凝聚與團結，將公民社會團體與非政府組織整合入國家控制的機制中，重整國家社會間關係，強化非政治或親國家團體和孤立反對傾向團體或組織，成為普欽總統第二任期時的公民社會管理策略。

## 二、街頭抗議之社會動員力量的轉變

　　自 2005 年起，街頭示威抗議開始不斷發生，且抗議事件已不再由有著經濟訴求的工人涉入分裂菁英間的議價遊戲所主導，取而代之的是，那些在普欽政權下被排除於政局外或不滿意當前政局的菁英主導著街頭抗議，且特別地團結。此轉變的因素可能有二，其一為現代化理論的看法，也就是 2003 年油價狂飆後，俄羅斯經濟成功發展產生出高教育程度、熟悉網路的年輕族群，而他們所代表的新反對政治與民主訴求，與傳統的退休人士或共產黨已有不同；其二是基於俄羅斯政府對傳統媒體的掌控與資訊科技的普及化。因此，街頭抗議者有趨於「社會中樞」的趨勢：介於 25-50 歲之間，有車、有手機，並時常上網的青壯年。且反對力量的抗議活動目的之一是要去除政府對於傳統媒體的政治主導，而使用直接接觸和網路來動員學生和年輕人。

## 三、不同反對勢力於街頭抗議後開始團結

　　於反對力量方面，2005 年的街頭抗議經驗促使不同黨派間的團結與容忍，特別是在共同面對政府時，統一對外的共識。2005 年印花布革命後，於聖彼得堡當地，雅布羅柯黨、「我們的抉擇」（Our Choice, Наш выбор）黨、國家布爾什維克黨（National Bolshevist Party, NBP, Natsbol, Национал-большевистская партия, НБП）、社會民主黨（Social Democratic Party, Социал-демократическая партия России）、不同單位的獨立貿易聯盟及將近 20 個社會組織合組成聖彼得堡公民反對力量（Petersburg Civic Opposition, PGS, Петербургское Гражданское Сопротивление, ПГС）（Robertson , 2009: 534-535）。

　　總而言之，對於有公開競爭選舉和威權控制的政治系統的「競爭性威權」體制下的俄羅斯，當權者們正在建立國家社會間關係的雙重體系，也就是說，基於民主原則，政權當局是必須允許獨立組織與反對勢力的存在，但是實質的威權內在構成下，當權者都會採取積極的途徑（手段）來壓制反對力量，並努力去轉移民眾的不滿，藉此來預防任何公眾的示威抗

議，且在公眾的示威抗議事件發生時，會快速且強硬的應對。因此，普欽政權以立法規範非政府組織，將非政府組織納入國家體制的控制作爲制度性策略，並以傳統式蘇聯時期暗地作爲與僞社會運動來排擠社會組織的空間之非制度性策略，雙謀並施，雙管齊下，以此來「管理」公民社會及國家社會間的關係，及防止顏色革命中外國力量的財務與精神支持。

## 貳、制度性策略：立法將非政府組織和體制外反對勢力納入控制

### 一、俄羅斯非政府、非商業組織和反對力量概述

公民社會一般理解爲獨立於國家機關和市場結構的公共領域。現今，俄羅斯的公民社會裡有著超過 20 萬個正式註冊之非商業組織（Non-Commercial Organizations, NCOs）和公共協會（或可稱爲非政府組織，NGOs），而非正式註冊的團體或組織則超過 60 萬個。這些公民團體或組織也包含體制外的反對勢力。

### （一）俄羅斯公民團體

在蘇聯時期，共產黨的集權統治下，公民社會幾乎是不存在的。因此，蘇聯解體後，隨著俄羅斯民主政治制度的建立，以及相關保證公民權利的法案制定，一時之間，各種非政府組織如雨後春筍般紛紛成立。但是俄羅斯的非政府組織在其結構上，最大的缺點就在於獨立性，也就是無法籌措足夠的資金以使公民社團或組織有效的運作，其原因有二，其一爲1991 年至 1999 年葉爾欽執政，俄羅斯開始經濟轉型，從計畫經濟邁向資本主義，起初採取「震盪療法」（Shock therapy），開始私有化過程，但因社會主義經濟體制根植過深，轉型過程屢次出現問題，整體的 GDP 成長、工業生產率和投資成長均是呈現下滑的趨勢，平均年成長率皆爲負成長，通貨膨脹問題更是嚴重，當時的俄國人民根本無多餘的金錢可以支援公民社團運作；其二爲俄國的公民社團或組織，由於傳統的社會服務使命

感，而不向入會者收費（Evans Jr., 2002: 326）。因此，俄羅斯的非政府或非商業性組織缺乏經濟自主的能力，就常常得倚靠國家支持或國際資金支援，而造成其獨立性與自治能力降低（Weigle, 2000: 368）。

此外，在蘇聯解體後，雖然西方許多國際捐助者或單位都提出各式各樣的資金與方案來資助俄羅斯的民主改革與團體，但對俄羅斯的公民社會發展引起了反效果，一則這些國際捐助者或單位都是以公開競爭的方式分配資金，為了爭取國際資金的援助，俄羅斯當時的非政府團體彼此之間是競爭，而非合作；二則此些公民團體為了獲得資金援助而重改組織政綱，甚至與當地民眾的利益脫節，其功能到最後可能只成為一個國外資金的獲得者或成為外國勢力的工具。而這些接受外國資金的公民團體，在普欽時期，為了防止類似烏克蘭或喬治亞的顏色革命外國力量的介入，尤其是接受外國資金的體制外的反對勢力或團體，也成為立法規範的主要對象與重點，例如外國代理人（Foreign Agents, FAs）或不受歡迎組織（Undesirable Organizations, UOs）。

普欽上臺之初，公開發言要成為憲法和法律的捍衛先鋒，也曾採取各種措施促進俄羅斯公民社會的發展，但隨著普欽中央再集權強國策略的實施，政府開始採取制度性與非制度性策略來限制非政府組織，使得原本有著極大獨立性問題的俄羅斯公民社會，其作用更加弱化。

## （二）俄羅斯之反對力量

目前，俄羅斯反對力量大體可分為兩類：體制內的反對派和體制外的反對力量。體制內的反對派屬政治社會，而體制外的反對派就屬於公民社會的範圍，也是俄羅斯對於公民社會「管理」的主要對象。

### 1. 體制內的反對派

主要是指合法登記註冊並在議會占有席位的幾個主要政黨，雖然共產黨曾經主導過幾次大型的示威抗議，但他們並不是近年來抗議示威的主力，且除了共產黨外，其他的政黨同時也與政府有著更大的合作空間。此外，鑑於顏色革命的借鏡，在每個顏色革命中，統治菁英在選前早已分

裂，且一群強大並擁有潛在名望的反對菁英早已在西方的暗助下準備就位，也就是說，這些政體早已面臨一股強大對手的反對力量。因此，為維持單一政黨與壓抑反對勢力力量，並阻止強大反對領導人物的崛起與西方的暗地干涉，普欽對於反對政黨壓制策略如下，其一，俄羅斯自 2001 年 12 月 1 日「團結」黨、「祖國」運動和「全俄羅斯」運動三大政治組織舉行合併大會，成立「全俄羅斯團結—祖國」黨，簡稱「統一俄羅斯」黨，形成了支持總統的多數黨，自此一黨獨大，且沒有一個強大的多極政治結構，也就是缺乏一個能與國家權力黨對抗的團結反對力量；其二，修改「政黨法」、「國會杜馬議員選舉法」和國會法規來實施單一政黨策略、壓制其他政黨與掌握國會。

## 2. 體制外反對力量

　　包括傳統體制外反對派和新生力量兩部分，他們也是俄羅斯抗議運動的主力，雖然也對俄羅斯政治、社會產生了影響，但是由於組織上鬆散和政府的立法政策壓制，短時間內還難以發動能夠真正動搖現今政權的運動。

　　傳統體制外反對派主力有4人[5]，為右派自由主義的前總理凱西亞諾夫（Mikhail Kasyanov, М. М. Касьянов）、親西方背景的前國際象棋棋王卡斯帕洛夫（Garry Kasparov, Гарри К. Каспаров）、作家利莫諾夫和最有名的擁有律師和金融家身分的納瓦爾尼。

　　凱西亞諾夫曾於 2000 年至 2004 年間擔任俄羅斯總理，目前是於 2010 年成立之「人民自由黨」（Republican Party of Russia—People's Freedom Party, Республиканская партия России—Партия народной свободы）[6] 的主席，堅持自由主義思想。卡斯帕洛夫 2005 年起退出棋壇投身政治，是俄

---

5　本文作者未把葉爾欽時期前第一副總理涅姆佐夫（Boris Nemtsov, Борис Е. Немцов）當作主力的反對派代表，雖然他近幾年來也領導過幾次的示威抗議，包含 2011 年底的國會大選抗議，也被逮捕過，但他在葉爾欽時期擔任第一副總理期間的貪汙過去，讓人民對他的支持度不高，如今的涅姆佐夫和他領導的右翼民主力量一樣，正在漸漸失去影響力。2015 年 2 月 27 日晚上他在莫斯科大劇院大橋上被槍殺，至今凶手不明。

6　「人民自由黨」為「另一個俄羅斯」黨分裂而獨立出來的政黨，於 2010 年註冊。

反對力量「團結民主運動」（Solidarnost, Объединённое демократическое движение «Солидарность»）的創始人，由於他常批評政府的人權問題，因此被認爲有很強的親西方背景。作家利莫諾夫是俄反對力量「另一個俄羅斯」（The Other Russia, Другая Россия）的創始人和現任主席，在 1970 年代曾流亡海外，90 年代初返回俄羅斯後參與政治活動，近年來，「另一個俄羅斯」組織過一系列大規模社會抗議。不過，該組織的極端主義傾向不太被大眾接受，且分裂多次，很難成爲眞正的政治力量。

納瓦爾尼是從 2010 年起積極經營網路部落格，專門舉發官員們的貪腐，因爲 2011 年 2 月俄羅斯國家杜馬選舉期間，納瓦爾尼在接受電臺訪問時稱總統普欽所在的統一俄羅斯黨是「騙子與小偷黨」（Party of crooks and thieves, Партия жуликов и воров）而爆紅（Lenta.ru, 2011），一舉成爲新興的反對派領袖和代言人。2011 年，納瓦爾尼成立了反腐敗基金會（Anti-Corruption Foundation, Фонд борьбы с коррупцией），其主要活動是調查、揭露腐敗計畫並打擊俄羅斯政府腐敗行爲，在網路上發布多部影片揭露普欽政權的貪腐行爲，包含引發 2017 年 3 月 26 日反梅德韋傑夫貪腐抗議遊行的影片《他對你來說不是戴蒙》（He Is Not Dimon to You, «Он вам не Димон»）。2012 年和 2021 年，《時代》雜誌將他列入全球 100 位最具影響力人物排行榜。2013 年因涉嫌貪汙而被判處 5 年監禁，而此項罪名成爲他於 2018 年無法參選總統的主因。自 2011 年起他以網路部落格形式，號召並組織了多次的大規模抗議遊行，成爲俄羅斯最主要反普欽力量的領袖，也爲外國媒體大力歌頌。2020 年在西伯利亞疑似遭人下毒，轉送德國治療。2021 年 2 月返俄後被捕入獄，10 月在獄中，獲得歐洲議會的歐盟最高人權獎沙卡洛夫獎（中央通訊社，2021）。但是由於其「反貪腐基金會」活動的資金過於龐大，資金來源不明[7]，所以被俄羅斯司法部於

---

7　納瓦爾尼在俄羅斯人民的心中是親西方的，作者曾與俄羅斯朋友談及納瓦爾尼，俄羅斯朋友認爲納瓦爾尼在俄羅斯活動的資金的確不明，有很大的部分是來自於西方的資助，加上俄羅斯政府也在媒體上或明講或暗喻納瓦爾尼是爲美國或西方陣營作事，因此俄羅斯人民其實是不太信任納瓦爾尼，而納瓦爾尼之所以被挺爲俄羅斯民主力量，是靠著西方媒體的刻意運作。

2019 年列爲「外國代理人」組織，2021 年被認爲是極端主義組織，成爲「不受歡迎組織」，禁止其活動並被法院清算解散，但是納瓦爾尼宣稱不會理會禁令，2022 年 3 月 22 日，納瓦爾尼被宣告判刑 9 年，之後在演講中宣布成立國際反腐敗基金會（Anti-Corruption Foundation），進一步提出促進俄羅斯官員腐敗的國際制裁（Новая газета, 2022）。

此外，作爲俄新生反對力量一大陣營的網路在俄政壇的作用越來越大，打破了政府主控平面媒體的傳統模式。如前幾年備受國際矚目的俄羅斯另類抗議文化，女子龐克（Punk）搖滾行動團體 Pussy Riot（中譯暴動小貓），標榜爲女權主義、左翼的反普欽統治行動團體[8]，即是此類新生反對力量的代表，但受制於俄羅斯網路基礎設施發展程度，網路使用者占總人口的比例不高，且主要集中在幾個核心大城市，當時網路的動員能力有限。再者，這些新生的反對力量，其前衛反叛造型和不明確的政治理念訴求，對於一般渴望有尊嚴的秩序與穩定的俄羅斯人民而言，目前是無法發揮極大的效用。

## 二、俄羅斯關於公民社會之機構及立法與規範

普欽政權於第二總統任期（2004-2008）內，由於 2005 年印花布革命的發生，爲了安撫公民團體，2005 年 4 月國家杜馬通過聯邦法第 32 條「關於俄羅斯公眾院」（Russian Federal Law No. 32 "On the Public

---

8　2012 年 2 月 21 日，其中 3 名成員——阿廖欣娜（Maria Alyokhina）、托洛科尼可娃（Nadezhda Tolokonnikova）及薩穆特瑟維奇（Yekaterina Samutsevich）闖進莫斯科的東正教教堂基督救世主大教堂（Cathedral of Christ the Saviour），進行她們所謂的「龐克祈禱」，高唱反俄羅斯總統普欽的歌曲《聖母瑪利亞，把普欽趕走》，因而被捕。8 月 17 日，仍以此 3 人在教堂進行「流氓行爲」，嚴重違反社會秩序的罪名，將她們各判處 2 年有期徒刑。短時間內，Pussy Riot 聲名大噪，成爲國際知名人物，整個西方世界似乎都團結起來支持此一標榜民主且反普欽的女權主義團體。Pussy Riot 成立於 2011 年 8 月，該組織成員全爲女性，標榜爲女權主義、左翼的反普欽統治行動團體，該團體選擇以俄國人民熟悉的公共空間如紅場、地鐵站、救世主大教堂爲反叛象徵，由該團體公開成員身著鮮豔服飾，但頭戴彩色面罩，傳達其抗議但不爲個人英雄主義團體的風格。這個團體選擇結合行動藝術、搖滾樂與前衛的龐克造型、騷擾公共領域並置入網路宣傳再引起媒體注目爲手段。據媒體採訪該團體的成員表示，此團成員共有數十人，而觀察其在網路上 YouTube 影片中精準的攝影調度，顯現出是個目標與任務清楚，且具有贊助金主（極有可能爲西方世界）、高度協調能力的組織。

Chamber of the Russian Federation”, Федеральный закон России № 32 «Об Общественной палате Российской Федерации»），決議成立「公眾院」（Public Chamber, Общественная палата）賦予公民社會對政治的發言權和對公共政策的決議權，但更著重以立法規範非政府組織，將非政府組織納入國家體制的控制、重重把關作爲制度性策略。

## （一）「公眾院」

公眾院是一個協商性機構，其功能是保障俄羅斯公民權利與中央和地方互動的機構，將對俄聯邦和各個聯邦主體通過的法律文件進行社會鑑定，該機構的決定、提議具有建議性，代替社會監督國家各級機構的活動，建立公眾院是爲了使社會各界人士能夠參與落實國家政策。

根據2005年4月4日第32-FZ號聯邦法（於2021年6月11日修訂）「關於俄羅斯聯邦公眾院」（Federal Law No. 32-FZ “On the Public Chamber of the Russian Federation”, Федеральный закон № 32-ФЗ «Об Общественной палате Российской Федерации»），公眾院成員共168名，分爲三種方式產生：總統批准任命40名俄羅斯聯邦公民、85名聯邦主體公眾院代表和43名全俄公共協會和非商業組織代表組成（經2013年7月23日第235-FZ號、2013年12月28日第439-FZ號、2014年4月20日第82-FZ號聯邦法修訂）[9]。公眾院成員不得爲「不受歡迎組織」代表、不能有公職身分、不得有雙重國籍、不能有犯罪紀錄或犯罪嫌疑者（Общественная палата, 2021）。成爲公眾院代表的只能是那些爲國家和社會建立特殊功績的公民以及文藝、科學、工會等各界代表。表面上公眾院是一個代表公民權利、監督政府的機構，但實際上卻只是一個形式性組織，西方學者評論此機構並不附屬於任何的政府單位，且最重要的第一部分人事權是由總統所控

---

[9] 2022年10月5日，頓內茨克共和國、盧甘斯克共和國、赫爾松州及札波羅熱州併入俄羅斯，正式載入俄羅斯憲法，聯邦主體由85個增加爲89個，因此公眾院已經將增加俄羅斯聯邦公眾院代表人數的法律草案提交給國家杜馬，公眾院成員人數將增加四個，變成172個（Общественная палата, 2022）。

制，其代表大多都是親政府人士。公眾院可以向政府與國會提出建議，但是政府與國會可以不接受他們的意見，其功用僅具裝飾性和宣示性質，修飾俄羅斯政府重視公民社會的形象，而此機構也成為普欽選舉與社會動員的主要組織（Stuvøy, 2014）。

## （二）俄羅斯關於公民社會的國內法與修正

俄羅斯的公民社會裡有著超過 20 萬個正式註冊之非商業組織和非政府組織，俄羅斯多次立法與修正條文來規範，尤其是在限制 NCOs 的立法上，可將其限制性立法分為：1.NCOs 的註冊、監督與運行；2. 外國代理人；3. 不受歡迎組織；4. 集會與遊行（見表 6-1）。

2012 年普欽三任歸位，爆發多起大規模抗議浪潮，2014 年以後，由於克里米亞併入俄羅斯，美歐發起對俄經濟制裁，普欽政權對於外國代理人和不受歡迎組織的認定標準越趨嚴厲且嚴加控管。截至 2022 年 2 月 28 日，「履行外國代理人職務的非商業組織」（NCO-FAs）登記或記錄的有 210 個，其中 29 個是自願登記的（主要是因為面臨重大的行政處罰）。有 138 個 NCOs 被註銷登記（90 名因清算而被註銷，49 名因履行外國代理人的職能被註銷登記），因此「活躍」的 NCO-FAs 總數為 72 個。在俄羅斯聯邦境內活動被登記為「不受歡迎」的外國和國際非政府組織的名單有 51 個（ICNL, 2022）。

### 表 6-1　俄羅斯關於公民社會的國內法與修正法

| 法律或修正法 | 時間 |
|---|---|
| 1. NCOs 的註冊、監督與運行 | |
| 俄羅斯聯邦憲法（Constitution of the Russian Federation） | 1993 年 12 月 12 日 |
| 俄羅斯聯邦公民法典，第一章，聯邦法第 51-FZ 號（Civil Code of the Russian Federation, Part I, Federal Law No. 51-FZ） | 1994 年 11 月 30 日修訂 |
| 聯邦法第 82-FZ 號「關於公共協會」（Federal Law No. 82-FZ "On Public Associations"） | 1995 年 5 月 19 日修訂（公共協會法） |

### 表 6-1　俄羅斯關於公民社會的國内法與修正法（續）

| 法律或修正法 | 時間 |
|---|---|
| 聯邦法第 135-FZ 號「關於慈善活動和慈善組織」（Federal Law No. 135-FZ "On Charitable Activities and Charitable Organizations"） | 1995 年 8 月 11 日修訂（慈善法） |
| 俄羅斯聯邦公民法典，第二章，聯邦法第 14-FZ 號（Civil Code of the Russian Federation, Part II, Federal Law No. 14-FZ） | 1996 年 1 月 26 日修訂 |
| 聯邦法第 7-FZ 號「關於非商業組織」（Federal Law No. 7-FZ "On Non-Commercial Organizations"） | 1996 年 1 月 12 日修訂（非商業組織法） |
| 俄羅斯稅法，第一章，聯邦法第 46-FZ 號（Tax Code of the Russian Federation, Part I, Federal Law No. 146-FZ） | 1998 年 7 月 31 日修訂 |
| 聯邦法第 95-FZ 號「關於無償援助」（Federal Law No. 95-FZ "On Gratuitous Assistance"） | 1999 年 5 月 4 日修訂（無償援助法） |
| 俄羅斯稅法，第二章，聯邦法第 118-FZ 號（Tax Code of the Russian Federation, Part II, Federal Law No. 118-FZ） | 2000 年 8 月 5 日修訂 |
| 聯邦法第 129-FZ 號「關於法律主體的國家註冊登記」（Federal Law No. 129-FZ "On State Registration of Legal Entities"） | 2001 年 8 月 8 日（法律主體國家註冊登記法） |
| 俄羅斯聯邦稅務法典調節法律主體財產稅之特別篇（Special Part of the RF Tax Code reulating property tax of legal entities） | 2004 年 1 月 1 日生效 |
| 聯邦法第 18-FZ 號「關於修訂俄羅斯聯邦的特定立法法案」（Federal Law No. 18-FZ "On Introducing Amendments to certain Legislative Acts of the Russian Federation"） | 2006 年 1 月 17 日 |
| 俄羅斯聯邦部長内閣法令 #212「關於旨在執行聯邦法律規範非商業組織活動的若干規定之措施」（Decree of the Cabinet of Ministers of the Russian Federation # 212 "On Measures Aimed at Implementing Certain Provisions of the Federal Laws Regulating Activities of Non-Commercial Organizations"） | 2006 年 4 月 15 日 |
| 俄羅斯聯邦司法部法令 #222「關於 NCO 活動的國家控制程式（包含資源支出）」（Decree of the Ministry of Justice of the Russian Federation #222 "On the Procedure of State Control of NCO activity (including Spending of Resources)"） | 2006 年 6 月 22 日 |
| 聯邦法第 275-FZ 號「關於捐贈」（Federal Law No. 275-FZ "On Endowments"） | 2006 年 12 月 30 日 |

表 6-1　俄羅斯關於公民社會的國內法與修正法（續）

| 法律或修正法 | 時間 |
|---|---|
| 修正 1996 年 1 月 12 日聯邦法第 7-FZ 號「關於非商業組織」（修訂與增文於 1998 年 11 月 26 日、1999 年 7 月 8 日、2002 年 3 月 21 日、2002 年 12 月 28 日、2003 年 12 月 23 日、2006 年 1 月 10 日、2 月 2 日、11 月 3 日、12 月 30 日、2007 年 3 月 2 日、5 月 17 日、6 月 26 日、11 月 29 日、12 月 1 日、2008 年 5 月 13 日、7 月 22 日） | 2009 年 7 月國家杜馬通過和聯邦委員會批准 |
| 聯邦法第 317-FZ 號「關於修改俄羅斯聯邦非商業組織法第 32 條」（Federal Law No. 317-FZ "On Amending Article 32 of the Federal Law 'On Noncommercial Organizations'"） | 2011 年 11 月 16 日 |
| 聯邦法第 328-FZ 號「關於修改涉及非商業組織專用資金的編制和使用的俄羅斯聯邦立法條」（Federal Law No. 328-FZ "On Amendments to the particular legislative acts of the Russian Federation in terms of formation and usage of the target-capital of non-profit organizations"） | 2011 年 11 月 21 日 |
| 聯邦法第 272-FZ 號「關於對違反俄羅斯聯邦公民基本人權和自由的個人的制裁」（Federal Law No. 272-FZ "On Sanctions for Individuals Violating Fundamental Human Rights and Freedoms of the Citizens of the Russian Federation"），又稱 Dima Yakovlev 法（Закон Димы Яковлева）的修正案 | 2012 年 12 月 21 日簽署 |
| 聯邦法第 407-FZ 號「關於公共協會修正法案」（Federal Law No. 407-FZ "About Public Associations"） | 2019 年 12 月 13 日生效 |
| 2. 外國代理人 | |
| 聯邦法第 121-FZ 號「關於修訂調控為國外代理之非營利組織之特定立法」（Federal Law No. 121-FZ "On Amendments to Certain Legislative Acts of the Russian Federation in the Regulation of Non-profit Organizations Acting as a Foreign Agent"） | 2012 年 7 月 21 日簽署 |
| 聯邦法第 139-FZ 號「關於資訊、資訊科技和資訊保護」（Federal Law No.139-FZ "Information, Information Technologies and Information Protection"） | 2012 年 7 月 30 日簽署，2012 年 11 月生效 |
| 聯邦法第 43-FZ 號「關於修訂關於公共協會法第 27 和 38 條以及關於非商業組織法第 32 條」（Federal Law No. 43-FZ "On Amendments to Articles 27 and 38 of the Federal Law 'On Public Associations' and Article 32 of the Federal Law 'On Non-Commercial Organizations'"） | 2015 年 3 月 8 日簽署 |

### 表 6-1　俄羅斯關於公民社會的國內法與修正法（續）

| 法律或修正法 | 時間 |
|---|---|
| 聯邦法第 327-FZ 號「關於修訂資訊、資訊技術和資訊保護法第 10.4 和 15.3 條以及大眾傳播媒體法第 6 條」（Federal Law No. 327-FZ "On Amendments to Articles 10.4 and 15.3 of the Federal Law 'On Information, Information Technologies and Protection of Information' and Article 6 of the Law 'On Mass Media'"） | 2017 年 11 月 25 日簽署 |
| 聯邦法第 362-FZ 號「關於修訂反腐敗專家評論規範性法律法案和規範性法律草案第 5 條」（Federal Law No. 362-FZ "On Amendments to Article 5 of the Federal law 'On Anti-Corruption Expert Review of Normative Legal Acts' and Drafts of Normative Legal"） | 2018 年 11 月 10 日簽署，10 月 22 日生效 |
| 聯邦法第 426-FZ 號「關於修改俄羅斯聯邦大眾傳播媒體法和資訊、資訊技術和資訊保護法」（Federal Law No. 426-FZ "On Amendments to Federal Law 'On the Mass Media' and the Federal Law 'On Information, Information Technologies and Information Protection'"） | 2019 年 10 月 2 日簽署 |
| 聯邦法第 443-FZ 號「關於修訂行政處罰法典」（Federal Law No. 443-FZ "On Amendments to the Code of Administrative Offenses (CoAO)"） | 2019 年 12 月 16 日簽署，2020 年 2 月 1 日生效 |
| 聯邦法第 255-FZ 號「關於受外國影響的人的活動管控」（Federal Law No. 255-FZ "On Control over the Activities of Persons under Foreign Influence"） | 2022 年 6 月 29 日國家杜馬三讀通過，預定 12 月 1 日公布實施 |
| 3. 不受歡迎組織 | |
| 聯邦法第 129-FZ 號「關於修訂俄羅斯聯邦的特定立法法案」（Federal Law No. 129-FZ "On Amendments to Certain Legislative Acts of the Russian Federation"），又稱「不受歡迎組織法」（the Law on Undesirable Organizations） | 2015 年 5 月 23 日簽署 |
| 聯邦法第 230-FZ 號「關於打擊通過犯罪手段獲得的收益合法化（洗錢）和資助恐怖主義第 6 條的修正案和聯邦法律第 3.1 條關於影響參與涉及侵犯俄羅斯聯邦公民基本權利和人權、自由的人的措施」（Federal Law No. 230-FZ "On Amendments to Article 6 of the Federal Law 'On Combating The Legalization (laundering) of the Proceeds Received by Criminal Means and the Financing of Terrorism' and Article 3.1 of the Federal Law 'On Measures of Influence on Persons, involved in Violations of Fundamental Rights and Freedoms of The Human Rights and Freedoms of The Citizens of The Russian Federation'"） | 2021 年 6 月 28 日簽署 |

表 6-1　俄羅斯關於公民社會的國內法與修正法（續）

| 法律或修正法 | 時間 |
|---|---|
| 聯邦法第 232-FZ 號「關於修訂行政處罰法典」（Federal Law No. 232-FZ "On Amendments to the Code of Administrative Offenses of the Russian Federation"） | 2021 年 6 月 28 日簽署 |
| 聯邦法第 272-FZ 號「關於影響參與涉及侵犯俄羅斯聯邦公民基本權利和人權、自由的人的措施」（Federal Law No. 272-FZ "On Measures to Influence Persons Involved in Violations of Fundamental Human Rights and Freedoms, Rights and Freedoms of Citizens of the Russian Federation"） | 於 2022 年 3 月 14 日修訂，經修訂並補充條目從 2022 年 3 月 15 日起生效 |
| 4. 集會、遊行 | |
| 聯邦法第 65-FZ 號「關於修訂俄羅斯行政處罰法和聯邦法會議、集會、示威、遊行和警戒隊法」（Federal Law No. 65-F3 "On Amendments to the Code of Administrative Offences and the Federal Law 'On Meetings, Rallies, Demonstrations, Marches and Pickets'"） | 2012 年 6 月 5 日國家杜馬通過和 2012 年 6 月 6 日聯邦委員會批准 |
| 聯邦法第 367-FZ 號「關於修訂聯邦法會議、集會、示威、遊行和警戒隊法第 5 條和第 10 條」（Federal Law No. 367-FZ "On Amendments to Articles 5 and 10 of the Federal Law 'On Meetings, Rallies, Demonstrations, Marches and Pickets'"） | 2018 年 10 月 11 日通過，10 月 22 日生效 |
| 聯邦法第 377-FZ 號「關於行政處罰法典修正案」（Federal Law No. 377-FZ "On Amendments to the Code of Administrative Offenses"） | 2018 年 10 月 30 日通過，11 月 11 日生效 |

資料來源：作者根據 ICNL（2022）資料整理。

### 1. NCOs 的註冊、監督與運行

　　2006 年 1 月 10 日，俄羅斯通過聯邦法第 18-FZ 號「關於修訂俄羅斯聯邦的特定立法法案」（Federal Law of the Russian Federation No. 18-FZ "On Introducing Amendments to certain Legislative Acts of the Russian Federation", Федеральный закон России № 18-ФЗ «О внесении изменений в некоторые законодательные акты Российской Федерации»），俄羅斯政府「管理式」的公民社會再度成為國際上的焦點，這項法案引介了一連串對於公共協會、NCOs 和外國非政府 NCOs 的新規定與改變，包含：

(1) 拒絕註冊登記：修訂條文擴充了註冊登記當局拒絕組織註冊登記的適法空間，新規定亦可以以特殊的考量來回絕外國非政府 NCOs 支部的註冊登記。新法案中註冊登記當局可以拒絕註冊登記，假使「目標和客體⋯⋯對國家主權、政治獨立、領土整合、國家統一、獨特國格、文化遺產和國家利益形成威脅」時。因此，註冊登記當局不一定要將其拒絕註冊登記的原因以相關憲法條文或法條寫出，可僅以言詞口頭拒絕（修訂條文第 21 條、第 23 條）。

(2) 擴充政府監督權：修訂條文增列對組織諸多報告的要求，包含須上報國外來源的資金和如何分配使用，再者，此法案也給予政府干涉這些組織內部事務的權力（修訂條文第 19 條、第 38 條），包含：

A. 傳喚 NCOs 內部行政文件權：註冊登記當局可以有權要求觀看 NCOs 治理的內部文件，包括每日的行政決議、組織管理監督和財政監督。

B. 遣送代表參與 NCOs 事務權：該法案甚至允許政府遣送代表無限制地參與 NCOs 事務，政府代表可以參與倡導團隊的策略會議、董事會會議，和其他純粹只限 NCOs 內部成員可參與的會議。

C. 對外國非政府 NCOs 監督權：該法案給予註冊登記當局對外國非政府 NCOs 支部、代表處和聯盟兩個額外的監督權，一是終止外國非政府 NCOs 支部任何一個現有計畫的實施；二是允許註冊登記當局可以禁止外國非政府 NCOs 支部、代表處和聯盟移轉任何資金或其他資源給特定的受助人，基於「維護憲法制度、他人之道德、健康、權利和法律利益的基礎上，目的在維護城市和國家安全」。

(3) 對於 NCOs 和公共協會創立人的限制：該修正法規定外國人士或無國籍人士必須居住在俄羅斯聯邦才可以創立、參加或加入 NCOs 或公共協會。再者，也禁止特定某類人士，諸如停留在俄羅斯卻不受當局歡迎（undesirable）的外國人創立、參加或 NCOs 或公共

協會（修正條文第 19 條）（КонсультантПлюс, 2006）。

2008 年梅德韋傑夫當選總統，國際上對於俄羅斯公民社會管理的改善是充滿期待的。且 2008 年底的全球金融海嘯事件，尤其是油價急遽下滑，重重地影響了俄羅斯的經濟 [10]，為了稍解社會的不滿情緒，放鬆社會的管制，對於政權合法性而言，是極其重要的。2009 年 6 月國家杜馬批准聯邦法修訂 1996 年 1 月 12 日第 7-FZ 號修訂條文「關於非商業組織」（amendments to Russian Federal Law No. 7-FZ "On Non-Commercial Organizations", Федеральный закон № 7-ФЗ «О некоммерческих организациях»），並於 8 月 1 日實施。而此修正案作了若干的改變，包含：

(1) 沒有外國資助且沒有外國創立者的小型 NCOs，年度收入總額少於 300 萬盧布或大約 10 萬美元，可以免除年度正式報告。

(2) 所有 NCOs 可以透過網站上發布的報告，或在特定的媒體出版報告，作為當局要求的活動報告。

(3) 政府不再強制性地每年查帳，而是如同一般商業企業般，每 3 年 1 次。

(4) 假使 NCOs 無法提交註冊登記所需要的文件，或是所提交的文件有瑕疵，不會馬上拒絕註冊登記，註冊登記過程會等待 3 個月，直到申請人完成或更正申請文件。只要申請文件完整提交，註冊登記機構就會進行註冊登記。

(5) 註冊登記當局僅能要求申請人提供法律規定的文件。

(6) 註冊登記當局不可以「對國家主權、政治獨立、領土整合、國家統一、獨特國格、文化遺產和國家利益形成威脅」的標準來拒絕註冊登記，這些標準已在條文中移除（КонсультантПлюс, 2009）。

此外，2011 年 11 月俄羅斯國家杜馬通過了兩項關於規範非商業組織

---

[10] 2003 年至 2008 年第二季期間，俄羅斯的 GDP 成長都維持在 6-8% 之間，自 2008 年第四季起俄羅斯的 GDP 成長率，從 2007 年同季的 9.5% 降到大約 1.1%，2009 年俄羅斯國內生產總值開始呈現負成長（World Bank, 2009: 6）。

立法的正向改變，其一，11 月 16 日頒布聯邦法第 317-FZ 號修正條文「關於修改俄羅斯聯邦非商業組織法第 32 條」（Federal Law № 317-FZ "On Amending Article 32 of the Federal Law On Noncommercial Organizations", Федеральный закон № 317-ФЗ «О внесении изменений в статью 32 Федерального закона ‹О некоммерческих организациях›»），廢除 2011 年 7 月頒布的聯邦商業修訂條文中，擴充政府可隨時不定期查帳的權限的嚴格規定。也許是爲了 2011 年底要進行的國會大選之故，爲了爭取民間團體的支持，國家杜馬於 11 月的修訂條文廢除了 7 月訂定且尙未滿 6 個月的新規定，而這在杜馬立法上史無前例；其二，11 月 21 日頒布聯邦法第 328-FZ 號修正條文「關於修改涉及非商業組織專用資金的編制和使用的俄羅斯聯邦立法法條」（Federal Law № 328-FZ "On amendments to the particular legislative acts of the Russian Federation in terms of formation and usage of the target-capital of non-profit organizations", Федеральный закон № 328-ФЗ «О внесении изменений в отдельные законодательные акты Российской Федерации в части формирования и использования целевого капитала некоммерческих организаций»），此項修訂條文有三個要點，一是擴充可使用來自捐贈的收入的活動項目，包含免費法律協助、法律教育和環境保護；二是允許組織創立者不僅可接受現金捐贈，也可包含不動產和股票；三是擴充可列爲捐贈的收入項目，包含來自捐贈金的利息收入及其他福利收入（ICNL, 2012）。

2012 年普欽三任歸位後，來自於反對力量和民間組織的大小抗議不斷，因此 2012 年 12 月 21 日，國家杜馬通過聯邦法第 272-FZ 號「關於對違反俄羅斯聯邦公民基本人權和自由的個人的制裁」（Federal Law No. 272-FZ "On Sanctions for Individuals Violating Fundamental Human Rights and Freedoms of the Citizens of the Russian Federation", Федеральный закон № 272-ФЗ «О мерах воздействия на лиц, причастных к нарушениям основополагающих прав и свобод человека, прав и свобод граждан Российской Федерации»），又稱 Dima Yakovlev 法（Закон Димы

Яковлева）[11] 的修正案。新法律包含一些進一步限制 NCOs 活動的規定，包括：

(1) NCOs 參與政治活動或實施其他對俄羅斯利益構成威脅、並接受美國公民或組織的資金的活動，將被暫停並沒收其資產（司法部在 NCOs 停止接受美國公民或組織的資助後，可發布決定重啓 NCOs 之前被暫停的活動）。

(2) 禁止擁有美俄雙重國籍的公民加入或參與管理俄羅斯 NCOs、或在俄羅斯已註冊辦公室並參與政治活動的外國 NCOs。

(3) NCOs 在被扣押資產的情況下，該 NCOs 也失去了創辦媒體的權利，並且被禁止舉辦群眾和公共活動以及使用銀行帳戶。

2017 年開始，納瓦爾尼開始積極揭露政府的貪腐，因此 2017 年至 2018 年很多抗議活動開始大型化且開始逐漸激烈化，因此，2019 年 12 月 2 日簽署的聯邦法第 407-FZ 號「關於公共協會」修正法案（Federal Law No. 407-FZ "About Public Associations", Федеральный закон № 407-ФЗ «Об общественных объединениях»），目的是禁止在有充分理由懷疑其參與恐怖活動的情況下，已決定凍結（封鎖）其資金或其他財產的人擔任 NCOs 的創始人（成員、參與者）。根據該法，因被指控爲恐怖主義而被凍結資產的個人將被禁止成爲 NCOs 的創始人、參與者或成員。據當局稱，這些修正案將有助於確保非營利部門免受濫用資助恐怖活動的行爲。然而，沒有具體說明以充分理由懷疑參與恐怖活動的資金或其他財產的凍結（封鎖）決定標準，從而使任意適用法律成爲可能。該法律於 2019 年 12 月 13 日生效。

## 2. 外國代理人（FAs）

自 2012 年以來，俄羅斯頒布了多項限制 NCOs 的法律。2012 年 7 月 21 日更針對國外資金捐助的非政府組織，訂定聯邦法第 121-FZ 號

---

[11] Dima Yakovlev 法是俄羅斯頒布對「侵犯俄羅斯公民人權和自由」的美國公民制裁的法律。該法建了一份被禁止進入俄羅斯的公民名單，並允許政府凍結他們的資產和投資。該法律暫停了從美國公民或組織那裡獲得資金的政治活躍的非營利組織的活動。

「關於修訂調控為外國代理人之非營利組織之特定立法」（Federal Law No. 121-FZ "On Amendments to Certain Legislative Acts of the Russian Federation in the regulation of non-profit organizations acting as a foreign agent", Федеральный закон № 121-ФЗ «О внесении изменений в отдельные законодательные акты Российской Федерации в части регулирования деятельности некоммерческих организаций, выполняющих функции иностранного агента»），針對俄羅斯聯邦有關規範履行 FAs 職能的 NCOs 活動的立法進行修正，該法於 2012 年 11 月 21 日生效。根據該法案，任何符合受到國外資助與從事政治活動的非營利組織均必須被列入履行「FAs」職能的組織登記清單。這些非營利組織需要提交特殊報告，並接受特別檢查。俄司法部每年都應向國家杜馬提交有關非營利組織過去一年活動的報告，其中應包含完整的財政明細。此類 NCOs 被稱為「履行 FAs 職能的 NCOs」（以下簡稱 NCO-FAs）。

2017 年 3 月 28 日簽署之聯邦法第 43-FZ 號「關於修訂關於公共協會法第 27 和 38 條以及關於非商業組織法第 32 條」（Federal Law No. 43-FZ "On Amendments to Articles 27 and 38 of the Federal Law 'On Public Associations' and Article 32 of the Federal Law 'On Non-Commercial Organizations'", Федеральный закон № 43-ФЗ «О внесении изменений в статьи 27 и 38 Федерального закона ‹Об общественных объединениях› и статью 32 Федерального закона ‹О некоммерческих организациях»»）規定了將 NCO-FAs 從登記中註銷的理由和程序。外國代理人登記進行變更：現在只在條欄上登記「活躍」NCO-FAs；「註銷登記」一欄則是空的。司法部似乎屈服於 NCOs 的敦促，從 FAs 登記註銷後（在停止 FAs 的職能後）就刪除有關這些組織的所有資訊。

自 2016 年後，普欽將「FAs」的矛頭轉向媒體，有關「媒體—外國代理人」（mass media-FA）的立法分析見第七章。

2022 年 6 月 29 日，國家杜馬三讀通過聯邦法第 255-FZ 號「關於受外國影響的人的活動管控」（Federal Law No. 255-FZ "On Control over the Activities of Persons under Foreign Influence", Федеральный закон № 255-

ФЗ «О контроле за деятельностью лиц, находящихся под иностранным влиянием»），聯邦委員會於 7 月 8 日批准，該法律將於同年 12 月 1 日生效。該法律草案大大惡化對 FAs 的監管，並增列新規定將受外國影響的個人（包括法律實體）納入 FAs 登記造冊。

被認定為 FAs 的個人和組織的活動會同時受到 4 項法律的監管：非營利組織法（The Law On Non-Profit Organizations, Закон «О некоммерческих организациях»）、關於影響參與涉及侵犯俄羅斯聯邦公民基本權利和人權、自由的人的措施（The Law On Measures of Influence on Persons Involved in Violations of Fundamental Human Rights and Freedoms, the Rights and Freedoms of Citizens of the Russian Federation, Закон «О мерах воздействия на лиц, причастных к нарушениям основополагающих прав и свобод человека, прав и свобод граждан Российской Федерации»）、大眾傳播媒體法（The Law On Mass Media, Закон «О средствах массовой информации»）和公共協會法（The Law On Public Associations, Закон «Об общественных объединениях»）。

俄羅斯和外國商業法人實體將被添加到 FAs 的登記冊。目前，俄羅斯商業組織，如有限責任公司（LLC），不能被視為 FAs。但是在此法律於 12 月 1 日正式頒布生效後，除俄羅斯國家實體外，任何個人或法人實體都可以被視為 FAs。之前，每個 FA 的認定與登記都需要單獨的理由，且都必須有外國融資（或外國來源的其他援助，例如組織和方法上的援助）。而該法生效後，國外融資不再是認定「FAs」登記冊的強制性特徵，俄羅斯司法當局認定「受外國影響」條件就足夠了。而「外國影響」的新定義：「外國向一個人提供支持和（或）影響一個人，包括通過脅迫、說服和（或）其他方式。」

FA 會受到額外的禁止和限制，其中包括：

(1) 禁止參與公共當局下設的委員會、諮詢、專家和其他機構的活動。

(2) 禁止對未成年人進行教學和教育宣傳活動，包括無權製作傳播給未成年人的資訊。

(3) 禁止作為供應商採購貨物、工程、服務以滿足州或市政需要。

(4) 禁止接受國家財政支持。

(5) 不適用簡化稅制或簡化會計（財務）報表。

(6) 禁止投資具有戰略性質的商業實體，以確保國防和國家安全。

此外，FA 要承擔額外的責任，包括：

(1) 在軍事和軍事技術領域開展政治活動和資訊蒐集時要公開其作為 FA 的身分。

(2) 向其創始人（參與者）、受益人和員工披露其作為 FA 的身分。

對於非法人實體的所有類型的 FA，須成立一個俄羅斯法人實體，向不特定民眾分發印刷、音頻、視聽和其他資訊或材料，皆須註明「該材料（資訊）由『外國代理人』製作、分發和／或發送，或與該代理人的活動有關」（State Duma, 2022; ОВД-Инфо, 2022）。

## 3. 不受歡迎組織（UOs）

在俄羅斯，如果個人或組織被認定為「FAs」組織的身分，組織仍可運作，但是要面對繁重的限制，但是如果被安置為 UOs 的標籤，實際上就是禁止所有活動。

2015 年 5 月 23 日，普欽總統簽署了聯邦法第 129-FZ 號「關於修訂俄羅斯聯邦的特定立法法案」（Federal Law No. 129-FZ "On Amendments to Certain Legislative Acts of the Russian Federation", Федеральный закон № 129-ФЗ «О внесении изменений в отдельные законодательные акты Российской Федерации»），又稱「不受歡迎組織法」（the Law on Undesirable Organizations），該法針對外國和國際 NCOs 及其在俄羅斯的合作夥伴。根據「不受歡迎組織法」，如果檢察長或副檢察長認為外國或國際 NCO 對國家安全構成威脅，他們可以宣布該 NCO 為「不受歡迎的」。俄羅斯禁止「UOs」的活動，所有參與此類活動的人都將受到行政和刑事處罰。自通過後，「不受歡迎組織法」已經過多次修訂：

(1) 擴大針對不受歡迎的國際和外國 NCO 的禁止活動清單，增加第 5 項禁令，即「禁止在俄羅斯聯邦境內創建或參與法律實體」（根據 2017 年 3 月 28 日聯邦法第 35-FZ 號）。

(2) 擴大將外國或國際非政府組織在俄羅斯聯邦境內的活動認定為「不受歡迎」的理由清單：如果它「促進或阻礙對候選人提名、候選人名單、登記候選人的選舉、舉行公民投票和舉行公民投票的倡議、選舉、公民投票等並影響其結果」〔以外國（國際）觀察員身分參與選舉、公投活動除外〕（根據 2018 年 12 月 27 日聯邦法第 555-FZ 號）。

(3) 連結至「不受歡迎」組織將被視為非法內容並被禁止在社交網路上傳播（2020 年 12 月 30 日聯邦法第 530-FZ 號）。

2021 年 6 月 28 日普欽簽署了兩份有關「UOs」的法律：

(1) 聯邦法第 230-FZ 號「關於打擊通過犯罪手段獲得的收益合法化（洗錢）和資助恐怖主義第 6 條的修正案和聯邦法律第 3.1 條關於影響參與涉及侵犯俄羅斯聯邦公民基本權利和人權、自由的人的措施」（Federal Law No. 230-FZ "On Amendments to Article 6 of the Federal Law 'On Combating The Legalization (laundering) of the Proceeds Received by Criminal Means and the Financing of Terrorism' and Article 3.1 of the Federal Law 'On Measures of Influence on Persons, involved in Violations of Fundamental Rights and Freedoms of The Human Rights and Freedoms of The Citizens of The Russian Federation'", Федеральный закон № 230-ФЗ «О внесении изменений в статью 6 Федерального закона ‹О противодействии легализации (отмыванию) доходов, полученных преступным путем, и финансированию терроризма› и статью 3.1 Федерального закона ‹О мерах воздействия на лиц, причастных к нарушениям основополагающих прав и свобод человека, прав и свобод граждан Российской Федерации»»）：擴大將外國或國際非政府組織的活動認定為「不受歡迎」的理由清單，包括外國或國際 NCO 進行金融或財產交易時，要求提供媒介服務，以便該組織開展對俄羅斯憲法秩序、國防或國家安全的基礎構成威脅的活動，該 NCO 即被認定為「不受歡迎」。禁止俄羅斯公民和法律實體參與俄羅斯聯邦

境外 UOs 的活動。

(2) 聯邦法第 232-FZ 號「關於修訂行政處罰法典」（Federal Law No. 232-FZ "On Amendments to the Code of Administrative Offenses of the Russian Federation", Федеральный закон № 232-ФЗ «О внесении изменений в Кодекс Российской Федерации об административных правонарушениях»）：加重參與 UOs 的行政責任。這意味著任何與 UOs 合作的人都可能受到行政處罰，無論該活動發生在俄羅斯領土境內還是國外，如果當局認為該組織「直接違背俄羅斯聯邦的利益」。俄羅斯公民仍然可以因在俄羅斯領土境內與此類組織合作而受到刑事起訴，而且，關於「領土」的定義已經擴大到網際網路空間。

2022 年 2 月 24 日俄羅斯對烏克蘭展開「特別軍事行動」，國家杜馬於 3 月 14 日通過修訂聯邦法第 272-FZ 號「關於影響參與涉及侵犯俄羅斯聯邦公民基本權利和人權、自由的人的措施」（Federal Law No. 272-FZ "On Measures to Influence Persons Involved in Violations of Fundamental Human Rights and Freedoms, Rights and Freedoms of Citizens of the Russian Federation", Федеральный закон № 272-ФЗ «О мерах воздействия на лиц, причастных к нарушениям основополагающих прав и свобод человека, прав и свобод граждан Российской Федерации»），該法於 3 月 15 日生效。主要針對 UOs 的禁制如下：

(1) 禁止在俄羅斯聯邦境內成立（開設）UOs 的分處，並根據俄羅斯法律規定的程序，終止以前在俄羅斯聯邦境內成立（開設）的此類分處在俄羅斯聯邦領土的活動。

(2) 禁止傳播（UOs）資訊資料，以及為傳播目的製作或儲存此類資料。

(3) 禁止在俄羅斯聯邦境內為被認為 UOs 實施計畫（項目）。

(4) 如果其中一方是其活動被認定為 UOs，則禁止進行任何金融交易。

(5) 禁止 UOs 成立法律實體或讓其參與。

(6) 對管理俄羅斯聯邦境內 UOs 的活動要承擔刑事責任，包括對 UOs

的籌款，要處以監禁。

## 4. 集會與遊行的限制

　　普欽於 2012 年 5 月 7 日再次歸位就職擔任總統，鑑於 2011 年國會大選至 2012 年總統大選所產生的示威抗議行動，普欽緊急立法規範公民團體之社會活動。2012 年 6 月 6 日國家杜馬通過聯邦法第 65-FZ 號「關於修訂俄羅斯行政罰法和聯邦法會議、集會、示威、遊行和警戒隊法」（Federal Law No. 65-FZ "On Amendments to the Code of Administrative Offences and the Federal Law 'On Meetings, Rallies, Demonstrations, Marches and Pickets'", Федеральный закон № 63-ФЗ «О внесении изменений в Кодекс Российской Федерации об административных правонарушениях и Федеральный закон ‹О собраниях, митингах, демонстрациях, шествиях и пикетированиях›»），對於參與公眾抗議活動的個人和組織，如違反相關集會規則，將課以比現今多 150-300 倍的罰鍰，而從 2012 年 7 月起，誹謗被重新列為刑法罪行，尤其媒體如公開放送誹謗言論，罰鍰更高達 200 萬盧布。

　　如前所述，2017 年始，俄羅斯大小街頭遊行、抗議不斷，因此，2018 年 10 月至 2018 年 12 月期間通過了 3 項限制集會自由的聯邦法律。

(1) 2018 年 10 月 11 日總統簽署第 367-FZ 號聯邦法「關於修訂聯邦法集會、會議、示威、遊行和警戒隊法第 5 條和第 10 條」（Federal Law No. 367-FZ "On Amendments to Articles 5 and 10 of the Federal Law 'On Meetings, Rallies, Demonstrations, Marches and Pickets'", Федеральный закон № 367-ФЗ «О внесении изменений в статьи 5 и 10 Федерального закона ‹О собраниях, митингах, демонстрациях, шествиях и пикетированиях›»），於 2018 年 10 月 22 日生效。根據新法律，公共活動組織者有義務在不遲於預定日期前一天通知公民並向政府提供關於取消公共活動的書面通知。但是，這一要求極難滿足，因為在許多情況下，公共活動的組織者由於組織者不可控制因素，最後一刻中斷而被迫取消活動，例如在會議前 1

小時被通知拒絕租賃場地。

(2) 2018 年 10 月 30 日簽署的第 377-FZ 號聯邦法「關於行政處罰法典修正案」（Federal Law No. 377-FZ "On Amendments to the Code of Administrative Offenses", Федеральный закон № 377-ФЗ «О внесении изменений в Кодекс Российской Федерации об административных правонарушениях»）於 2018 年 11 月 11 日生效。行政處罰法典由第 20.23 條補充，規定了公共活動的組織者不履行將取消公共活動的決定，通知公民和政府機構的義務，以及在未說明其目的的情況下，提交舉辦公共活動的通知義務，需負行政責任。

(3) 2018 年 12 月 27 日簽署第 557-FZ 號聯邦法「關於修改俄羅斯聯邦行政處罰法典第 20.2 條」（Federal Law No. 557-FZ "On Amendments to Article 20.2 of the Code of Administrative Offenses of the Russian Federation", Федеральный закон № 557-ФЗ «О внесении изменения в статью 20.2 Кодекса Российской Федерации об административных правонарушениях»）於 2019 年 1 月 8 日生效。該法規定了讓未成年人參與未經授權的公共活動的行政責任。

觀察截至 2022 年的聯邦法修正條文（詳表 6-2），如要合法地在俄羅斯境內活動，無論是反對勢力、抑或是獨立團體或外國組織的支部或代表處等，均需要註冊登記。俄羅斯當局以此區分合法與非法，非法的組織活動是禁止的，也不能申請集會遊行，在俄羅斯的「中央再集權」政策下，是適用刑法論，會被處以相當重刑。而要合法地註冊登記，則需經過繁複、官僚的程序與提交相當繁雜的文件，如提交文件不齊全，其註冊登記是馬上被回絕。合法註冊登記後，每年須提交財務與活動報告，包括捐贈金額、捐贈來源是否來自外國，如何分配使用等，且對於捐贈金額用途之活動是有相當的限制性。此外，登記主管機關可隨時查帳與查看內部管理不對外公開文件，並可遣送代表無限制地參加組織內部會議，且非居住於俄羅斯當地的外國人士或經當局認為之不受歡迎人士，不能成立組織。

而且被認定為 FAs，活動受到重重限制，必須註冊為 NCO-FAs，但是

如果是宣布為 UOs，就不能在俄羅斯境內活動，也禁止俄羅斯人民參與該組織或其活動（無論是境內或境外）。

### 表 6-2　俄羅斯 NCOs 規定表

| | |
|---|---|
| 組織形式 | 1. 法人實體（corporate entity）：創始人（參與者、成員）有權參與其管理（即獲得成員資格）的實體，包括消費者合作社、公共組織、協會（工會）、政黨和貿易工會。<br>2. 單元實體（unitary entity）：創始人不得成為參與者（他們沒有會員權）的實體，包括公共慈善基金、私人機構、自治非商業組織和宗教組織。 |
| 註冊登記機關 | 司法部（Ministry of Justice）。 |
| 大約數量 | 截至 2022 年 2 月 28 日為 20 萬 9,976 個。 |
| 成立障礙 | 特定人士，包含外國人士和無國籍人士，不可擔任創立者、成員或參與者。<br>➢ 註冊登記程序過於官僚，過分的文件要求。不定期國家審計擴大解釋，司法部強制將其納入 NCOs 的 FAs 登記。 |
| 活動障礙 | ➢ 繁瑣的報告要求。<br>➢ 允許監督當局干涉公共協會和 NCOs 的內部事務。<br>➢ 不定期國家審計擴大解釋，司法部強制將其納入 NCOs 外國代理人行為登記。<br>➢ NCOs 參與政治活動、或進行威脅俄羅斯利益的活動並接受美國公民或組織的資金資助，將被暫停並沒收其資產。<br>➢ 禁止所有涉及 UOs 參與的財務或其他資產的交易。<br>➢ 禁止散布由 UOs 發布和／或由此傳播的訊息資料，包括透過媒體和／或使用網際網路和電信網路。<br>➢ 禁止 UOs 在俄羅斯聯邦境內實施計畫（項目），以及個人和實體在俄羅斯聯邦內從事此類活動。<br>➢ 禁止國際和外國組織派駐在 NCOs 撰寫針對法律草案和其他法律的反腐敗特稿的獨立專家，此將視作 FAs 行為。 |
| 演說或宣傳障礙 | ➢ 可適用刑法或行政處罰作為 NCOs 宣傳活動的潛在限制。<br>➢ 宣傳活動通常被認為等同於政治活動，這可能導致它們被列入 FAs 登記。 |
| 國際聯絡的障礙 | ➢ 對「叛國罪」的刑事責任進行了規定。該術語被定義為「由俄羅斯聯邦公民實施的破壞俄羅斯聯邦安全的行為，包括間諜活動或向外國、國際或外國組織或其代表傳遞包含國家機密的訊息。透過服務、工作或學習或俄羅斯法律確定的其他情況，或提供金融資料、技術、諮詢或其他援助而危及俄羅斯聯邦安全」。<br>➢ 對在俄羅斯聯邦境內參與 UOs 活動的行政和刑事處罰。 |

表 6-2 俄羅斯 NCOs 規定表（續）

| 資源障礙 | ➢ 外國或國際組織如想要同樣享有和俄羅斯公民或非商業組織的免稅津貼福利，必須名列俄羅斯政府所同意的組織清單內。而要進入清單是受到非常嚴格限制的。<br>➢ 從事政治活動並接受外國資助的 NCOs，將被標記爲「FAs 行爲」。<br>➢ 禁止個人和實體從 UOs 接收資產。 |
|---|---|
| 開會障礙 | ➢ 對和平抗議者過度使用武力。<br>➢ 嚴格規範群眾性的群體活動。<br>➢ 未成年人參與未經授權的公共事件時的行政責任。<br>➢ 公共活動的組織者未將取消公共活動的決定告知公民和政府機構，以及未說明其目的的情況下，提交舉辦公共活動的通知義務之行政責任。 |

資料來源：ICNL（2022）。

　　俄羅斯的立法之制度性策略，雖然於 2009 年及 2011 年之修正條文，放鬆對一般非政府組織之控制，但是 2012 年後對於反對勢力規範與外國力量的介入，防止顏色革命中外國力量的財務與精神支持，可以看見仍是重重把關。此外，更增加媒體與網路的調控與行政罰鍰，國家社會間關係的重整，對於普欽與俄羅斯統治菁英而言，既能管理公民社會，也能使政權合法性提升。

## 參、非制度性運作策略：傳統式蘇聯時期作法與僞社會運動

　　普欽與權力菁英以立法規範反對勢力與外國力量，卻以非制度性策略，也就是新瓶裝舊酒，以傳統蘇聯時期對反動者的作法試圖消除或減弱示威抗議活動，及僞社會運動來排擠其他非政府組織與反對勢力的活動空間。

### 一、新瓶裝舊酒：傳統蘇聯時期作法

　　普欽政府對街頭抗議採取的作法，其一爲常在蘇聯時期所使用的騷擾街頭運動者，也就是預防性拘留來提前干涉並預防示威抗議，其作爲包含在抗議的特定日期前拘留組織者，以負面結果來警告潛在參與者，將便衣

員警滲入群眾，或事前封鎖可能的聚集地等。

政府廣泛使用預防性拘留來對街頭抗議作先發制人的行動，尤其是在 2006 年 7 月在聖彼得堡舉行的 G8 高峰會議，當局就曾預防性地拘留數百人，「世界人權觀察」（Human Rights Watch, HRW）組織注意到除了傳喚抗議活動者至警局外，還以逼迫活動者以書面承諾會待在家裡、餵食毒品和以行政罰鍰威脅等（HRW, 2006），而此舉使得抗議活動者開始習慣於在計畫街頭抗議日期前到處躲藏以避免預防性拘留。

其二，為了顧及「正當性」，普欽政權當局會在公開抗議場合限制性地使用武力，如肉體的壓制通常用在左派年輕人，而非老年的退休者。且即使是當場逮捕，街頭抗議者也僅處以行政罰鍰並很快被釋放。

其三，發生大規模的示威抗議時，政府公開宣布不會使用任何鎮壓手段，但為了控制局勢，員警會著便服於抗議人群中以較不醒目的方式逮捕「極端主義者」並監禁數日，且於示威抗議活動結束後，將會鎖定特定的抗議活動者，進行監視。當局也會在電視或其他廣播媒體強力放送訊息，指稱組織抗議活動者為反社會人士，對於合法範圍內對於經濟現況的抗議活動，解釋為有著非法的泛政治化意圖，且在此同時，當局也會利用國家資源來動員親政府的反抗議示威。

## 二、以偽社會運動來排擠其他組織的空間

普欽政權會以國家號召支持其目標的親政權組織來作大量動員，直接對抗來自街頭的挑戰。也就是說，普欽政權創立在各方面都如同社會運動，但卻與政府密切互動的組織，這些組織都接受來自政府高層的指示而行動，而此種偽社會運動的設計是普欽政權重整國家社會間關係的主要形態，在現階段創立成功的親政權組織對於管理俄羅斯公民社會而言，都是極為重要的任務，而要建立一個親政府的組織，莫過於利用年輕人的熱血與政治野心。

雖然政府贊助的組織和青年組織在從蘇聯時期就已經存在，且在蘇聯時期的菁英徵聘系統，也就是「職官名錄」（nomenklature, номенклатуры），所有政府要職都需由政府高層所指派，因此成為組織如共產主義青年團（Communist Union of Youth, Komsomol, Коммунистический союз молодёжи, Комсомол）的成員也是有政治野心的青年人要進入政府菁英之「職官名錄」的重要晉升平臺與管道。

在後蘇聯時代，要進入非政府或反政府組織的門檻極低，也就是說，親政權團體需要和其他勢力競爭。此意味著國家需要去設計一個讓年輕人想要真正參加的活動，藉此來吸引年輕人加入。在俄羅斯主要的青年組織有「Nashi」（英文意譯 Ours, Наши）、統一俄羅斯黨下的青年翼「青年衛隊」（Young Guard, Молодая Гвардия Единой России, МГЕР）和「全俄『青年軍』全國軍事愛國社會運動協會」（All-Russia "Young Army" National Military Patriotic Social Movement Association, Yunarmiya, Всероссийское военно-патриотическое общественное движение «Юнармия», Юнармия）。

## （一）Nashi（2000-2019）

Nashi 的前身是 2000 年由於 Iakemenko 兄弟「自發欽佩」（spontaneous admiration）普欽總統所創立的 Moving Together（Идущие вместе）組織，很快地就贏得「普欽青年」（Putin Youth）運動的名聲，並與克里姆林宮互動密切。由於有著當局作靠山，2000 年至 2003 年成長快速。但是雖然早期成績輝煌，自 2004 年至 2005 年間，意識形態驅動的青年反對勢力，如國家布爾什維克黨（NBP）、雅布羅柯青年黨（Youth Iabloko, Молодёжное Яблоко）和「Moving Without Putin」（Идущие без Путина）大幅崛起，因此，「Moving Together」開始轉型，決定要轉而發展成較激進、焦點於意識形態、認同建立及利己的組織（Buchacek, 2006: 18-60）。2005 年 3 月，「Moving Together」宣布創立新組織「Nashi」，藉由一系列的研討課程、焦點團體、「地區代表」的廣大網絡和年度夏令訓練營的設計，Nashi 已經將新一代有野心的年輕人導向親政府的組織活動，如訪問退伍老兵、動員數以萬計的年輕人參加街頭支持政府示威遊行、騷擾外

國使節，並透由 Nasha armiia（英文意譯 Our army, Наша Армия）方案計畫來保護受霸凌的新兵。

再者，Nashi 不僅利用其與克里姆林宮的關係在全俄羅斯囊括相當數量的成員，還獲得俄羅斯主要企業的財務贊助。通常 Nashi 知名度最高的時候都是在俄羅斯的杜馬選舉與總統大選週期，如 2007 年杜馬大選和 2008 年總統大選期間，Nashi 自動變成普欽的私人動員團隊，努力地針對反對勢力的示威抗議來舉行反示威抗議，並強力散播「反對普欽者爲法西斯主義者或叛國者，俄羅斯的敵人是美國與俄羅斯自由主義者，俄羅斯的朋友是普欽！」的訊息（Романов and Самарин, 2007）。當選舉結束，想像的革命安全地防堵後，Nashi 的許多組織領導者會獎賞至較高職位，包含拿到在新杜馬中統俄黨的席位。

不過，因爲內部成員紛爭，2013 年該組織停止活動，並於 2019 年 12 月 2 日清算法律實體。

## （二）統一俄羅斯黨下的青年翼「青年衛隊」（2005 年至今）

「青年衛隊」是統一俄羅斯黨的青年翼，成立於 2005 年，使用著名的二戰地下組織 Young Guard 的名稱。也有一說，「青年衛隊」起源於蘇聯時代的共青團青年組織，並於 1990 年代後期在普欽領導下復興（BBC, 2010b）。作爲一個主要支持克里姆林宮的青年直接行動組織，青年衛隊聲稱在俄羅斯擁有 85 個地區分支機構，從克里米亞和加里寧格勒到太平洋上的海參威。該組織最主要的功用是在青年中進行「同儕勸說」和作爲反擊反對派的工具，也利用青年在網路、社交媒體上發表親克里姆林的言論。2016 年 10 月，由「青年衛隊」主導的學生社會學中心（Student Center of Socialogy, Центр социологии студенчества）成立，旨在研究俄羅斯青年觀點和生活方式的社會學研究，與「青年衛隊」辦公室位於同一棟。該組織因進行社會學調查（包括在網路上）而聞名，其結果由國家新聞機構 RIA-Novosti 和 TASS 報導（The Insider, 2017）。

兩個親克里姆林宮的青年運動「青年衛隊」和「Nashi」之間就存在

著行政資源的競爭，兩者之間定位雷同，「青年衛隊」與統一俄羅斯黨關係密切，可以利用統一俄羅斯黨分布於地方的資源；而「Nashi」只能依靠中央當局，活動範圍相對縮小。

### （三）「全俄『青年軍』全國軍事愛國社會運動協會」，簡稱「青年軍」（2015 年至今）

「青年軍」（Yunarmiya）由總統普欽授意國防部長紹伊古於 2015 年 10 月 29 日頒布的總統令下正式成立。2016 年 8 月成功註冊，是一個由政府支持和資助、透過俄羅斯國防部（MOD）所成立的俄羅斯青年組織，其任務是培訓未來的軍警人員並灌輸愛國主義、國民服務、國家和軍事歷史的價值觀，紀念過去的軍事行動和戰役以及其武裝部隊的陣亡，並隨著人口的增長幫助國家發展。它是蘇聯時期列寧全聯盟先鋒組織（Vladimir Lenin All-Union Pioneer Organization）和共青團軍事課程的繼承者，並保留了這些組織的偉大衛國戰爭服務傳統（INTERFAX.RU., 2016）。

參加「青年軍」的青年來自全國各地的大量青年團體、軍校和中學，介於 8-18 歲的俄羅斯青年被稱為「青年軍學員」（Юнармеец）。批評者將該組織描述為俄羅斯的希特勒青年組織，以及蘇聯共青團和少先隊的現代共和形式（MacFarquhar, 2018）。2018 年 5 月，根據 RIA-Novosti 的報導，參與「青年軍」的人數超過 23 萬人，迅速成長的原因，是所有學校都接到了組建「青年軍」支隊的命令（РИА Новости, 2018）。

## 第四節　小結

雖然有人認為，歷次參與多次抗議與示威的抗議分子普遍是受益於普欽治理俄國期間的「贏家」，亦即都會型的中產階級。關於中產階級，作者稱之為中間階級，占全俄人口不足 20%，而知識菁英和右派自由主義者，如雅布羅柯黨，在俄羅斯也呈現邊緣化。因此，從 2011 年莫斯科和聖彼得堡等地，開始一連串的大規模抗議國會大選舞弊及反對普欽的遊

行示威，國際上紛紛將此視爲俄羅斯公民社會再起的徵兆，俄羅斯人民對於民主渴望的呼聲，但是在大家關注其示威抗議參與者規模與反映的意義上，是否要深層思考的是，何以普欽仍順利於 2012 年 5 月再次宣誓就職總統，並穩坐權力中心？所以抗議運動的影響到底是什麼？作者以爲此爲其爲輸出之政策績效過程所產生的負效應。因爲，有效性（政策績效）和合法性是相互制約的關係：即政策有效性的增強，一方面會透過「輸出」的途徑來提升政治合法性，但另一方面又會簡化決策程式、提高決策機構的獨立決策能力，而這相對地會侵害了建立在「民主」基礎之上的政治合法性。

　　普欽曾於 2000 年就任總統時，公開發言要成爲憲法和法律的捍衛先鋒，但諷刺的是，他的中央再集權強國策略卻使得他及其領導團隊以法律與制度來增加政府的合法性與支持度的同時，他鞏固菁英群的非制度性策略卻以非正式運作，如恩庇侍從、酬庸和尋租等來鞏固自身權力與架空法律與制度的內涵，無論是政治面或是經濟面，引起貪腐不斷，卻根絕不了。尤其是普欽於 2008 年卸任總統、轉任總理期間，在俄羅斯強勢總統憲法體制下，普欽要壓制前總統梅德韋傑夫的總統氣焰並把持住相當權力，還要爲自己未來歸位努力，防止強大的反對勢力或人物崛起，非正式運作的檯面下作爲更爲猖獗，而對於媒體與反對團體與運動的管控更爲嚴密，甚至公開操弄之後的國會選舉（2011 年、2016 年、2021 年）與總統大選（2012 年、2018 年），而幾次引發大規模抗議國會大選舞弊及反對普欽的遊行示威。

　　再者，葉爾欽時期，民主治理與成員自主權是其維繫其政權的主要來源因素。但是在普欽時期，整體政權合法性來源大翻轉，政策績效成爲其主要來源因素和可控制變項，而去壓抑了民主治理與成員自主性的空間。一般而言，政策績效來自兩種組織驅力，又可稱爲「公民驅力」（citizen driven）和「官僚驅力」（bureaucracy driven）[12]（Van de Walle and

---

[12] 一般而言，在評定政策績效，可分爲外部績效與內部績效，外部績效係指組織外部使用者的實際使用狀況或滿意度，而內部績效則爲財務及其他非財務的績效衡量觀點，而此外部與內部的組織驅力，又可稱爲「公民驅力」和「官僚驅力」。

Bouckaert, 2003: 893）。普欽政權之「公民驅力」主要來自民眾對於普欽執政的民粹風格與滿意度，或是表現在總統大選的得票率上。普欽從 2000 年起，民眾對其支持度表現在選票上，都維持在 60% 以上。再者，普欽及統一俄羅斯黨在相當大的程度上恢復了俄羅斯大國的榮耀，重現俄羅斯民眾作為大國子民的歷史記憶，強化了作為一個俄羅斯人的自尊。而「官僚驅力」則表現在 2000 年起經濟的復甦，帶給人民生活的穩定，和藉由形成內部成員的信任，以增強組織成果與績效的因果關係。普欽藉由非制度性策略鞏固權力菁英網絡與維持兩大派系──強力集團（Siloviki）與聖彼得堡幫的權力傾軋，來穩固個人威權。俄羅斯的統治菁英內部雖有傾軋，但對外卻一致團結鞏固權力。

　　爰此，在經濟變項與政策績效變項皆有所不足時，普欽政權會暫時開放民主治理之變項來維持其政權合法性，這是普欽政權一貫的危機處理模式。

# 第七章　普欽政權下公民社會管理（二）：媒體與網路主權

## 第一節　前言

　　近 20 年來，隨著資訊科技的快速發展，各種資訊科技應用逐漸穿透人類生活的各個領域，當然也包括政治生活領域。從文書電腦化到政府網頁建置再到網路公民參與，被公認為是資訊科技改造政治生活的常態路徑。也因此，公民社會的結構擴展至虛擬的網路。「網路公民社會」並非一種新的概念或架構，而是利用網路為公共領域的公民團體或公民組織。在公民獲得參與機會之後，網路則將會改變政治，一方面，網路為「公領域」的形成與深化提供了良好的機會，公民的知情權在這個虛擬空間裡得到確保，且網路世界並沒有高低貴賤之分，網民能夠平等地參與社會公眾事物的討論（Kahn and Kellner, 2005; Keller, 1995）。但另一方面，網路可能會被威權國家用來當作強化已經很微弱的公民社會的一種政治統治工具，藉此來確保其政權以及領導的權威性與穩定性（Rodan, 2003；陳柏奇、洪敬富，2012：201-202）。

　　檢驗俄羅斯的民主發展，對俄羅斯的統治菁英而言，民主只不過是一種政體的形式，是一種達到更進一步目的的手段，民主本身並不是終極目的，因此也可以為了終極的目的（例如民富國強）而加以修正（吳玉山，2009：203-204）。而對於俄羅斯人民而言，由於自 1991 年蘇聯解體後，政治經濟的動盪導致人民極度渴望安定、渴望秩序，甚至認為秩序可凌駕於民主價值，因此，人民的渴望成了統治菁英操縱民主的工具，而權力菁英為了自身權力的鞏固，除了更加擁戴普欽之外，還更進一步地以控制菁英徵聘系統與操控資源型經濟來增進中央集權，並以媒體為工具，控制資訊傳播，尤其是電視，來作為其政策宣導與合理化的仲介變項。

　　但是資訊傳播的仲介變項是否眞能爲政府所操控，尤其是在俄羅斯已開始慢慢普及的網路系統，探討俄羅斯現行的傳播媒體功能與網路變項對俄羅斯民主化走向的影響，是極其重要的。

　　過去 30 年來，俄羅斯媒體的重大發展有二：其一，已從「讀者」變成「電視觀衆」的國家；其二，網路的興起與動員力量。

　　俄羅斯爲「競爭性威權體制」（Competitive Authoritarianism 或稱 Contested Authoritarianism），代表著一種混合型政權新形式（Diamond, 2002）。大多數觀察家都同意，政府保持政治和經濟的嚴密控制，但對媒體和社會的批評面控制較爲鬆散。因此，俄羅斯政府對於媒體系統的管控是多元的。聯邦電視是由克里姆林宮及其代理人嚴格控制，而且是一個政治控制的重要工具，雖然積極控制有廣大觀衆的俄羅斯全國電視新聞，但同時使電視娛樂的蓬勃發展來吸引觀衆。對於其他媒體在 2012 年以前，都給予了更多的獨立和自由去寫或報導他們想要的，允許電視以外的獨立媒體存在，沒有作太多的管控。但是，普欽在 2012 年三任歸位後卻有不一樣的政策，鑑於面臨更多的抗議、遊行和示威，而且這些活動多是透由網路來傳遞訊息，因此，對於虛擬網路空間的管理，普欽政權開始宣示「網路主權」，也藉由網路主權對網路伺服器和網域進行管理，俄羅斯正在建構一個獨立於全球網域的獨立網路，加強其中央再集權政策。

　　全球網路治理在過去幾十年本著《網路空間獨立宣言》（*The Declaration of the Independence of Cyberspace*），宣稱其爲無國籍空間，主張其治理不應遵守國家政府的法律精神不斷發展（Barlow, 1996），但顯然已經到了一個分叉點，越來越多的國家正在引入自己國家的網路主權概念。網路有現實與虛擬的特性，結合了兩種不同的觀點。其一，網路被視爲具有位於各個國家邊界內的實體基礎設施的跨國和跨境網路。作爲實體基礎設施，從 ISP 設備到數據中心，網路始終以領土爲界，並在空間上位於特定國家的管轄範圍內。因此，如何在物理基礎設施的層面上對網路進行治理，這不僅是由立法推動的，而且是由看似無害的資訊科技推動的；其二，網路是一個全球性網路，它實現了具有可滲透邊界的全球化國家、組織和社群的烏托邦願景，由於這種模糊性，網路以不同的方式對主權提

出挑戰。網路與國家主權的關係一直很複雜，政府是否可以合法地監管網路幾乎從來都不是問題；反而，問題是，什麼樣的網路法規才能被公眾和國際社會接受。

　　從普欽第三任期後，俄羅斯在虛擬網路空間開始嚴格的控制，自2012年起，網路與政府主權的衝突時時可見，自由之家對俄羅斯網路自由的評分，自2016年至今皆為「不自由」，2021年僅30分（Freedom House, 2022）。而最引起全世界注意與討論的是俄羅斯於2019年所通過的備受爭議的新法「主權網路法」（Law on sovereign internet, Закон о «суверенном Рунете»），於2019年11月1日生效，允許成立自外於全球的國家網路。俄羅斯目前正在建構替代性的網路域名系統（Domain Name System, DNS），讓俄羅斯網路與全球網際網路斷聯後，能獨立運作。這條法律也允許「俄羅斯國家資訊科技、通訊及大眾傳媒監管局」（Federal Service for Supervision of Communications, Information Technology and Mass Media, Roskomnadzor, Федеральная служба по надзору в сфере связи, информационных технологий и массовых коммуникаций, Роскомнадзор，以下簡稱Roskomnadzor）關閉外部網路交流，創造「純俄」網路（RuNet）。「主權網路法」要求所有網路提供者安裝Roskomnadzor的特殊軟體，恐讓俄國政府更易監測、重新導向與關閉網路，也更容易阻擋政治敏感內容。

　　因此，本章的研究目的在於分析最近20幾年來，公民社會之公領域範圍隨著資訊科技的發達已擴及至電子媒介，包含傳統媒體與虛擬網路。而2012年普欽歸位，是俄羅斯開始對社會反對力量所使用的電子媒介強力壓制的一個轉折點，因此，探討俄羅斯2012年前後的媒體生態，包含傳統媒體與網路，尤其是俄羅斯對於網路的管控模式在2012年後有了極大的變化，藉此分析俄羅斯現行的傳播媒體功能與網路變項對俄羅斯民主化走向的影響。

# 第二節　俄羅斯媒體「管理」

## 壹、俄羅斯民眾使用媒體概況

利普曼（E. Lipman, 2005: 319-324）認為，俄羅斯由於幅員廣大，電視是唯一能普及全國大眾的傳播媒介，是政府所運用來促進聲望的一個重要的工具。在先前的研究顯示，電視是最重要的傳媒。有超過98%的俄羅斯人收看電視，66%看報紙，53%收聽廣播及少於38%的人看雜誌（Vartanova, 2002: 21-72）。

而這樣的情況，至2012年仍舊沒有多少改變，較不同的是網路的使用人數逐年增加。但是至2022年時，這10年間卻有了很大的變化，傳統新聞媒體的使用率大幅降低，網路新聞平臺和社群媒體使用率卻有了很顯著的增加。「公眾意見基金會」（Fond public opinion, Фонд «Общественное мнение»）於2010年至2022年每年固定對「媒體與網際網路」（СМИ и Интернет）作民調，結果顯示，從2010年至2022年民眾最主要取得新聞和資訊的來源（見表7-1）皆為電視。但是12年間，電視新聞的收看率卻從87%降至59%。2010年網路新聞平臺的使用率只有13%，但是隨著行動電話的普及，3G、4G乃至5G網路涵蓋率增加，人民使用網路獲得新聞資訊的頻率增加，至2022年網路平臺的使用率已達45%，仍有增加的趨勢。

表7-1　您最常從哪些來源獲得新聞和資訊？（複選）（Из каких источников вы чаще всего узнаёте новости, информацию?）

單位：%

| | 2010 | 2011 | 2012 | 2013 | 2014 | 2015 | 2016 | 2017 | 2018 | 2019 | 2020 | 2021 | 2022 |
|---|---|---|---|---|---|---|---|---|---|---|---|---|---|
| 電視 | 87 | 92 | 92 | 86 | 87 | 88 | 87 | 78 | 71 | 64 | 65 | 63 | 59 |
| 網路的新聞平臺 | 13 | 20 | 26 | 26 | 29 | 33 | 39 | 41 | 41 | 45 | 42 | 45 | 45 |

表 7-1　您最常從哪些來源獲得新聞和資訊？（複選）（Из каких источников вы чаще всего узнаёте новости, информацию?）（續）

| | 2010 | 2011 | 2012 | 2013 | 2014 | 2015 | 2016 | 2017 | 2018 | 2019 | 2020 | 2021 | 2022 |
|---|---|---|---|---|---|---|---|---|---|---|---|---|---|
| 論壇、部落格、社群網站 | 4 | 7 | 9 | 12 | 14 | 11 | 14 | 19 | 20 | 27 | 21 | 23 | 23 |
| 和親戚朋友交談 | 22 | 17 | 23 | 20 | 22 | 16 | 25 | 18 | 15 | 21 | 14 | 16 | 15 |
| 廣播電臺 | 19 | 21 | 21 | 19 | 18 | 16 | 17 | 17 | 14 | 13 | 11 | 10 | 8 |
| 平面媒體（印刷）報紙、雜誌 | 21 | 27 | 29 | 22 | 18 | 20 | 17 | 17 | 14 | 13 | 8 | 9 | 8 |
| 其他 | <1 | <1 | <1 | <1 | <1 | <1 | 1 | 1 | 1 | 1 | 1 | 1 | 1 |
| 難以作答 | 2 | 1 | 1 | 1 | <1 | 1 | 1 | 1 | 1 | 1 | 1 | 2 | 1 |

資料來源：ФОМ（2022a）。

　　「公眾意見基金會」也針對民眾所信任的的資訊來源，從 2015 年起每年作民調（見表 7-2），2015 年至 2022 年民眾較爲信任的資訊來源也是電視。2015 年民眾對電視的信任度爲 63%，但卻逐年降低，至 2022 年降至 43%。然而對於網路平臺的信任度，2015 年爲 15%，每年緩慢上升，至 2022 年已升至 25%，但是仍低於對電視所提供的資訊的信任度。

表 7-2　您有比較信任的資訊來源嗎？如果有，為何種？（複選）（Есть ли источники информации, которым вы доверяете больше, чем остальным? И если да, то каким именно?）

單位：%

| | 2010 | 2011 | 2015 | 2016 | 2017 | 2018 | 2019 | 2020 | 2021 | 2022 |
|---|---|---|---|---|---|---|---|---|---|---|
| 電視 | 71 | 74 | 63 | 58 | 50 | 43 | 35 | 40 | 42 | 43 |
| 網路的新聞平臺 | 4 | 9 | 15 | 19 | 18 | 20 | 21 | 21 | 23 | 25 |

表 7-2 您有比較信任的資訊來源嗎？如果有，為何種？（複選）（Есть ли источники информации, которым вы доверяете больше, чем остальным? И если да, то каким именно?）（續）

| | 2010 | 2011 | 2015 | 2016 | 2017 | 2018 | 2019 | 2020 | 2021 | 2022 |
|---|---|---|---|---|---|---|---|---|---|---|
| 論壇、部落格、社群網站 | 1 | 3 | 4 | 5 | 8 | 8 | 13 | 13 | 13 | 14 |
| 和親戚朋友交談 | 6 | 6 | 7 | 7 | 6 | 7 | 10 | 8 | 7 | 9 |
| 廣播電臺 | 4 | 10 | 9 | 8 | 8 | 8 | 8 | 6 | 7 | 7 |
| 平面媒體（印刷）報紙、雜誌 | 3 | 11 | 8 | 6 | 8 | 6 | 6 | 6 | 7 | 7 |
| 其他 | 1 | 2 | <1 | 1 | 1 | 1 | 1 | 1 | 1 | 1 |
| 沒有一個值得信任 | - | - | 16 | 18 | 23 | 27 | 29 | 27 | 26 | 23 |
| 難以作答 | 10 | 12 | 5 | 5 | 4 | 4 | 5 | 4 | 4 | 4 |

註：2010 年和 2011 年的資料是作者引用「公眾意見基金會」於 2011 年 1 月 29、30 日所作的民調「新聞和訊息節目」（Новостные и информационные программы），因為當時沒有「沒有一個值得信任」選項，所以作者合併問卷時，2010 年和 2011 年該選項為空白（-）。

資料來源：ФОМ（2011、2022a）。

　　而俄羅斯領土廣闊，城鄉差距大，因此收看電視的民眾也相對於網路使用者多，「公眾意見基金會」自 2008 年起針對俄羅斯人民收看電視的習慣作一調查（見表 7-3），至 2022 年為止，仍有 55% 的民眾每天固定收看電視節目，民眾對電視的收看習慣雖略有減少，但過半數民眾對於電視的觀看已是每日不可或缺的活動。

表 7-3　您在一週內多久看一次電視節目（不管是什麼設備或頻道）？（Как часто в течение недели вы смотрите телевизионные программы (неважно, через какие устройства и какой канал)?）

單位：%

| | 2008 | 2012 | 2013 | 2014 | 2015 | 2016 | 2017 | 2018 | 2019 | 2020 | 2021 | 2022 |
|---|---|---|---|---|---|---|---|---|---|---|---|---|
| 固定每天 | 72 | 78 | 75 | 74 | 73 | 61 | 62 | 63 | 52 | 58 | 57 | 55 |
| 一週 3-5 天 | 15 | 11 | 11 | 11 | 12 | 11 | 11 | 9 | 12 | 8 | 9 | 8 |
| 一週 1-2 天 | 7 | 5 | 8 | 7 | 7 | 13 | 12 | 11 | 12 | 11 | 10 | 11 |
| 一週不到一次 | 3 | 2 | 2 | 2 | 3 | 4 | 4 | 5 | 8 | 8 | 8 | 8 |
| 我不看電視節目 | 2 | 2 | 3 | 6 | 5 | 9 | 8 | 11 | 13 | 12 | 12 | 15 |
| 我沒有觀看電視節目的設備 | 1 | 1 | <1 | 1 | <1 | 3 | 2 | 1 | 2 | 2 | 2 | 3 |
| 難以作答 | 1 | 1 | <1 | <1 | <1 | <1 | 1 | <1 | 1 | 1 | 1 | <1 |

資料來源：ФOM（2022a）。

## 貳、俄羅斯媒體「管理」策略

　　自前蘇聯領導人戈巴契夫 1986 年推出一項名為「glasnost」（гласность）的政策以來，「glasnost」後來被稱為「公開性（或開放）」，而普欽政權下對媒體的控制已經開始讓「公開性」逐漸成為歷史。普欽很清楚媒體的作用，也了解電視對於俄羅斯民眾的影響力，明白知道媒體（尤其是電視）的政治權力效果。因此，普欽政權從 2000 年起，就致力於媒體的管理，包含國有化受歡迎的電視頻道、精緻化電視內容，和以立法管控媒體報導等。

### 一、以打擊寡頭來國有化電視頻道

　　從普欽於 2000 年就任總統開始，他就明白媒體，尤其是電視不僅能

塑造他的政治形象，還能幫助他治理國家，於是普欽迅速採取行動，從寡頭古辛斯基（Vladimir A. Gusinsky）和別列佐夫斯基手中奪回了對主要電視頻道 NTV（HTB）和 ORT（Общественного российского телевидения, OPT）[1]的控制權，快速地將已經私有化的國家媒體收回，將其置於控制之下。今日，媒體的情況可以描述為部分國有化，國有化的媒體發布的專題與新聞須經過國家全盤審查。如同利普曼和麥可佛（Maria Lipman and Michael McFaul, 2010）所述，所有俄羅斯聯邦電視臺都在克里姆林宮或國有企業 Gazprom 直接控制下，國有電視頻道已淪為政治控制的重要工具。1999 年、2003 年、2007 年、2011 年、2016 年和 2021 年的國會大選，及 2000 年、2004 年、2008 年、2012 年、2018 年的總統大選中，普欽及其接任者梅德韋傑夫（2008-2012）、統一俄羅斯黨能獲得大勝，皆得部分歸功於電視的傳播作用。

## 二、精緻化電視節目吸引俄羅斯民眾，對政策和政府作置入性行銷

　　政府主導的電視媒體戰略是運用「由上而下」政治報導與刺激和競爭激烈的娛樂市場相結合。簡而言之，以高品質的娛樂節目吸引觀眾，並將其留住觀看政府批准的新聞。並且，聯邦電視頻道透過不同的電視節目的議程設定和談話性內容來形塑選舉意見，根據 Peter Baker 和 Susan Glasser（2007: 176-179）從克里姆林宮官員和電視節目製作人的每週例會來觀察，這些控制包含支持政府的談話論點的傳播，政府主導的新聞專題討論，新聞報導的方式建議等。

　　俄羅斯國有電視播放，選擇新聞的優先次序和新聞人物，以及播放語調都和獨立媒體明顯不同，而獨立的新聞來源所讀到和聽到的情況畫面都與聯邦電視播放的完全不同。而在「公眾意見基金會」於 2015 年起調查民眾對電視頻道的選擇（見表 7-4）和信任度（見表 7-5），結果顯示國有頻道「第一頻道」（Channel One, Первый канал）皆占第一位，而在所

---

1　ORT 於 2000 年被普欽政權收回後，該頻道於 2002 年改為第一頻道，是俄羅斯國有頻道中極多人收看的頻道。

有收看百分比和信任度大於 1% 的電視頻道中，除了 Ren TV（РЕН ТВ）外，其餘皆屬國有頻道，如俄羅斯政府掌控（第一頻道）、或是國防部（Zvezda）、或是 Gazprom（NTV）等（ФОМ, 2022）。

表 7-4　您通常從哪些電視頻道的節目中了解國內外最新動態？（複選）

（Из передач каких телеканалов вы обычно узнаёте о последних событиях в нашей стране и за рубежом?）

單位：%

| | 2015 | 2016 | 2017 | 2018 | 2019 | 2020 | 2021 | 2022 |
|---|---|---|---|---|---|---|---|---|
| 第一頻道（Первый канал） | 68 | 51 | 54 | 51 | 47 | 49 | 47 | 47 |
| 俄羅斯 1 號（Россия 1） | 58 | 43 | 48 | 46 | 43 | 47 | 45 | 43 |
| NTV（НТВ） | 33 | 20 | 23 | 25 | 27 | 27 | 28 | 25 |
| 俄羅斯 24 號（Россия 24） | 24 | 18 | 18 | 17 | 18 | 15 | 16 | 17 |
| Ren TV（РЕН ТВ） | 7 | 6 | 8 | 8 | 14 | 12 | 13 | 9 |
| Zvezda（Звезда） | 6 | 3 | 6 | 4 | 9 | 6 | 8 | 6 |
| TV Centre（ТВ Центр） | 8 | 5 | 4 | 4 | 5 | 5 | 6 | 6 |
| 第五頻道（Пятый канал） | 10 | 5 | 6 | 4 | 5 | 5 | 5 | 4 |
| OTR 俄羅斯公共電視臺（ОТР–Общественное Телевидение России） | - | 1 | 2 | 2 | 5 | 5 | 6 | 3 |

資料來源：ФОМ（2022a）。

表 7-5　您最信任哪些新聞頻道？（複選，最多三個）（Новостным передачам каких телеканалов вы больше всего доверяете?）

單位：%

| | 2015 | 2016 | 2018 | 2019 | 2020 | 2021 | 2022 |
|---|---|---|---|---|---|---|---|
| 第一頻道（Первый канал） | 53 | 45 | 46 | 37 | 36 | 35 | 36 |
| 俄羅斯 1 號（Россия 1） | 46 | 40 | 40 | 33 | 35 | 35 | 36 |
| NTV（НТВ） | 22 | 19 | 18 | 15 | 17 | 18 | 16 |
| 俄羅斯 24 號（Россия 24） | 17 | 13 | 10 | 9 | 9 | 10 | 10 |

表 7-5 您最信任哪些新聞頻道？（複選，最多三個）（Новостным передачам каких телеканалов вы больше всего доверяете?）（續）

| | 2015 | 2016 | 2018 | 2019 | 2020 | 2021 | 2022 |
|---|---|---|---|---|---|---|---|
| Ren TV（РЕН ТВ） | 3 | 5 | 4 | 5 | 6 | 5 | 5 |
| TV Centre（ТВ Центр） | 3 | 4 | 2 | 2 | 2 | 3 | 4 |
| Zvezda（Звезда） | 2 | 3 | 3 | 3 | 4 | 3 | 3 |
| ＯＴＲ 俄羅斯公共電視臺（ОТР–Общественное Телевидение России） | - | 1 | 1 | 3 | 3 | 4 | 2 |
| 第五頻道（Пятый канал） | 5 | 5 | 3 | 3 | 2 | 1 | 2 |
| 俄羅斯文化（Россия К, Культура） | 1 | 1 | 1 | 1 | 1 | 1 | 2 |

資料來源：ФОМ（2022a）。

### 三、以日趨嚴格的立法「管理」媒體與媒體報導

在 2012 年以前，俄羅斯的報紙、廣播電臺和網頁新聞比聯邦電視能擁有較多的言論自由。普欽對俄羅斯日益專制的統治中有一個矛盾之處，那就是俄羅斯社會始終保持著相對開放的狀態。儘管國家控制著媒體，但人們可以閱讀或觀看他們想看的內容，包括 BBC 和 CNN 等外國新聞節目。網際網路在很大程度上不受限制，是通向世界其他地區的門戶（New York Times, 2022）。有些人認為，允許這些媒體比電視更獨立，是因為他們的讀者或聽眾主要限制在幾個主要的城市，普遍較少，例如即使是最大的報紙，讀者群也只有數十萬人，而電視幾乎達到整個人口。在幾個獨立的電臺中，莫斯科回聲（Echo of Moscow, Эхо Москвы），擁有大約 90 萬的聽眾，也比電視享有更多的自由，但在涉及一些對克里姆林宮批判的報導時，也會受到政府的施壓。

但是 2012 年以後，儘管憲法規定言論自由，但關於極端主義的模糊法律賦予當局很大的自由裁量權，以打擊任何缺乏官方支持的言論、組織或活動。政府直接或透過國有企業和友好的商業寡頭控制著所有的國家電視網路和許多廣播和印刷媒體，以及大部分媒體廣告市場。少數獨立網點仍在營運，其中大部分在網上，一些總部設在國外。電視仍然是最受歡迎

的新聞來源，但其影響力正在下降，尤其是更依賴社群媒體的年輕人。

　　普欽四任總統前後，對於外國媒體或親西方媒體的管制越加嚴格，也透過立法規範，將這些外國媒體或記者通稱爲「履行外國代理人職務之外國媒體」（Foreign media outlets implementing the functions of foreign agents, FM-FAs），而親西方媒體或個人則被認爲是「媒體—外國代理人」（mass media-FA）。主要立法如下：

　　（一）2017 年 11 月 25 日簽署聯邦法第 327-FZ 號「關於修訂資訊、資訊技術和資訊保護法第 10.4 和 15.3 條以及大眾傳播媒體法第 6 條」（Federal Law No. 327-FZ "On Amendments to Articles 10.4 and 15.3 of the Federal Law 'On Information, Information Technologies and Protection of Information' and Article 6 of the Law 'On Mass Media'", Федеральный закон № 327-ФЗ «О внесении изменений в статьи 10.4 и 15.3 Федерального закона ‹Об информации, информационных технологиях и о защите информации› и статью 6 Закона Российской Федерации ‹О средствах массовой информации›»）。該法引入了對外國媒體爲「外國代理人」（FAs）的認定標準規定，並擴大了對網際網路資訊、資源取得進行法外限制的理由清單。除了現有的網站封鎖理由清單，例如呼籲群眾騷亂、極端主義活動、參與違反既定秩序舉行的群眾（公共）活動等，它還允許封鎖由「不受歡迎的」（undesirable）外國組織所發布或發布訊息與資料的網站。

　　（二）2018 年 10 月 22 日生效的聯邦法第 362-FZ 號「關於修訂反腐敗專家專論規範性法律法案和規範性法律草案第 5 條」（Federal Law No. 362-FZ "On Amendments to Article 5 of the Federal Law 'On Anti-Corruption Expert Review of Normative Legal Acts and Drafts of Normative Legal'", Федеральный закон № 362-ФЗ «О внесении изменений в статью 5 Федерального закона ‹Об антикоррупционной экспертизе нормативных правовых актов и проектов нормативных правовых актов›»），限制了能獲得司法部認可的獨立專家官方身分的個人和法人的類別和數量。特別是，該法禁止國際和外國組織以及履行外國代理人職能非商業組織（NCOs）

的獨立反腐敗專家對規範性法律法案和規範性法律草案撰寫專論。

　　（三）2019 年 10 月 2 日簽署之聯邦法第 426-FZ 號「關於修改俄羅斯聯邦大眾傳播媒體法和資訊、資訊技術和資訊保護法」（Federal Law No. 426-FZ "On Amendments to the Law of the Russian Federation 'On the Mass Media' and the Federal Law 'On Information, Information Technologies and Information Protection'"，Федеральный закон № 426-ФЗ «О внесении изменений в Закон Российской Федерации ‹О средствах массовой информации› и Федеральный закон ‹Об информации, информационных технологиях и о защите информации»»），即所謂「個人—外國代理人」（individual-foreign agents）法於 2019 年 12 月 2 日生效。此外，所有被認定為 FAs 的媒體（包括被認定為「FM-FAs」的個人）必須在 2020 年 2 月 1 日之前成立俄羅斯法律實體。法律將 FM-FAs 和「履行外國人職能的 NCOs」（NCO-FAs）的活動規則擴大到個人和商業組織。

　　（四）2019 年 12 月 16 日簽署的聯邦法第 443-FZ 號「關於修訂行政處罰法典」（Federal Law No. 443-FZ "On Amendments to the Code of Administrative Offenses"，Федеральный закон № 443-ФЗ «О внесении изменений в Кодекс Российской Федерации об административных правонарушениях»），於 2020 年 2 月 1 日生效，該法律建議對屢次違反與「外國代理人」有關的媒體法的行為處以高達 500 萬盧布（8 萬 1,300 美元）的罰鍰。首次違法的處罰較小：「外國代理人」新聞媒體將面臨高達 10 萬盧布（1 萬 6,260 美元）的罰鍰，個人「外國代理人」可能被迫支付高達 1 萬盧布（163 美元）的罰鍰。

　　認定個人為「媒體—外國代理人」的決定是由司法部與外交部協商後決定。個人被認定為「媒體—外國代理人」後，其限制作為如下列規定：

　　（一）在被認定為「媒體—外國代理人」之日起 1 個月內成立俄羅斯法律實體或將所有先前成立的法律實體通知司法部。有關這些法律實體的資訊也應納入「媒體—外國代理人」登記，並排入「履行外國代理人職能的俄羅斯法律實體」之列。

　　（二）其在俄羅斯境內分發的訊息和資料須標記，表明這些訊息和資

料是由「媒體─外國代理人」建立（散布）。

（三）在必須由司法部根據本法頒布的特別法令確定的部分中，遵守非商業組織法的要求。

（四）成立法律實體的義務迫使個人承擔與其註冊（法律服務、繳納國家稅）以及開設和維持銀行帳戶相關的財務費用。

在俄羅斯註記個人爲司法部認定其爲「媒體─外國代理人」身分，法律沒有規定相關立法程序。事實上，如果不依循「媒體─外國代理人」的登記，並且甚至不清楚他們是否被認定爲「媒體─外國代理人」，而因此不依法設立法律實體和標記資料的話，所有個人都將面臨行政處罰（罰鍰1 萬盧布）。而且，法律也沒有規定如何將個人從「媒體─外國代理人」登記中撤銷的程序，因爲它只提到了司法部在相應登記中包含個人資訊和將其解除的權利。

在普欽政權下，關於極端主義、外國代理人和不受歡迎組織的法律已被用來「管理」媒體，限制他們獲得資金的機會，並迫使許多人停止在俄羅斯的業務。2020 年底，俄羅斯更立法將外國代理人法擴大到適用於個人和非商業組織。當局嚴屬打擊報導 2021 年抗議事件的記者，例如逮捕學生主導的報紙 Doxa 的編輯，同年一些著名的獨立媒體被宣布爲外國代理人，包括 Meduza、VTimes、Dozhd、OVD-Info、Mediazona 和 iStories。主要的媒體監督機構 Roskomnadzor 要求多家媒體機構刪除調查性新聞機構 Proekt 的報導，該機構在 7 月被宣布爲不受歡迎的組織（Freedom House, 2022）。

對於俄羅斯媒體影響最大的法律，應是普欽於 2022 年 3 月 4 日簽署了聯邦法第 32-FZ 號「關於修改俄羅斯聯邦刑法和俄羅斯聯邦刑事訴訟法第 31 條和第 151 條」（Federal Law No. 32-FZ "On Amendments to the Criminal Code of the Russian Federation and Articles 31 and 151 of the Code of Criminal Procedure of the Russian Federation", Федеральный закон № 32-ФЗ «О внесении изменений в Уголовный кодекс Российской Федерации и статьи 31 и 151 Уголовно-процессуального кодекса Российской Федерации»），懲罰任何傳播「假新聞」（fake news）的人，尤其是

傳播有關俄羅斯聯邦軍隊的「假新聞」，除了處以最高額 500 萬盧布的罰鍰外，最高可判處 15 年監禁。同日，Roskomnadzor 封鎖了多家外國媒體，包括 BBC News Russian、美國之音、RFE/RL、Deutsche Welle 和 Meduza，以及 Facebook 和 Twitter（Reuters, 2022a; Moscow Times, 2022a）。而在強大壓力下數間俄羅斯獨立媒體被迫暫停營運，例如《新報》（Новая газета）[2]，外媒陸續宣布暫停在俄羅斯的採訪、報導。俄羅斯獨立媒體中剩下的 2 家旗艦，自由主義的莫斯科回聲電臺（Ekho Moskvy）和數位化媒體新貴「Дождь」（TV Dozhd）也因為確實報導烏克蘭問題而受到當局圍捕，於 2022 年 3 月停播。

## 第三節　俄羅斯網路空間「管理」與網路主權

俄羅斯國內網路 RuNet 的誕生可以追溯到 1980 年代末和 90 年代初，但真正直到 1994 年才擁有「.RU」尾碼的國家域名（Домена.Ru）。俄羅斯網路最初基本上是自發地、自下而上地發展起來的。在 2012 年以前，俄羅斯的全國網路普及率相對較低，統計約占全俄人口的 49%，但卻在迅速成長。根據世界銀行（World Bank, 2021）的統計，直至 2021 年，已成長至 85%，且穩定成長中。隨著使用網路的俄國人和網路世界中的衝突越來越多，俄國政府亦認為有必要主張所謂的「數位主權」（digital sovereignty，或稱網路主權），簡單而言，就是一國於其境內控制數據與線上內容的權利。

俄羅斯稱，自美國開始使用網路資訊戰後，網路主權的主張可以確保俄羅斯國內的安全，減少美國「利用網路空間進行攻擊的可能性」（Ford, 2020）。根據 Roskomnadzor 的意見，若俄羅斯獨立網路建成，與外界切

---

[2]　自 2022 年 3 月 28 日起，俄羅斯《新報》因報導俄羅斯入侵烏克蘭戰爭的相關新聞而收到 2 次來自監察機構 Roskomnadzor 的警告，宣布暫停報紙出刊，包括網站、社群媒體及印刷，直到戰爭結束。總編輯穆拉托夫表示，雖然這是很艱難的決定，但這麼作是為了拯救這份刊物，避免徹底停刊。俄羅斯媒體如果 1 年內收到 2 次來自 Roskomnadzor 的警告，法院就可以下令將其關閉（Reuters, 2022b）。

斷聯繫也是沒有關係的，因為俄國的技術已經成長到無需外界介入，而許多重要網站的伺服器也是架設在俄國內部。

## 壹、俄羅斯網際網路現況

俄羅斯因地大人稀，網路的普及速率較慢，但這 10 年來，俄羅斯的網路連結持續擴大，4G 行動服務的擴張非常迅速。根據非政府研究組織列瓦達中心（Левада-Центр）的調查，到 2019 年第四季，整體網路普及率達到 76%，每天或每週至少使用幾次網路的俄羅斯人比例約為 65%（Левада-Центр, 2019）。

根據俄羅斯 TMT 研究顧問公司，2020 年固定寬頻網路家庭用戶數與 2019 年相比增加了 2.6%，從 3,340 萬用戶增加到 3,360 萬用戶。家庭固定寬頻普及率約為 61%，但在莫斯科達到 89%（TMT Consulting, 2021）。俄羅斯政府的國家數位經濟計畫旨在到 2024 年為 97% 的家庭提供速度為每秒 100Mbps 或更高的固定寬頻網路連結（International Telecommunication Union, 2018）。

越來越多的俄羅斯用戶透過行動裝置使用網路。到 2019 年中，行動網路連結的用戶群增加到 2.606 億，相當於俄羅斯總人口的 175% 以上，這意味著每人有多次行動上網。2019 年行動上網用戶達到 8,520 萬，占所有網路用戶的近 89%（Сухаревская, 2019）。

根據經濟學人智庫的 2021 年俄羅斯網路數據統計，3G 行動網路服務覆蓋率為 87.7%，而 4G 網路服務覆蓋率也是 87.7%，較 2019 年的 77% 和 62% 大幅增加（Economist Intelligence Unit, 2021）。政府計畫從 2020 年開始在莫斯科推出 5G 服務（TeleGeography, 2018）。然而，2021 年 3 月，俄羅斯安全理事會仍未同意將最適合 5G 服務的無線電頻率轉移給行動網路營運商，阻礙了 5G 網路的發展。目前，這些頻率是為俄羅斯軍方保留的。2020 年 11 月，政府批准了到 2024 年的 5G 發展路線圖，其中撥款 2,000 億盧布（26 億美元）用於資助該計畫（РБК, 2020）。

在莫斯科、聖彼得堡等大都市，醫院、圖書館、學校和公共交通等機

構中，公共網路連結相當普遍。但是在農村地區，公共網路連結的可用性仍然有限。

Google 於 2010 年 4 月 20 日推出「政府請求工具」（Government Requests tool）網頁，首度呈現各國政府查詢某一使用者資料的次數，以及要求 Google 從旗下搜尋網頁、YouTube 等網站移除某篇內容的次數。2011 年上半年的統計，各國政府要求刪除訊息的國家排名依次為德國、挪威、美國、巴西、韓國（中國數據無法得知），在要求提供網路用戶數據的國家排名依次為美國、印度、法國、英國、德國。然而在 2019 年至 2020 年底公布的數據中，政府要求刪除訊息次數排名中，俄羅斯都占第一，高達 1 萬 8,656 次（2011 年僅有 4 次），刪除的物件高達 17 萬 9,112 件，遙遙領先其他國家（Google, 2021）。

## 貳、俄羅斯的網路發展：從寬鬆監控網路到網路主權

### 一、2012 年以前：寬鬆監控

俄羅斯網路 RuNet，在 2012 年開始的普欽第三次總統任期之前基本上沒有受到很大的監管。從 2000 年起，在傳統媒體審查制度日益嚴格的背景下，網路被譽為政治討論的免費論壇（Richter, 2007）。普欽於 2000 年就職總統時就曾經保證不會進行網路監控，直至 2012 年，俄羅斯的網路仍大部分未經政府調控，此原因可從兩方面觀之，一是從政治面，二是從社會面的網路社群因素。

### （一）政治面因素

政治面因素有二，其一是成本考量，成本考量不僅是國家財務負擔的考量，也是政權合法性成本的考量。網路世界無遠弗屆，如要公開的進行網路控制，除耗費成本過大外，並會損及國家政權的合法性來源——民主。俄羅斯國家的合法性是正式根植於 1993 年俄羅斯聯邦憲法第 1 條「俄羅斯聯邦—俄羅斯是具有共和制政體的、民主的、聯邦制的法治國家」，

對於合法性要求也同時降低了統治成本；其二是科技發展需求，如公開進行網路控制，恐會損及快速發展且利潤豐厚的資訊科技（IT）和通訊產業（Fossato, Lloyd and Verkhovsky, 2008: 15-16）。

　　基於上述考量，特別是政權合法性因素，俄羅斯對於網路的管控，主要有兩個管理措施，其一是立法針對有叛亂嫌疑的「極端主義」資訊傳布；其二暗中進行網路監控。OpenNet Initiative（ONI）開放網路促進組織的測試證實，俄羅斯並不像中國的「萬里長城」，從事「第一代」技術的網頁過濾，以直接封鎖伺服器、網域、關鍵字和 IP 位址來阻絕特定的網路資源。但俄羅斯和其他獨立國協（CIS）國家，更微妙從事「第二和第三代」的網路控制。所謂第二代網路控制的目的是建立一個法律和規範的環境和技術的能力，使國家行為者能否認對資訊資源的控制，並在必要時，同時降低了反作用力或發現的可能性。不像前兩代的內容管控，第三代的控制採取一個高度複雜的，多層面的辦法來加強國家控制超國家網路空間，且建構在資訊空間內與潛在對手和競爭者競爭的能力。而第二代與第三代的網路控制，就是前述之俄羅斯的兩個主要網路管理措施，而這兩個作法其實是相輔相成，現分析如下：

　　國家杜馬於 2002 年 7 月 25 日通過聯邦法第 114-FZ 號條文「關於對抗極端主義行為」（Federal Law No. 114-FZ On Countering Extremist Activity, Федеральный закон № 114-ФЗ «О противодействии экстремистской деятельности»），該法於 2006 年 7 月 27 日、5 月 10 日、2007 年 7 月 24 日、2008 年 4 月 29 日修訂，是俄羅斯對於「極端主義」行為概念的定義，該法規定當國家官員履行職責時公開對其進行誹謗、妨礙國家權力機關、選舉委員會以及這些機關公職人員的合法活動、阻止國務或社會活動家進行國務或政治活動而蓄意謀害其生命、擾亂社會秩序、進行流氓活動和以進行意識形態、政治、種族、民族或宗教活動為動機的野蠻和敵對行為、針對公民的宗教信仰、社會、種族或民族特點對其特殊性、優越性或缺陷的宣傳、製作印刷品、影音製品和其他用於公開使用的帶有極端主義口號製品的行為等，皆屬極端主義行為，另這些資料的作者也將受到極端主義行為的指控，而對於散播極端主義行為的責任追究非常

嚴厲，尤其是針對傳統媒體與網路（Министерство цифрового развития, связи и массовых коммуникаций Российской Федерации, 2008）。

根據上述對抗極端主義行為法條和俄羅斯刑法第 278 條第 1 項，「基於性別、種族、國籍、語言、出身、宗教傾向、參與特定社會團體，公開或透過媒體煽動仇恨、敵視、汙辱個人或群體」，檢察機關可直接起訴網路部落客及在網路上發表言論的民眾，允許法院關閉促進極端主義的個人網站或部落格，或加以其他罪名打壓網路異議人士。

除了以立法直接起訴極端人士外，俄羅斯暗中監控網路，可以從網路服務供應商（ISPs）直接封鎖網路資源。俄羅斯政府試圖參與和形塑其歡迎的網路空間，經由支付費用給予有影響力的部落客來主導網路言論，影響主要的網路服務供應商和網路公司，和運用其他法律框架來允許其從事網路的監測和控制，特別是在高度政治緊張局勢時。在俄羅斯，法律允許使用網路監控工具包含 SORM-2（System for Operative Investigative Activities-2），此法要求網路服務供應商必須安裝該程式，並給予聯邦安全局（FSB）可進入任何及所有線上內容（Deibert, et al. 2008）。然而，隨著時間的推移，出現了對網路資源進行技術控制的新手段，俄羅斯政府也開始實施這些手段。

## （二）社會面：網路社群因素

俄羅斯的網路最大的特點在於俄羅斯人特別熱衷社群網站，J's and Partners 顧問公司之網路市場調查顯示，俄羅斯社群網站用戶近幾年來急遽增加，俄羅斯社群網站中，尤其是部落格發展迅速，多集中於 LiveJournal.com 網路平臺上，註冊使用人數是非英語系國家中居於首位，「部落格話題」效應對年輕人的影響最大（Content-review.com, 2010），著名的網路作家高爾寧（E. Горный）認為，俄羅斯人喜愛部落格的可能原因為俄羅斯民族與生俱來的統一性（соборность）和集體主義精神（дух коллективизма）有關，因為部落格具有大量群體互動關係的資訊空間。此外，由於傳統媒體，如電視為國家所控制，為部分民眾不信任，

常用片面和偏頗政府的方式報導新聞與傳播資訊，不若網路言論多元化（Жарчинская, 2007: 91；邱瑞惠，2012：199）。

　　根據許多學者對當時（2012 年以前）俄羅斯網路部落格的研究結果與報告，顯示俄羅斯的網路部落格有著下列特點：

1. 俄羅斯部落客較喜歡典型部落格結合社交網路服務（social network sevices, SNSs）如 Facebook 形式的網路平臺。俄羅斯的部落格大多是「SNSs 混合體」（SNSs hybrid）。

2. 部落格的政治屬性光譜涵蓋範圍極廣，從獨立的立場到下線後的政治與社會運動，包含強烈的「民主反對陣營」（Democratic Opposition）和「民族主義者」（Nationalist）集群。還是有親政府的團體，如親克里姆林宮的年輕族群和支持政府看法的部落客，但儘管如此，這些團體並非大量，也不是政治集群的樞紐。親政府的部落客不是特別突出，也不組成自己的集群，但大多分布在網路上俄羅斯公眾一般性討論區中。

3. 俄羅斯的部落客並不積極隨著公共議題跑，對政治議題的論述充滿斯拉夫黑色幽默，必須是懂得俄語與斯拉夫文化的人才會明白其話中含意。

4. 俄羅斯的網路部落格顯現出來是獨立於政府控制的空間，而大多數政治敏感的部落客，會利用網路平臺當作監督統治菁英及政府的監視者，上傳且受歡迎的政治 YouTube 影片都是將焦點分在菁英、政府和員警的貪汙和濫權上，儘管如此，也不能確定或否定網路言論微妙控制的存在。

5. 有政治傾向的部落客較喜歡連結至獨立的新聞與資訊，而非政府新聞來源。慣於線上「消化新聞」的部落客比其他網路用戶較獨立、國際化及站在反對政府立場的傾向，而此國際化與反對立場的傾向，比依賴國家控制的聯邦電視臺的非網路用戶來得強烈。

6. 也許是因為網路仍不普及或不必要花費的高政治或經濟成本來限制網路言論，俄羅斯的網路與部落格仍呈現出一個自由且開放的空間，政治色彩多元，可以討論政治，批評或支持政府，打擊腐敗的作為及官

員，也可為了政治或社會因素來作動員。

7. 大部分的政治與公共事務言論的部落格中心都位於 LiveJournal.com:
網路平臺上。部落格平臺 LiveJournal.com 對俄羅斯政治影響最大，
透過用戶創造的「部落格話題」，讓外界注意到公眾事件與活動，媒
體也時時注意部落格動態。若論及動員能力，讓一群民眾在特定議題
下集結，部分的俄羅斯部落格不僅僅討論政治及批評政府，也會用來
作政治或社會行動的動員，不過 ISPs 確實能夠刪除群組，也已發生
過類似案例。目前最成功的社群網站則為 VKontakte（Вконтакте），
LiveJournal 的動員力量居次，其他如 Facebook、Odnoklassniki、Moi
Mir 等網站至今尚未成功，只有在少數案例中，成為發揮社會政治影
響力的工具（Etling B. et al., 2010; Gorny and Walker, 2010; Fossato et al.,
2008; Лукина and Фомичева, 2005）。

## 二、2012 年後：網路主權的開端

　　許多學者認為，俄羅斯網路政策的轉折點是 2011 年至 2012 年的抗
議活動，這在很大程度上是由網路上的社交媒體推動的，所以普欽政權於
2012 年後開始重視網路主權。

### （一）俄羅斯網路主權

　　從廣義上講，主權是一個有爭議的多方面概念，網路治理是在網路
的民主、跨國性質與各國政府試圖控制網路空間之間的拉鋸戰中發展起來
的，因此全球網路治理背景下的「網路主權」通常被用來表示各國有意與
跨國網路治理機構（如 WGIF、IGF 或 ICANN）競爭。在有關全球網路治
理方案中，大多數西方國家採用「網路中立」原則，此原則確保了每個使
用者的平等連結和通信速度，從而排除了任何操縱內容的可能性。西方國
家將資訊時代的主權理解為，鼓勵透過安全的技術基礎設施進行全球資訊
交流，並認為國家在管理網路技術基礎設施方面的過度干預，可能會威脅
到全球網路的穩定性，從而破壞其全球影響力。目前為止，「網路主權」

仍然沒有一定的定義，被不同的政治體制以不同的方式解釋。Kolozaridi 和 Muravyov（2021）建議將國家的網路主權主張定義爲「主要功能是對抗霸權傾向的表現與修辭行爲」（performance, rhetorical acts whose primary function is to counter hegemonic tendencies.）。

　　但是近 10 年來，網路主權的想法開始在民族國家中獲得越來越多的支持。2010 年代，「網路主權」在全球媒體中具有相當負面的含意（Woodhams, 2019）。在 2000 年代，中國的金盾計畫（Golden Shield program，也稱爲萬里長城防火牆）是網路隔離的一個典型例子，多年來，很多威權國家已經制定了本國的主權網路法案。中國、伊朗和俄羅斯的網路隔離政策被視爲「分裂網路」（Splinternet[3] 或稱網路巴爾幹化）的破壞性趨勢，網路主權的趨勢將會破壞全球數位經濟並侵犯言論自由和資訊獲取自由的人權。但是俄羅斯認爲政府不僅有責任保護基礎設施，而且有責任保護資訊本身，俄羅斯政府在 2016 年的「俄羅斯聯邦資訊安全理念」（Doctrine of Information Security of the Russian Fedration, Доктрина информационной безопасности Российской Федерации (№ 646)）中將資訊安全理解爲俄羅斯公民之間「不擴散」外國資訊，並與外國分享「關於俄羅斯的適當資訊」，並包括政府對資訊的強有力控制，以促進國際資訊安全爲基礎。俄羅斯的資訊安全理念意味著政府對網路資訊資源的重大責任和控制[4]。因此，俄羅斯對於網路主權的理解，是強烈帶著「資訊安全」含意。

　　俄羅斯很晚才加入了國家對網路進行更多控制的趨勢，在 2011 年至 2012 年「爭取公平選舉」（For Fair Elections!, За честные выборы!）

---

[3]　一般認爲這個新名詞是在麻省理工學院教授 Marshall W. Van Alstyne 和 Erik Brynjolfsson 在 1997 年 3 月 1 日發表的論文〈Electronic Communities: Global Village or Cyberbalkans?〉中首次提出，意指全球網路已分裂成各懷利益心機的眾多群體，且任一子群的成員總利用網路傳播或閱讀僅吸引相同子群成員的訊息或題材。

[4]　俄羅斯聯邦在其官方文檔中並未使用「網路安全」（cybersecurity）一詞；相反，它使用的是「資訊安全」（information security）；而聯合國決議使用的術語是「在國際安全的背景下審視資訊和電信領域的發展」（developments in the field of information and telecommunications in the context of international security）。

抗議運動之後，才開始收緊網路監管機制。所謂的「網路主權」法案於 2018 年底在俄羅斯推出時，被批評為「線上鐵幕」（online Iron Curtain）（Schulze, 2019）。對該政策的廣泛批評和抗議甚至使俄羅斯立法者和親國家媒體將描述中的措辭從「網路主權」改為「網路永續」（sovereign internet to sustainable internet）（Шимаев, Полетаева and Румянцева, 2019）。然而，在過去幾年中，歐盟國家等民主國家也開始激烈討論網路主權（Pohle, 2020）。不同的政體在討論網路主權時是否是同樣的定義？顯然不是。「網路主權」一詞仍然是一個備受爭議的詞，其解釋因國家而異，因此具有「衝突潛力」（conflict potential）（Thiel, 2021）。

2019 年 5 月 1 日，普欽簽署一項新法案，只要遇到緊急狀況，俄國政府主管機構可以切斷與外界的聯繫，建立一個獨立於全球網路之外運作的國家網路。這項法案預計於 11 月上路，對於網路相對於實體公民社會較為自由的俄羅斯來說，這無疑是一項衝擊。這項法案被稱為「俄羅斯主權網路法」（Sovereign Internet Law, Закон о «суверенном интернете»）。

俄羅斯多年來一直在為擁有所謂獨立的網際網路作技術、法律等各方面準備。俄國和中國從 2011、2012 年開始公開討論所謂網際網路主權的問題，當時俄國國內各種抗議開始興起，與網際網路有關的革命也撼動了世界其他威權統治。俄國當局深信社會革命運動是受西方國家挑動，決定要防止國民受到煽動，即在網路邊境設立檢查站。

關於俄羅斯主權網路法的創立目的，根據官方的說法，該法案主要是為了俄羅斯內部網路的順利運行而實施的，如果有一天俄羅斯無法連結到國外網站，或國外網站停止對俄羅斯的服務合約的話，那俄羅斯則可以保證自己的網路依舊能夠順利運作（Замахина, 2019）。該法案授權 Roskomnadzor 監控全國個人網路跟公用網路的運作，識別對俄羅斯可能具有威脅的網站，並提供俄羅斯的網路營運商安裝軟體以對付這些可能存在的威脅。

## （二）2012 年後俄羅斯對於網路空間的立法

自 2011 年俄國家杜馬選舉後，2012 年為了對網路平臺加強監管，俄羅斯政府採取相對應的措施，加強對國內網路企業的管理，透過制定俄戰略性企業名單，擬將廣播電臺、新聞出版機構、知名網路企業均納入管轄。其中，俄羅斯著名入口網站 Yandex、Mail.ru，以及著名社交網路平臺等都被列入國家戰略資產。

俄羅斯於 2012 年 7 月 30 日修訂聯邦法第 139-FZ 號條文「關於修改保護兒童免受損害健康和發展的資訊的聯邦法律及個別法令」（Federal Law of Russian Federation No. 139-FZ On Amendments to Federal Law On Protecting Children from Information Harmful to Their Health and Development and Certain Legislative Acts of the Russian Federation, Федеральный закон Российской Федерации № 139-ФЗ «О внесении изменений в Федеральный закон О защите детей от информации, причиняющей вред их здоровью и развитию и отдельные законодательные акты Российской Федерации по вопросу ограничения доступа к противоправной информации в сети Интернет»）此法是俄羅斯政府修改 2006 年 7 月 27 日通過的第 149-FZ 號聯邦法「關於資訊技術和資訊保護法」（Federal Law No. 149-FZ "On Information, Information Technologies and Information Protection", Федеральный закон № 149-ФЗ «Об информации, информационных технологиях и о защите информации»），著力於創建一個用以過濾網際網路上，例如兒童色情、毒品、極端主義以及其他違反俄羅斯法律的內容的黑名單。它增加新的第 15 條，允許政府設置一個黑名單阻止公眾對禁止傳播之資訊的接觸。這個黑名單包含大量 URL 及 IP 位址，這些都由一個非營利組織進行篩選。但此修正法引致不少批評，認為是因為目前俄羅斯網路所聚集的抗議者年齡層下降，政府假借以保護兒童之名，實則增加網路監控和遏制言論自由，允許俄羅斯政府建立一個黑名單以過濾某些網站的訪問，就像中國的防火長城（Sputnik International, 2012）。俄文維基百科甚至在該法案再讀之日（2012 年 7 月 10 日）關閉，以呼籲網民關注該

法案的嚴峻性，因為法案實施，屆時俄文維基百科可能會被添加到黑名單（Википедия, 2012）。

2013 年 12 月 28 日通過，隔年 2 月 1 日生效，關於俄羅斯聯邦法第 398-FZ 號「關於修訂『資訊、資訊技術和資訊保護』聯邦法」（Federal Law No. 398-FZ "On Amendments to the Federal Law 'On Information, Information Technologies and Information Protection'", Федеральный закон № 398-ФЗ «О внесении изменений в Федеральный закон ‹Об информации, информационных технологиях и о защите информации›»），又稱為 Lugovoy 法（закон Лугового）或「資訊傳播者」法案，該法律允許 Roskomnadzor 立即封鎖傳播大規模騷亂和其他極端主義資訊的網站，而無需法院裁決（Российской газеты (RG.RU), 2013）。

2014 年 10 月 14 日，普欽簽署聯邦法第 305-FZ 號法案「關於修訂『大眾傳播媒體』法」（Federal Law No. 305-FZ "On Amendments to the Law of the Russian Federation 'On Mass Media'", Федеральный закон № 305-ФЗ О внесении изменений в Закон Российской Федерации «О средствах массовой информации»），對境外股東在俄羅斯媒體中持有 20% 的股份進行限制。同時還規定，非俄羅斯公民（不包括雙重國籍）無權擔任媒體（包括網路平臺）創辦人。時任俄羅斯國家杜馬主席納雷什金指出，採取措施限制外國所有者在俄羅斯媒體資本當中所占的股份，將對俄羅斯的國家主權穩固有一定的作用（ТАСС, 2016）。

2016 年 7 月 6 日普欽簽署了兩個法案：聯邦法第 374-FZ 號「關於修訂打擊恐怖主義聯邦法和俄羅斯聯邦關於制定額外措施以打擊恐怖主義和確保公共安全的某些立法法案」（Federal Law No. 374-FZ "On Amendments to the Federal Law 'On Combating Terrorism' and Certain Legislative Acts of the Russian Federation Regarding the Establishment of Additional Measures to Counter Terrorism and Ensuring Public Safety", Федеральный закон № 374-ФЗ «О внесении изменений в Федеральный закон ‹О противодействии терроризму› и отдельные законодательные акты Российской Федерации в части установления дополнительных мер противодействия терроризму и обеспечения общественной безопасности»）和聯邦法第 375-FZ 號「關於在制定反恐怖主義和確保公共安全的附加措施中修改俄羅斯聯邦刑法和俄羅斯聯邦刑事訴訟法」（Federal Law No. 375-FZ "On Amendments to the Criminal Code of the Russian Federation and the Code of Criminal Procedure of the Russian Federation in Part of Establishing Additional Measures to Counter Terrorism and Ensuring Public Safety", Федеральный закон № 375-ФЗ «О внесении изменений в Уголовный кодекс Российской Федерации и Уголовно-процессуальный кодекс Российской Федерации в части установления дополнительных мер противодействия терроризму и обеспечения общественной безопасности»），兩項修訂法律又稱「Yarovaya」法（Закон Яровой），是以其主要提倡者、議會下議院、執政的統一俄羅斯黨的國家杜馬成員雅羅瓦亞（Irina Yarovaya, Ирина Яровая）的名字命名，其中包括許多嚴重損害線上隱私權和言論自由的條款，包含擴大執法機構的權利。其中一些條款加大了網路上的資訊公開程度，並造成人民的不安，其內容為要求在俄的科技公司需存儲俄羅斯公民的用戶數據，包括要求電信公司保留語音訊息、短訊、聲音、影片等訊息的傳輸 3 年，而訊息本身僅保存 6 個月。Telegram、線上論壇、社交媒體平臺以及任何其他使用戶能夠相互交流的服務等數據及對話資料須保存至少 1 年，包含發送訊息的時間，與發送者及接受者的位置與詳細訊息等。網路和電信公司還被要求在沒有法院命令的情況下須按時向當局報告自己的相關數據以利提供安全的服務，包含電子郵件、公司加密金鑰、需解碼之不透明訊息等（Кузьмин, 2016）。

　　2017 年俄羅斯政府推出了多項從技術層面維護網路空間主權的法規，如 2017 年 7 月 26 日簽署的聯邦法第 187-FZ 號「關鍵資料基礎設施安全法」（Federal Law No. 187-FZ "On the Security of the Critical Information Infrastructure of the Russian Federation", Федеральный закон № 187-ФЗ «О безопасности критической информационной инфраструктуры Российской Федерации»）禁止沒有通過政府「資訊傳播者」法案的公司對一般人民提供傳遞訊息的服務，法律要求這些公司都得透過手機來識別用戶（類

似實名制）。2017 年 7 月 29 日簽署聯邦法第 276-FZ 號「關於對關於資訊、資訊技術和資訊保護的聯邦法的修正」（Federal Law No. 276-FZ "On Amendments to the Federal Law 'On Information, Information Technologies and Information Protection'", Федеральный закон № 276-ФЗ «О внесении изменений в Федеральный закон Об информации, информационных технологиях и о защите информации»）又稱「VPN 法」，是限制使用匿名代理服務器和 VPN 的法律，允許俄羅斯政府指定接受國外資助的媒體機構為「外國代理人」，該法還授權俄羅斯當局封鎖線上內容，包括被視為發布「不受歡迎」或「極端主義」內容的社交媒體，其旨在防止外國代理人業務，包括 VPN 和匿名程序，如 Tor 或 Opera（VPN 供應商）等網站曾經提供 VPN 服務讓人民可以訪問那些遭俄羅斯政府禁止的網站，而在此法條推出之後該代理人也被視為非法，法案同時還禁止搜尋此類關鍵字。該法律授權給 Roskomnadzor，使其能夠封鎖提供有關如何繞過政府禁止網站的相關媒體與網頁（如下載 VPN 的網頁）。它還授權給俄羅斯的執法機構，包括內政部和安全委員會，在確定違反該法律後，Roskomnadzor 將會將其公司（網站）劃入黑名單，禁止其在俄羅斯繼續提供可能的資源（РосКомСвобода, 2017）。

2018 年 4 月，Roskomnadzor 阻止數以百萬計的網路 IP 企圖使用 VPN 來進入遭俄羅斯政府封鎖的網站，這也導致公司 Telegram 暫停了在俄羅斯的服務，同時與其相關的銀行、線上購物與搜尋皆造成中斷，這反而使俄羅斯更多的人民使用 VPN 來連上這些網站，一些 VPN 提供商報告說，俄羅斯在這一段時間的 VPN 銷售額增長了 1000%。Roskomnadzor 的反應則是封鎖了 50 多個提供人們使用 Telegram 的 VPN 使用程式。由於 2017 年禁止 VPN 的使用和網路匿名（第 276-FZ 號）的法律，沒有規定對違規行為要進行怎樣的罰款，因此 2018 年 6 月 27 日簽署的聯邦法第 155-FZ 號「關於行政處罰法修正案」（Federal Law No. 155-FZ "On Amendments to the Code of the Russian Federation on Administrative Offenses", Федеральный закон № 155-ФЗ «О внесении изменений в Кодекс Российской Федерации об административных правонарушениях»）則引入了處罰措施，對違反

「禁止 VPN 和網路匿名者」法律者，最高罰款為公民 5,000 盧布，官員最高 5 萬盧布，但法律實體最高可被罰款 70 萬盧布。

2019 年 3 月，Roskomnadzor 要求 VPN、匿名網站和搜索引擎營運商確保他們的連線都必須要通過聯邦政府設立好的網路節點，以利 Roskomnadzor 定期更新禁止網站黑名單的資料。同樣在 3 月，該機構公布了透過更有效的自動控制系統，監控整個俄羅斯的網路使用狀況及網站的違法與否，而不是手動追蹤每個被封鎖網站的狀況。2019 年 6 月，Roskomnadzor 責令在 1 個月必須要改善各家網路公司的守法情況（包含使用相關節點、封鎖網站、不使用 VPN 等），並點名了 10 家相關的 VPN 供應商，其中包括俄國揚名國際的著名電腦防毒程式提供軟體：卡巴斯基（Kaspersky, Касперский），因此卡巴斯基被迫遵守法律；而另一個 VPN 供應商 Avast SecureLine 則決定離開俄羅斯市場。然而一些 VPN 供應商與匿名網站依然在俄羅斯市場中營運，依舊提供給人民連結被俄 Roskomnadzor 封鎖的網站的路徑。

## （三）2012 年後俄羅斯網路主權衝突與著名事件

自 2012 年後普欽政權收緊對網路空間的控制時，政府與網路業者就衝突不斷，主要的衝突事件如下：

### 1. 2014 年 Grani.ru 事件

2014 年 3 月「Grani.Ru」向莫斯科塔甘斯基地方法院就該網站被 Roskomnadzor 封鎖一事，向 Roskomnadzor 提出索賠，要求承認監管當局的決定和行為是非法的，並迫使他們撤除對於 Grani 網站的封鎖。Grani 本身並沒有得到 Roskomnadzor 傳遞過來的需要 Grain 改進的訊息，包含上訴通知等。他們同時要求應該撤除「非法」網站一字，由於自己為偏離主流民意的極端網站，而並非非法網站[5]。

---

[5] 俄羅斯負責監督網路的 Roskomnadzor 於 3 月 13 日晚上指出，他們已經封鎖了三個主要反對派的新聞網站，同時也封鎖了知名反對派人士、經常批評克里姆林宮的知名部落客納瓦尼（Alexei Navalny）的網站。這是俄羅斯因為烏克蘭問題與西方對立之後，最新一波的打壓媒

2014 年 3 月 21 日，莫斯科沙卡洛夫中心（Sakharov Center, Сахаровский центр）舉辦了「對於遭封鎖網站的回應」（Website blocking: our response, Блокировки сайтов: наш ответ）會議，來自各個被封鎖的媒體記者和人權活動學者討論對抗國家審查的措施，例如發送傳單、使用社交網路散播訊息、使用 VPN 等方式繞過封鎖，創建具有多元化與更多觸角，乃至於資金來源更廣泛的中性新聞媒體，而與會的參與者們得出的結論是，眾多被國家封鎖的媒體之間應該要有所連結，單靠個人的力量難以與國家力量相抗衡（Сахаровский центр, 2014）。2014 年 5 月 6 日，莫斯科塔甘斯基法院駁回了 Grani.ru 對總檢察長和 Roskomnadzor 的投訴。庭審過程中，總檢察長辦公室代表表示，在檢查了被封鎖網站的全部內容後，他們得出的結論是，該網站的大部分資訊中都包含不當的訊息和參與呼籲民眾參與非法集結的遊行等詞彙（Lenta.ru, 2014）。

## 2. Kasparov.ru 事件

2014 年 8 月 6 日，莫斯科哈莫夫尼切斯基法院駁回了網路新聞日報 Kasparov.ru 的代表對俄羅斯聯邦總檢察長辦公室和 Roskomnadzor 無故對其網站進行封鎖行爲一事的投訴案件。法院的裁決指出，他們認爲 Roskomnadzor 對該網路新聞日報的封鎖是合法的，因爲該日報發表了一篇社論標題爲「俄羅斯將克里米亞國有化」（Ukrainian state property will be nationalized in Crimea, В Крыму будет национализирована украинская госсобственность）的文章，該文章上頭有克里米亞游擊隊的用詞與克里米亞游擊隊的照片與圖畫，同時還有字詞「醒來吧！入侵者與他們的爪牙正在肆無忌憚的竊奪你的財產和城市，不要沉默，不要放棄！」而地方法院認爲這是呼籲非法行爲的話語，因此認爲 Roskomnadzor 的封鎖是正當

---

體行動。遭到封鎖的三個反對派網站，包括了格拉尼（Grani.ru）和 ej.ru，以及卡斯帕洛夫（Garry Kasparov）的新聞網站，他們對烏克蘭持較爲同情的立場。卡斯帕洛夫原本是世界棋王，後來成爲活動人士。俄羅斯歷史最久、也最受歡迎的新聞網站 Lenta.ru，其總編輯因爲報導了烏克蘭危機，在幾天前遭到解職；這次事件導致眾多記者離開這家媒體。俄羅斯網路供應商於 3 月 14 日封鎖了這些網站，俄羅斯的網友再也無法進入；不過，在俄羅斯境外，依然可以連上網。

的（DW, 2014）。

### 3. 2016 年封鎖 LinkedIn 和對 Twitter 和 Facebook 處以重額罰款

2016 年，俄羅斯政府以不遵守數據存儲法規為由封鎖了俄羅斯的 LinkedIn。2020 年 2 月，政府也以因未能在俄羅斯存儲用戶數據對 Twitter 和 Facebook 分別處以 400 萬盧布左右的罰款。

2019 年，「資訊傳播者」核可的公司都收到了聯邦安全局的來信，要求他們安裝特殊程式，該程式使政府部門能夠全天候連結其資訊系統和解密用戶通訊的資訊。該程式目前有 237 家公司安裝，例如 Yandex、Telegram、Mail.Ru、Group 和 Sberbank-online。當局尚未強制 Google 和 Facebook 也需要安裝，包括 WhatsApp 也尚未加入列表。但一些公司已經安裝了所需的軟體。2019 年 5 月，政府命令網路服務提供商按照 Yarovaya 修正案的規定，使用俄羅斯出產的技術進行存儲數據。2020 年 12 月，政府推出了一條為期 2 年的禁令，禁止與國外的公司進行數據儲存空間的採購，因此在這兩種條件下，近 2 年的所有數據都保存在俄羅斯當地的伺服器裡，而政府部門都可以未經當事人許可對這些關鍵訊息進行解讀與破譯。

### 4. 2017 年 Sputnik 和 Pogrom 事件

2017 年 7 月 6 日，俄羅斯總檢察長辦公室宣布了「民族主義相關資訊與資料來源安全法」，其中包括俄羅斯網路新聞媒體 Sputnik 和 Pogrom 均列在違法榜單上，但並沒有具體說明哪些文章違法。而在 Sputnik 與 Pogrom 網站上公布 Roskomnadzor 的各項消息後，該網站被迫關閉，並轉由新的網址繼續營運（Meduza, 2017）。

### 5. 2018 年俄羅斯政府與即時通訊應用軟體 Telegram 的鬥爭

Telegram 拒絕按照俄羅斯法律的要求，允許政府訪問該平臺的加密數據。因此，2018 年 4 月俄羅斯政府封鎖了 Telegram，Telegram 卻使用了各種變通方法，包括透過 Amazon 和 Google 的雲端服務路由資料，以保持應用程式的正常運行。Roskomnadzor 發現自己處於尷尬境地，不得不封鎖至少 1,800 萬個 IP 位址，無意間卻干擾了銀行、交通、新聞網站和

其他服務，引起了民眾的示威抗議。Amazon 和 Google 曾表示，俄羅斯政府要求取締 Telegram 用來繞過政府監控的「域名前移」技術（Domain Fronting），該技術透過在不同應用層使用不同域名的方式逃避審查。但是，政府卻未能壓制 Telegram，表明俄羅斯政府的力不從心，免費網路對俄羅斯公民的重要性，以及全國網路普及率的廣度，俄政府迫切需要新的網路管控手段（Guardian, 2018）。

### 6. 2019 年 The Barents Observer 事件

2019 年 2 月，Roskomnadzor 封鎖了挪威網站 The Barents Observer。原因為該網站刊登了有關俄羅斯與挪威關係、地區政治和經濟、人權的文章。而更詳細的理由則是該挪威網站拒絕刪除有關於俄羅斯北方原住民薩米人的資料，其中有一名薩米人因為性別取向不符合大眾傳統而自殺，故俄羅斯當局要求該網站將文章刪除。而該網站除此文章外還發表眾多有關俄國與挪威在北極地區的衝突文章，甚至有該網站記者被拒絕入境俄羅斯的先例，在俄羅斯看來，該網站已然構成了國家威脅（Bellona, 2019）。

### 7. 2020 年針對加密電子郵件服務的新封鎖活動

俄羅斯國家安全當局於 2020 年初發起了一項針對加密電子郵件服務的新封鎖活動，表面上是為了應對越來越多的虛假和匿名電子郵件，謊稱公共場所存在爆炸裝置。官員針對 SCRYPTmail、StartMail 和 ProtonMail 等包含 Tutanota 在內的服務，指責他們正在為極端主義活動的號召提供便利服務。

### 8. 2021 年封鎖反對派納瓦爾尼組織的網站

2021 年 3 月，普欽簽署了一項旨在打擊選舉違規行為的法律，授權中央選舉委員會和地區選舉委員會向 Roskomnadzor 發送內容刪除請求，並將非法競選活動的罰款提高至 50 萬盧布（6,600 美元）。這些修正案最明顯的目標是納瓦爾尼組織推出的智能投票（Smart Vote）網站（Znak, 2021）。

2021 年 7 月，防疫隔離期結束後，Roskomnadzor 以「極端主義活動」為由封鎖了與納瓦爾尼及其反腐敗基金會（FBK）相關的 49 個網站。7 月

初，還封鎖了照片共享網站 Pixabay 和納瓦爾尼的律師網站。

## 9. 2021 年 3 月 Twitter 拒刪除違法內容，俄羅斯對其降速處罰

由於 Twitter 拒絕響應 Roskomnadzor 的要求刪除貼文，2021 年 3 月 10 日起，Roskomnadzor 降低俄羅斯 100% 的行動裝置和 50% 的固定裝置上 Twitter 的執行速度。4 月 2 日，俄羅斯莫斯科市一家法庭裁定 Twitter 需繳納罰金 890 萬盧布。

除 Twitter 外，3 月 5 日 Roskomnadzor 還針對 Facebook、Instagram、TikTok、VKontakte、Odnoklassniki、Telegram 和 YouTube 制定了關於不刪除違禁資訊，包括呼籲參與暴動和自殺的禁令。Vkontakte 已經被罰款 150 萬盧布（РБК, 2021）。

## 10. 2021 年俄羅斯獨立監督組織 OVD-Info 網站遭封鎖

2021 年 12 月 25 日 Roskomnadzor 封鎖 OVD-Info 組織的網站，該組織多年來一直記錄反克里姆林宮（anti-Kremlin）的抗議活動。OVD-Info 表示，莫斯科地區的一家法院於 12 月 20 日發布限制訪問 OVD-Info 網站 ovdinfo.org 的裁決。法院是根據「資訊、資訊技術和資訊保護」聯邦法，對該網站進行封鎖。俄羅斯在 9 月宣布 OVD-Info 組織為「外國代理人」（Reuters, 2021）。

## 三、俄羅斯網路政策轉變的可能因素

俄羅斯是屬於「競爭性的威權體制」的代表國家，在其「中央再集權」政策下，競爭性的選舉不僅代表著政權穩定的危機，亦代表著反對勢力的舞臺。因應此邏輯，維持單一政黨與反對勢力的壓抑、阻止強大反對領導人物的崛起，並預防顏色革命中外國力量的從中協助，成為普欽維持權力的主要目的。2011 年 12 月議會選舉期間揭露欺詐行為後爆發了街頭抗議並展示了社交媒體在引發反對運動方面的力量，「爭取公平選舉」抗議運動對俄羅斯向網路主權的重大轉變至關重要。這使得國家重新考慮其對網路線上交流監管的自由放任態度，而抗議運動對於俄羅斯政府來說，這次抗議浪潮顯然比之前的阿拉伯之春更為重要。

　　加強網路控制的另一個重要觸發因素是 2017 年至 2019 年的地區抗議活動。在俄羅斯地區及時封鎖網路以遏制政治異議是「主權網路法」的主要目標之一。

　　俄羅斯政府內部菁英權力鬥爭的作用，即所謂的「克里姆林宮塔樓之間的戰爭」。俄羅斯網路發展的第一個 10 年由更自由的「法治派」（siliviki）菁英主導，他們呼籲俄羅斯的現代化，尤其是在梅德韋傑夫 2008 年至 2012 年擔任總統期間。但是從 2012 年普欽第三個總統任期開始，強力集團（Siloviki）的作用顯著增加。對他們來說，安全比進步更有價值，他們傾向於支持網路封鎖和其他限制。

　　然而，政府仍然不能簡單地切斷俄羅斯對全球社交媒體平臺的訪問，因為這很可能引發重大的社會動盪。幾十年來，人們已經習慣了線上免費交流，許多用戶使用 YouTube 或 Instagram 的付費模式建立了自己的業務。這構成了俄羅斯和中國網路之間的重要差異。因此，政府必須在控制資訊空間的衝動和對公民社會施加過多壓力的風險之間取得平衡。

　　再者，在國際因素方面，作者認為下列國際事件對俄羅斯對待網路主權的態度產生了影響：
1. 斯諾登（Edward Snowden）於 2013 年對美國的揭密。
2. 2014 年吞併克里米亞後，美歐開始對俄羅斯的國際制裁。
3. 俄羅斯干預 2016 年美國大選的指控（通俄門）。

　　有趣的是，與在西方對俄制裁造成的後果相比，斯諾登事件對俄羅斯網路治理的影響似乎較小。在俄羅斯，自 2014 年實施經濟制裁和隨後的反制裁限制進口政策後，網路主權話語開始激烈演變。

## 四、2019 年「主權網路法」

　　「網路主權」理念是俄羅斯主權網路法的理論支撐，主權網路法旨在透過立法保護俄羅斯的網路主權不受侵犯。俄羅斯也是最早在國際社會提倡網路主權的國家之一，並在 2014 年就有意透過實際舉措維護國內網路免遭「斷網」威脅。俄羅斯自始至終認為，國家網路主權享有對本國網路

主體、網路行為、網路設施、網路資訊、網路治理等的對內最高管理權和對外的獨立權

2019 年 11 月，普欽政權頒布了新法案，為俄羅斯境內網路的集中國家管理提供了法律框架。俄羅斯網路新法規，其中大部分於 2019 年 11 月 1 日生效，部分將於 2021 年 1 月生效，引起了國際關注，並被公開描述為俄羅斯的「主權網路法」。事實上，並沒有這樣的新法律，而是對現有的聯邦法律「關於通訊」和「關於資訊、資訊技術和資訊保護」的一系列修訂法案。

## （一）主要修正內容

2019 年「主權網路法」主要內容可以概括為以下五個方面：

1. Roskomnadzor 被賦予重要職權：一是，負責制定替代網域名稱系統的設計要求、建設流程和使用規則；二是，對俄羅斯境內所有網路流量實行全面監控；三是，負責維持 RuNet 的穩定性，必要時可切斷一切俄羅斯網路與外部的聯繫。此外，還要求 Roskomnadzor 下設實施機構——「公共通訊網路監控中心」（Public Communication Network Monitoring and Managment Center, Центр мониторинга и управления сетями общего доступа），搭建負責網路資訊的集中監控系統。中心將監督國內通信運營商安裝指定工具，對國內通信運營商的通話資訊、傳輸內容進行分析，以確保俄羅斯網路的安全（Роскомнадзор, 2019）。

2. 新建網路基礎設施，創建一個獨立的國家區域域名系統，一個替代的網路域名系統（DNS）和自主位址解析系統，接收全國的二階域名，以便在緊急時刻取代現有網路域名服務系統，確保俄羅斯在無法連接國外伺服器時，仍能正常訪問本國網站。同時，要求俄羅斯境內涉及重大國家利益的相關機構網路應全部使用該系統。

3. 透過建立路由節點審核登記制度，所有通訊接入節點都須由本國電信運營商通報 Roskomnadzor 審核備案，所有與外國網站間的流量交換通過的流量交換點必須是已登記的。法案還規定，俄羅斯 ISP 有義務向監

管部門展示，如何將網路資料流程引導至受俄政府控制的路由節點，使國內網路資料傳輸不經過境外伺服器，最大程度減少俄羅斯使用者資料向國外傳輸。電信營運商有義務確保在發生威脅時集中管理流量的可能性，如應當在確定傳輸流量來源的通信網路上安裝技術設備，用於分析和過濾國內流量（DPI 深度封包檢測）和跨越俄羅斯邊境的通訊線路。對於根據相關聯邦法律進行採購的州、市、公司資訊系統的營運商，禁止使用位於俄羅斯聯邦境外的資料庫和技術方法。還規定俄羅斯國家機關和國有企業在網路上的資訊，將得到額外加密保護。

4. 電信運營商有義務登記並使用這些由政府制定的通路，Roskomnadzor 將會禁止人民連結未經俄羅斯政府許可（被俄羅斯政府禁止或封鎖）的網站。

5. 組織開展脫離國際網路的演習，為政府、電信營運商和網路行業內的關鍵人員提供培訓和演練，提升威脅識別和制定應對措施的能力。

## （二）可能實施風險

　　由於創建俄羅斯獨立的國家網路網域是相當耗費時間與人力的，故作者試圖歸納俄羅斯可能碰上的風險，其中包含許多外部因素，例如俄羅斯人民上街抗議，美國與歐盟積極介入俄羅斯的主權網路法案，也有國家監管風險，同時也存在集中化的風險，在國家所有網路媒體都匯聚單一個節點（或少數幾個節點時）會造成該節點有巨大壓力，可能導致系統當機等。同時還有流量過濾與文字隔離風險等，以下依序說明。

### 1. 外部因素

　　在俄羅斯實行俄羅斯主權網路法的幾年以來，人民一直在討論法律的必要性，包含限制人們的網路使用，與禁止人民進入被俄羅斯政府限制的網站是否真的能夠打擊犯罪或美國（及其他國家）對俄羅斯的資訊戰攻擊。2014 年克里米亞危機爆發後，電信和大眾傳播部表明俄羅斯的網路是脆弱的，並希望能夠最小化俄羅斯的網路風險，包括「暫時斷開」俄羅斯網路與外界的聯繫（Ведомости, 2014）。

## 2. 營運商斷網風險

主權網路法規定俄羅斯境內的網路節點交換只能夠在有登記的節點進行，如果不遵守執法單位的運行規則的話，有可能該營運商會被罰款或者直接禁止該營運商與其客戶連上網路。該狀況受到許多網路營運商的批評，表示限制節點有可能會限制頻寬，導致網速下降，而耗費更多成本來維護用戶的網路使用體驗順暢，且由於頻寬下降，所以不管是通訊品質還是上網品質都會下降。因此，許多俄國網路營運商都表示這樣僵化的節點限制與日新月異的網路發展是相互矛盾的，俄國很有可能會趕不上他國的網路發展速度。

## 3. 集中化風險

該法案的實施會導致俄羅斯網路的穩定性下降，而該受批准的少數節點會成為駭客或外來勢力集中火力攻擊的單點，進而可能導致全國通信的災難。此外，該法案旨在與外國根伺服器斷開連接的情況下確保俄羅斯網路的可操作性，但限制節點並沒有必要，因為俄羅斯已經有 11 臺大型伺服器來保持網路穩定性，因此不需要額外使不同的供應商使用同個節點（Коммерсантъ, 2019）。在俄羅斯聯邦政府專家委員會的結論中指出，關於「主權網路法」一旦實施，將會對網路的運作造成干擾，同時 Roskomnadzor 會具有過度的權力對於那些可能會詆毀政府的網站或媒體進行控管。且同上所述，限制節點的作法導致單一節點壓力過大，而導致網路中斷的風險提高，若世界上網路結構持續變化，單一節點或限制節點此一作法在技術上是不可行的，亦同樣無法達到俄羅斯網路供需自給的目的。而若網路出現漏洞，Roskomnadzor 握有網路頻寬與流量的主控權，那俄羅斯的網路可能會在一次攻擊後完全癱瘓。

## 4. 網站過濾問題

由於 Roskomnadzor 希望所有俄羅斯的網路供應商只使用那些得到核准的節點與頻寬，並安裝過濾器，以濾除可能對俄羅斯造成威脅的網站，這樣的「對應威脅的技術」需要由國家進行安排與提供，或許部分廠商在法令頒布前已經限制了某些網站（如成人網站、駭客網站等），但在該法

案實行後須全數照單全收，並對原本的名單進行改正，實則多了許多道工序。

### 5. 隔離風險

　　該法律的實施將成爲俄羅斯網路與外國網路合作的可能性阻礙，並同時阻止了技術進步的可能，但目前俄羅斯國家安全委員會依舊認爲建立俄羅斯網路城牆及主權網路法是勢在必行的，且已經將大量資本投入其中。

# 第四節　小結

　　俄羅斯網路孤城的構築狀況加劇，其中一點爲俄羅斯近期進行的全國斷網測試成功（禁止瀏覽外國網站），頗有超越中國網路長城的趨勢，雖然許多外媒都表示該孤城的建立有所困難，且成效不佳，在高度全球化、網路資訊普及化的當代，俄羅斯採這樣的作法不僅讓俄國的資訊無法與全球相連接，造成資訊不對等的狀況，也會阻礙俄國本身內部資訊產業的發展，與外國資訊產業的進駐困難程度。

　　俄羅斯聯邦 Roskomnadzor 嚴密監督各式媒體與通訊軟體，嚴格控管國家應該發送給人民的消息，也同時監看人民與人民之間的通話，但是有許多俄國人對於所謂的政府對資訊產業施壓或網路監控，並無感覺，甚至認爲俄羅斯網路孤城僅只是假議題。但是，關於此點，作者認爲許多俄國人本身就不會去造訪被俄羅斯嚴密監控的網站，因而不會觸碰到被政府控制的這類領域，但從 2012 年普欽訪中與習近平會面後，加上 2014 年克里米亞事件後對相關播報新聞媒體的嚴格監控，到 2017 年修正案提出，都很容易可以看出俄羅斯對於網路與輿論的掌控越來越嚴密。而普欽也認爲俄羅斯網路孤城的建立勢在必行，而且是在國家安全的前提之下。在 2019 年「主權網路法」公布後，人權觀察組織（Human Rights Watch, HRW）表示，俄羅斯大幅擴大法律法規，加強對網際網路基礎設施、線上內容和通訊隱私的控制，和日益孤立於 www 網域這些措施將嚴重削弱俄羅斯人民在網路上行使人權的能力，包括言論自由、通訊自由和獲取資訊的自由

（HRW, 2020）。

2022 年俄烏戰爭爆發後，克里姆林宮在俄羅斯網路上封鎖了 Twitter、Facebook、Instagram、BBC 新聞、自由電臺和美國之音。俄羅斯最後一家獨立媒體被迫關閉，Meduza 也被禁止。俄羅斯迅速而徹底地進入了數位孤立（digital isolation）狀態，隨著莫斯科試圖封鎖異議並控制其入侵烏克蘭的報導，俄羅斯網際網路言論自由的空間也更壓縮了，幾乎所有獨立媒體和記者都被禁止、封鎖和／或宣布爲「外國代理人」或「不受歡迎組織」。除了有線國有頻道外，所有私人擁有的獨立電視頻道均被禁止播放。俄羅斯版 Euronews 於 2022 年 3 月 22 日被媒體監管機構 Roskomnadzor 暫停。廣播電臺也有同樣的情況。倖存下來的媒體因爲被禁止的主題和文字而面臨著非常嚴格的自我審查，西方社群網路也逐漸被封鎖，外國媒體記者或被拒絕入境，或被驅逐出境，俄羅斯獨立報導的記者或被逮捕、或被捕期間遭到毆打、或面臨高額罰鍰，或是遭到不明襲擊，俄羅斯已經被認爲是記者工作最危險之地。俄羅斯甚至使用包括面部辨識（facial recognition）在內的生物辨識技術來監視和鎮壓莫斯科和其他俄羅斯主要城市的記者，這對該國的言論自由構成了重大威脅（International Press Institute, IPI, 2022）。

很多俄羅斯網路用戶努力透過使用虛擬專用網路保持聯繫。VPN 允許人們可以繞過特定國家限制的輔助遠程服務器連接到網路空間，但是很多的 VPN 使用是需要透過線上付費，在目前西方國家將俄羅斯逐出 SWIFT 系統，民眾可能會遇到線上支付問題，包括 VISA 卡、Master 卡和美國運通卡，這迫使許多人求助於免費 VPN，但是免費 VPN 服務參差不齊，並且可以出售有關用戶的使用資訊，這反而會讓俄羅斯人在網路上的個資安全成爲疑慮。

另一方面，在俄羅斯政府加大控管媒體與網路平臺、社群的措施下，部分西方科技公司爲抵制莫斯科當局侵略行爲選擇自主退出俄國市場，可能無形之中成爲莫斯科當局箝制言論自由的幫凶。經濟的制裁、自危的獨立媒體、孤立的網路，俄羅斯的公民社會逐漸萎縮中。

# 第八章　結論

　　普欽在 2022 年初發動了絕大多數俄國人所毫無預期與準備的俄烏戰爭，並在局勢不利的情況之下一直堅持，包括進行局部動員徵兵與對特定鄰烏區域進行經濟動員，甚至對西方與烏克蘭進行核子威嚇等，在在顯示其對於俄羅斯國家的控制，這就是集權的充分顯現。除了 2022 年俄烏戰爭外，普欽政權自 2000 年至 2021 年，俄羅斯共經歷了兩次經濟危機（2009、2015 年）、一次國內政治危機（2011-2012 莫斯科大規模抗議活動）、三次戰爭（喬治亞、烏克蘭和敘利亞戰爭），和長達 6-7 年的西方制裁（至今仍未取消，且因為 2022 年俄烏戰爭而經濟制裁疊加），雖然自 2000 年開始，國際油價開始上升，俄羅斯經濟快速復甦，普欽個人的支持度也相對地維持在 60-70% 的高度，也連帶地促使普欽的中央再集權政策的實施與鞏固，但是俄羅斯經濟經歷了 2008 年危機後，在 2010 年至 2011 年經濟大有起色，但自 2012 年起經濟又開始放緩。2014 年，國際油價暴跌和西方因克里米亞併入俄羅斯發起制裁後，2015 年至 2016 年俄羅斯經濟進入了負成長，之後就成長緩速。2009 年至 2019 年俄羅斯 GDP 年平均成長幅度僅為 0.9%，大大低於世界經濟 3.2% 的年平均成長。2020 年全球爆發新冠肺炎疫情，俄羅斯的 GDP 下降至 -2.7，2021 年因為全球油價開始上漲，才再次帶動俄羅斯經濟成長，2022 年俄烏戰爭開戰，經濟制裁和戰爭巨量耗損，雖然目前俄羅斯靠著國際油價的紅利，經濟表面上仍可支撐，但是如果以長遠的角度觀察，普欽政權 20 年所累積下來的國家政治、經濟、社會的問題與危機，已然在慢慢影響俄羅斯未來的發展。

# 第一節　研究發現與討論

## 壹、政治層面：2020年修憲的影響

　　普欽政權關於權力的變動，莫過於是對1993年憲法的憲法修正案，從2000年至今共有三次重要的修憲，分別是2008年、2014年和2020年（表8-1）。

表 8-1　三次重要修憲與內容

| 修憲時間 | 修憲的重要內容 | 總統權力變動 |
|---|---|---|
| 2008年 | 總統任期由4年延長至6年 | 權力時效延長 |
| 2014年 | 檢察機關更多職務由總統任命 | 人事任免權力擴大 |
| 2020年 | 1. 同一人不得連任總統超過兩屆<br>2. 總統可以將法案提至憲法法院審議<br>3. 總理對聯邦行政機構的架構有提議權<br>4. 國家杜馬可以同意總統提名之總理候選人 | 1. 無法長期掌握權力<br>2. 立法否決權擴大<br>3. 總理行政權有擴大空間<br>4. 國家杜馬權力有擴大空間 |

資料來源：作者自行整理。

　　2008年的修憲主要是延長總統和國家杜馬代表任期，這意味著總統主政時間變長，雖然這並沒有直接增加總統的能有效動用的權力。但是也讓執政者權力的效力延長了，也就是間接擴大了其權力。

　　2014年人事任免權的擴大，使得總統的權力空間變大，因為被授權被任命者自然需要在一定程度上「聽命於」授權的總統，以保證自己不被免職。這與俄羅斯議會為了防止被總統解散，最終只能通過總統提名的總理候選人一樣。透過對核心權力的核心人物的一定掌控，總統能有效控制不歸屬於自己的權力，因此也是一種權力的加大。

　　2020年修憲，究竟是讓總統權力加大或是間接削弱總統的權力，可以三方面觀之：

## 一、總統的任期

2020 年憲法修正案，「總統」職位設置的變動是最令人關切的，「同一人不得連任總統超過兩屆」修改爲「同一人任總統不得超過兩屆」（憲法第 81 條），這意味著依照新修正案的規定，從普欽卸任後，沒有人能夠擔任總統超過兩屆，也就是說，按照憲法新規定，在後普欽時代不會再出現普欽一樣的超長任期的總統。但同時，通過第 81 條的 3.1 款又設定了「任期歸零」，延長了「普欽」的高度人治。「後普欽」時期何時才會眞正到來，實際上是成爲了一個給人猜想和預測的話題。

除了修改連任次數，修憲案也擴大總統的權力，他最多可以任命 30 名聯邦委員會議員、其中有 7 人爲常任委員，總統還可以爲自己保留 1 席終身上議院議員職位（第 95 條），並且擁有終身刑事豁免權（第 92 條）。2020 年的修憲意味著總統在卸任後，並不會完全退出政治權力圈，制度保障卸任的總統仍可以另一層身分繼續影響下一任的執政者，如果他影響力足夠的話（Burkhardt, 2021）。

## 二、總統的權力

### （一）二次否決權

新憲法修正案規定，總統可以將否決再通過的法案提交至憲法法院審議，由憲法法院審查其「合憲性」（憲法第 117 條），這是否意味著總統對否決的法案擁有「二次否決」權？按照原先憲法第 107 條規定，俄總統對法律的否決權只有一次，當議會再以三分之二特別多數通過時，總統需要在 7 日內簽署頒布。而在此次修正案中新增加了其他規定，總統可以依照新規將否決再通過的法案提交至憲法法院審議，由憲法法院審查其「合憲性」，也就是動用憲法法院的釋憲權壓制立法權。而第 83 條第 6 項在修改後規定，憲法法院院長、副院長、法官的人選由總統向聯邦委員會提議，兩條相配合就意味著總統能夠二次否決不利法案。原本總統在立法上的功能是引導議會審愼對待新法，而修憲後使得議會的立法權受到壓制。

（二）「俄羅斯聯邦國務院」（State Council of Russian Federation, Государственный Совет Российской Федерации）和「聯邦安全委員會」（Security Council of Russian Federation, Совет Безопасности Российской Федерации）入憲（第 83 條）

俄羅斯聯邦國務院成立於 2000 年，原本是討論、協調、咨詢機構，可以向總統提出建議，主席由普欽擔任。但在 2018 年總統府辦公廳設立專門負責國務院的管理部門，特點在於每一個主要政府機構要員都要參與國務院事務，包含總理、聯邦委員會主席、國家杜馬主席、總統府辦公廳主任，還有各聯邦主體行政首長。國務院主要任務在於確保國家權力機構的協調運作和互動，及在推動國家的社會經濟發展的前提下，確定俄羅斯聯邦內外政策的主要方向和優先領域。

俄羅斯聯邦安全委員會，成立於 1992 年，是一個直屬於俄羅斯聯邦總統的組織，主要任務在於為總統決定國安事務的方針，由總統召集幾位重要的部會首長參與，會整各部會的意見以整合出國家安全政策。目前聯邦安全會議主席由普欽兼任，副主席由統一俄羅斯黨主席梅德韋傑夫擔任，主席依照國安會秘書長的建議定義議事程序和秩序，主席主持會議而秘書長和會議成員負責定期的會議工作。自 2008 年起，秘書長一職是由強力集團鷹派領袖帕儲雪夫擔任至今。

國務院和聯邦安全委員會目前的主席都是由普欽兼任，直屬於總統，內部成員與總統極為親近，而這兩個機構刻意寫入憲法，作者認為有兩個意涵：

### 1. 普欽希望以制度來成為權力菁英集團的協調者與仲裁者

2018 年普欽四任總統後，權力菁英集團勢力有了改變，強力集團已逐漸壓制聖彼得堡幫，並且發展出自己的權力網絡，普欽為了能繼續掌握權力菁英，所以刻意培養科技官僚來維持權力菁英間的權力平衡（見第三章）。很明顯地，國務院和安全委員會就是普欽為了掌握科技官僚和強力集團權力菁英，以入憲的制度性措施來成為目前這兩個主要權力菁英團體的協調者和仲裁者。

## 2. 因應卸任後的權力調整鋪路

2020 年的修憲雖然讓普欽之前的任期歸零，可以於 2024 年繼續參選總統，但是未來總是帶著不確定性，尤其是 2022 年俄烏戰爭爆發後，由於戰局陷入膠著，更增加了普欽總統權位的懸念。因此，這兩個機構的入憲，作者認為是普欽提前的權力調整鋪路，如果普欽未能連任，繼任者會面臨權力菁英集團彼此之間爭權的挑戰；普欽如能繼續擔任國務院和安全委員會的主席，則可繼續以協調者和仲裁者的角色，在幕後操控權力。

## 三、總理和議會的權力

### （一）總統和總理職權劃分

行政方面，第 83 條新增規定，總理對聯邦行政機構的架構有提議權，並由總統最終確定總統、總理所分掌的機構。2020 年修憲規定總統管轄機關和政府管轄機關之間的關係，總統管轄的機關包括國防、外交、內政、司法、緊急情況和自然災害及公共安全部門；總理管轄的機關為經濟、社會、財政、教育、文化、交通和資訊等部門。雖然總理依舊沒有躍遷至權力的中心，但是這一改動讓總理的權力出現了不確定性。如果在「後普欽」時代，當強勢總理和弱勢總統成為搭檔時，總理就有可能在行政權上改變原先憲政框架中的劣勢地位。

### （二）國會對總統制衡權力提升

#### 1. 人事同意權

國家杜馬可以同意總統提名之總理候選人，總理、副總理、強力部門外的部門部長經國家杜馬批准後任命，強力部門的部門部長經聯邦委員會批准後任命，這也使立法機關在人事選擇上有了更大的權力。

#### 2. 議會監督權

新憲法第 103.1 條將議會監督權入憲，也載明議會可以啟動議會調查，彈劾總統，或是剝奪已卸任總統的豁免權（第 102 條）。在普欽第二

任期期間（2004-2008），議會監督權利被大幅削弱，形同虛設。2020年修憲將議會監督權入憲，這應該是普欽要預防卸任後，另一個強勢威脅其權力網絡的執政者的出現，對於後普欽時期國會對總統和政府的制衡應該能有一定程度的提升。

　　因此，自2020年7月舉行憲法公投以來，這意味著俄羅斯新時代的開啓。普欽目前正在對其政權進行系統改造，似乎有幾個目標：使普欽主義及其價值觀永久化，解決2024年的問題，削弱未來總統的權力並使總統權力合法化。分析2020年修憲，作者認爲普欽希望在他離開總統職位之前，藉由2020年7月的修憲案，達成兩個目的：

（一）鞏固自身的權力：普欽可將任期歸零，繼續競選連任。

（二）削弱下任總統的權力：解決菁英間對於繼任者而相互鬥爭的問題，讓權力菁英的焦點不要全部放在總統職位上，間接加強總理和國會權力，避免出現史達林強人政治後的權力間的鬥爭，而使得俄羅斯政局陷入混亂，最終保障其卸任後的安全。

## 貳、經濟層面：經濟制裁的影響

　　2022年2月24日，俄羅斯總統普欽響應頓內茨克共和國（Donetsk People's Republic, DPR, Донецкая народная Республика）、盧甘斯克共和國（Luhansk People's Republic, LPR, Луганская народная республика）領導人的請求，宣布在烏克蘭開展「特別軍事行動」，而俄羅斯特別軍事行動也直接被美、歐等西方國家認定爲對烏克蘭的戰爭侵略行爲，馬上祭與嚴厲的經濟制裁。

　　自2014年以來，美國在克里米亞危機爆發後對俄羅斯實施了一系列制裁措施，雖然其深度和廣度遠不及本次俄烏戰爭，但克里米亞危機相關制裁措施直至今日尚未解除且西方經濟制裁大多是疊加式。因此，2014年克里米亞危機相關制裁措施與2022年俄烏戰爭制裁措施共同構成了美國及其盟國對俄完整的經濟制裁（見表8-2和表8-3）。

表 8-2　美國於 2022 年俄烏戰爭與 2014 年克里米亞危機對俄的制裁措施

| 2022 年俄烏戰爭 | 2014 年克里米亞危機 |
| --- | --- |
| 1. 制裁 Nord Stream 2 AG 及其管理人員。<br>2. 全面封鎖制裁俄羅斯兩大金融機構與其子公司：俄羅斯國有開發銀行（VEB.RF）和軍事銀行（Promsvyzbank）。<br>3. 全面制裁 20 名俄羅斯菁英及其家屬，包含俄羅斯總統和外交部長。<br>4. 擴大主權債務禁令，限制美國個人和公司參與俄羅斯聯邦中央銀行、俄羅斯國家財富基金和俄羅斯聯邦財政部發行的新債務的二級市場。<br>5. 俄羅斯直接投資基金（The Russian Direct Investment Fund, RDIF）以及與 RDIF 相關聯的兩家實體加入 SDN 名單。<br>6. 禁止美國人士參與 3 號指令列舉的 11 家（主要為俄羅斯大型國有金融機構能源和基礎設施企業）被制裁實體的回報期超過 14 天的新股權、債權和資產權益交易。<br>7. 禁止所有美國金融機構為 2 家俄羅斯大型銀行（Sberbank 和 VTB Bank）以及另外 3 家重要的金融機構：(1) 開設往例帳戶或者通匯帳戶；(2) 處理與這些金融機構參與或涉及其資產的交易。<br>8. 俄羅斯央行、俄羅斯聯邦國家財富基金和俄羅斯財政部被列入 NS-MBS 清單。<br>9. 限制頓內茨克和盧甘斯克的非政府控制地區，禁止商品進出口、投資。<br>10. 禁止對俄羅斯的半導體、電信等高科技出口。<br>11. 追加對俄羅斯煉油設備、軟體等出口管制，並將制裁範圍擴及白俄羅斯。 | 1. 直至 2019 年，透過 SDN 清單總共制裁了 665 個實體或個人，其中包含 2 家俄羅斯主要能源企業（Rosneft 和 Novatek）。<br>2. 制裁俄羅斯最大的銀行 Sberbank 和軍工企業 Rostek，限制其在美國金融市場融資。<br>3. 對俄羅斯油氣公司深水、頁岩和天然氣出口管線實施二級制裁，限制其獲取尖端油氣探勘和生產技術。 |

資料來源：作者自行整理。

## 表 8-3 歐盟及其他盟國對俄經濟制裁措施

| 國家／組織 | 主要經濟制裁措施 |
|---|---|
| 歐盟 | ➣ 計畫對俄羅斯實施一攬子制裁計畫，包含禁制來自頓內茨克和盧甘斯克的非政府控制地區的貨物進口，限制對某些經濟部門相關的貿易和投資，凍結俄羅斯在歐盟的資產，限制 Rossiya Bank、Promsvyazbank PISC 以及 VEB.RF。<br>➣ 制裁白俄羅斯的木材、鋼鐵和鉀肥行業（之前多為銀行、石油、菸草和化肥）。<br>➣ 5 月禁止超過三分之二的俄羅斯石油進口。<br>➣ 德國：北溪 2 號天然氣管主管機關終止審查程序。<br>➣ 瑞士：參與歐盟對俄羅斯的一攬子制裁計畫，凍結俄羅斯有關個人及其機構在瑞士資產，禁止瑞士公司與被制裁對象進行業務往來。 |
| 美、英、歐盟、加拿大 | ➣ 2022 年 2 月 26 日決議，3 月 2 日公布名單，將 7 家俄羅斯銀行逐出 SWIFT 系統，包含第二大銀行俄羅斯外貿銀行（VTB），但不包含俄羅斯聯邦銀行及能源相關的天然氣工業銀行（Gazprombank）；對俄國央行採取限制性措施，限制使用國際外匯存底。<br>➣ 12 月禁止在俄羅斯進行新的採礦投資。對俄羅斯海運石油的全面進口禁令。<br>➣ 歐盟與 G7 設定俄油價格上限每桶 60 美元。 |
| 英國 | ➣ 決定凍結所有俄羅斯銀行資產。<br>➣ 暫停部分俄羅斯出口許可證。<br>➣ 制裁俄羅斯第二大銀行俄羅斯外貿銀行及其他 8 家金融機構。<br>➣ 禁制英國個人和實體向俄羅斯聯邦中央銀行、俄羅斯財政部以及國家財富基金提供金融服務。<br>➣ 切斷俄羅斯一半以上的高科技進口。 |
| 加拿大 | ➣ 對受制裁地區的非政府控制地區實施交易禁令，禁止加拿大人在這些地區從事特定的交易和活動。<br>➣ 對俄羅斯主權債務直接和間接交易實施禁令，對兩家重要的俄羅斯金融機構實施制裁。 |
| 澳洲 | ➣ 禁止澳洲個人和實體與以下銀行開展業務：Bank Rossiya、Promsvyazbank、PJSC、IS Bank、Joint Stock Company Genbank 以及 Black Sea Bank for Development and Reconstruction。<br>➣ 對受制裁地區實施嚴厲的經濟制裁，禁止運輸、能源、電信以及石油、天然氣和礦產部門的交易。 |
| 日本 | ➣ 禁止俄羅斯政府在日本發行、流通的主權債券。<br>➣ 制裁 Promsvyazbank、PJSC、俄羅斯對外經濟銀行、俄羅斯聯邦中央銀行，並凍結資產。<br>➣ 限制頓內茨克和盧甘斯克的非政府控制地區，禁止進出口、凍結資產、停發簽證。<br>➣ 對俄羅斯限制軍事物資相關品項與半導體出口。 |

表 8-3　歐盟及其他盟國對俄經濟制裁措施（續）

| 國家／組織 | 主要經濟制裁措施 |
|---|---|
| 南韓 | ➢ 禁止「四大國際出口管制組織」所指定的戰略物資品項出口。 |
| G7 | ➢ G7 成員國銀行禁止與俄羅斯央行交易。 |
| 新加坡 | ➢ 針對武器等軍事相關物品對俄羅斯實施出口管制。 |
| 臺灣 | ➢ 經濟部依據武器擴散的「瓦聖納協議」，對輸往俄羅斯的產品進行嚴格審查。 |

資料來源：作者自行整理。

　　美國於 2022 年烏俄戰爭的金融制裁主要以將俄羅斯央行、財政部、國家財富基金、銀行、相關個人及公司分別列入不同的制裁名單中，並以下列三種為主：

1. 特別指定國民及封鎖人員名單（Specially Designated Nationals And Blocked Persons List, SDN List）。
2. 非特別指定國民制裁清單（Non-SDN Menu-Based Sanctions List, NS-MBS List）。
3. 外國金融機構通匯帳戶制裁清單（List of Foreign Financial Institutions Subject to Correspondent Account or Payable-Through Account Sanctions, CAPTA List）。

　　其中最嚴重的是 SDN List，被列入的個人或實體在美國境內資產將被完全凍結，並且所有美國公民禁止與其開展任何形式的交易，同時任何與制裁名單交易的對象都有受到制裁的風險；這次被列入 SDN List 的對象主要有北溪天然氣管道公司（Nord Stream AG）、涉及俄羅斯國防的軍事銀行（Promsvyzbank, PSB）、工業融資的俄羅斯國家開發銀行（VEB. RF, ВЭБ.РФ）及其子公司，還有持有俄羅斯近 20% 銀行資產的 VTB 銀行、三家合計持有 800 億美元的 Otkritie FC Bank（Банк ФК Открытие）、NovikomBank（Новикомбанк）、Sovcombank（Совкомбанк）金融機構以及俄羅斯政府相關的重要個人等。

　　除了 SDN List 外，其他特殊類別的制裁，統稱 Non-SDN Lists，NS-

MBS List 與 CAPTA List 就是其中主要的兩種，NS-MBS List 主要以限制提供產品或服務為制裁方式，並且不會像 SDN List 一樣被凍結資產，這次被列入的主要有俄羅斯央行、財政部、聯邦國家財富基金。而俄羅斯排名第一的聯邦儲蓄銀行 Sberbank 則是被列入 CAPTA List，限制其利用美國代理銀行進行美元結算（經濟日報，2022）。

　　歐盟及其他盟國也跟隨美國，於 2022 年 2 月 24 日後陸續宣布對俄經濟制裁。其中最令人矚目的包含：德國北溪 2 號（Nord Stream 2）天然氣管主管機關終止對北溪 2 號的審查程序、中立國瑞士凍結俄羅斯有關個人及其機構在瑞士資產、G7 成員國銀行禁止與俄羅斯央行交易，和美、英、歐盟、加拿大決議將 7 家俄羅斯銀行逐出 SWIFT 系統。5 月歐盟宣布禁止超過三分之二的俄羅斯石油進口（BBC 中文網，2022）[1]。

　　在西方陣營對俄羅斯實施數波制裁以報復其入侵烏克蘭後，原本這些措施的目的是減少石油美元流入克里姆林宮的金庫並迫使普欽停止戰爭，而俄羅斯的回應是將其石油出口轉向印度和中國，並限制歐洲的天然氣供給量，但是 Brent 原油價格從 2022 年 3 月起每桶就急遽上漲至 117.25 美元，至 7 月已上漲超過三分之一，雖然 8 月回跌至百元以下（表 8-4），但是歐洲天然氣價格仍高達 2 年前價格的 7 倍。由此產生的能源供應緊縮阻礙了全球經濟成長並加劇了通貨膨脹，增加了經濟衰退的風險。俄羅斯也因為俄烏戰爭而外匯存底縮減（見表 8-5）。

### 表 8-4　2022 年 1 月至 10 月 Brent 原油價格

單位：美元／桶

| 1 月 | 2 月 | 3 月 | 4 月 | 5 月 | 6 月 | 7 月 | 8 月 | 9 月 | 10 月 |
|---|---|---|---|---|---|---|---|---|---|
| 86.51 | 97.13 | 117.25 | 104.58 | 113.34 | 114.65 | 105.15 | 96.48 | 94 | 93.26 |

資料來源：Statista（2022）。

---

[1]　剩下友誼輸油管線（Druzhba）從南進口的原油，占歐盟國家進口俄羅斯原油總量大約 10-11%，因為該俄羅斯石油管線連通匈牙利、斯洛伐克和捷克。因為匈牙利反對，匈牙利有 65% 原油進口自俄羅斯（BBC 中文網，2022）。

表 8-5　2022 年 1 月至 10 月俄羅斯外匯存底（包含黃金）

單位：億美元

| 1 月 | 2 月 | 3 月 | 4 月 | 5 月 | 6 月 | 7 月 | 8 月 | 9 月 | 10 月 |
|------|------|------|------|------|------|------|------|------|-------|
| 6,306 | 6,302 | 6,171 | 6,064 | 5,930 | 5,874 | 5,841 | 5,769 | 5,656 | 5,406 |

資料來源：Банк России（2022）。

　　俄羅斯的經濟雖自稱穩定，然而從 2008 年後，幾次的 GDP 下滑至負成長、戰爭損耗和經濟發展趨緩，經濟危機對俄羅斯的影響開始強烈顯現出來，經濟狀況的惡化自然帶來了政治上的效應，普欽作為總統也成為批評的焦點，反普欽、反戰的遊行示威也在一些城市出現，但是，令人詫異的是，俄烏戰爭的開打，卻讓普欽支持度提高，依然受到俄羅斯民眾擁戴，甚至因為從 5 月以來，普欽改變戰術，轉向烏東地區，接連取得重要城市的控制，政府更以國家重點紓困和民族主義呼聲之因應措施來強化對地方、媒體和金融企業的控制，並以多年來油價高漲所帶來的石油紅利來援助前蘇聯國家經濟，藉此緊密前蘇聯國家經濟空間之掌握。

　　但是自 9 月中起，烏克蘭開始進行強勢反攻，俄軍前線軍隊人力不足，趨於劣勢，短短時間內，重新收復哈爾科夫（Kharkiv）、伊久姆（Izyum）、利曼（Lyman）等失土；而頓內茨克、盧甘斯克、赫爾松、扎波羅熱也於 9 月 27 日完成「入俄公投」，9 月 30 日普欽簽署法令，此四區正式成為俄羅斯領土。之後，美國對烏克蘭宣布一項價值 11 億美元的新武器與供應，包括精密火箭系統、彈藥、裝甲車與雷達。歐洲聯盟執行委員會（European Commission）則提議針對價值 70 億歐元（67.6 億美元）的俄羅斯出口產品祭出新制裁、為石油價格制定法律上限、擴大旅遊黑名單以及凍結資產（中央廣播電台，2022）。

　　而至 2021 年，俄羅斯 GDP 因著國際油價高漲的因素，就已恢復為 4.8% 的成長率，外匯存底也持續增多，2022 年雖因戰爭損耗，但油價持續上升，印度和中國持續大量購買俄羅斯的石油和天然氣，因此就目前俄羅斯的經濟情勢看來，應該仍有餘裕去應付人民的不滿情緒，但值得注意的是俄羅斯經濟的未來發展，世界銀行報告指出，資源型經濟高度依賴國

際油價和資源原物料出口是近年來俄羅斯經濟成長的關鍵，也是俄羅斯經濟危機形態（World Bank, 2022），因為資源型經濟潛在性風險就是對外在的衝擊抗壓性極低（尤其是國際油價的不穩定性）、荷蘭病風險和特有制度上的弱點。在未來如要維持一定的經濟成長，長期的經濟發展計畫則必須解決最根本的產業結構、政府制度和出口市場問題，也就是調整經濟結構促使經濟多元化、減少政府干預和擴大出口市場。此三者息息相關，況且，後俄烏戰爭時期，西方各國不會馬上解除經濟制裁，對俄羅斯政府長期而言，都是極大的挑戰。

## 參、社會層面

過去 30 年俄羅斯經歷了全球化和網路資訊革命的洗禮，俄羅斯的社會正在悄悄地快速變遷中。2022 年俄烏戰爭帶來的政局影響，在於普欽如何對俄烏戰爭目前僵持的局面作收尾，俄烏戰爭時間拉長，對俄羅斯經濟和社會的長期發展是相對不利，也勢必對普欽政權造成極大程度的危機，如何維持住權力、如何在俄烏戰爭後，維持政局的平穩，將俄羅斯帶往人民所期望之「民主」，將是普欽必須直接面對的課題。他能否實現自我超越，某種程度上也決定著俄羅斯能否進入新的發展期。

再者，2011 年年初從突尼西亞賣蔬菜青年遇害後引發的「阿拉伯之春」，當時就有聲音出現：2012 年會不會出現「莫斯科之春」呢？而現在因為俄烏戰爭，民眾透過社交網站串聯，出現反戰、反普欽的反政府抗議，不禁讓人聯想起這些抗議行為是否有可能如 2011 年突尼西亞、埃及延燒至政體的瓦解，個人威權的下臺呢？或是反走上回頭路，以武力鎮壓示威抗議民眾呢？

現在活躍在俄羅斯各地的反普欽遊行的參與者，大多數是受過較好教育、對網路與政治敏感的年輕人，這一點同阿拉伯之春有一定的相似之處。但是，如果說俄羅斯會因此再次爆發「莫斯科之春」或走上顏色革命之路，網路串聯會發揮功效，而使得俄羅斯再走回民主的道路，作者認為尚須等待時機，無論是反對勢力或網路力量。

## 一、反對勢力

　　無論是顏色革命或阿拉伯之春，可以發現，國內的權力菁英早已分裂，且在社會上有著強大力量與名望的反對派菁英已對政局虎視眈眈，執政當局早已意識到面臨一個社會強大反對力量的挑戰。

　　但俄羅斯將一黨獨大、沒有一個強大的多極政治結構的擔憂——也就是缺乏一個能與國家權力黨對抗的團結反對力量，視爲半開放性社會民主無法鞏固的原因。俄羅斯的權力菁英內部雖有傾軋，但對外卻一致團結鞏固權力。

　　再者，普欽政府一直以來不像利比亞、埃及等國家那樣大規模鎮壓示威遊行者。雖然抗議時會有大量的士兵調入莫斯科市中心，但是政府強調這是定期輪換。即使政府逮捕了一部分示威者，卻只對組織者進行了15 天的拘留，且普欽也保證只要在法律範圍內遊行示威是可以允許的。此外，可以發現，俄羅斯的示威遊行，無論是莫斯科或聖彼得堡，或於其他城市或地方，都是獨立運作，缺乏強勢的領導者或有人望的政黨，俄羅斯政府對於示威抗議也發展出策略因應，這些策略包含在法規上嚴格壓制「外國代理人」組織和「不受歡迎組織」、嚴格規範集會遊行的申請許可、政府贊助主導青年支持政府社會運動，和以叛國者或反對愛國者名義加諸在激進的示威抗議領導人身上等。

　　此外，俄羅斯的反對力量，一直給予俄羅斯人極左派或法西斯主義者的形象，抑或是外國代理人，外國資助的傀儡組織等，以致於一般的民眾不會想要參加示威抗議。除了部分導因於政府在傳統媒體上強力放送此項訊息外，有些示威抗議組織本身的組成就帶有相當左派或法西斯主義者的色彩，如聖彼得堡公民反對力量（Petersburg Civic Opposition, PGS, Петербургское Гражданское Сопротивление, ПГС）聯盟的關鍵組成是國家布爾什維克黨（NBP），國家布爾什維克黨雖然企圖從被排斥的新法西斯主義者轉變重整爲民主左派的組織領導者和鼓吹者，但國家布爾什維克黨其實是馬克思主義、激進保守歐亞主義，和極端仇視外國人的大俄羅斯民族主義的綜合體，卻從 2005 年開始，以邁向「一般社會民主準則：自

由選舉、自由抉擇和社會責任」且成為「受尊敬」的反對力量自居，而成為街頭抗議的主要勢力。再如同 Pussy Riot 的前衛龐克造型，標榜為女權主義、左翼的反普欽統治行動團體，選擇結合行動藝術、搖滾樂與前衛的龐克造型、騷擾公共領域並置入網路宣傳再引起媒體注目為手段。或如同目前最主要的反對派領袖納瓦爾尼，俄羅斯政府極力宣傳納瓦爾尼貪汙的形象，極力塑造他與西方親密友好的畫面，資金來源不明，是外國代理人等，他們被電視媒體塑造成是與傳統社會觀感背道而馳，因此，其社會連結的基礎是極其薄弱的。

## 二、網路力量

　　雖然，俄羅斯的網路成長速度在近 10 年間成長飛快，但俄羅斯網路政治有著以下特性，對於俄羅斯民主的開花並不有利。

　　其一，俄羅斯的網路非常「俄羅斯」（Russianness），使得這波的「網路革命」（Cyber revolution）不彰顯。不像其他國家的網路英語及應用程式與服務是由總部設在美國的公司（如 Google、Yahoo、Facebook 和 Hotmail）所主導，俄羅斯的網路有著自給自足的語言、有著發達且極受歡迎的搜尋引擎和入口網站 Yandex（Яндекс）、社交網站 vkontakte.ru（Вконтакте）及 odnoklassniki.ru（Одноклассники）和免費電子郵件服務（Yandex Mail）環境的網路文化。這些網站和服務雖然是參照美國和英語世界的服務模式，但卻是與英語世界完全分開獨立，以俄文為主要語言[2]。「公眾意見基金會」（Foundation Public Opinion, Фонд Общественное мнение）於 2022 年 2 月 17 日所公布的民調「資訊來源：網際網路」（Sources of information: Internet, Источники информации: Интернет）結果顯示，俄羅斯最受歡迎的新聞及部落格的搜尋引擎和入口網站皆為

---

[2] 受歡迎的網站包含 RuTube，受歡迎的美國網站 YouTube 的俄文版本。社交網站如 vkontakte.ru 及 odnoklassniki.ru 則是參照美國的 Facebook.com. 和 Classmates.com。vkontakte.ru 雖然增加了可使用英文，漢語（簡體中文）、臺灣話（繁體中文）、烏克蘭語等語言選項，但大約有 70% 的使用者住在俄國，主要仍是以俄文為主。

Yandex，而在全球十大入口網站的三個非英語系網站中，Yandex 名列其中，僅次於擁有廣大網民的中國百度和日本 NHK。2022 年有 39% 的俄羅斯人通常在搜索引擎上閱讀新聞，19% 的人在社交網絡上閱讀新聞，14% 的人觀看新聞影片，12% 的人閱讀線上媒體。最受歡迎的閱讀新聞搜索引擎是 Yandex（33% 的俄羅斯人將其用來閱讀新聞）和 Google（16%）（ФОМ, 2022b）。

其二，俄羅斯的網路部落格在政治的集群中比起其他國家，尤其是美國，較少政治極化（political polarization）的現象。缺乏明確界定的政治迴聲室（political echo chambers）對那些潛在憂慮線上討論之政治極化的人而言，也許是一個正面的跡象，反映出線上的言論形式大多依賴於特定社會先前就存在的政治特點。然而，缺乏一個能與國家權力黨對抗的團結反對力量也因此出現在俄羅斯網路部落格的氛圍裡，但在網路上也沒有發現到極端親政府的集群。

其三，俄羅斯網路上討論的品質水準低落，廣泛缺乏信任，有時會被當局巧妙地操縱；線上網路似乎一般較為封閉和不寬容；網站的領導人往往是指派的，妥協或害怕當局的，因此，俄羅斯網路用戶並不積極響應網上的政治競勢。

在屢次針對俄羅斯選舉存在舞弊現象的抗議活動中，著名反對派納瓦爾尼的動員，被指稱是接受美國財援的俄國「獨立」選舉監察組織、反政府網站古洛斯（GOLOS, ГOЛOC，意為「投票」或「聲音」）組織的動員，雖然引起俄羅斯國內與國際上的關注，但由於俄羅斯網路社群對於反對性政治議題不是那麼熱衷。因此，那些被主流媒體影響，擔心俄國受外國勢力影響的族群，接受普欽是愛國主義象徵，並不會是此類行動主義預設的對話與爭取支持的對象，也正因此，網路異議團體很難爭取到其他非中間階層與舊意識形態地區民眾的認同。

# 第二節　俄羅斯未來民主走向

　　截至 2022 年，普欽自 2000 年執政，政權已走向第 22 年，其強者領導形態，擺盪在法理（legal-rational）與世襲制（patrimonial）的氛圍（sphere）裡的政治特點自始至今未曾改變，普欽其實也意識到民眾累積的不滿情緒，除了承諾將會繼續為人民的福利與國家的穩定作努力，也將對政府內部作大規模的調整。對於民眾抗議政權合法性的威脅，在政權合法性的來源上，普欽和其權力菁英一則以政策績效成為其主要來源因素和可控制變項，二則暫時會開放民主治理、成員自主性的空間來因應人民和地方的不滿，這是普欽政權的一貫作風。

　　從 2012 年的新政黨法來看，俄羅斯雖然開放政黨登記門檻，新登記政黨的組織成分混雜，政治傾向各異，既有現政權的堅決支持者，也有持反對派立場的左翼或右翼政黨，還有中間派政黨。即使在同一政治流派內部，也存在相互競爭的幾個政黨，小黨林立。對於新登記的政黨來說，只要目前不允許在杜馬選舉中結成競選聯盟的法律仍然存在，大多數新黨就很難在下一屆杜馬選舉中達到 5% 的得票率門檻而進入議會。再者，從國會杜馬選舉法恢復混合制與地區行政首長選舉來看，雖然選舉法中降低了比例代表制得票率的門檻，但是單一選區代表制有利於大黨，即使是開放了政黨登記，改採混合制，仍是要保障統一俄羅斯黨一黨獨大的地位。而地方行政首長選舉，從直選又再變為允許各聯邦主體取消直選行長首長之舉，更顯示出普欽為鞏固自身權力與架空法律與制度的內涵的作法。

　　此外，對於規範公民團體的立法，對於反對勢力規範與外國力量的介入，防止顏色革命中外國力量的財務與精神支持，可以看見仍是重重把關，更增加媒體與網路的調控與行政罰鍰，「主權網路法」（Law on sovereign internet）的制定，國家社會間關係的重整，對於普欽與俄羅斯權力菁英而言，既能管理公民社會，也能使政權合法性提升。

　　總而言之，在經濟變項與政策績效變項皆有所不足時，普欽政權會暫時開放民主治理之變項來維持其政權合法性。2012 年總統大選後的恢復地方行政首長直選和放寬政黨登記門檻等政策，也是維持其政權合法性之

「輸入」變數，以民主治理來緩和民怨。

　　普欽的中央再集權強國策略使得他及其政治菁英以法律與制度來增加政府的合法性與支持度的同時，鞏固菁英群的非制度性策略卻以非正式運作，如恩庇侍從、酬庸和尋租等來鞏固自身權力與架空法律與制度的內涵，無論是政治面或是經濟面，引起貪腐不斷，卻根絕不了。尤其是普欽於 2008 年卸任總統、轉任總理期間，在俄羅斯強勢總統憲法體制下，普欽要壓制前總統梅德韋傑夫的總統氣焰並把持住相當權力，還要為自己未來歸位努力，防止強大的反對勢力或人物崛起，非正式運作的檯面下作為更為猖獗，而對於媒體與反對團體與運動的管控更為嚴密，而引發大規模抗議國會大選舞弊及反對普欽的遊行示威。

　　此示威抗議也代表著，俄羅斯人並非不喜歡民主體制，而是俄羅斯人的民主觀點是有異於西方學者的定義，俄羅斯人民對於民主的渴望度和期望值是根植於本土的需求，仍希望國家能有一位強人出現，領導這個國家走上秩序穩定和民富國強之路，但是強大的統治者除了是要在自由和公正的選舉選出，還要能尊重反對派的權利，而且俄羅斯人民可以在他不適任時解除委任。

　　再者，俄羅斯民主之根本問題點，不是如同歐美民主制一般在於審視民主化之程度，將民主制度視為「歷史的終結」，為普世價值，而是認為民主只是在實質上是否增進國富民強之工具的問題上，如果不是，那民主僅能成為俄羅斯國家主權主義（Statism）在憲法層面上的裝飾價值而已。再者，俄羅斯的經濟成長並不是由於經濟有效率的運作所致，而是因為原物料資源價格上漲所帶動，而普欽政權的權力層級也是拜快速飛升的經濟所鞏固，因此，普欽政權的菁英們皆致力於原物料資源的掌握，以中央集權方式穩固自身的權力層級，至於民主的考量只會在自身權力需要加持時，才會訴諸民主的裝飾。因此，作者以俄羅斯民主抉擇之理論模型建構，首先要確定影響俄羅斯民主抉擇之變項，也就是聯邦經濟發展（包含整體 GDP 的持續成長與原物料能源的價格成長）和政權合法性。而俄羅斯經濟是俄羅斯「中央再集權」政策的主要推手，其重要性不可言喻。

　　總而言之，歸納普欽長期執政的要素中，作者認為，生活是否改善是

影響俄羅斯選民投票行為最主要因素。俄羅斯人民長年住在冰天雪地氣候環境下，養成高度的忍難特性，從歷史上看幾乎都是因為生活過不下去才被迫走上街頭。由俄羅斯當代社會經濟發展方面來看，當前俄羅斯的社會經濟遠比蘇聯末期，以及 2000 年以前前總統葉爾欽時期都好上許多。因此迄至目前走上街頭的群眾尚屬少數，況且未來仍然看漲的油價，將仍會是普欽執政的有效利器。

2022 年俄烏戰爭爆發後，普欽無論是民眾支持度或是實際的政權治理操作中，都仍擁有相當強的統治合法性基礎，這也表明了，擅走民粹主義的普欽，已讓俄羅斯民眾不僅對普欽的政治價值觀充分認可，而且也認可了「主權民主」為政治理念基礎的普欽主義，也加強了普欽以控制國家原物料與經濟走向，及加強政績的效率來當作可控制變項加強其政權合法性與執政方向。

可是，令人擔憂的是，其一是普欽的威權政治系統的動機是權力菁英的鞏固權力需求，而其增強的推手則是極度依賴俄羅斯因原物料價格而突然暴漲的財富，也就是原物料資源的開採與出口所帶來的資金流入，而此財富壓抑了民眾負面的聲音，並帶給普欽個人正面的擁戴，但這樣的維繫力量也相對是脆弱的；其二，俄羅斯的公民社會基礎薄弱，公民與國家之間一直存在緊張的局勢，這樣的情況表現出公民彷彿不是國家的一部分，而實際上，大部分政府官員終身在國家機關服務，他們已經發展出與現實社會需求不同的個人利益偏好。因此，對於上層的權力菁英而言，維持原來社會階層結構，減少上層權力菁英與下層的人民作垂直的流動，再加上中間階層的知識分子邊緣化傾向，就可減少權力分享的變項，越能鞏固自身的權力與利益。但，無論是依靠原物料的經濟成長和社會階層結構的不合理走向，皆是對俄羅斯的民主化進展相當不利。

目前可以從國內與國際面來預測普欽政權的瓦解或衰退。國內面可從兩個因素觀之：第一個因素是俄國賴以維生的原物料價格暴跌和預算收入的減少。俄羅斯的經濟正處於一個尷尬的處境，油價的攀升讓俄羅斯的資金與相關資源再次流向石油部門，停滯了產業結構的改革，而石油部門再度由政府所控制，又降低了營運的效率，俄羅斯「荷蘭病」的病根因這

次的油價飆升，又一度深植在整個經濟體內，如同吸食毒品般欲罷不能。倘若克里姆林宮仍只是在俄羅斯長期的經濟規劃與產業結構調整上紙上談兵，其源自於原物料出口而經濟成長的表象對照工業產值的下降與通貨膨脹率的上升與失業率的居高不下，將會如同華麗外衣下的蛀蟲般，開始扭曲整個社會結構，貧富差距會急遽拉大，龐大的社會福利支出會反噬政府的油品能源的收入，支持俄羅斯權力菁英威權政治系統的主要支柱崩潰，而牽動整體系統的革新與換血。

　　第二個因素是官方層級結構的全面解體，而此因素是與第一個因素息息相關。權力菁英的政權鞏固來自於秩序和穩定性的宣傳，而觀察這些秩序的來源來自安全支出上的急遽增加、民主原則的捨棄、公民自由的削減等。也許從民調顯示，俄羅斯人民可爲了秩序和穩定性而置民主和自由於一旁。但，政府不斷強調穩定性，實際上並無法提供穩定性。普欽和其權力菁英透過層級和控制法則的改變來確保自身的安全力量和財富，這些官僚層級更要把握對國家資源或能源有關的「財務管理」能力，而這樣的層級維繫力量是薄弱且極其危險。原物料價格的波動，或者是「後普欽」時期，都可導致官方層級結構的全面解體，而這都有待日後的觀察與研究。

　　在國際面，不可諱言，2022 年的俄烏戰爭，將會是普欽執政以來最大的政治危機，也會是短期內撼動普欽政權的最關鍵因素，因為戰爭的結局是難以預計的，作者並不排除短期的可能變局：俄烏戰爭失利導致普欽政權的崩潰。

　　俄烏戰爭自 2022 年 2 月發展至今，出現了極多的變數，例如北溪管線的被破壞、普欽 9 月 21 日簽署「局部動員令」，出現青年外逃以躲避徵兵、強徵少數民族、民眾攜槍恐攻等情事，都反映出俄羅斯社會開始騷動，而在簽署局部動員令前，普欽支持度在 8 月前都有超過 8 成的支持，但 9 月支持度就掉到 8 成以下等，這些新的發展，都有可能對於俄羅斯的政治穩定與民主前景產生影響。由於本書在出版時俄烏戰爭仍在持續，未來一定會有許多重大的局勢變遷（例如烏克蘭的反攻與俄羅斯與北約的可能衝突等），而這些國際局勢的變化也有待未來的研究與觀察。

# 參考文獻

## 一、中文

BBC中文網，2022，〈烏克蘭戰爭：歐盟達成折中協議，從俄羅斯進口原油年內下降九成〉，5月31日，https://www.bbc.com/zhongwen/trad/world-61642289，檢索日期：2022年6月30日。

Weber, Max，康樂編譯，1989，《支配的類型》，台北：遠流出版社。

中央通訊社，2021，〈俄羅斯反對派領袖納瓦尼獲得沙卡洛夫人權獎〉，10月20日，https://www.cna.com.tw/news/aopl/202110200401.aspx，檢索日期：2022年7月2日。

中央廣播電台，2022，〈入俄公投假戲真做 赫爾松帶頭籲蒲亭併吞〉，9月29日。https://www.rti.org.tw/news/view/id/2145889，檢索日期：2022年10月31日。

王煒，2005，〈俄羅斯聯邦改革〉，《轉型理論與俄羅斯政治改革》，馮紹雷、相藍欣編，上海：上海人民出版社。

匡增軍、馬晨晨，2018，〈「里海法律地位公約」評析〉，《現代國際關係》，11：24-31。

吳玉山，1997，《抗衡或扈從——兩岸關係新詮》，台北：正中書局。

吳玉山，1998，〈現代化理論vs.政權穩定論：中國大陸民主發展的前景〉，《政治科學論叢》，9：443-464。

吳玉山，2000，《俄羅斯轉型1992-1999：一個政治經濟學的分析》，台北：五南。

吳玉山，2002，〈半總統制下內閣組成與政治穩定：比較俄羅斯、波蘭與中華民國〉，《俄羅斯學報》，(2)：229-265。

吳玉山，2007，〈顏色革命的許諾與局限〉，《臺灣民主季刊》，4(2)：67-112。

吳玉山，2009，〈解釋俄羅斯的民主倒退〉，《臺灣民主季刊》，6(1)：199-205。

吳春光，2008，〈普京的能源政策分析〉，《政治科學論叢》，(35)：1-46。

李玉珍，1998，〈俄羅斯府會之爭的探討〉，《問題與研究》，37(2)：55-92。

吳德堃，2019，〈垂直權力體系下的俄羅斯地方治理——以2018年地方選舉為視

角〉，《俄羅斯東歐中亞研究》，(4)：92-157。

沈有忠，2004，〈半總統制下的權力集散和政府穩定—台灣與威瑪共和的比較〉，《臺灣民主季刊》，1(3)：99-129。

李建民，2019，〈普京治下的俄羅斯經濟：發展路徑與趨勢〉，《俄羅斯研究》，6：3-30。

邱芝、范建中，2009，〈俄羅斯威權主義的合法性分析〉，《俄羅斯中亞東歐研究》，1：7-12。

邱瑞惠，2012，〈俄羅斯媒體發展與新聞自由〉，《金磚國家俄羅斯與歐亞地區研究》，台北：五南，183-220。

吳春光，2008，〈普京的能源政策分析〉，《政治科學論叢》，(35)：1-46。

林永芳，2006，〈俄羅斯政黨體系與民主化〉，《俄羅斯學報》，(5)：25-50。

況正吉，1999，〈憲政制度與政治文化對俄羅斯民主鞏固的影響〉，《問題與研究》，38(11)：31-52。

許菁芸，2009，〈俄羅斯經濟與全球金融大海嘯：高度依賴原料資源出口之發展模式〉，《全球金融大海嘯下的國際政治新秩序—變動中的亞太國家機關、市場經濟與全球金融的發展關係》，台北：五南，183-222。

許菁芸，2010，〈俄羅斯國會之發展剖析〉，《政治科學論叢》，(43)：119-158。

許菁芸、宋鎮照，2011，〈「分」或「合」的抉擇與邏輯—試析俄羅斯聯邦之聯邦制〉，《問題與研究》，50(2)：1-34。

許菁芸、宋鎮照，2012，〈俄羅斯的民主抉擇與統治菁英權力結構變化〉，《東吳政治學報》，29(4)：117-175。

許菁芸，2012，〈俄羅斯亞太出路：俄羅斯遠東地區困境與俄中關係問題探討〉，林碧炤、鄧中堅（主編），《金磚國家俄羅斯及歐亞地區研究》，台北：五南，79-132。

許菁芸，2013，〈俄羅斯半總統制下普金「歸位」與民主發展之探討〉，《臺灣民主季刊》，10(4)：49-92。

許菁芸、郭武平，2013，〈俄羅斯聯邦「競爭性威權」混合體制下之公民社會「管理」與民主走向〉，《政治科學論叢》，(55)：33-84。

許菁芸，2021，〈普京政權下俄羅斯權力網絡與權力菁英分析〉，《政治科學論叢》，(90)：73-116。

許湘濤，1996，〈俄羅斯的政治發展，1990-1996〉，《問題與研究》，35(12)：29-58。

陳柏奇、洪敬富，2012，〈茉莉花革命浪潮下對當前中國國家：社會關係的再檢視——網路政治中的公民維權與黨國維權雙重分析視〉，《臺灣民主季刊》，

9(1)：195-244。

連弘宜，2016，〈俄羅斯利益團體的形成與演進〉，《政治科學論叢》，(68)：77-102。

郭武平，1999，〈俄羅斯的憲政發展問題探討〉，《問題與研究》，38(8)：37-59。

馮方、許升輝、許敏，2010，〈俄羅斯油氣工業上遊合作項目投資環境及潛力分析〉，《石油科技論壇》，29(1)：65-70。

畢英賢，1996，〈俄羅斯國會改選之研析〉，《問題與研究》，35(4)：28-40。

經濟日報，2022，〈西方嚴厲制裁俄國，金融與通膨風險解讀〉，3月7日。https://money.udn.com/money/story/5599/6146405，檢索日期：2022年5月30日。

端傳媒，2021，〈俄羅斯國會選舉：挺普京政黨輕騎過關，為「萬年總統」、「現代沙皇」掃除路障〉，9月20日。https://www.storm.mg/article/3949263，檢索日期：2022年7月2日。

趙竹成，2002，《俄羅斯聯邦體制的憲政基礎及其衝突》，台北：韋伯文化。

趙竹成，2006，〈俄羅斯聯邦選舉制度與總統職權〉，《問題與研究》，45(1)：53-79。

趙竹成，2011，〈二〇〇八年後梅－普架構下俄羅斯半總統制的檢視〉，《政治科學論叢》，(47)：143-174。

鄭得興，2008，〈中東歐的市民社會與民主發展之比較研究〉，《台灣國際研究季刊》，4(1)：67-98。

龐大朋主編，2008，《普京八年：俄羅斯復興之路：2000-2008.政治卷》，北京：經濟管理出版社。

## 二、外文

Alexseev, Mikhail A. 2001. "Decentralization versus State Collapse: Explaining Russia's Endurance." *Journal of Peace Research.* 38(1):101-106.

Alexander, James. 2000. *Political Culture in Post-Communist Russia: Formlessness and Recreation in a Traumatic Transition*, New York: St. Martin's Press.

Andrle, Vladimir. 1994. *A Social History of Twentieth Century Russia.* London: Edward Arnold.

Ahrend , Rudiger. 2006. "How to Sustain Growth in a Resource Based Economy? The main Concepts and Their Application to the Russian Case". OECD Economics Department Working Papers No. 478, February 09.

Aslund, A. 2004. "Russia's 'Curse'." The Moscow Times. January 16.

Avdaliani, Emil. 2019. "Russian Elites and Why They Matter." *Begin-Sadat Center for Strategic Studies.* https://besacenter.org/russian-elites-why-they-matter/ Latest update 6 August 2021.

Bahry, Donna. 2005. "The New Federalism and the Paradoxes of Regional Sovereignty in Russia." *Comparative Politics.* 37(2):127-146.

Baker, Peter & Susan Glasser. 2007. *Kremlin Rising: Vladimir Putin's Russia and the End of Revolution.* Washington, D.C.: Potomac Books.

Baldi, Brunetta. 1999. "Beyond the Federal-Unitary Dichotomy." Working Paper, Institute of Government Studies, University of California, Berkeley.

Balzer, H. 2005. "The Putin thesis and Russian energy policy." *Post-Soviet Affair.* 3: 21-24.

Barlow, J. P. 1996. "A declaration of the independence of cyberspace." *Electronic Frontier Foundation.* https://www.eff.org/cyberspace-independence Latest update 30 October 2022.

BBC . 2010a. "Yukos case against Russia begins at European court." 4 March. http://news.bbc.co.uk/2/mobile/europe/8549226.stm Latest update 30 October 2022.

BBC. 2010b. "Russia spy Anna Chapman given pro-Kremlin youth role." 22 December. https://www.bbc.com/news/world-europe-12060698 Latest update 20 November 2022.

BBC. 2012. "Russia internet blacklist law takes effect." 1 November 2012. https://www.bbc.com/news/technology-20096274 Latest update 20 November 2022.

BBC. 2018. "Russia's Putin softens pension reforms after outcry." 29 August. https://www.bbc.com/news/world-europe-45342721 Latest update 30 October 2022.

Beichman, Arnold. 2007. "The Perils of Putinism." *Hoover Digest* 2. https://www.hoover.org/research/perils-putinism Latest update 30 October 2022.

Bellona. 2019. "Moscow bans the Barents Observer from Russian Internet." 20 February. https://bellona.org/news/russian-human-rights-issues/russian-ngo-law/2019-02-moscow-bans-the-barents-observer-from-russian-internet Latest update 30 October 2022.

Bloomberg. 2021. "Bloomberg Billionaires Index." https://www.bloomberg.com/billionaires/profiles/vladimir-o-potanin/ Latest update 30 October 2022.

Bourdieu, P. 1989. "Social space and symbolic power." *Sociological Theory.* 7(1):14-25.

BP. 2022. "Statistical Review of World Energy – all data, 1965-2021." https://www.bp.com/en/global/corporate/energy-economics/statistical-review-of-world-energy/oil-gas-and-coal-trade.html Latest update 30 October 2022.

Bremmer, Ian. and Samuel Charap. 2006. " The Siloviki in Putin's Russia: Who They Are and What They Want." *The Washington Quarterly.* 30(1):83-92.

Brzezinski, Zbigniew. 2008. "Putin's Choice." *The Washington Quarterly.* 31(2):95-116.

Brown, Archie. 2001. *Contemporary Russian Politics*, Oxford: Oxford University Press.

Buchacek, Doug. 2006. *Nasha Pravda, Nashe Delo: The Mobilization of the Nashi Generation in Contemporary Russia.* M.A. thesis, University of North Garolina Chapel Hill.

Burkhardt, F. 2021. "Institutionalizing Personalism: The Russian Presidency after Constitutional Changes." *Russian Politics.* 6(1):50-70.

Burt, R. S. 1992. *Structural Holes: The Social Structure of Competition.* Cambridge, MA: Harvard University Press.

Carothers, Thomas. 2006. "The Backlash Against Democratic Promotion." *Foreign Affairs.* 85(2):55-68.

Chebankova, Elena. 2005. "The Limitations of Central Authority in the Regions and the Implications for the Evolution of Russia's Federal System." *Europe-Asia Studies.* 57(7):933-949.

Chebankova, Elena. 2007. "Putin's Struggle for F*ederalism*: Structures, Operation, and the Commitment Problem." *Europe-Asia Studies.* 59(2):279-302.

CNN, 2018. "The full 'Putin list' of Russian oligarchs and political figures released by the US Treasury." 30 January. https://edition.cnn.com/2018/01/30/politics/full-us-list-of-russian-oligarchs-with-putin-ties-intl/index.html Latest update 15 July 2021.

Collins, K. 2006. *Clan Politics and Regime Transition in Central Asia.* Cambridge University Press.

Colton, T. J. 2007. *Yeltsin: A Life.* New York: Basic Books.

Content-review.com. 2010. "Рынок социальных сетей России в 2008-2015 гг." http://www.content-review.com/articles/13631/ Latest update 30 August 2022.

Dawisha, K. 2015. *Putin's Kleptocracy: Who Owns Russia?* New York: Simon and Shuster.

Deibert, Ronald J. John Palfrey, Rafal Rohozinski, and Jonathan Zittrain, eds. 2008. *Access Denied: The Practice and Policy of Global Internet Filtering.* Cambridge, MA: MIT Press.

Diamond, Larry. 2002. "Thinking About Hybrid Regimes." *Journal of Democracy.* 13(2):21-35.

Duverger, Maurice. 1980. "A New Political System Model: Semi-Presidential Government." *European Journal of Political Research.* 8(2):165-187.

DW. 2014. "Суд признал блокировку сайта Каспаров.Ru законной." 6 August. https://www.dw.com/ru/суд-признал-блокировку-сайта-каспаровru-законной/a-17834549 Latest update 30 October 2022.

Easley, David and Jon Kleinberg. 2010. "Strong and Weak Ties." In *Networks, Crowds, and Markets: Reasoning about a Highly Connected World.* ed. David Easley and Jon Kleinberg. Cambridge University Press.

Easter, G. 2007. *Reconstructing the state: Personal networks and elite identity in Soviet Russia.* Cambridge University Press.

Economist. 2005. "The shock of the old." 20 January. https://www.economist.com/news/2005/01/20/the-shock-of-the-old Latest update 30 October 2022.

Economist. 2016. "Cluster bomb: How Russia is ruled." 16 September. https://www.economist.com/books-and-arts/2016/09/15/cluster-bomb Latest update 6 August 2021.

Economist Intelligence Unit. 2021. "The Inclusive Internet, Russia." https://theinclusiveinternet.eiu.com/explore/countries/RU/performance/indicators/availability/infrastructure Latest update 30 October 2022.

Eder, Leonty, Philip Andrews-Speed, and Andrey Korzhubaev. 2009. "Russia's evolving energy policy for its eastern regions, and implications for oil and gas cooperation between Russia and China." *Journal of World Energy Law & Business.* 2(3):219-241.

Elazar, D. J. 1997. "Contrasting Unitary and Federal Systems." *International Political Science Review.* 18(3):237-251.

Elgie, Robert and McMenamin, Iain. 2008. "Semi-presidentialism and democratic performance." *Japanese Journal of Political Science.* 9(3):323-340.

Elgie, Robert. 2007. "Varieties of semi-presidentialism and their impact on nascent democracies." *Taiwan Journal of Democracy.* 3(2):53-71.

Etling, Bruce, Karina Alexanyan, John Kelly, Robert Faris, John Palfrey and Urs Gasser. 2010. "Public Discourse in the Russian Blogosphere: Mapping RuNet Politics and Mobilization." *Berkman Center for Internet and Society.* 18 October. https://dash.harvard.edu/handle/1/8789613 Latest update 30 October 2022.

Evans Jr., Alfred B. 2002. "Recent Assessments of Social Organizations in Russia." *Demokratizatsiya.* 10(3):322-342.

Field, G. L., and J. Higley. 1980. *Elitism.* London: Routledge.

Fish, M. S. 2005. *Democracy derailed in Russia: The failure of open politics.* Cambridge University Press.

Fish, M. S. 2017. "The Kremlin emboldened: what is Putinism?" *Journal of Democracy*. 28(4):61-75.

Fitzpatrick, S. and R. Gellately. 1997. *Accusatory Practices: Denunciation in Modern European History, 1789-1989.* London: University of Chicago Press.

Forbes. 2010. "Стратегия-2010: планы и результаты." 28 мая. https://www.forbes.ru/column/50383-strategiya-2010-plany-i-rezultaty Latest update 30 October 2022.

Ford, C. A. 2020. "International Security in Cyberspace: New Models for Reducing Risk." *Arms Control and International Security Papers*, 1(20).

Fossato, Floriana, John Lloyd and Alexander Verkhovsky. 2008. "The Web that Failed: How opposition politics and independent initiatives are failing on the internet in Russia." *Reuters Institute for the Study of Journalism.* https://ora.ox.ac.uk/objects/uuid:5ebe466e-9622-46d4-b374-87e94630a5cb Latest update 30 October 2022.

Freedom House. 2005. "Freedom in the World 2005: Russia." In *Freedom in the World 2005: The Annual Survey of Political Rights and Civil Liberties*. 519-524. https://freedomhouse.org/sites/default/files/2020-02/Freedom_in_the_World_2005_complete_book.pdf Latest update 30 October 2022.

Freedom House, 2021. "FREEDOM ON THE NET 2021: Russia." https://freedomhouse.org/country/russia/freedom-net/2021 Latest update 30 October 2022.

Freedom Houe, 2022. "Freedom in the World 2022: Russia Overview." https://freedomhouse.org/country/russia/freedom-world/2022 Latest update 30 October 2022.

Gaddy, Clifford G., Ickes, Barry W. 2009. "Putin's Third Way" *National Interest*. 99:45-52.

Gazprom. 2020. "Transportation." http://www.gazpromexport.ru/en/projects/transportation/ Latest update 20 June 2021.

Gel'man, V. 2001. "The Rise and Fall of Federal Reform in Russia." *PONARS Policy Memos.* https://www.ponarseurasia.org/wp-content/uploads/attachments/pm_0238-6.pdf Latest update 30 October 2022.

Gokhberg L., Kuzminov I., Chulok A., Thurner T. 2017. "The future of Russia's agriculture and food industry between global opportunities and technological restrictions." *International Journal of Agricultural Sustainability.* 15(4):457-466.

Gole, Juliet S. 1999. *The Role of Civil Society in Containing Corruption at the Municipal Level*. Bratislava: Local Government and Public Service Reform Initiative Open Society Institute.

Goode, P. 2004. "The Push for Regional Enlargement in Putin's Russia." *Post-Soviet Affairs*. 20(3):219-257.

Google. 2021. "Google Transparency Report." https://storage.googleapis.com/transparencyreport/google-government-removals.zip Latest update 30 October 2022.

Gorenburg, Dmitry. 2020. "The Political Elite Under Putin." https://www.marshallcenter.org/en/publications/security-insights/political-elite-under-putin-0 Latest update 30 October 2022.

Gorny, Eugene and Scott Walker. 2010. "Understanding the Political Effect of Russian Blogs." Jefferson Institute Publications. https://www.files.ethz.ch/isn/116103/Understanding%20the%20Political%20Effect%20of%20Russian%20Blogs.pdf Latest update 30 October 2022.

Gould-Davies, N. 2020. "Three things to know about Russia's constitutional vote." *The International Institute for Strategic Studies.* https://www.iiss.org/blogs/analysis/2020/06/russia-constitutional-vote-putin Latest update 1 August 2021.

Gnezdilova, Olga. 2021. "Amendments to The Law on undesirable Organizations Highlights." *Free Russia.* 21 July. https://www.4freerussia.org/amendments-to-the-law-on-undesirable-organizations-highlights/ Latest update 01 October 2022.

Granovetter, M. 1973. "The strength of weak ties." *American Journal of Sociology.* 78:1360-1380.

Granovetter, M. 1985. "Economic action and social structure: the problem of embeddedness." *American Journal of Sociology.* 91:481-510.

Granovetter, M. 1995. "The Economic Sociology of Firms and Entrepreneurs." In *The Economic Sociology of Immigration: Essays in Networks, Ethnicity and Entrepreneurship,* ed. Alejandro Portes. Russell Sage Foundation, 128-165.

Greene, S. A. 2019. "Violent crackdowns on Russian opposition reveal dangerous policy shift." *The International Institute for Strategic Studies.* https://www.iiss.org/blogs/analysis/2019/08/crackdowns-on-russian-opposition Latest update 6 June 2021.

Guardian. 2018. "Russia blocks millions of IP addresses in battle against Telegram app." 17 April. https://www.theguardian.com/world/2018/apr/17/russia-blocks-millions-of-ip-addresses-in-battle-against-telegram-app Latest update 30 October 2022.

Hale, Henry E. 2011. "The Myth of Mass Russian Support for Autocracy: The Public Opinion Foundations of a Hybrid Regime." *Europe-Asia Studies.* 63(8):1357-1375.

Hale, H. E. 2014. *Patronal politics: Eurasian regime dynamics in comparative perspective.* Cambridge University Press.

Hanley, Eric., Natasha Yershova and Richard Anderson. 1995. "Russia – Old Wine in a New Bottle? The Circulation and Reproduction of Russian Elites, 1983-1993." *Theory and Society.* 24(5):639-668.

Hanson, Philip. 2007. "The Russian Economic Puzzle: Going Forwards, Backwards or Sideways?" *International Affairs.* 83(5):869-889.

Heinemann-Grüder, Andreas. 2002. "Is Russia's Federalism Sustainable?" *Perspectives on European Politics & Society.* 3(1):67-91.

Heininen, L., Sergunin, A. and Yarovoy, G. 2014. *Russian strategies in the Arctic: Avoiding a new Cold War.* Moscow: Valdai Discussion Club.

Herd, Graeme P. 1999. "Russia: Systemic Transformation or Federal Collapse?" *Journal of Peace Research.* 6(3):259-269.

Holmes, Stephen. 1994. "Superpresidentialism and its Problems." *East European Constitutional Review.* 2(4):123-126.

Horeth, Marcus. 2001. "The European Commission's White Paper on Governance: A Tool Kit for Closing the Legitimacy Gap of EU Policy Making?" Paper Presented at the Workshop "Preparing Europe's Future: The Contribution of the Commission's White Book on Governance," Center for European Integration Studies Bonn & Europe 2020, in co-operation with the Representation of the North Rhine Westphalia to the European Union in Brussels.

Hosking, G. 2004. "Forms of social solidarity in Russia and the Soviet Union." In *Trust and Democratic Transition in PostCommunist Europe*, ed. I. Markova. Oxford University Press, 47-62.

Howard, Marc Morjé. 2003. *The Weakness of Civil Society in Post-Communist Europe.* Cambridge: Cambridge University Press.

HRW (Human Right Watch). 2006. " Russia: Attempts to Stifle Dissent before Summit. G8 Meeting Should Focus on Human Rights." 13 July. https://www.hrw.org/news/2006/07/12/russia-attempts-stifle-dissent-summit Latest update 6 June 2021.

HRW. 2020. "Russia: Growing Internet Isolation, Control, Censorship." 18 June. https://www.hrw.org/news/2020/06/18/russia-growing-internet-isolation-control-censorship. Latest update 6 June 2021.

Hudson,V. 2015. "The Russian Orthodox Church under Patriarch Kirill." *Open Democracy.* 31 March. https://www.opendemocracy.net/en/odr/russian-orthodox-church-under-patriarch-kirill/ Latest update 18 June 2021.

Hughes, James. 1997. "Sub-national Elite and Post-Communist Transformation in Russia." *Europe-Asia Studies.* 48(5):1017-1036.

Huskey, E. 2009. "The Politics-administration Nexus in Post-communist Russia." In: Rowney, D., Huskey, E. (Eds.), *Russian Bureaucracy and the State: Officialdom from Alexander III to Putin.* London: Palgrave Macmillan. 253-272.

Huskey, Eugene. 2010. "Elite recruitment and state-society relations in technocratic authoritarian regimes: The Russian case." *Communist and Post-Communist Studies.* 43:363-372.

Hyde, Matthew. 2001. "Putin's Federal Reforms and Their Implications for Presidential Power in Russia." *Europe-Asia Studies.* 53(5):719-743.

Ickes, Barry W. and Ofer, Gur. 2006. "The Political Economy of Structural Change in Russia." *European Journal of Political Economy.* 22(2):409-434.

ICNL (The International Center for Not-for-Profit Law). 2012. "NGO Law Monitor: Russia." http://www.icnl.org/research/monitor/russia.pdf Latest update 18 June 2021.

ICNL. 2022. "Civic Freedom Monitor: Russia." https://www.icnl.org/resources/civic-freedom-monitor/russia#analysis Latest update 30 October 2022.

IMF. 2019. "Russian Federation 2019: IMF Country Report No.19/260." https://www.imf.org/Publications/CR/2019/1RUSEA2019001.ashx Latest update 30 October 2022.

IMF. 2022. "World Economic Outlook." https://www.imf.org/en/Publications/WEO Latest update 30 October 2022.

Inglehart, Ronald. 1984. "The Changing Structure of Political Cleavages in Western Society." eds. by Russell J. Dalton, Scott C. Flanagan, and Paul Allen Beck, in *Electoral Change in Advanced Industrial Democracies: Realignment or Dealignment?* Princeton, NJ: Princeton University Press, 25-69.

Independent Balkan News Agency(ibna). 2018. "Natural gas: Russia consistently present in Europe." https://balkaneu.com/natural-gas-russia-consistently-present-in-europe/ Latest update 18 June 2021.

Inozemtsev, Vladislav. 2009. "The nature and prospects of the Putin Regime." *Russian Social Science Review.* 50(1): 40-60.

Insider. 2017. "ТАСС и «Центр социологии студенчества»: 80% молодежи поддерживают Путина. Неужели?" 3 August. https://theins.ru/antifake/66322. Latest update 30 October 2022.

INTERFAX.RU. 2016. "В России создано военно-патриотическое движение ‹Юнармия›." 3 August. https://www.interfax.ru/russia/521787 Latest update 30 October 2022.

International Press Institute(IPI). 2022. "Russia: Facial recognition software used to target journalists." 23 June. https://ipi.media/russia-facial-recognition-software-used-to-target-journalists/ Latest update 30 October 2022.

International Telecommunication Union. 2018. "Measuring the Information Society Report: Volume 2, 2018, Russian Federation." https://www.itu.int/en/ITU-D/Statistics/Documents/publications/misr2018/MISR-2018-Vol-2-E.pdf Latest update 30 October 2022.

Kahn, Richard and Douglas Kellner. 2005. "Oppositional Politics and the Internet: A Critical/ Reconstructive Approach." *Cultural Politics*. 1(1): 75-100.

Keller, Douglas. 1995. *Media Culture: Cultural Studies, Identity and Politics between the Modern and the Postmodern*. London: Routledge.

Kim, Y. J. 1998. "Resource Curse, Overcommitment and Human Capital". *Journal of Economic Development*. 23(2): 1-25.

Kolozaridi, P., and Muravyov, D. 2021. "Contextualizing sovereignty: A critical review of competing explanations of the internet governance in the (so-called) Russian case." *First Monday*. 26(5).

Konitzer, Andrew., Wegren, Stephen K. 2006. *Federalism and Political Recentralization in the Russian Federation: United Russia As the Party of Power*. Konitzer and Wegren *Publius*. 36: 503-522.

Kononenko, V. and A. Moshes. 2011. *Russia as a Network State: What Works in Russia When State Institutions Do Not?* Basingstoke: Palgrave Macmillan.

Kozłowski, W., Kerimova, U., Yessengaziyeva, S., and Rakhimzhanova, G. 2014. "Some Issues Concerning the Formation of The Common Economic Space Of Kazakhstan, Russia and Belarus." *Olsztyn Economic Journal*. 9(3): 225-235.

Kroutikhin, M. 2008. "Energy policymaking in Russia: From Putin to Medvedev." *NBR Analysis, Russian Energy Policy & Strategy*. 9:23-31.

Kryshtanovskaya, Olga. 1995. "Transformation of the Old Nomenklatura into a New Russian Elite." *Sociological Research*. 34(6):6-26

Kryshtanovsckaya, Olga and Stephen White. 1996. "From Soviet Nomenklatura to Russian Elite." *Europe-Asia Studies*. 48(5):711-733.

Kryshtanovskaya, Olga and Stephen White. 2003. "Putin's militocracy." *Post-Soviet Affairs*. 19:289-306.

Kryshtanovskaya, O. 2005. "Inside the Putin court: a research note." *Europe-Asia Studies*. 57(7):1065-1075.

Kubicek, Paul. 2013. "Energy politics and geopolitical competition in the Caspian Basin." *Journal of Eurasian Studies*. 4(2):171-180.

Kuzminov I., Gokhberg L., Thurner T., Khabirova E. 2018. "The current state of the Russian agricultural sector." *EuroChoices*. 17(1): 52-57.

Lane, David., and Cameron Ross. 1995. "The Changing Composition and Structure of the Political Elites." in *Russia in Transition*, ed. by David Lane. London: Longman. 52-75.

Lane, David., and Cameron Ross. 1998. "The Russian Political Elites, 1991-95: Recruitment and Renewal." In Higley, John; Pakulski, Jan and Wesolowski, Wlodzimierz (eds.) *Postcommunist Elites and Democracy in Eastern Europe.* Hampshire: Macmillan Press, 34-66.

Lane, David., and Cameron Ross. 1999. *The Transition from Communism to Capitalism: Ruling Elites from Gorbachev to Yeltsin.* London: Macmillan.

Lane, David.1996. "The Transformation of Russia: The Role of the Political Elite." *Europe-Asia Studies.* 48(4): 539-549.

Lane, Jan-Erik and Ersson, Svante. 2005. "The Riddle of Federalism: Does Federalism Impact on Democracy?" *Democratization.* 12(2):163-182.

Larsson, Torbj Ecircrn. 2005. "The European System of Governance and Committees: A Legitimacy and Democratic Problem or the Solution?" Stockholm University Department of Political Science.

Laumann, E. O., J. Galaskiewicz, and P. V. Marsden. 1978. "Community Structure as Interorganizational Linkages." *Annual Review of Sociology.* 4(1):455-484.

Ledeneva, Alena V. 1998. *Russia's economy of favours: blat, networking and informal exchange.* Cambridge University Press.

Ledeneva, Alena V. 2011. *How Russia Really Works: The Informal Practices That Shaped Post-Soviet Politics and Business*, Ithaca, NY: Cornell University Press.

Ledeneva, Alena V. 2013. *Can Russia Modernise? sistema, Power Networks and Informal Governance.* Cambridge: Cambridge University Press.

Lenta.ru. 2011. "Единорос опубликовал ролик о «партии жуликов и воров»" 2 декабря. https://lenta.ru/news/2011/12/02/bob/ Latest update 30 October 2022.

Lenta.ru. 2014. "Суд признал законной блокировку интернет-газеты «Грани.ру»" 6 мая. https://lenta.ru/news/2014/05/06/graniru/ Latest update 30 October 2022.

Levine, Herbert M. 1993. *Political Issues Debated.* New York: Prentice Hall Inc.

Levitsky, Steven and Lucan Way. 2002. "The Rise of Competitive Authoritarianism." *Journal of Democracy.* 13(2):51-65.

Levitsky, S., and L.Way. 2006. "Linkage and Leverage: How do International Factors Change Domestic Balances of Power?" In: Schedler, A. (Ed.), *Electoral Authoritarianism: The Dynamics of Unfree Competition.* Lynn Rienner, Boulder, CO. 199-216.

Liefert W.M., Liefert O. 2020. "Russian agricultural trade and world markets." *Russian Journal of Economics.* 6(1):56-70.

Lijphart, Arend. (ed.) 1992. *Parliamentary versus Presidential Government,* Oxford: Oxford University Press.

Lijphart, A. 1999. *Patterns of Democracy: Government Forms and Performance in Thirty-Six Countries.* NewHaven CT: Yale University Press.

Lin, Yung-Fang. 2003. "Civil Society and Democratic Consolidation in Russia." 政治學報(*Chinese Political Science Review*). 36(Dec):153-189.

Linz, J., 1994. "Presidential or Parliamentary Democracy: Does it Make a Difference?" in Linz, J. and Arturo Valenzuela (ed.), *The Failure of Presidential Democracy: Comparative Perspectives,* Baltimore: The Johns Hopkins University.:3-87.

Lipman, Maria. 2005. "Constrained or Irrelevant: The Media in Putin's Russia." *Current History.* 104:319-324.

Lipman, Maria and Michael McFaul. 2010 "The Media and Political Developments." in *After Putin's Russia: Past Imperfect, Future Uncertain,* ed. Stephen K. Wegren and Dale R. Herspring. Lanham: Rowman and Littlefield Publishers, 109-132.

Lipset, Seymour Martin. 1959. *Political Man: The Social Bases of Politics.* Garden City, NY: Doubleday.

Lohsen, A. 2021. "Where Does Russian Discontent Go from Here? Russia's 2021 Election Considered." *CSIS*, 23 September. https://www.csis.org/analysis/where-does-russian-discontent-go-here-russias-2021-election-considered Latest update 30 October 2022.

Loskot-Strachota, A. and Pelczynska-Nalecz, K. 2008. *Gazprom's expansion in the EU, co-operation or domination?* Ośrodek Studiów Wschodnich im Marka Karpia, Centre for Eastern Studies, Warsaw. http://aei.pitt.edu/57997/1/gp_eu_en_.pdf Latest update 30 October 2022.

Lussier, D. N. 2019. "Ideology among Russian elites: Attitudes toward the United States as a belief system." *Post-Soviet Affairs.* 35(5-6):433-449.

Lynch, Allen. 2005. *How Russia Is Not Ruled: Reflections on Russian Political Development.* Cambridge: Cambridge University Press.

MacFarquhar, Neil. 2018. "Patriotic Youth Army Takes Russian Kids Back to the Future." *The New York Times.* 22 March. https://www.nytimes.com/2018/03/22/world/europe/russia-soviet-youth-army.html Latest update 30 October 2022.

Marsh, C. and Bucy, J. C. 2002. "Negotiating Russian Federalism: A Simulation for Comparative Politics." *International Studies Perspectives.* 3(4):373-383.

McFaul, Michael. 1993. *Post-Communist Politics: Democratic Prospects in Russia and Eastern Europe*, Washington D.C.: The Center for Strategic and International Studies.

McFaul, M. and Elina Treyger. 2004, "Civil Society", in *Between Dictatorship and Democracy*, ed. M. McFaul, Nikolai Petrov, and Andrei Ryabov. Washington, D.C.: The Bookings Institution Press, 135-173.

McFaul, Michael. 2005. "Transitions from Postcommunism." *Journal of Democracy.* 16(3):5-19.

Meduza. 2017. "Russia blocks the nationalist website 'Sputnik & Pogrom' according to a familiar, vague censorship formula." 7 July. https://meduza.io/en/feature/2017/07/06/russia-blocks-the-nationalist-website-sputnik-pogrom-according-to-a-familiar-vague-censorship-formula Latest update 30 October 2022.

Metzger, Nils. 2022. "Kolonialmacht Moskau schröpft ihre Provinzen." ZDF. 29 September. https://www.zdf.de/nachrichten/politik/mobilisierung-russland-minderheiten-kolonialismus-proteste-ukraine-krieg-100.html Latest update 30 October 2022.

Meyer, H., Reznik, I., and Arkhipov, I. 2020. "For Some in Russia's Elite, Putin's Future Is Again a Hot Topic." *Bloomberg*, 20 December. https://www.bloomberg.com/news/articles/2020-12-20/for-some-in-russia-s-elite-putin-s-future-is-again-a-hot-topic Latest update 15 July 2021.

Miller, W., Grodeland, A. B. and Koshechkina, T. 2001. *A Culture of Corruption*. Budapest: Central European University.

Milov, Vladimir. 2005. "Russian Energy Sector and its International Implications." Institute of Energy Policy Discussion Paper.

Mitchell, J. C. 1969. "The concept and use of social networks." In *Social networks in urban situations*, ed. J. C. Mitchell Manchester, Engl: University of Manchester Press, 1-50.

Mitin, Dmitri. 2008. "From Rebellion to Submission: The Evolution of Russian *Federalism* Under Putin." *Problems of Post-Communism.* 55(5):49-61.

Mitrova, Tatiana and Pleines, Heiko. 2008. "Gazprom's Foreign Energy Policy." *Russian Analytical Digest*, 41. http://www.css.ethz.ch/publications/DetailansichtPubDB_EN?rec_id=1304.

MacFarquhar, Neil. 2018. "Patriotic Youth Army Takes Russian Kids Back to the Future." *The New York Times.* 22 March. https://www.nytimes.com/2018/03/22/world/europe/russia-soviet-youth-army.html Latest update 30 July 2022.

Monaghan, A. 2015. "Who runs Russia with Putin?" *BBC.* 28 December. https://www.

bbc.com/news/world-europe-34866597 Latest update 15 August 2021.

Moscow Times. 2021, "Russian Parties Merge Ahead of Highly Anticipated State Duma Race" 28 January. https://www.themoscowtimes.com/2021/01/28/russian-parties-merge-ahead-of-highly-anticipated-state-duma-race-a72766 Latest update 30 July 2021.

Moscow Times. 2022a. "Facebook, Multiple Media Sites Partially Down in Russia – AFP, NGO" 4 March. https://www.themoscowtimes.com/2022/03/04/facebook-multiple-media-sites-partially-down-in-russia-afp-ngo-a76750 Latest update 30 October 2022.

Moscow Times, 2022b. "Closed Shops, Zs, Green Ribbons: Russia's Post-Invasion Reality." 14 April. https://www.themoscowtimes.com/2022/04/14/closed-shops-zs-green-ribbons-russias-post-invasion-reality-a77344 Latest update 30 October 2022.

Neftegaz.ru. 2020. "В рамках помощи ЛУКОЙЛа регионам РФ в борьбе с COVID-19 в больницу г. Усинск доставлены аппараты ИВЛ." 15 октября. https://neftegaz.ru/news/society/635456-v-ramkakh-pomoshchi-regionam-rf-v-borbe-s-covid-19-v-bolnitsu-g-usinsk-dostavleny-apparaty-ivl-/ Latest update 20 June 2021.

New York Times, 2022. "With New Limits on Media, Putin Closes a Door on Russia's 'Openness'." 7 March. https://www.nytimes.com/2022/03/07/world/europe/russia-ukraine-putin-media.html Latest update 30 October 2022.

Nogee, Joseph L., Mitchell, R. Judson., 1997. *Russian Politics: the Struggle for a New Order,* Allyn &Bacon.

Nohria, N. 1992. "Is a Network Perspective a Useful Way of Studying Organizations?" In *Networks and Organizations: Structure, Form and Action*, ed. N. Nohria and R. C. Eccles. Boston: Harvard Business School Press, 1-22.

Nohria, N. and Khurana, R. 2010. "Advancing leadership: theory and practice." In *Handbook of Leadership Theory and Practice*, eds. N. Nohria and R. Khurana, Boston, MA: Harvard Business School Press, 3-25.

NS Energy. 2022. "The Power of Siberia Pipeline, Russia-China." https://www.nsenergybusiness.com/projects/power-siberia-pipeline-russia-china/ Latest update 30 October 2022.

Nygren, Bertil. 2008 "Putin's Use of Natural Gas to Reintegrate the CIS Region." *Problems of Post-Communism*. 55(4):3-15.

O'Donnell, Guillermo., Schmitter, Philippe. (eds.), 1986, *Transitions from Authoritarian Rule: Tentative Conclusions about Uncertain Democracies,* Baltimore: Johns Hopkins University Press.

O'Donnell, Guillermo. 1994. "Delegative Democracy." *Journal of Democracy.* 5(1):55-69.

Oilprice.com. 2020. "Russia Eyes Another Massive Gas Pipeline To China." 8 July. https://oilprice.com/Energy/Natural-Gas/Russia-Eyes-Another-Massive-Gas-Pipe-line-To-China.html Latest update 24 November 2022.

Ostrow, Joel., 1998, "Procedural Breakdown and Deadlock in the Russian State Duma: The Problem of an Unlinked Dual-Channel Institution Design." *Europe-Asia Studies.* 54(5):793-816.

Packenham, Robert. 1970. "Legislatures and Political Development." In Norton. P (eds.), Legislatures. Oxford:Oxford University Press, 81-96.

Pakulski, Jan et al. 1996. "The Persistence of Postcommunist Elite." *Journal of Democracy.* 7(2):133-147.

Pelizzo, Riccardo and Rick Stapenhurst. 2004. *Legislatures and Oversight*, World Bank Institute Working Papers. Washington, D.C.: IBRD/World Bank.

Peregudov, Sergei. 2006. "Civil Society as an Agent of Public Politics." *Russian Politics and Law.* 44(6):50-66.

Pohle, J. 2020. "Digital sovereignty: A new key concept of digital policy in Germany and Europe". *Konrad-Adenauer-Stiftung*, Berlin. https://www.econstor.eu/bit-stream/10419/228713/1/Full-text-report-Pohle-Digital-sovereignty.pdf Latest update 30 October 2022.

Potter, David, David Goldblatt, Margaret Kiloh and Paul Lewis. 1997. *Democratization*, Cambridge: The Open University.

Remington, Thomas F. 2000. "Russia and the 'Strong State' Idea." *East European Constitutional Review.* 9(1/2):65-69.

Remington, Thomas F. 2003. "Majorities without Mandates: The Federation Council since 2000." *Europe-Asia Studies.* 55(5): 667-691.

Remington, Thomas. 2006. "Patronage and the Party of Power: President–Parliament Relations Under Vladimir Putin." In Colton, T. and S. Holmes (eds.), *The State After Communism: Governance in the New Russia.* Lanham, MD: Rowman and Littlefield, 261-98.

Reuters. 2008. "Medvedev's Kremlin chiefs are Putin men," 13 May, in https://www.reuters.com/article/us-russia-cabinet-kremlin/medvedevs-kremlin-chiefs-are-putin-men-idUSL1323497720080513. Latest update 02 July 2021.

Reuters. 2010. "Russia's TNK-BP seeks Kovykta unit bankruptcy". 03 June. In Latest update 02 July 2021.

Reuters. 2013."Rosneft pays out in historic TNK-BP deal completion". 21 March. https://www.reuters.com/article/us-rosneft-tnkbp-deal-idUSBRE92K0IZ20130321. Latest update 30 October 2022.

Reuters. 2016. "Russia begins process to block Linkedin website." 17 November. In https://www.reuters.com/article/russia-linkedin-idINR4N1DG004 Latest update 30 October 2022.

Reuters. 2018. "Russia's Gazprom says offshore part of TurkStream is complete." 19 November. In https://www.reuters.com/article/us-turkey-russia-gas-pipeline-idUSKCN1NO1KS. Latest update 30 October 2022.

Reuters. 2021. "Russia blocks website of OVD-Info protest-monitoring group". 28 December. https://www.reuters.com/world/russia-blocks-website-ovd-info-protest-monitoring-group-interfax-2021-12-25/. Latest update 30 October 2022.

Reuters, 2022a. "Russia blocks access to BBC and Voice of America websites." 04 March. https://www.reuters.com/business/media-telecom/russia-restricts-access-bbc-russian-service-radio-liberty-ria-2022-03-04/ Latest update 30 October 2022.

Reuters. 2022b. "Russia's Novaya Gazeta paper suspends activity after second warning." 28 March. https://www.reuters.com/world/europe/russias-novaya-gazeta-newspaper-pauses-activities-after-official-warning-2022-03-28/. Latest update 30 October 2022.

Richter, A. 2007. "Post-Soviet perspective on censorship and freedom of the media." UNESCO Moscow Office. https://unesdoc.unesco.org/ark:/48223/pf0000153744 Latest update 30 October 2022.

Richter, C., and Kozman, C. (Eds.). 2021. *Arab media systems*. Open Book Publishers. https://www.openbook publishers.com/product/1281.

Rigby. T. H. 1990. *Political Elites in the USSR: Central Leaders and Local Cadres from Lenin to Gorbachev.* Aldershot, UK: Edward Elgar.

Riker, W. H. 1975. "Federalism," In Fred I. Greenstein and Nelson W. Polsby, eds., *Handbook of Political Science, 5: Governmental Institutions and Process.* Reading, Mass.: Addison-Wesley.

Rivera, Sharon Werning. 2000. "Elites in Post-communist Russia: A Changing of the Guard?" *Europe-Asia Studies*. 52(3):413-432.

Robertson, Graeme B. 2009. "Managing Society: Protest, Civil Society, and Regime in Putin's Russia." *Slavic Review*. 68(3):528-547.

Rodan, Garry. 2003. "Embracing Electronic Media But Suppressing Civil Society: Authoritarian Consolidation in Singapore." *The Pacific Review*. 16(4):503-524.

Rodden, Jonathan. 2004. "Comparative Federalism and Decentralization: On Meaning and Measurement." *Comparative Politics*. 36(4):481-500.

Roethlisberger, F. J., and W. J. Dickson. 1939. *Management and the worker*. Harvard Univ. Press.

Roper, Steven D. 2002. "Are All Semi-presidential Regimes the Same?" *Comparative Politics*. 34(3):253-272.

Rose, R. 1995. "Russia as an Hour-Glass Society: A Constitution Without Citizens." *East European Constitutional Review*. 4(3):34-42.

Rose, R. 2001. "Getting things done in an anti-modern society: social capital networks in Russia." In *Social Capital: A Multifaceted Perspective*, eds. P. Dasguptaand I. Serageldin. Washington, D.C.: World Bank Publications, 147-171.

Ross, Cameron. 2003. "Putin's Federal Reforms and the Consolidation of Federalism in Russia: one step forward, two steps back!" *Communist and Post-Communist Studies*. 36:29-47.

Ross, Cameron. 2005. "Federalism and Electoral Authoritarianism under Putin." *Demokratizatsiya*. 13(3):347-371.

Ross, M. 1999. "The Political Economy of the Resource Curse." World Politics. 51: 297-322.

Roth. A. 2020. "Russian government quits as Putin plans to stay in power past 2024. *The Guardian news*, 15 January, in https://www.theguardian.com/world/2020/jan/15/putin-calls-for-constitution-changes-that-would-weaken-successor Latest update 06 August 2021.

RTVI. 2022. "Умер лидер ЛДПР Владимир Жириновский." 06 апреля. in https://rtvi.com/news/umer-lider-ldpr-vladimir-zhirinovskiy/ Latest update 30 October 2022.

Russel, M. 2020. "Constitutional change in Russia: More Putin, or preparing for post-Putin?" *Think Tank*. European Parliament Research Service, in https://www.europarl.europa.eu/RegData/etudes/BRIE/2020/651935/EPRS_BRI(2020)651935_EN.pdf Latest update 15 August 2021.

Sakwa, Richard. 2008. "Putin's Leadership: Character and Consequences." *Europe-Asia Studies*. 60(6):879-897.

Schatz, E. 2005. *Modern Clan Politics and Beyond: The Power of 'Blood' in Kazakhstan*. Seattle, WA: University of Washington Press.

Schneider, B.1993. "The career connection: a comparative analysis of bureaucratic preferences and insulation." *Comparative Politics*. 25(3):331-350.

Schulze. E. 2019. "Russia just brought in a law to try to disconnect its internet from the rest of the world." *CNBC*. 1 November. https://www.cnbc.com/2019/11/01/russia-controversial-sovereign-internet-law-goes-into-force.html Latest update 30 October 2022.

Scott, J.1998. *Seeing like a State: How Certain Schemes to Improve the Human Condition Have Failed.* New Haven :Yale University Press.

Sestanovich, S. 2020. "The Day After Putin." *Foreign Affairs*, 4 March, in https://www.foreignaffairs.com/articles/russia-fsu/2020-03-04/day-after-putin Latest update 08 June 2021.

Sevastyanov, Sergey. 2008. "The More Assertive and Pragmatic New Energy Policy in Putin's Russia: Security Implications for Northeast Asia." *East Asia.* 25:35-55.

Sharafutdinova, G. 2011. *Political Consequences of Crony Capitalism.* University of Notre Dame Press.

Shelton, Judy. 2008. "The Market Will Punish Putinism." *The Wall Street Journal*, 03 September. A, 23. https://www.wsj.com/articles/SB122039907604792875 Latest update 08 June 2021.

Shevtsova, L. 2003. *Putin's Russia.* Washington, D.C.: Carnegie Endowment for International Peace.

Shugart, Matthew Soberg. 1996. "Executive-Legislative Relations in Post-Communist Europe." *Transition.* 2(25):6-11.

Shugart, Matthew Soberg., Carey, John M.. 1992. *Presidents and Assemblies: Constitutional Design and Electoral Dynamics.* Cambridge: Cambridge University Press.

Söderlund, Peter J. 2005. "Electoral Success and Federal-Level Influence of Russian Regional Executives." *Europe-Asia Studies.* 57(4):521-541.

Solnick, Steven L. 1996. "The Political Economy of Russian Federalism: A Framework for Analysis." *Problems of Post-Communism.* 43(6):13-25.

Sputnik International. 2012. "Russian Lawmakers Set to Debate Internet Blacklis". 06 July. In https://sputniknews.com/20120706/174427445.html Latest update 30 October 2022.

Sputnik International. 2018. "What You Need to Know About Washington's So-Called 'Kremlin Report'?" 30 January. in https://sputniknews.com/20180130/kremlin-report-analysis-1061196283.html Latest update 30 October 2022.

Stanovaya, T. 2020a. "Unconsolidated: The Five Russian Elites Shaping Putin's Transition." *Carnegie Moscow Center* https://carnegiemoscow.org/commentary/81037 Latest update 12 July 2021.

Stanovaya, T. 2020b. "The Putin Regime Cracks." *Carnegie Moscow Center.* https://

carnegieendowment.org/files/Stanovaya_Putin_Elite-Final.pdf Latest update 12 August 2021.

State Duma, 2022. "New law on activities of foreign agents." http://duma.gov.ru/en/news/54760/ Latest update 30 October 2022.

Statista. 2022. "Closing price of Brent, OPEC basket, and WTI crude oil at the beginning of each week from March 2, 2020 to July 5, 2022." https://www.statista.com/statistics/326017/weekly-crude-oil-prices/ Latest update 30 October 2022.

Staun, J. 2007. "Siloviki versus liberal-technocrats: The fight for Russia and its foreign policy." *Danish Institute for International Studies*, in https://www.files.ethz.ch/isn/35135/diisreport-2007-9.pdf Latest update 30 October 2022.

Steen, A. 2003. "The network state", in *Political Elites in the New Russia: The Power Basis of Yeltsin's and Putin's Regime*, ed. A. Steen. London: Routledge Curzon, 141-66.

Stepan, Alfred. 2000. "Russian Federalism in Comparative Perspective." *Post-Soviet Affairs*. 16(2):133-176.

Stuvøy, Kirsti. 2014. "Power and Public Chambers in the development of civil society in Russia." *Communist and Post-Communist Studies*. 47:409-419.

Subbotina, T. 2007. "Russia at the Crossroads." *Russian Social Science Review*. 48(4):30-54.

Taylor, B. D. 2017. "The Russian Siloviki & Political Change." *Daedalus*. 146(2):53-63.

Tefft, John. 2020. *Understanding the Factors That Will Impact the Succession to Vladimir Putin as Russian President*. Santa Monica, CA: RAND Corporation.

TeleGeography. 2018. "Deputy PM sees commercial 5G in major cities in 2021 (but Moscow maintains 2020 vision)," 7 September. https://www.commsupdate.com/articles/2018/09/07/deputy-pm-sees-commercial-5g-in-major-cities-in-2021-but-moscow-maintains-2020-vision/. Latest update 30 October 2022.

Thiel, T. 2021. "Das Problem mit der digitalen Souveränität [The problem with digital sovereignty]". *Frankfurter Allgemeine Zeitung*. 26 January. https://www.faz.net/aktuell/wirtschaft/digitec/europa-will-in-der-informationstechnologie-unabhaengiger-werden-17162968.html. Latest update 30 October 2022.

TMT Consulting. 2021. "ТМТ Рейтинг «Российский рынок ШПД B2C: итоги 2020 года»."16 марта. http://tmt-consulting.ru/napravleniya/telekommunikacii/dostup-v-internet/tmt-rejting-rossijskij-rynok-shpd-b2c-itogi-2020-goda/ Latest update 30 October 2022.

Troxel, Tiffany A. 2003. *Parliamentary Power in Russia*, 1994-2001. *President vs par-*

*liament*. New York: Palgrave.

Turovsky, Rostislav. 2007. "The Mechanism of Representation of Regional Interests at the Federal Level in Russia: Problems and Solutions." *Perspectives on European Politics & Society*. 8(1):73-97.

Upadhyay, Archana. 2000. *Emergence of the Multi-party System in the Russian Federation: Problems and Prospects*, iAcademicBooks.

USDA. 2021. "World Agricultural Production." https://downloads.usda.library.cornell.edu/usda-esmis/files/5q47rn72z/z603rw92p/x633fz20k/production.pdf Latest update 30 October 2022.

Van de Walle, S., and G. Bouckaert. 2003. "Public Service Performance and Trust in Government:The Problem of Causality." *International Journal of Public Administration*. 26 (8 and 9): 891-913.

Vartanova, Elena. 2002. "Media Structures: Changed and Unchanged". In *Russian Media Challenge*, eds. Kaarle Nordenstreng, Elena Vartanova and Yassen Zassoursky, Helsinki: Kikimora, 21-72.

VCIOM. 2012. "RALLY ON BOLOTNAYA SQUARE ON FEBRUARY, 4: RESULTS OF OPINION POLL" https://new.wciom.com/press-release/rally-on-bolotnaya-square-on-february-4-results-of-opinion-poll Latest update 30 October 2022.

Viktorov, I. 2014. "The legacy of Tandemocracy. Russia's political elite during Putin's third presidency: Interview with the sociologist Olga Kryshatanovskaya." *Centre for Baltic and East European Studies*. https://www.diva-portal.org/smash/get/diva2:872205/FULLTEXT01.pdf Latest update 22 June 2021.

VOA. 2018. "More Than 1,600 Arrested in Russia Amid anti-Putin Protests." 05 May. https://www.voanews.com/a/hundreds-arrested-in-russia-amid-anti-putin-protests/4381014.html Latest update 30 October 2022.

VOA. 2022. "'Power of Siberia 2' Pipeline Could See Europe, China Compete for Russian Gas." 18 January. https://www.voanews.com/a/power-of-siberia-2-pipeline-could-see-europe-china-compete-for-russian-gas-/6402242.html Latest update 30 October 2022.

Volkov, D. and A. Kolesnikov. 2020. "Putin's Children: The Russian Elite Prepares For 2024." *Carnegie Moscow Center*. https://carnegiemoscow.org/2020/02/13/putin-s-children-russian-elite-prepares-for-2024-pub-81055 Latest update 30 October 2022.

Von Beyme, Klaus. 2000. "Federalism in Russia." In Wachendorfer-Schmidt, U. (Ed.). *Federalism and Political Performance*. London: Routledge, 36-52.

Walker, Edward W. 1995. *"Federalism-Russian Style." Problems of Post-Communism.*

42(4):3-12.

Weigle, Marcia, A. 2000. "Postcommunist Civil Society: From Demobilization to Re-mobilization." In *Russia's Liberal Project: State-Society Relations in the Transition from Communism.* University Park: The Pennsylvania State University Press, 333-380.

Weiss, M. 2013. "Corruption and Cover-Up in the Kremlin: The Anatoly Serdyukov Case". *The Atlantic.* 23 January. https://www.theatlantic.com/international/archive/2013/01/corruption-and-cover-up-in-the-kremlin-the-anatoly-serdyukov-case/272622/ Latest update 12 July 2021.

White, Gordon. 1994. "Civil Society, Democratization and Development: Clearing and Analytical Ground." *Democratization.* 1(3):375-390.

White, Stephen and Olga Kryshtanovskaya. 1998. "Russia: Elite Continuity and Change," in *Elites, Crises, and the Origins of Regimes*, ch. 6, ed. By Mattei Dogan and John Higley. Lanham, Md.: Rowman & Littlefield Publishers, 125-146.

Whitmore, Sarah. 2010. "Parliamentary Oversight in Putin's Neopatrimonial State. Watchdogs or Showdogs?" *Europe-Asia Studies.* 62(6):999-1025.

Will, George F. 2004. "Putinism On the March." *Washington Post*, 30 November. https://www.washingtonpost.com/archive/opinions/2004/11/30/putinism-on-the-march/e11dee91-53b8-4024-8ba4-5cdf7e0088fd/ Latest update 30 October 2022.

Woehrel, Steven. 2010. "Russian Energy Policy Toward Neighboring Countries." *CRS Reports for Congress.* http://www.fas.org/sgp/crs/row/RL34261.pdf.

Woodhams, S. 2019. "The rise of internet sovereignty and the end of the world wide web?" *The Global Post.* 23 April. https://theglobepost.com/2019/04/23/internet-sovereignty/ Latest update 30 October 2022.

World Bank. 2009. "Russian Economic Report, No. 18: Refocusing Policy on House-holds." https://www.worldbank.org/en/news/feature/2009/03/30/russian-economic-report-18-refocusing-policy-households Latest update 30 October 2022.

World Bank. 2011. "Russian Economic Report, No. 26, September 2011: Growing Risks." https://openknowledge.worldbank.org/handle/10986/26690 Latest update 30 October 2022.

World Bank. 2021. "Individuals using the Internet (% of population) - Russian Federation." https://data.worldbank.org/indicator/IT.NET.USER.ZS?contextual=default&end=2020&locations=RU&start=1990&view=chart Latest update 30 October 2022.

World Bank. 2022. "World Development Indicators." https://databank.worldbank.org/reports.aspx?source=world-development-indicators Latest update 30 October 2022.

Yakolev, Andrei. 2006. "The Evolution of Business-State Interaction in Russia: From State Capture to Business Capture?" *Europe-Asia Studies.* 58(7):1033-1066.

Yaney, G. L. 1973. *The sistematization of Russian government: Social evolution in the domestic administration of imperial Russia, 1711-1905.* Urbana: University of Illinois Press.

Zhukov, S., Reznikova, O. 2008. "Economic Integration in the Post-Soviet Space." *Russian Social Science Review.* 49(4):80-92.

Znak. 2021."Путин подписал закон о праве ЦИК требовать блокировки сайтов с «незаконной агитацией»". 10 Марта. https://www.znak.com/2021-03-09/putin_podpisal_zakon_o_prave_cik_trebovat_blokirovki_saytov_s_nezakonnoy_agitaciey Latest update 30 October 2022.

Zubkov, Constantin I. 2005. "Russian *Federalism* Today: 'Strong Federation' or 'Twilight of the Federalist Choice'?" *Perspectives on European Politics & Society.* 6(2):283-303.

Аринин, А. Н., Марченко, Г. В. 1999. Уроки и проблемы становления российского федерализма. Москва: ТОО «Интелтех».

Афанасьев, М. 2000. Клиентелизм и российская государственность. Москва: Московский общественный научный фонд.

Банк России. 2022. "Ежемесячные значения общего объема международных резервов Российской Федерации на начало отчетной даты". https://www.cbr.ru/hd_base/mrrf/mmrf_st/ Latest update 30 October 2022.

Бессонов, В. А. 2005. Проблемы анализа российской макроэкономической динамики переходного периода. Москва: ИЭПП.

Буркалёва, Ольга. 2008. "Единороссы лишают Думу властных полномочий." Правда. 6 November. https://qwas.ru/russia/kprf/id_128488/ Latest update 30 October 2022.

Ведомости. 2014. "Совет безопасности обсудит отключение России от глобального интернета." 19 сентября. https://www.vedomosti.ru/politics/articles/2014/09/19/suverennyj-internet Latest update 30 October 2022.

Верховский, Александр., Михайловская, Екатерина. Прибыловский, Владимир. 2003. Россия Путина : Пристрастный взгляд. М. : Панорама.

Википедия. 2012. «Забастовка русской Википедии». https://ru.wikipedia.org/wiki/Забастовка_русской_Википедии Latest update 30 October 2022.

Виноградов, Михаил. 2005. "Монетизация льгот: «ситцевая революция» или «медный бунт»?" Независимая газета. 8 февраля. https://www.ng.ru/politics/2005-02-08/2_privileges.html Latest update 30 October 2022.

Виртуальный музей конституционной истории РФ.2022. «VI Съезд народных депутатов Российской Федерации внес изменения и дополнения в действующую Конституцию РСФСР». История создания. *http://rusconstitution. ru/timestream/event/208/* Latest update 23 November 2022.

Воронова, Т. 2003. "Конкурентные позиции России на мировом рынке инвестиций." Экономики. 9:38-43

ВЦИОМ. 2014. "Порядок или демократия?" In https://wciom.ru/analytical-reviews/ analiticheskii-obzor/poryadok-ili-demokratiya Latest update 30 October 2022.

Гельман , Владимир Я. 2006. "Возвращение Левиафана? Политика рецентрализации в современной России." Полис. 2:90-109.

Государственная Дума. 2019. "Закон о «суверенном Рунете»: ответы на главные вопросы." http://duma.gov.ru/news/51194/ Latest update 30 October 2022.

Государственная Дума. 2020. "Новый текст Конституции РФ с поправками 2020." 7 марта. http://duma.gov.ru/news/48953/ Latest update 30 October 2022.

Гудков, Дмитрий. 2015. "Чтобы сохраниться, элита должна измениться." Ведомости. 04 Ноября. https://www.vedomosti.ru/opinion/ articles/2015/11/05/615604-smena-elit-nepoddayuschiesya Latest update 04 July 2021.

Движение в защиту прав избирателей «Голос». 2018."Аналитический доклад - выдвижение и регистрация кандидатов на выборах глав регионов, назначенных на 9 сентября 2018 г." https://www.golosinfo.org/ru/articles/142798 Latest update 04 July 2021.

Жарчинская Я. 2007. "Web 2.0. - новое интерактивное медиапространство." In Интернет и интерактивные электронные медиа: исследования, под ред. Ивана Засурского. Часть. 1. Москва: МГУ.

Замахина, Татьяна. 2019. "В Совфеде Разъяснили Порядок Работы Системы Доменных Имен в РФ." *RG.RU*, 19 April. https://rg.ru/2019/04/19/v-sovfede-raziasnili-poriadok-raboty-sistemy-domennyh-imen-v-rf.html Latest update 30 October 2022.

Зевелева, А. И., Свириденко Ю. П., Шелохаева В. В., 2000, Политические Партии России: История и Современности, (Москва: РОССЭН).

Институт экономики переходного периода. 2008. Российская экономика в 2007 году. Тенденции и перспективы. М. : Панорама.

Интерфакс. 2016. «Газпром» подписал контракт на строительство первой морской нитки «Турецкого потока», 8 декабря. https://www.interfax.ru/business/540467. Latest update 30 October 2022.

Интерфакс. 2016. "В России создано военно-патриотическое движение «Юнармия»" 3 August. https://www.interfax.ru/russia/521787 Latest update 30 October 2022.

КОДИФИКАЦИЯ.РФ. 2022. "Федеральный закон от 02.05.2012 № 40-ФЗ (РЕД. ОТ 21.12.2021)" О внесении изменений в Федеральный закон "Об общих принципах организации законодательных (представительных) и исполнительных органов государственной власти субъектов Российской Федерации" и Федеральный закон "Об основных гарантиях избирательных прав и права на участие в референдуме граждан Российской Федерации." In https://rulaws.ru/laws/Federalnyy-zakon-ot-02.05.2012-N-40-FZ/ Latest update 30 October 2022.

Коммерсантъ. 2019. «Суверенный рунет вышел на связь.» 8 февраля. In https://www.kommersant.ru/doc/3875941 Latest update 30 October 2022.

Коммерсантъ .2020. «Новые люди» позвали «старых». 10 Августа. https://www.kommersant.ru/doc/4449254 Latest update 30 October 2022.

КонсультантПлюс. 2006. "Федеральный закон России № 18-ФЗ "О внесении изменений в некоторые законодательные акты Российской Федерации." In http://www.consultant.ru/document/cons_doc_LAW_57689/ Latest update 30 October 2022.

КонсультантПлюс. 2009. "Федеральный закон "О некоммерческих организациях" от 12.01.1996 N 7-ФЗ." In http://www.consultant.ru/document/cons_doc_LAW_8824/ Latest update 30 October 2022.

Коргунюк, Юрий.2001. Партийное строительство в России на рубеже тысячелетий, *Выборы. Законодательство и технологии № 1.*

*Коржихина Т.П. 1992. Административно-командная система управления. Москва: РГГУ.*

Крыштановская, Ольга. 2005. Анатомия российской элтиы.М.:Захаров.

Кузьмин, Андрей. 2016. "Под закон Яровой подпадают все облачные сервисы и интернет-магазины." *RB.RU.* https://rb.ru/opinion/yarovaya-pack/ Latest update 30 October 2022.

Левада-Центр. 2011a. "Порядок или демократия?" In https://www.levada.ru/2011/01/17/poryadok-ili-demokratiya/ Latest update 24 November 2022.

Левада-Центр. 2011b. "Опрос на проспекте Сахарова 24 декабря». In https://www.

levada.ru/2011/12/26/opros-na-prospekte-saharova-24-dekabrya/ Latest update 30 October 2022.

Левада-Центр. 2019. "Динамика пользования интернетом" 05 декабря. https://www.levada.ru/2019/12/05/dinamika-polzovaniya-internetom Latest update 30 October 2022.

Левада-Центр. 2022. «Одобрение деятельности Владимира Путина.» 15 июля. https://www.levada.ru/indikatory/odobrenie-organov-vlasti/ Latest update 30 October 2022.

Липман, М. & Николай Петров. 2012. "Россия 2020: сценарии развития", Московский центр Карнеги, in https://carnegieendowment.org/files/WP1-2012_2020_Rus.pdf Latest update 06 August 2021.

Лукина М.М., Фомичева И.Д. 2005. "СМИ в пространстве Интернета." МГУ им. М.В. Ломоносова. In http://www.evartist.narod.ru/text19/034.htm Latest update 30 August 2022.

Лынсенко, В. Н. 1998."Договорные отношения как фактор обстрения проиворений краев, областей с Республиками. « Асимметринная Федерация:взгляд из центра, республик и областей. Моска: Издательство социологии РАН.

Малева,Т.М. 2008.»Российский Средний класс: вчера, сегодня, завтра», in *Дискуссия о Средним классе. Средний класс: Проблемы формировании и перспективы роста*, Москва:Институт Современного Развития. 17-26.

Марков, Сергей А. 2000. «Манипулятивная демократия: в России сложились все условия для такого государственного устройства», Независимая газета, 2 марта.

Медведев, Дмитрий А. 2016. "Совещание о проекте Энергетической стратегии. России на. период до 2035 года", 22 декабря. http://government.ru/news/25812/ Latest update October 20, 2020.

Мельвиль А. Ю. & А. И. Никитин. 1991. "Ростки новой гражданской культуры?" Полис. Политические исследования. 2: 50.

Министерство цифрового развития, связи и массовых коммуникаций Российской Федерации. 2008. «Федеральный закон от 25 июля 2002 г. N 114-ФЗ «О противодействии экстремистской деятельности» (с изменениями от 27 июля 2006 г., 10 мая, 24 июля 2007 г., 29 апреля 2008 г.) . In https://digital.gov.ru/ru/documents/3075/ Latest update October 31, 2022.

Министерство энергетики Российской Федерации, 2020. "Энергетическая. Стратегия. Российской Федерации на период до 2035 года", https://minenergo.gov.ru/node/1026 Latest update October 20, 2020.

Министерство энергетики РФ. 2009. «Энергетическая стратегия России на период до 2030 года». Утверждена распоряжением Правительства Российской Федерации от 13 ноября 2009 г № 1715-р. http://minenergo.gov.ru/activity/energostrategy/pr_5.php?sphrase_id=41851

Новая газета. 2022.“Это было невнятно. Алексея Навального приговорили к 9 годам колонии строгого режима.” 22 марта. https://novayagazeta.ru/articles/2022/03/22/eto-bylo-nevniatno Latest update 30 October 2022.

Общественная палата. 2021. “Федеральный закон от 04.04.2005 N 32-ФЗ (ред. от 11.06.2021) ‹Об Общественной палате Российской Федерации›.” in http://www.oprf.ru/normative_base Latest update 30 October 2022.

Общественная палата. 2022. “ В Госдуму внесен законопроект об увеличении численности членов Общественной палаты РФ.” 28 ноября. In http://www.oprf.ru/news/v-gosdumu-vnesen-zakonoproekt-ob-uvelichenii-chislennosti-chlenov-obshchestvennoy-palaty-rf Latest update 30 November 2022.

ОВД-Инфо. 2022. “New «Foreign Agents» Law. What will change?” In https://inoteka.io/ino/2022/07/28/new-foreign-agents-law-what-will-change Latest update 30 October 2022.

Орлов, Дмитрий. 2021. “100 ведущих политиков России в 2020 году”. Независимая 11 газета. Январь. in https://www.ng.ru/ideas/2021-01-11/7_8053_100.html Latest update 06 August 2021.

Орлов, Дмитрий. 2021. “100 ведущих политиков России в декабре 2021 году”. Независимая газета. 27 декабря. in https://www.ng.ru/ideas/2021-12-27/7_8337_100.html Latest update 06 January 2022.

Президент России. 2008. “Интервью Дмитрия. Медведева. российским телеканалам.” in http://kremlin.ru/events/president/news/1276 Latest update 30 October 2022.

Президент России. 2009. “Федеральный закон от 05.04.2009 г. № 41-ФЗ.” In http://kremlin.ru/acts/bank/29069 Latest update 23 November 2022.

Президент России, 2017. “Указ Президента Российской Федерации от 13.05.2017 г. № 208.” 13 мая. In http://kremlin.ru/acts/bank/41921 Latest update 24 November 2022.

Президент России, 2022. “Конституция Российской Федерации.” In http://kremlin.ru/acts/constitution Latest update 30 October 2022.

Прибыловский, Владимир. 2004. «Управляемые выборы: деградация выборов при Путине» в Верховский А(ред.). Россия Путина: история болезни. М.: Панорама.

Путин, Владимир. 2005. "Послание Президента РФ Федеральному Собранию". Москва: Кремль. 25 April. http://kremlin.ru/events/president/transcripts/22931 Latest update 30 October 2022.

Путин, Владимир. 2007. "Послание Федеральному Собранию Российской Федерации."Москва: Кремль, 26 April. In http://kremlin.ru/events/president/transcripts/24203 Latest update 30 October 2022.

Пушкарев, Сергей Г. 1953. Обзор русской истории. Нью-Йорк: Издательство Имени Чехова.

РБК. 2020. "Правительству предложили направить на развитие 5G в России □200 млрд". 17 ноября. https://www.rbc.ru/technology_and_media/17/11/2020/5fb40c989a7947abd4977fa3 Latest update 30 October 2022.

РБК. 2021. "Власти России ограничили работу Twitter. Главное". 10 мар. https://www.rbc.ru/technology_and_media/10/03/2021/60487dc59a79471d2d611600 Latest update 30 October 2022.

РИА Новости. 2006. "«Суверенная демократия»: идеология государства или «партии власти»?". 19 июля. https://ria.ru/20060719/51553356.html Latest update 30 October 2022.

РИА Новости. 2012. "Медведев подписал закон о прямых выборах губернаторов."2 мая. in https://ria.ru/20120502/639480525.html Latest update 30 October 2022.

РИА Новости. 2016. "Выборы в Госдуму — 2016. Дата обращения: 28 октября 2016. " In https://ria.ru/20160918/1476912507.html Latest update 30 October 2022.

РИА Новости. 2018. "Численность участников движения «Юнармия» уже превысила 230 тысяч человек." 19 мая. https://ria.ru/20180519/1520914264.html Latest update 30 October 2022.

Рогов, Кирилл. 2019. «20 лет Владимира Путина: Трансформация режима.» Ведомости. 09 Августа. https://www.e-vid.ru/politika/090819/20-let-vladimira-putina-transformaciya-rezhima Latest update 30 October 2022.

Романов. Игорь и Александр Самарин. 2007. "Не проспать страну:Молодежь выступила против прогнившего Запада"Общая Газета, 26 марта . в https://obshchayagazeta.eu/articles/2007/03/26/22925 Latest update 30 October 2022.

Роскомнадзор. 2019. "ТАСС: Роскомнадзор определил функции Центра мониторинга и управления сетями общего доступа" https://rkn.gov.ru/press/publications/news68006.htm Latest update 30 October 2022.

РосКомСвобода. 2017. "Закон о принуждении VPN и поисковиков фильтровать трафик и запросы вступил в силу." 1 November. https://roskomsvoboda.org/post/

zakon-o-prinuzhdenii-vpn-i-poiskovikov-fi/ Latest update 30 October 2022.

Российской газеты(RG.RU). 2013. "Президент подписал закон о блокировке экстремистских сайтов". 30 декабря. In https://rg.ru/2013/12/30/president-block-site.html Latest update 30 October 2022.

Росийское государство и общество XX век. 1999. Моска: Издательство Московского Университета.

Рывкина, Р. В. 1999. Постсоветское государство как генератор конфликтов. *Социологические исследования.* 5: 12-20.

Сахаровский центр. 2014. «Блокировки сайтов: наш ответ.» 21 марта. In https://www.sakharov-center.ru/node/11164 Latest update 30 October 2022.

Совет Федерации Федерального Собрания Российской Федерации. 2002. «Федеральный закон «Об основных гарантиях избирательных прав и права на участие в референдуме граждан Российской Федерации» от 12.06.2002 N 67-ФЗ».» In http://council.gov.ru/services/reference/10051/ Latest update 30 October 2022.

Совет Федерации Федерального Собрания Российской Федерации. 2003. «Федеральный закон «О выборах Президента Российской Федерации» от 10.01.2003 N 19-ФЗ.» » In http://council.gov.ru/services/reference/10097/ Latest update 30 October 2022.

Совет Федерации Федерального Собрания Российской Федерации. 2022. "Федеральные округа." In http://council.gov.ru/services/reference/9299/ Latest update 30 October 2022.

Соловьев, В. 2008. Путин: путешественник для неравнодушных. Москва: Эксмо.

Спартак, А. 2004. Россия и международном разделении труда: выборы конкурентоспособной стратегии. М.: МАКС-ПРЕСС.

Сурков, Владислав Ю. 2006. "Наша российская модель демократии называется «суверенной демократией» " брифинг. July 28. https://m.pln24.ru/politics/31885.htm Latest update 30 October 2022.

Сухаревская, А. 2019. "В России за полгода выросло число сотовых абонентов." 11 сентября. Ведомости. https://www.vedomosti.ru/technology/articles/2019/09/11/811031-viroslo-chislo-abonentov Latest update 30 October 2022.

ТАСС. 2016. "В России вступает в силу закон об ограничении иностранного капитала в СМИ". 1 января. https://tass.ru/ekonomika/2564266 Latest update 30 October 2022.

ТАСС. 2018. "Совет Федерации одобрил закон об изменении пенсионной системы" 3 октября, https://tass.ru/obschestvo/5631334 Latest update 30 October 2022.

Тимофеев Л. 1993. Черный рынок как политическая система. Вильнюс и Москва: VIMO.

Тихонова. Н. Е. 2008. «Классы в современной России: миф или реальность?» Россия реформирующаяся: Ежегодник. Выпуск 7. Отв. Ред. М.К.Горшков. М.: Институт социологии РАН. 62-92.

Утро.ru. 2005. "В России начинается 'ситцевая революция'". 13 января. In https://utro.ru/articles/2005/01/13/395377.shtml Latest update 30 October 2022.

ФОМ(*Фонда Общественное Мнение*). 2011. "Новостные и информационные программы". 10 февраля. http://bd.fom.ru/report/cat/smi/smi_int/d110616 Latest update 30 October 2022.

ФОМ. 2020. «О демократии: Подходит ли России такая форма государственного правления, как демократия?» In https://fom.ru/TSennosti/14519 Latest update 30 October 2022.

ФОМ. 2022a. "Источники информации. Телевидение. Предпочтительные источники информации. Уровень доверия новостям". 17 Февраля. https://fom.ru/SMI-i-internet/14688 Latest update 30 October 2022.

ФОМ. 2022b. "Источники информации. Интернет. Популярность источников новостей в интернете". 17 Февраля. https://fom.ru/SMI-i-internet/14689 Latest update 30 October 2022.

Фонтанка.ру, 2022. "Путин передал имущество «Сахалин Энерджи» государству". 30 июня, https://www.fontanka.ru/2022/06/30/71453444/ Latest update 30 October 2022.

ЦИК России, 2022. "Календарь выборов." In http://www.vybory.izbirkom.ru/ Latest update 30 October 2022.

Шимаев, Роман. Полина Полетаева, Анастасия Румянцева. 2019. «Отключить рубильник уже не получится»: Госдума утвердила закон о безопасном и устойчивом интернете. *RT*Д на русском. 16 апреля. https://russian.rt.com/russia/article/621991-gosduma-zakon-suverennyi-internet-rossiya Latest update 30 October 2022.

Шкаратан О.И. 2009. Социально-экономическое неравенство и его воспроизводство в современной России. М.: ОЛМА МЕДИА ГРУПП.

Шлейнов, Роман. 2008. "Адамов и грехи." Новая газета 13. February 21. https://novayagazeta.ru/amp/articles/2008/02/21/39210-adamov-i-grehi Latest update 30 October 2022.

Ясин, Е. Г. 2002. Российская экономики: итоги и панорама рыночных реформ. М.: ГУВШЭ.

**國家圖書館出版品預行編目資料**

普欽政權20年(2000-2020)：中央再集權之延
續與轉變／許菁芸作. -- 一版. -- 臺北
市：五南圖書出版股份有限公司, 2023.2
面； 公分
ISBN 978-626-343-596-4(平裝)

1.CST: 普欽(Putin, Vladimir Vladimirovich, 1952-)
2.CST: 政治制度 3.CST: 政治發展
4.CST: 俄國

574.48 111020030

1PUN

# 普欽政權20年（2000-2020）：
## 中央再集權之延續與轉變

作　　者 — 許菁芸（235.5）

發 行 人 — 楊榮川

總 經 理 — 楊士清

總 編 輯 — 楊秀麗

副總編輯 — 劉靜芬

責任編輯 — 林佳瑩

封面設計 — 王麗娟

出 版 者 — 五南圖書出版股份有限公司

地　　址：106台北市大安區和平東路二段339號4樓

電　　話：(02)2705-5066　　傳　　真：(02)2706-6100

網　　址：https://www.wunan.com.tw

電子郵件：wunan@wunan.com.tw

劃撥帳號：01068953

戶　　名：五南圖書出版股份有限公司

法律顧問　林勝安律師

出版日期　2023年 2 月初版一刷

定　　價　新臺幣520元

# 經典永恆・名著常在

## 五十週年的獻禮——經典名著文庫

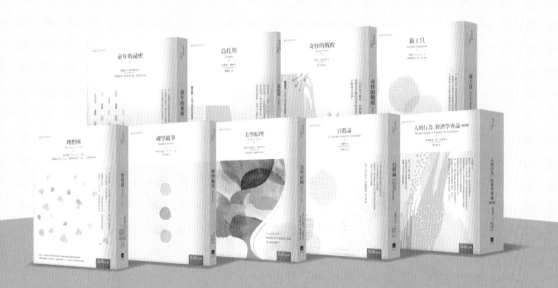

五南，五十年了，半個世紀，人生旅程的一大半，走過來了。

思索著，邁向百年的未來歷程，能為知識界、文化學術界作些什麼？

在速食文化的生態下，有什麼值得讓人雋永品味的？

歷代經典・當今名著，經過時間的洗禮，千錘百鍊，流傳至今，光芒耀人；

不僅使我們能領悟前人的智慧，同時也增深加廣我們思考的深度與視野。

我們決心投入巨資，有計畫的系統梳選，成立「經典名著文庫」，

希望收入古今中外思想性的、充滿睿智與獨見的經典、名著。

這是一項理想性的、永續性的巨大出版工程。

不在意讀者的眾寡，只考慮它的學術價值，力求完整展現先哲思想的軌跡；

為知識界開啟一片智慧之窗，營造一座百花綻放的世界文明公園，

任君遨遊、取菁吸蜜、嘉惠學子！